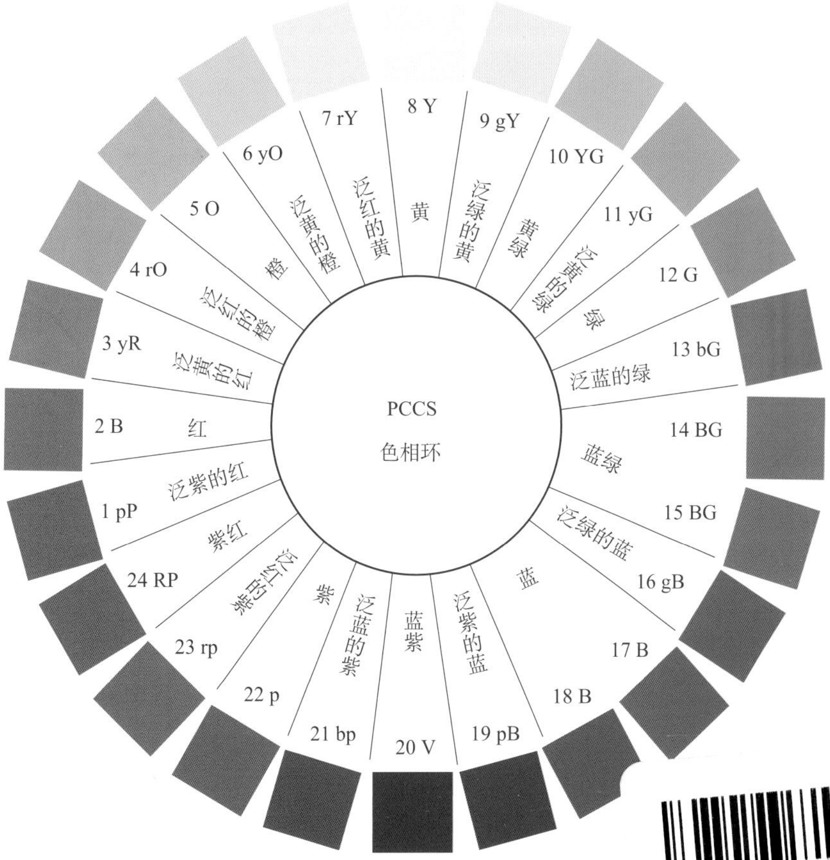

图 8-2　PCCS 色相环

图 8-3　色彩的明度比较

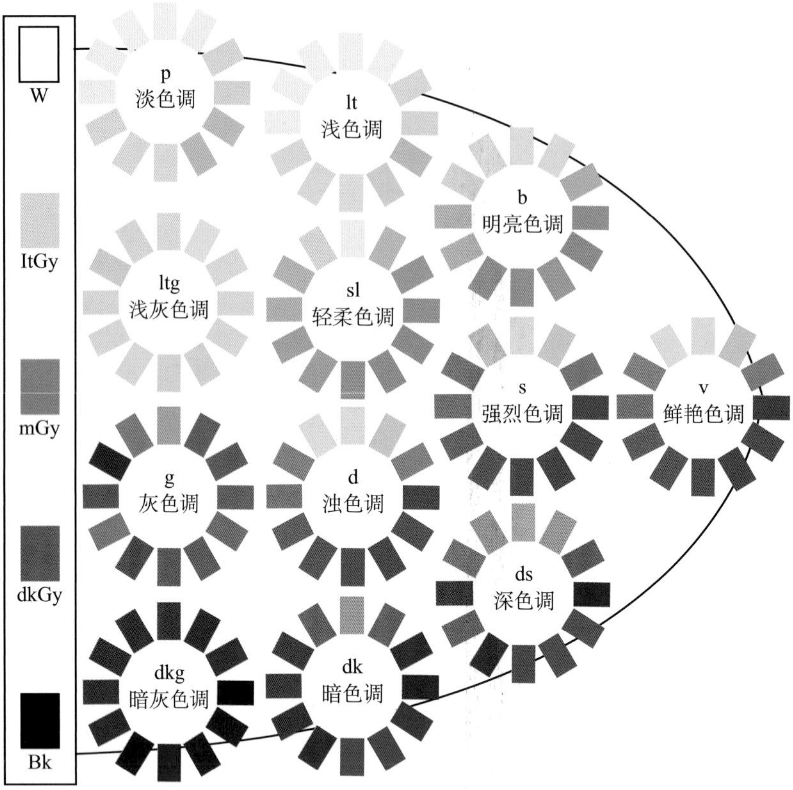

图 8-4　PCCS 色调图

图 8-5　红色视觉效果图

图 8-6　橙色视觉效果图

图 8-7　黄色视觉效果图

图 8-8　绿色视觉效果图

图 8-9　蓝色视觉效果图

图 8-10　紫色视觉效果图

图 8-11　黑色视觉效果图

图 8-12　白色视觉效果图

图 8-13　灰色视觉效果图

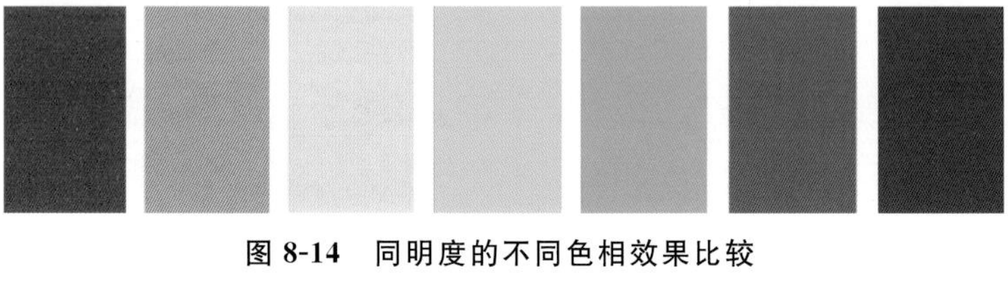

图 8-14　同明度的不同色相效果比较

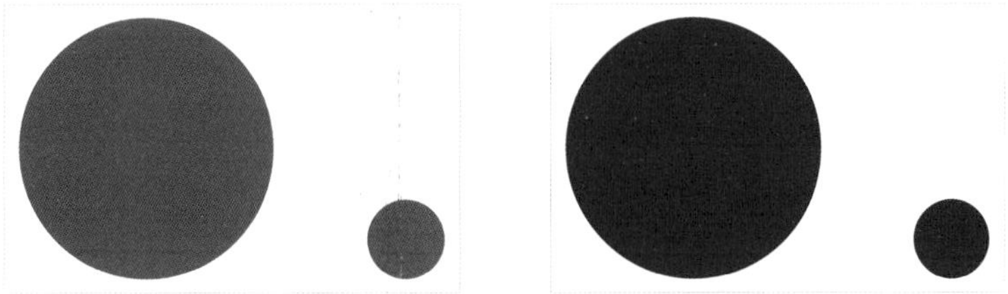

图 8-15　不同色调的色彩面积效果比较

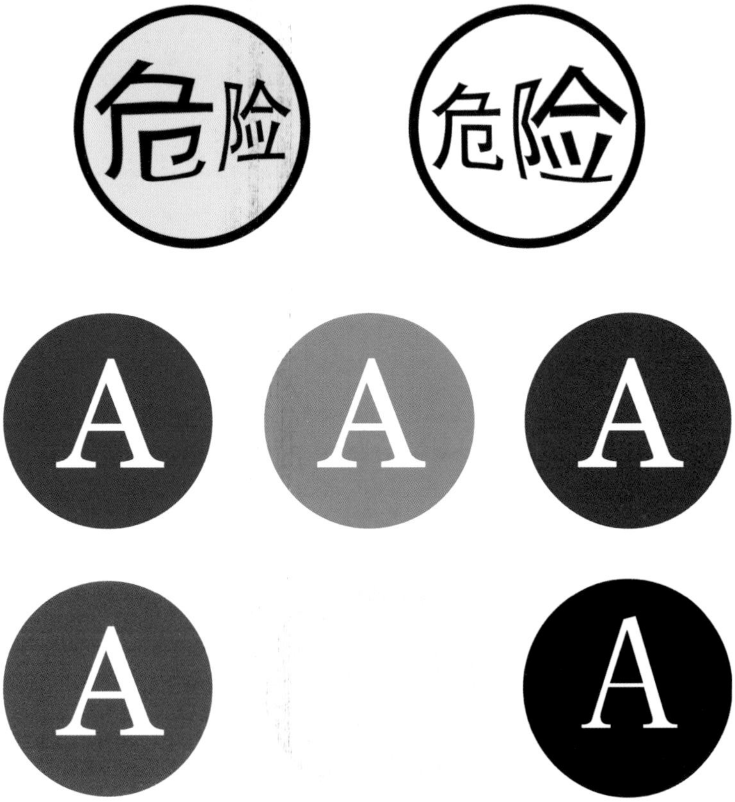

图 8-16　色彩识别性强弱比较

图 8-17　色彩的冷暖比较

图 8-18　色彩的轻重比较

图 8-19　色彩的动静比较

图 8-20　色彩的前进、后退比较

图 8-21　色彩的膨胀、收缩比较

图 8-22　同一色相搭配服饰效果图

图 8-23　两色相搭配服饰效果图

图 8-24　多色相搭配服饰效果图

图 8-25　有彩色与无彩色搭配服饰效果图

图 8-26　无彩色搭配服饰效果图

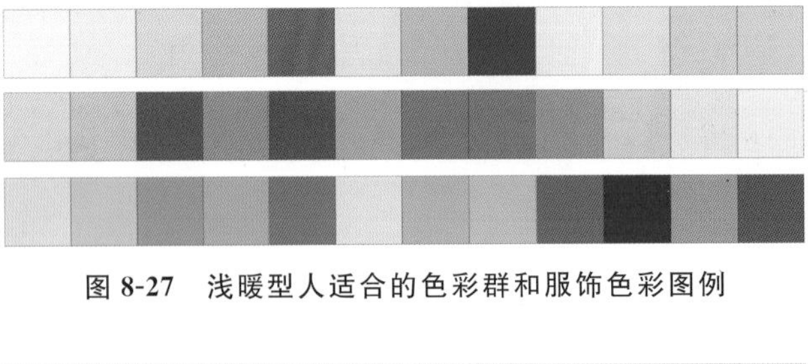

图 8-27　浅暖型人适合的色彩群和服饰色彩图例

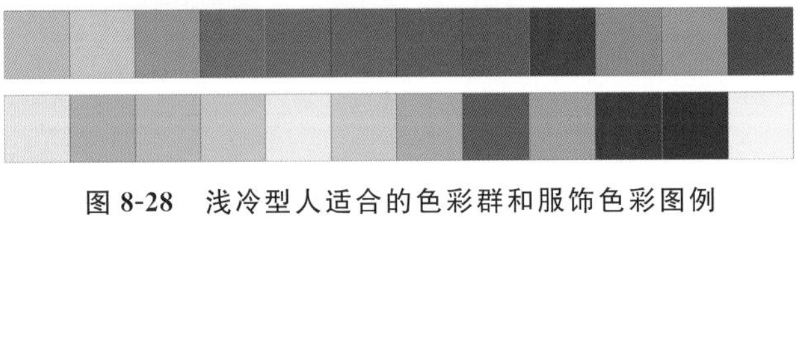

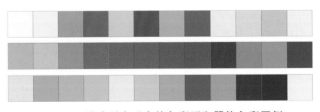

图 8-28　浅冷型人适合的色彩群和服饰色彩图例

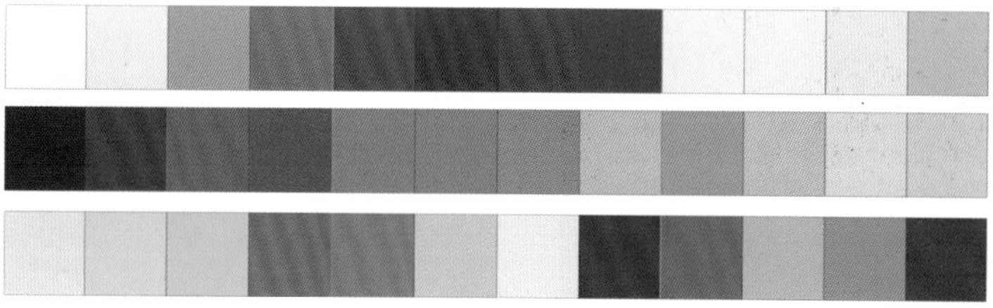

图 8-29　深暖型人适合的色彩群和服饰色彩图例

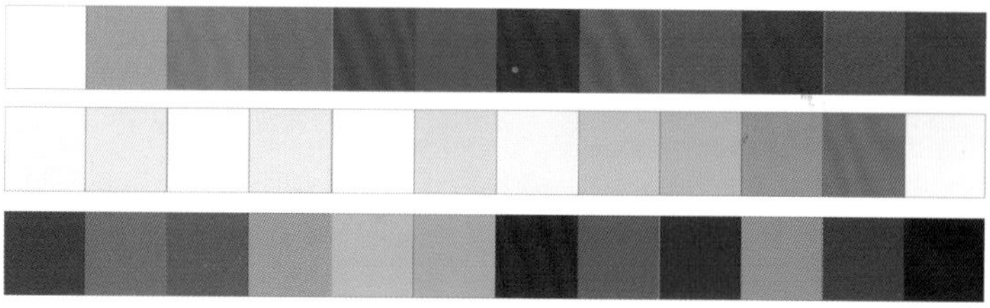

图 8-30　深冷型人适合的色彩群和服饰色彩图例

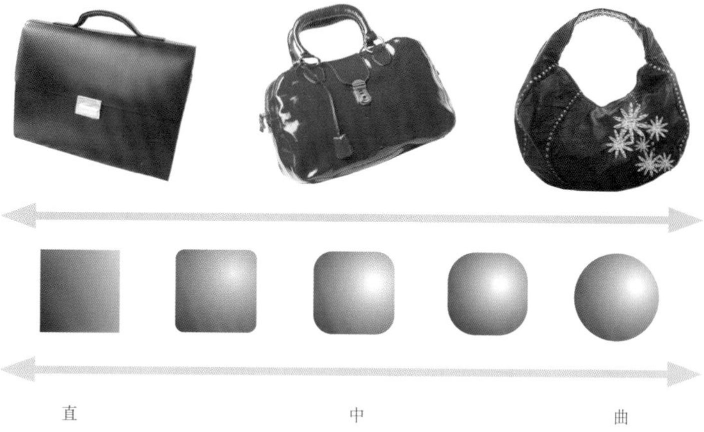

图 9-1　物体轮廓的曲直比较

图 9-2　物体量感的大小比较

图 9-3　物体比例的均衡比较

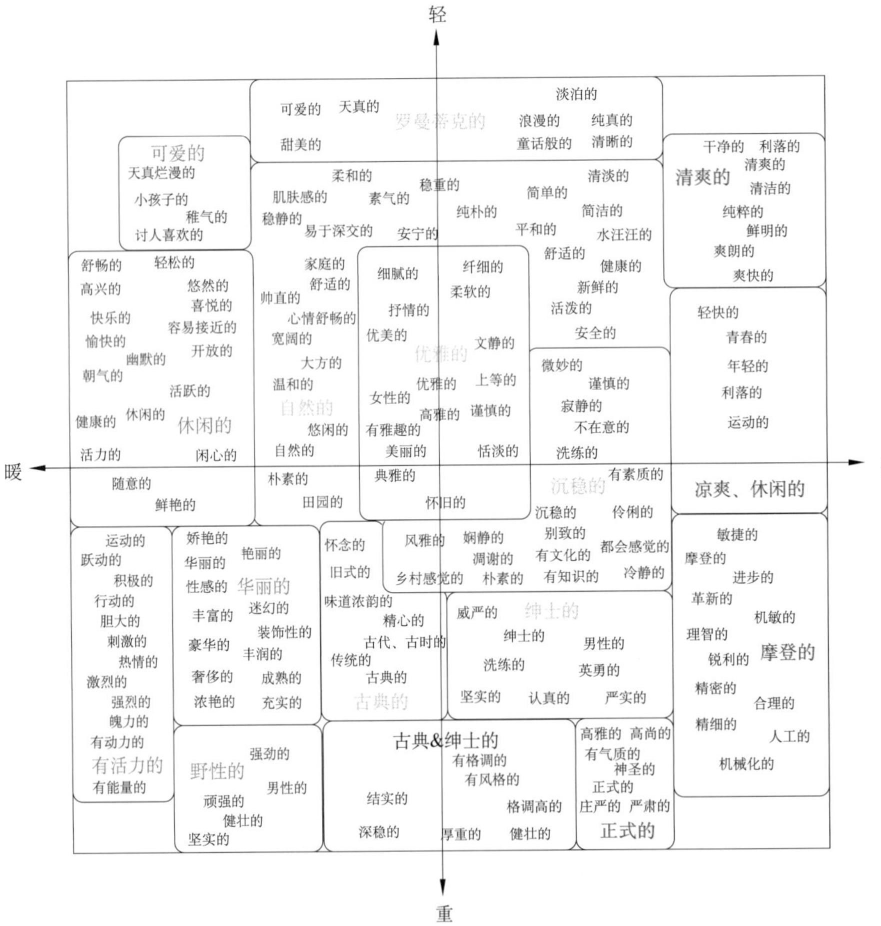

图 9-4　色彩对风格的影响

资料来源：小林重顺．色彩心理探析[M]．南开大学色彩与公共艺术研究中心，译．北京：人民美术出版社，2006.

图 9-5　脸型的轮廓曲直比较

图 9-6　脸型的量感大小比较

图 10-6　服装图案的风格比较

图 10-7　鞋子的风格比较

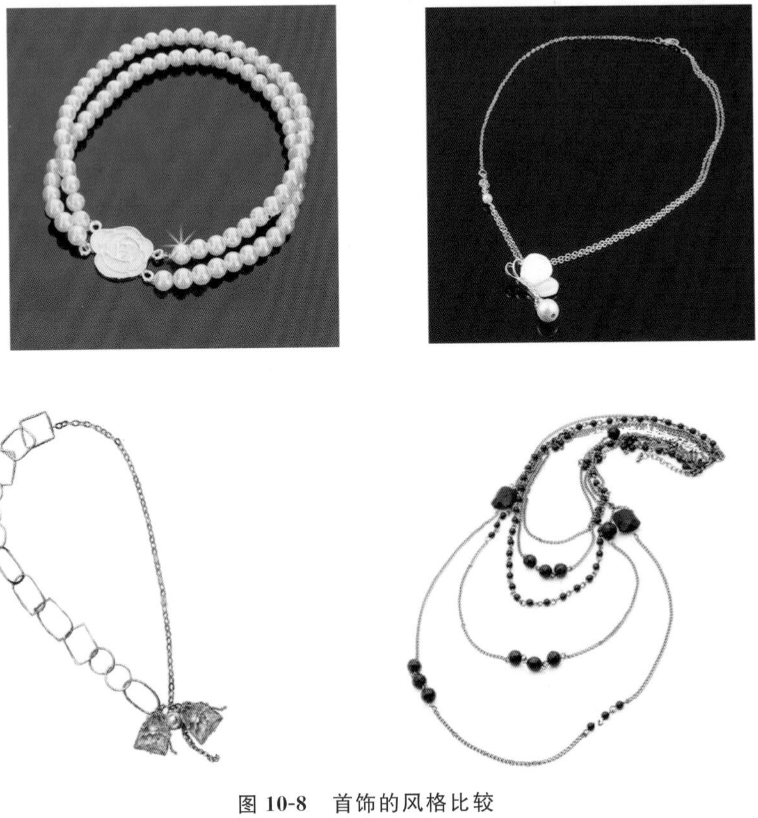

图 10-8　首饰的风格比较

21世纪高职高专规划教材

公 共 基 础 课 系 列

礼仪与形象设计

（第2版）

郑彦离 主编

刘 瑛 魏景霞 副主编

清華大学出版社

北 京

内 容 简 介

"礼"表达的是敬人的美意,"仪"展现的是表达这种美意的形式。礼仪规范是对人的美好形象的一种设计,施礼是对美的形象的塑造与展示。本书分为上下两篇,上篇系统地介绍了人际交往中应遵循的礼仪规范的原理和方法;下篇介绍了良好的个人形象的设计技巧和方法,以便读者能较容易地掌握礼仪与形象设计的相关知识,在社会交往和职业生涯的实践中取得成功。

本书适合高职高专各专业学生作为教材使用,也适合一般读者阅读参考。

图书在版编目(CIP)数据

礼仪与形象设计/郑彦离主编.--2版.--北京:清华大学出版社,2015(2025.2重印)
21世纪高职高专规划教材.公共基础课系列
ISBN 978-7-302-41178-9

Ⅰ.①礼… Ⅱ.①郑… Ⅲ.①礼仪-高等职业教育-教材 ②个人-形象-设计-高等职业教育-教材 Ⅳ.①K891.26 ②B834.3

中国版本图书馆CIP数据核字(2015)第184549号

责任编辑:刘士平
封面设计:常雪影
责任校对:刘 静
责任印制:沈 露

出版发行:清华大学出版社
网 址:https://www.tup.com.cn,https://www.wqxuetang.com
地 址:北京清华大学学研大厦A座 **邮 编**:100084
社 总 机:010-83470000 **邮 购**:010-62786544
投稿与读者服务:010-62776969,c-service@tup.tsinghua.edu.cn
质量反馈:010-62772015,zhiliang@tup.tsinghua.edu.cn
课件下载:https://www.tup.com.cn,010-62795764
印 装 者:涿州市般润文化传播有限公司
经 销:全国新华书店
开 本:185mm×260mm **印 张**:15 **插 页**:8 **字 数**:367千字
版 次:2009年9月第1版 2015年12月第2版 **印 次**:2025年2月第9次印刷
定 价:49.00元

产品编号:057437-04

FOREWORD 前言

对于社会人来说，与人共处和交往是不可避免的。而个人物质与精神利益的相对独立性，使其与他人共处和交往时难免会产生接触、碰撞，甚至冲突。社会有三种规范性措施来应对这种冲突：一是法律，它以强制力的形式，限制各方的不正当行为，维护各方的正当权益；二是道德，它主要以社会舆论的形式，引导和约束人的行为；三是礼仪，它主要以交往对象是否认同的形式，引导人的行为。

一般来说，人们喜欢相互间融洽地共处与交往，但法律所维持的只是底线，达到的是“不得不如此”的硬邦邦的结果。道德的约束力虽具有软性，但也迫使人服从，让人产生“理应如此”的心理。礼仪以感觉好的形式出现，达到“喜欢如此”的境界。

“礼”表达的是敬人的美意，“仪”展现的是表达这种美意的形式。爱美是人的天性，所以人总是按美的规律设计自己，这包括表达礼的形式，即仪。所以，礼仪规范是对人的美好形象的一种设计，施礼是对美的形象的塑造与展示。因此，应从重视自己形象和获得别人喜欢的角度与高度来对待礼仪。个人形象设计与仪容和服饰礼仪等的关系十分密切，高水平的个人形象设计无疑会为个人礼仪增光添彩。所以要学好礼仪，就必须同时学习形象设计，这正是本书将二者编为一体的原因所在。

本书的内容安排注重可操作性，目的在于使读者能较容易地掌握礼仪与形象设计的技巧和方法。需要说明的是，礼仪与形象设计的前提是个体心灵要美，心中敬人，礼仪才有真正的敬的效果。视礼仪与形象设计为一般的包装，表演性地去做，则是舍本逐末，会让人感觉虚假、浅薄和别扭。而只有内强素质，外塑形象，内外兼修，既把握原理，又注重方法，才可能达到理想的美好境界。

本书由主编郑彦离提出初步编写思路，全体编写人员共同商定内容体例。写作分工是：第1章，第2章2.1、2.2由刘瑛编写；第2章2.3、2.4分别由陈华、魏景霞编写；第3章3.1、3.2、3.3、3.5、3.6由王红编写，3.4由蒋明明编写；第4、5章分别由史丹丹、程燕编写；第6、7章由陈华编写；第8～10章由魏景霞编写。全书由郑彦离最后审改定稿。中州大学图书馆郭瑞协助进行编排，中州大学学生孙金辉协助制作部分插图，李晓雪老师对插图进行编排。本书在编写过程中参阅了一些专家的研究成果，在此一并表示感谢！

本书自2009年出版以来，内容相关的一些社会情况发生了变化，主要有四个方面：①由于科技的发展和审美观念的变化，人们的仪容修饰更加注重健康选择和“似无”的效果；②由于人们的服饰观念日趋追求舒适随意，休闲便装成为多数人日常着装的主体；③网络与人们的日常生活关系更加密切，利用网络交流特别是利用手机上网交流更加普遍;④随着国际上人际交流和文化传播交流的频繁与普遍,礼仪的国际性成分越来越多。为适应上述情况变化,本书对原有相关内容进行了修订。修订分工是:魏景霞主要对第2章2.3、2.4,第6章,第7章7.2、7.4内容进行修订;郑彦离主要对第1章1.1、第3章3.6内容进行修改,同时对书中其他部分存在的个别过时内容进行修改,并对全书文字内容进行审查修正。

虽然我和参编者们对书稿尽心尽力,但由于水平所限,书中定有一些缺点和不足,恳请读者批评指正!

郑彦离

2015年10月

CONTENTS 目录

上篇 礼　仪

下篇 形象设计

上篇

礼　仪

第1章 礼仪概述

1.1 礼仪的发展与特点

人类的社会活动受到多种法律法规、道德规范的制约。礼仪是人类文明的产物，并随着人类历史的发展而演变为传统文化的重要内容。礼仪作为一种重要的行为规范具有控制和影响人的日常行为的作用。

礼仪是人类社会一种约定俗成的行为规范，礼仪是人类文化、精神的积淀，是人类道德的外在表现，同时也是协调人际关系、创造和谐人际环境的重要手段。

1.1.1 礼仪的概念

礼仪是人们在日常交往中共同遵守的行为规范。礼仪的概念不是一成不变的，而是随着社会的发展而有所不同。

1. 中国古代礼仪的含义

中国历史悠久，素有“礼仪之邦”的美称。在五千年的社会文明进程中，“礼”一直作为社会文明的一个组成部分，参与了中华民族的历史发展进程。西周时期，出现了我国第一部记载“礼”的书籍——《周礼》。到了春秋战国时期，“礼”更是被写入统治者的规章制度中，并随着儒家文化的延续和发扬光大，逐步渗透到社会生活的各个方面。“礼仪”成为古代文化典章制度和道德文化的重要表现手段。

中国古代“礼仪”一词所涵盖的意义十分广泛，主要包括以下几个方面。

(1) 礼仪是一种包括政治、经济、军事和文化制度在内的国家典章制度或礼乐制度，被认为“国之基”、“君之大柄”。《礼记》中写道：“礼者，君之在大柄也，所以别嫌明微，傧鬼神，考制度，别人义，所以治政安君也。”《论语·为政》中说：“殷因于夏礼，所损益，可知也；周因于殷礼，所损益，可知也，其或继周者，虽百世可知也。”孔子指出了三代之礼的连续性，而且断言把握了这种连续性，就能察知今世，预测未来。同时也说明中国历史上朝代更迭，但礼乐制度却是一以贯之的。

(2) 礼仪是社会道德规范和等级秩序。孔子说：“礼者，人道之级也。”对人必须“约之以礼”。韩非子说：“礼者，所貌情也，群义之文章，君臣父子之交也，贵贱贤不肖之所以别也。”他们都强调礼是约束人们行为的一种道德规范，在人们的社会生活中起着重要作用。

(3) 礼仪指各种正式的仪式。管仲说"礼仪者，尊卑之仪表也"，"方物之程式也"，"故动有仪则令行"。礼仪在古代更多地表现为多种复杂完备、不可随意更改的仪式。

古代礼仪在中国历史发展中以传统文化的形式被保存、修正、延续下来，并持续地影响着人们的生活方式、意识观念、精神价值和道德行为准则。如果从内容上加以归类，古代礼仪涵盖了物质方面的礼仪、精神方面的礼仪、社会方面的礼仪。

- 物质方面：包括居住(建筑)礼仪、服饰礼仪、生产礼仪、饮食礼仪等。
- 精神方面：包括祭祀礼仪、宗教礼仪、信仰礼仪、礼仪禁忌等。
- 社会方面：包括家庭礼仪、节日礼仪、人生礼仪、组织礼仪、社会活动礼仪等。

我国古代礼仪是中国传统文化的重要组成部分，尤其是在以孔子为代表的儒家思想和历代帝王的鼓吹和倡导下，形成了内容涉及广泛、等级秩序鲜明、礼制仪法完备的礼仪制度。古代礼仪在长期的发展过程中，与儒家的礼学思想相适应，在社会生活中形成了一整套严密完备的礼仪规范，并对中国人的文化心理产生了极为重要的作用。

中国古代礼仪呈现以下特征：一是以维护封建帝王统治为基础；二是强调严格的等级制度。所以，中国古代礼仪体现了广义的礼仪内涵，即礼仪是一个时代、一个社会的典章制度。

2. 现代礼仪的含义

随着时代的发展和对外交流的不断增多，礼仪也呈现出不断融合、不断发展、不断完善的态势，现代礼仪的含义与古代礼仪有了很大的不同。现代礼仪是指社会个体在社会交往过程中应遵守的各种行为规范和准则的总和，其核心是自尊与教人。

对这个概念的理解应从以下几个方面进行。

(1) 礼仪是约定俗成的

礼仪是一种规范，它的形成遵循一般的规律：礼仪往往先表现为一些不成文的规矩、习惯，其中符合民族审美心理、价值标准的规矩习惯就会得到大多数人的认可，并上升为人们自觉遵守、自觉学习的行为准则，得到社会大众的共同认可。现代文豪梁实秋在其《秋室杂文·谈礼》中说："礼是一套法则，可能有官方制定的成分在内，亦可能成为世代沿袭的性质，行之既久，便成为大家公认的一套规则。"如若背离这种公众心理而另辟蹊径地选择另类、前卫，就得不到社会的认同与支持，也就无法形成社会成员共同遵守的规则。

(2) 礼仪是民族文化的重要组成部分

礼仪是一种规范，一种合乎情理的标准做法。这种规范的产生基础是一个民族长久以来形成的深厚的文化积淀。

从世界范围来看，礼仪在不同民族间普遍存在，并且有共同性。例如，运用礼仪是为了表达对他人的尊重；其出发点应是人类心中共有的善与爱、理解与信任等。

但从另一个角度讲，由于民族习惯、民族文化的不同，礼仪在表达方式上也千差万别。例如，在见面礼仪中有的民族习惯亲吻礼，有的民族使用碰鼻礼；在谈话礼节中，有的民族喜欢直视对方的双眸，认为这样才能表现出自己的坦诚、认真，而有的民族则认为交谈时不能直视对方的脸部，认为那样是极不礼貌的行为。

礼仪这种文化特性上的差异，源于不同民族审美标准、道德认知、文化理念等的不同，它不仅使礼仪出现了“差异性”的特性，也使民族文化有了丰富多彩的特质，礼仪成了民族文化的重要组成部分。

(3) 礼仪是社会道德的重要组成

礼仪是一种行为准则或规范，也是社会道德的重要组成。讲究礼仪是文明的标志，它反映了人类的进步和发展，在一定程度上反映了社会的文明程度和社会成员的精神面貌。一个秩序良好的社会，人们的社会道德水平也相应较高，也就是说人们都知礼、守礼，都具有较高的礼仪修养。

礼仪作为人们在社会生活中遵循的行为规范和准则，它与道德的关系水乳交融。礼仪作为道德的外部表现，它规范约束着人们的言行举止、行为习惯。

3. 礼仪与礼、礼节、礼貌、仪式

在现代社会中，“礼仪”不是一种抽象的概念，它包含了多层次的意义，具体表现为礼、礼节、礼貌、仪式等，彼此之间既有联系又有区别。在探求“礼仪”的概念和范畴的同时，我们应该注意“礼仪”和“礼节”、“礼貌”、“仪式”的相互关系。了解它们之间的关系，可以使我们更好地掌握、理解礼仪的内涵。

(1) 礼与礼仪

在中国古代，礼与礼仪常常被混称。蒋璟萍在《礼仪的伦理学视角》中这样分析礼与礼仪：华夏民族很早就对“礼”与“仪”的概念进行了界定。“礼仪”是复合概念，“礼”更侧重精神层面，“仪”则是“礼”的具体表现形式。“礼”这一精神层面标准的确立与社会道德观念密切相关，“礼”是一种道德规范，仪是“礼”德的表现形式；“礼”是社会公德，“礼”还是行为道德，它的内容是社会公共生活中的行为规范和准则。“礼”是维护社会生活秩序的根本制度，其基本精神是营造人与人之间和谐相处的社会有序结构，从而维护社会的整体利益，它是形而上的；而“仪”则偏重行为层面，主要在狭义的意义上使用，即行礼之仪，也即一种行为的节文①。“仪”是“礼”的载体，“礼”与“仪”的结合，才形成完整的礼仪。

(2) 礼貌

礼貌是礼仪的基础，是指人们在相互交往过程中表示敬重和友好的语言、行为，它侧重于表现人的品质和素养。“礼貌”一词出于《孟子·告子下》。孟子认为礼貌就是恭敬辞让之心在人的神态体貌上自然表露，就是和颜悦色地与人相处。中国台湾学者杨云祚在分析礼貌与礼仪的区别时也指出：“一个人能经常面带微笑，言谈举止诚恳谦和便是礼貌。”一般而言，礼貌是指人与人之间在交往过程中表现尊重、谦虚、恭敬、友好的态度。它体现着一个人的基本品质，同时也是一种具有评价作用的概念性词语。礼貌作为人际交往中的一种道德规范，侧重对人们在对待他人的态度方面进行要求和规范。

礼貌可以外化为具体的行为：一个亲切的微笑，一个善意的眼神，一次由衷的鼓掌，都能表达对他人的尊重。礼貌是一种有声的语言，一句亲切的问候，一次愉快的交谈，都能体现出对他人的友好。

(3) 礼节

礼节是礼仪的基本组成部分，通常是指人们在交际场合，根据双方的关系、身份和地

---

① 制定礼仪，使行之有度。

位,相互表示尊重、友好的惯用形式。在中国古代,礼节就被看作行礼的分寸等级。《荀子·非十二子》中说:“遇友则修礼节辞让之义。”杨云祚认为:“一个人在待人接物之中把握分寸,不卑不亢便是礼节。”礼节包括问候、致意、致谢、祝颂、慰问等,是礼貌的具体表现方式。没有礼节就无所谓礼貌;有了礼貌就必然伴有具体的礼节。

(4) 仪式

仪式是指为了表示尊重和友好,为了一定目的在一定场合举行的具有一定规范化程序的正式礼节形式。仪式有很多种:外宾来访时,有迎宾仪式;签订合同时,有签字仪式;获奖时,有颁奖典礼;还有备受世人瞩目的奥运会、亚运会、世界杯、世博会的开幕式、闭幕式等。仪式是表达礼貌、礼节的形式,是礼仪的重要组成部分。

总之,礼貌通过礼节表现出来,礼节是礼貌在语言、行为体态等方面的体现。仪式是在较大或较隆重场合,在礼遇规格、礼宾次序等方面应遵循的礼貌礼节要求。它们不仅使礼仪有更深厚的文化内涵,而且共同构成礼仪的全部内容。

1.1.2 礼仪的分类

礼仪的发展经历了一个从无到有、逐渐完善的过程。伴随着人类社会的发展,礼仪的形式和内容越来越丰富,涉及的范围也越来越广。在不同的场合,面对不同的对象,礼仪表现出共同性,也体现出一定的差异性和多样性。

根据礼仪适用对象和适用范围的不同,礼仪可以划分为个人礼仪、交际礼仪、政务礼仪、商务礼仪、服务礼仪、涉外礼仪、民俗礼仪。

(1) 个人礼仪。社会个体是礼仪的行为主体,学习礼仪首先要从个人礼仪开始。个人礼仪的关注点是个人,主要包括个人的仪容、仪态、服饰、化妆等方面的礼仪要求。

(2) 交际礼仪。交际礼仪又称为社交礼仪,是指社会各界人士,在一般性的交际应酬中应该遵守的礼仪。交际礼仪包括见面礼仪、访送礼仪、交谈礼仪、舞会礼仪、宴请礼仪、通信礼仪、仪式礼仪等。

(3) 政务礼仪。政务礼仪又称公务员礼仪,是指国家公务员在执行国家公务时应遵守的礼仪。

(4) 商务礼仪。商务礼仪指企业的从业人员以及其他一切从事经济活动的人士,在经济往来中应当遵守的礼仪。与一般的人际交往礼仪不同,商务礼仪体现在商务活动的各个环节。

(5) 服务礼仪。服务礼仪指各种服务行业的从业人员,在自己的服务岗位上应遵守的礼仪。

(6) 涉外礼仪。涉外礼仪又称国际礼仪,是指参与外事活动过程中所应该遵守的礼仪。

(7) 民俗礼仪。民俗礼仪是指不同国家、不同民族之间的不同风俗和习惯。包括宗教礼俗、日常习俗、人生礼俗等。

也有一些学者在对各种礼仪资料整合的基础上,对礼仪的分类重新界定,即把礼仪分为传统礼仪、政务礼仪、商务礼仪、社交公共礼仪、军事礼仪等。礼仪分类的不同,体现了人们关注礼仪的视角差异,礼仪的本质内容并没有变化。

1.1.3 礼仪的起源与发展

礼仪文化是时代的象征，是历史演进的反映。从历史发展的脉络来看，中国礼仪的起源及演变过程经历了以下几个阶段。

1. 礼仪的萌芽阶段

中国是人类文明的发祥地之一，文化传统源远流长，礼仪的起源也可以追溯到久远的过去。据考古学、民俗学等方面的材料证明，我国原始社会就有了礼仪的萌芽。但是，礼究竟怎样产生的说法不一，各方观点归纳起来，大致有五种起源：一是天神生礼仪；二是礼为天地人的统一体；三是礼产生于人的自然本性；四是礼为人性和环境矛盾的产物；五是礼产生于理，起源于俗。中国古代的哲学家和历史学家一般认为，礼仪产生于圣人制作。荀子说："古者圣王以人之性恶，以为偏险而不正，悖乱而不治，是以为之起礼仪，制法度，以矫饰人之性情而正之，以扰化人之性情而导之，使皆出于治，合于道也。"司马迁说："礼由人起。人生有欲，欲而不得则不能无忿，忿而无度量则争，争则乱，先王恶其乱，故制礼仪以养人之欲，给人之求，使欲不穷于物，物不屈于欲，二者相待而长，是礼之所起也。"这些都是唯心主义的、非科学的观点。

从历史唯物主义的观点来看，人们普遍认为最初的礼仪主要产生于人们对自然界的敬畏和诉求，产生于人与人的交往过程中。在原始社会就已经有了原始的宗教礼仪、婚姻礼仪的雏形，其中敬神礼仪更为突出。神的观念大约出现在原始社会末期，人类出于对各种自然现象的不解与敬畏，往往认为鬼神掌管世间一切。人们认为神同人一样有喜怒哀乐和各种需求，会来享用人们特意为之准备的各种祭品。当他们的愿望得到满足时，就能庇佑人间五谷丰登，六畜平安，百事顺利，否则他们会降祸于人间。为了求福祛灾，人们举行各种原始的祭祀仪式，因而有"礼立于敬而源于祀"之说。

随着生产力水平的提高，人与人之间的关系发生了一些根本性的变化，人与人有了等级区别，于是反映等级权威的礼仪开始出现。到了炎黄五帝时期，礼仪已经逐步形成体系，并且逐渐被纳入礼制的范畴。到了尧舜时代，国家已具有雏形，延续后世几千年的礼仪形式，如拜、揖、拱手等，就形成于这个时期。据文献记载，尧舜时代的礼仪已经具备了系统性，如要做官就要先做到"五典"，即父义、母慈、兄友、弟恭、子孝。

2. 礼仪的形成阶段

大约在夏商周三代，我国传统礼仪进入了飞速发展时期。从夏朝建立起，随着生产力的发展，社会文化也得到了较大的发展。在这一阶段，奴隶主阶级为了维护本阶级的利益，巩固自己的统治地位，修订了比较完整的国家礼仪和制度，内容涵盖政治、宗教、婚姻、家庭等各个方面，提出了极为重要的礼仪概念。这一时期的礼仪从原始的宗教发展成一整套的伦理、道德观念，用来维护奴隶主的权威和利益，确定了崇古重礼的传统，奠定了华夏礼仪传统的基础。这一时期礼仪的范围非常广泛，几乎涵盖了国家政治、经济、军事、文化等各个层面，对国家的一切典章制度和个人的伦理道德修养、行为规范都做了详细的规范。

夏、商、周三代的礼仪在典籍中记载很多，而且有很多出土文物佐证。三代时期礼仪的思想基础与礼仪产生初期的情况一致，即对天地、鬼神、天明的迷信，其礼仪的形式和内容,在继承了尧舜时期的总体特征之外,又突出了君臣、父子、兄弟、亲疏、尊卑、贵贱等等级关系。

西周是我国古代历史上的礼治时代,也是中国古代礼仪发展的重要时期,礼仪的内容日渐丰富,尤其在礼仪理论上,第一次进行了集中而完备的阐述,出现了中国历史上第一部阐述礼的书籍《周礼》。《周礼》大约成书于战国时期,相传是周公所作。周公是周武王的弟弟姬旦,是历史上著名的哲学家、思想家、历史学家、军事家。《尚书大传》说:"周公摄政……六年制礼作乐。"书中详述了先秦的职官和各种典章制度。周礼最主要的内容是对宗法制度的阐述,宗法制度包括嫡长子继承制、分封制、宗庙祭祀制度等。周礼还提出了一整套的礼制,即"五礼":吉礼、嘉礼、宾礼、军礼、凶礼。这是一套涉及社会生活各方面的具体的礼仪规范和行为准则。如"五礼"之冠的"吉礼",共有十二项,主要是对天神、地祇、人鬼的祭祀典礼。吉礼之所以发展得最为全面系统,是因为吉礼是远古礼仪萌芽的主干部分。"嘉礼"是和合人际关系,沟通联络感情的礼仪,共有六项,即饮食之礼、婚冠之礼、宾射之礼、燕之礼、脤皤之礼、贺庆之礼。《周礼》中记载,嘉礼是用以"亲万民"的,主要出发点是为统治阶级自身服务的。"宾礼"有八项,是接待宾客之礼。宾礼用于朝聘会同,是天子款待来朝会的四方诸侯和诸侯派遣使臣向周王问安的礼节仪式。"军礼"有五项,是师旅操演,征伐之礼,所谓"以军礼同邦国"。"凶礼"有五项,是哀悯吊唁忧患之礼,即"以凶礼哀邦国之忧"。

虽然人们对于《周礼》是否是周公所作还存有疑问,但其中丰富的思想和各种完备的礼制还是为后世礼仪的发展奠定了基础。《周礼》将人们的行为举止、心理情操系统地纳入一个尊卑有序的模式之中,要求人们依礼而行。

《仪礼》的成书年代说法不一,共有十七篇内容,它具体详尽记载了中国古代的礼仪制度,涉及上古贵族生活的各个方面。关于《仪礼》一书的作者及其年代,自古以来就存在分歧。古文经学家认为是周公所作,今文经学家认为是孔子所作。也有学者认为孔子作《仪礼》的说法比较合理,他们认为,《仪礼》文字风格与《论语》非常相似,其内容与孔子的礼学思想也完全一致,例如,孔子很重视冠、昏、丧、祭、朝、聘、乡、射八礼,而《仪礼》十七篇正是记述这八种礼仪的,不应该说这是一种巧合。

《礼记》是中国古代一部重要的典章制度书籍,是战国至秦汉年间儒家学者解释说明《仪礼》的文章选集,是一部儒家思想的资料汇编。《礼记》的作者不止一人,写作时间也有先有后,其中多数篇章可能是孔子的七十二弟子及其他学生们的作品,还兼收先秦的其他典籍。《礼记》有大约9万字,内容广博,门类杂多,涉及政治、法律、道德、哲学、历史、祭祀、文艺、日常生活、历法、地理等诸多方面内容,集中体现了先秦儒家的政治、哲学和伦理思想。

《周礼》、《仪礼》与《礼记》合称"三礼",是中国最早的礼制百科全书,标志着中国古代礼仪进入成熟时期。"三礼"的出现对后人礼仪思想的发展起到了推动促进作用,对中国文化产生了深远的影响,也使后世的人们不断从中寻找华夏民族的思想根源。

3. 礼仪的变革阶段

公元前771年到公元前221年是我国的春秋战国时期,也是我国从奴隶制向封建制转变的过渡时期。这一时期社会经历了深刻的变革,奴隶制逐渐走向了崩溃,封建制度正在崛起。与此同时，孔子、孟子、荀子等诸子百家从理论的高度对礼仪进行了研究和发掘，他们在研究的基础上，对礼仪的起源、本质等均给予了系统的阐述，提出了许多经典理论，著就了许多名篇华章。

这一时期也是我国传统礼仪的重大变革时期。这种变革突出地表现在以下三个方面：一是礼制与礼俗的分流。二是从春秋时期开始，夏、商代建立而于西周完善的奴隶制的礼仪在许多场合已被废而不用，出现了所谓“礼坏乐崩”、“邪说暴行”不断发生的局面；新兴的利益集团开始创造符合自己利益和巩固其社会地位的新礼。三是春秋战国时期，学术界百家争鸣，以孔子为祖师的儒家学派逐步形成。

孔子是儒家学派的创始人，首开私人讲学之风，一生主要从事教育和文化活动。春秋时期，诸侯争霸，社会动荡加剧。当时曾发生弑君36次，亡国52个，天下大乱，礼崩乐坏。孔子认为治乱世，必须恢复礼制。孔子站在奴隶主阶级的立场上，将奴隶制崩溃、封建制兴起的春秋时代，看作“礼崩乐坏”、“邪说暴行”不断发生的大乱局面。孔子认为要制止这种局面，就要恢复周礼的权威，要“克己复礼”。

(1) 孔子的礼仪思想

孔子要求恢复周礼，并不是完全因袭周礼，而是结合当时的社会现状，提出了新的礼的主张，也是对周礼的补充和发展。例如，西周“礼不下庶人”，孔子打破了这一传统，主张“齐之以礼”；孔子所说的礼的基本意思是礼仪、礼制，突出了现实政治的含义，崇敬鬼神的色彩被淡化了。孔子的礼仪思想体系庞大，内容丰富，主要表现在以下方面。

① 孔子认为“正名”是行为的基础和标准。孔子针对当时多有发生的僭越非礼的行为，认为必须恢复周礼的权威，并提出了一套“正名”的统治方法。在《论语·子路》章中，孔子说：“名不正，则言不顺；言不顺，则事不成；事不成，则礼乐不兴；礼乐不兴，则刑罚不中；刑罚不中，则民无所措手足。”这里的“名”，即指人的“名分”。所以“正名”就是正名分，用宗法社会等级秩序为标尺，用礼来定名分，划等级，人们各守其位，各守其礼，用礼来辨正和规定君臣、父子的名分。其内容就是要做到“君君、臣臣、父父、子子”(《论语·颜渊》)。也就是处在君的位置，应该具有与君的名称相匹配的品行，处在臣这个地位的人，应该具备臣这个名称所应有的品行。所以孔子认为正名是制止奴隶制崩溃，恢复统治秩序的有效方法，认为“名分”是礼的精神实质。

② 孔子礼仪的思想核心是“仁”。仁是春秋时代的新观念，指一种美好的品德，既包含了德的最高观念，也包含了一般的道德规范，涵盖了一切的优秀品质。孔子在礼方面的革新，就是把仁引入礼，进一步塑造了人类的精神世界。孔子以前，“礼”分祭祀之礼和确定人们尊卑贵贱、长幼之序的礼，孔子刻意把二者分开。对于祭祀鬼神之礼，他尽量淡化，自己不谈论“怪、力、乱、神”，对于人际关系之礼，孔子则着力把仁引入礼，从而把礼从对神灵的膜拜引向对人类伦理道德的追求，走向人生哲理的探究，给礼带来从内容到形式的深刻变化，确定仁为本，礼为用，礼依附于仁，要为仁服务。孔子提出的“仁”是一种全面的道德行为，要做一个“仁人”，就要具备五种品德：“恭、宽、信、敏、惠。”这里孔子用这五种品德规范了人们的言行举止，使“仁”以礼的形式得到了表现。

③ 孔子还提出了“礼治”的观点。孔子认为礼是治国安邦的基本法度，主张以礼治国，用礼治德化与政令刑罚相结合以加强思想统治。他说：“道之以政，齐之以刑，民免而

无耻；道之以德，齐之以礼，有耻且将。”(《论语·为政》)而“上好礼，则民易使也。”(《论语·宪问》)更是告诉人们，礼之要在敬，在和，在上位者能知好礼，在下民众就易于使命了。他是主张以礼治国的最有代表性的人物。

④ 孔子强调以礼规范行为。孔子认为“不学礼，无以立”，《论语》里有七十四处谈到礼，孔子要求人们用礼仪规范约束自己的行为。孔子很注重实践，对人要“听其言，观其行”。《论语》中多处记载了孔子平时谨慎守礼、遵守社会公德和社会秩序的表现，同时他也要求人们做到行为举止符合规范。因而孔子教诲弟子要“非礼勿视、非礼勿听、非礼勿言、非礼勿动。”(《论语·颜渊》)认为：“人而无礼，虽能言，不亦禽兽之心乎?”

孔子的礼不是仅限于典章、制度、仪节、习俗，而是从人出发，在对当时社会文化、政治、伦理道德、自然科学的历史研究和实践观察中，运用简单的唯物辩证思维所得出的一些朴素的哲学规律，并将其加以运用。

(2) 孟子的礼仪思想

孟子继承和发展了孔子的“礼治”理论，其“仁政”主张、性善学说、“万物皆备于我”的观点，都与孔子的思想有渊源关系，并进一步发挥了孔子的思想。他把“仁”的思想发展为系统的“仁政”学说，“仁政”主张、性善学说反映出伦理本位的人本主义思想，为后来中国封建社会儒家政治思想奠定了理论基础。孟子仁政学说的中心内容是主张“德治”，“以德服人”。在他看来，依靠道德使人民服从，人民就会心悦诚服。仁政学说的基础是“性善论”，认为人们的道德修养不仅必要，而且可能，所以他把礼解释为对尊长和宾客严肃有礼，即“恭敬之心，礼也”。孟子把“礼”看作人的善性的发端之一，而人要达到礼的标准和高度，根本的问题是要自我反省，反求诸己，专心致志地向内心追求，就会获得精神上的幸福和快乐。

(3) 荀子的礼仪思想

荀子是儒家的重要代表人物之一，他的观点较为激进，既注重“隆礼”，又要求“重法”。与孟子的思想主张不同，荀子主张“性恶”论，认为人性是先天的，是与社会道德规范不相协调的，只有通过个人的努力才能转化“恶”的人性，只要通过教化和学习，“人皆可以为尧舜”，实现自身的圆满和完善。荀子的思想继承了儒家传统的礼制思想，又具有法家法制思想的因素，强调礼在为人、做事、治国方面的作用。荀子把“礼”作为人生哲学思想的核心，认为“礼者，人道之极也”，把“礼”看作人的根本目的和最高理想。他认为“国无礼则不宁”，礼是“国之命”，“人无礼则不生”，认为礼是法的根本原则和基础，礼是法的根据、法的总纲，而法是礼的体现、礼的确认。他十分注重建立新的封建等级制度，把“建国诸侯分土而守”作为礼的主要内容，认为礼就是使社会上每个人在贵贱、长幼、贫富等等级中都有恰当的地位。

纵观这一时期“礼”的思想可以看到，孔子、孟子、荀子对“礼”的理解非常宽泛。在这一时期，“礼”不仅涵盖了社会道德，还包括政治、经济、军事和文化制度在内的国家典章制度或礼乐制度，并成为统治者治理国家的有效手段。孔子、孟子等的礼仪思想，构成了中国传统礼仪文化的精髓，对后世礼仪的发展产生了重要影响，奠定了古代礼仪文化的基础。

4. 封建礼仪的形成、强化和衰落阶段

这一时期是指秦、汉时期到清朝末年。随着封建制度的建立，封建礼仪也随之形成。封建社会的强盛时期，封建礼仪得到了强化；随着封建社会的衰落，封建礼仪也进入衰退时期。这一时期礼仪的重要特点是：尊君抑臣、尊父抑子、尊夫抑妻、尊神抑人。

以孔子、孟子为代表的儒家思想不仅使中国古代礼仪有了一次重要的变化，而且对这一时期礼仪的发展也产生了很深的影响。中华民族思想文化的统一是在秦汉时期，儒学经过西汉唯心主义思想家董仲舒的改造，由先秦时期的百花争鸣变为"独尊儒术"。董仲舒主张政治上要德刑并用、礼乐教化、德政为主、刑法为辅，在思想文化上主张"罢黜百家，独尊儒术"，把以孔子为代表的儒家思想定为封建社会的统治思想。

为了把儒学定为一尊，董仲舒提出了"天人合一"说，"为儒家的伦理道德披上了神学的外衣，建构了一个以天人感应为核心、以阴阳五行为骨架的神学观念体系"。儒家讲"君君、臣臣、父父、子子"，讲恭、宽、信、敏、惠，讲仁、义、忠、信等，董仲舒在此基础上提出了"三纲五常"的封建伦理。"三纲"是君为臣纲、父为子纲、夫为妻纲，"五常"是仁、义、礼、智、信。董仲舒把伦理准则归于"天意"，他通过神秘的阴阳五行说来说明"三纲"和"五常"是"出于天"，都是"天"的意志的表现，"王道之三纲，可求于天"，"三纲"的主从关系是绝对不可以改变的。

董仲舒将新儒学神学化，使儒学从此神秘化、庸俗化。在漫长的封建时代，董仲舒的学说一直被奉为人们日常生活的礼仪准则。它一方面作为一种无形的力量约束着人们的行为，调整、整合、润滑着人际关系；另一方面它又逐渐成为人们个性发展、平等交流、思想自由的障碍。

宋朝时期，礼仪又有了长足的发展，封建礼教又发展到了一个高峰。宋代礼仪的发展有两个特点：一是程朱理学的出现；二是礼仪向家庭迅速扩延。礼仪规则也分化为两个部分：一是与国家政治息息相关的礼仪制度，包括政府的一系列礼仪仪式，如祭祖、祈年、祈天、参圣等；包括人们在日常政治活动与社会交往中应遵守的行为规范，如君臣之礼、师生之礼、朋友之礼等；还包括不同等级、不同身份的人在公共场合的言辞、服饰、举止等的规定。二是指家庭礼仪，如祖孙之间、父子之间、母子之间、兄弟之间、姊妹之间、夫妻之间、叔嫂之间、翁婿之间、婆媳之间、主仆之间等都有不同的礼仪区分。

近代社会，资产阶级登上了历史舞台，在经济基础和上层建筑领域进行了伟大的变革，礼仪又发展到了一个重要历史阶段。当今国际上通用的一些礼仪绝大部分是这个时期保留下来的。近代中国，西方文明也强烈地冲击着中国传统的礼仪，清朝的国门被西方列强攻破后，中外交往频繁，当时清朝坚持要求外国使节按中国礼仪觐见皇帝，行三跪九叩之礼，而外国则坚持使用西方通行的礼节鞠躬、握手等，以体现人格的平等。清政府与西方人在礼仪形式上的分歧，反映了封建等级制度与西方近代文明之间的冲突。

辛亥革命后，西方文化大量传入中国，一些传统的礼仪规范和制度被时代抛弃，自由、平等、民主的观念深入人心。随着社会观念的变化，古代沿袭下来的一些繁文缛节被人们遗弃，代之以更加简便、文明的新礼仪形式。新的价值观被推广和接受，西方礼仪被更多的人所接纳和运用。这些礼仪形式的变化不仅反映了时代变化的大趋势，也革新了中国传统礼仪中的封建落后成分，极大地推动了现代中国礼仪的发展。

5. 现代礼仪阶段

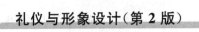

中国现代礼仪是在反帝反封建的基础上形成的,大约始于1911年民国初期一直到现在。

现代礼仪的发展依然根植于中国古代传统礼仪。辛亥革命的爆发,使西方文明有力地撞击了古老的东方文明,进而影响到人们日常生活的方方面面,礼仪文化首当其冲。人们抛弃了各种繁文缛节,在一定程度上破除了旧礼教的封建伦理道德观念,推动了礼仪文化的发展。比如,鲁迅的《阿Q正传》就从一个侧面展现了新旧礼仪更替、中西礼仪交融的奇特景象:既有脱去了长袍马褂,换上了西装、文明帽、文明棍的人,也有固守传统不愿变化的人。礼仪形式的变迁反映了时代的进步,反映了当时中国资产阶级以西方资产阶级革命的理性思想为武器以革除陈旧的陈规陋习的良好愿望。

新中国成立以后,出现了新型的社会关系和人际关系,人们的价值观和道德评价标准都有了与以往不同的表现。中国人民彻底推翻了三座大山,真正成为国家的主人,人与人之间同志式的互助合作关系替代了等级对立关系,人们平等相处、友好往来、互相帮助、团结友爱,形成了社会主义的礼仪原则和规范。在中国经历了"文化大革命"的十年动乱,优良的民族传统,良好的礼仪、礼俗被当作"封、资、修"彻底扫除,但融化在中国人血液中的崇礼、尚礼的观念却并没有被革除。随着我国改革开放,对外交流的不断扩大,人们也从封闭狭隘的空间中挣脱出来,重新返回了世界舞台。在与世界不同国家、不同民族的人们交往过程中,人们不仅了解了各国的风俗民情,而且还兼容并蓄,以开放的姿态吸纳了国际通行的礼仪规范。人们也认识到,我们在"拿来"的同时也不能抛弃我们自己的优秀民族文化,要保有自己民族良好的礼仪规范,才能真正做到弘扬中华民族文化,推进中国现代礼仪的不断发展。

1.1.4 礼仪的特点

作为一种普遍存在的文化现象,礼仪呈现出了自身独具的特点。掌握、探究礼仪的特点,可以更深刻地理解礼仪的本质,更好地在生活中运用礼仪。

1. 规范性

礼仪是人们在社交场合与人交往应遵守的各种行为规范的总和。这种规范不仅约束着人们在各种场合的言谈话语、举止行为,而且也是一种衡量他人、判断自己是否自律、敬人的尺度。礼仪是约定俗成的惯用形式,任何人想要在交际场合表现得合乎礼节规范,就要对礼仪无条件地遵守。这就是礼仪的规范性。

2. 普遍性

古今中外,从个人到国家,礼仪无时不在,无处不在。凡是有人类生活的地方,就存在各种礼仪规范。从远古时期的图腾崇拜、敬神仪式,到现代社会的各种不同民间礼仪形式,礼仪并不因时间的流逝而消失,而是普遍地存在于社会生活的各个方面。现代社会,礼仪也渗透到社会生活的各个领域。从政治、经济、文化到人们的日常生活,礼仪无时无刻不参与、规范、制约着人们的活动。大到一个国家的庆典,小到一个企业的开张志喜,再到人们日常生活中的接待、宴请,都需讲究礼仪规范。礼仪普遍存在于人们生活的各个领域,所以礼仪具有普遍性。

3. 传承性

礼仪是人类文化的一个组成部分，伴随着人类文化的发展，礼仪的发展也经历着一个剔除糟粕、继承精华的过程。离开了对本国、本民族既往礼仪成果的传承，就不可能形成当代礼仪，这就是礼仪的传承性。

作为一种人类的文明积累，礼仪将人们在交际应酬中的习惯做法固定下来并逐渐形成自己的民族特色。这不是一种短暂的社会现象，而且不会因为社会制度的更替而消失。表现人类共性的习俗和反映劳动者高尚道德的礼仪得到了继承和延续，而那些代表对以往统治者顶礼膜拜的繁文缛节则已消失在历史的长河中。例如，古代磕头跪拜早已被现代的握手敬礼所替代，至于古代朝见天子所需的三跪九叩，更早已被抛进历史的垃圾堆。而“温、良、恭、俭、让”、“尊老爱幼”的行为规范则得到了弘扬。

礼仪的这种继承和延续，不仅反映了礼仪发展的一脉相承，更突出了人类对文明进步的向往和追求。所以，礼仪的传承性必将随着人类历史的不断进步而发展。

4. 变动性

礼仪是人类社会发展的产物，具有鲜明的时代性。但礼仪文化在对传统继承和发扬的同时，也不是一成不变的，而是有所创新，有所吸纳。礼仪的变动性主要表现在两个方面：一方面，礼仪文化随着时代的不断进步而产生形式、内容上的变化。例如，中国传统节日中，过年是最隆重的节日，“过年”的礼仪随着时代的变化而有所更替。从最初过年是为了驱赶怪兽“年”到现在的阖家团圆；从过年点燃空竹筒，门上挂红布到现在燃放礼花，贴充满文化气息的春联；从过去登门祝福拜年到现在短信、电话拜年等，都体现了礼仪因时代发展而产生的变动。礼仪的变动性与继承性是相辅相成的，并与社会时代的发展密切结合在一起。另一方面，随着国家民族之间的交往范围日趋扩大，世界各国、各民族间的政治、经济、思想、文化等诸多因素也相互影响渗透，使不同国家、民族的礼仪都出现了或多或少的改变。例如，在餐饮礼仪中，我们不仅保持了中国传统礼仪的特色，同时也吸纳了西方礼仪中“进食噤声”、“重视交际”的礼节要求。

5. 限定性

礼仪是一种规范，适用于一定的场合。但每一种礼仪规则都不是放之四海皆准的唯一标准。在不同的场合，面对不同的交往对象，礼仪的标准、做法、程度等也会有所不同，有时可能差异很大，这就是礼仪的限定性。例如，一个成年人在生活中对老人要谦恭尊敬，关心适度，对孩子要呵护备至，及时鼓励，适当奖励，这样的家庭一定是和谐幸福的。但是如果把对孩子和老人的礼节态度换位，就不符合特定的场合和交往对象的需求，就会使人感到困惑，甚至会冒犯他人。所以，了解礼仪的限定性，可以使人们在交往场合更好地运用礼仪，使人们的言行举止更符合礼仪规范。

6. 差异性

不同的文化背景产生不同的礼仪文化，不同的地域文化决定着礼仪的内容和形式，所以民间有“十里不同风，百里不同俗”的说法，这就是礼仪的差异性。礼仪的差异性表现在两个方面：一是不同国家、不同民族，其礼仪习惯和礼仪文化差异很大。例如，见面的问候礼节，不同民族的人们就可以采用握手礼、亲吻礼、鞠躬礼、碰鼻礼、吻脚礼、合十礼等不同的表达方式。这些礼仪形式的差异是由不同地方的风俗文化决定的，具有约定俗成的影响力。二是同样的礼仪规则,会因为不同的时间、地点和不同的交往对象而呈现出一定的差异。例如,在一般的交往场合,要表达对孩子的喜爱,人们往往会伸手抚摸孩子的脑袋,以表达关切之情。但这样的做法在泰国却被视为无礼的表现,信奉佛教的泰国人认为人的脑袋是不能随便抚摸的,因为头顶是神灵居住的地方,一般人触摸这里,是对神灵的大不敬。再如,现代人们讲究就餐礼仪,同样是要通过得体的举止表达对一同就餐人的尊敬,在饭店和家里,礼仪的表达方式和程度会有所差异。

礼仪差异性的存在,要求人们在社交活动中,既要正确掌握社交礼仪的规范,又要灵活运用,充分考虑到交往的时间、地点、场合和交往对象的不同,使自己在社交场合保持良好形象,促使交往成功。

1.1.5 礼仪的功能和原则

礼仪是人们共同遵守的一种准则和规范。在社会生活中,人们往往把讲究礼仪作为一个国家和民族文明程度的重要标志。对个人而言,礼仪是衡量社会个体道德修养水平的尺度。所以,礼仪以其自身所特有的功能,指导着人们的一言一行,一举一动。同时,礼仪功能的发挥又必须借助于现实的礼仪活动,并且以遵循礼仪的基本原则为前提条件。

1. 礼仪的功能

(1) 礼仪有助于塑造良好的形象

塑造形象是礼仪的重要功能,包括塑造个人形象和组织形象两部分。

礼仪有助于塑造良好的个人形象。随着社会的不断发展,人与人之间的沟通与交流变得越来越频繁,人与人之间存在着各种各样的人际关系。人们不仅归属于特定的民族、国度,而且又与身边的亲朋好友、同学同事等构成错综复杂的人脉网。这种复杂而微妙的人际关系对身在其中的人们提出了很高的交际要求,即用最恰当、最合适的礼节去对待每一个人。所以,只有讲究礼仪,才能塑造良好的个人形象,才有助于社交成功。在社会生活的大部分时间里,人们总是以个体形象角色出现,代表着自身存在的意义。而人们相互之间印象的形成往往依赖于各自的感官判断,即总是以一定的仪表、服饰、言谈、举止等因素来形成对对方的初步印象,也就是通常所说的第一印象。第一印象的形成基于人们对对方表露出的少量信息的归纳和以往经验的综合运用,是不够理智和客观的。但这种现象又是普遍存在的,犹如人的心跳,你感觉不到它,而它又确确实实在那里,所以,社交活动中印象的形成过程极容易产生偏差,这种偏差有可能造成不良后果,从而导致社交的失败。

现代社会,人们普遍重视形象的塑造,气质的提升,社交礼仪正好可以承担起这种功能,帮助人们塑造良好的个人形象:整洁大方的个人仪表,得体的谈吐,高雅的举止,良好的气质风度等。这种秀外慧中的形象必定会给对方留下深刻而又美好的印象,从而建立彼此间的信任和友谊,最终达到社交成功的目的。所以礼仪就是人际交往的润滑剂,对人们相互间表达感情、增进了解、树立形象起着至关重要的作用。

礼仪有助于塑造良好的企业形象。人具有社会性,在社会体系中每一个人都会归属于某个组织、某个部门。个人形象的好坏会直接影响到企业形象。企业形象是社会公众与消费者对企业的整体印象与评价，是企业为了适合消费者和社会大众的发展，按照自己一定的标准和要求，运用企业标志、创意策划、广告宣传和公共关系等手段，把以企业价值观为基础的企业经营理念，通过自身行为和各种传达方式表现出来，使消费者和社会大众对企业形象有完好的评价与认同，并以此形成对企业的整体看法和美好印象，从而使企业创造出一种理想的经营理念。企业形象由无形要素和有形要素两部分构成。无形要素包括企业制度、理念、信誉以及员工素质等方面，是企业文化的重要组成部分，更多地表现为企业深层的内部的形象。它的构成对企业的影响是长期的，深刻的。有形要素包括产品形象、业绩形象、环境形象、员工形象和社会形象等方面。

企业人员的个人形象在塑造企业形象方面有非常重要的作用。现代企业管理理论认为，个人在企业中不仅只代表个体，还在很大程度上代表企业形象。他们的精神风貌、言谈举止、工作态度、仪表服饰都是企业形象的人格化的最为直接的表现。这就不仅要求个人在企业中要有明确的职业定位，还特别强调企业成员对本组织的忠诚度和责任心。企业员工良好的个人形象不仅能从一个侧面展示企业风貌，还能为企业创造更大的利润。通过礼仪的学习，可以培养企业员工优良的精神状态，掌握礼仪的基本常识，为塑造良好的企业形象服务。

(2) 礼仪有助于加强沟通和交流

沟通是人与人之间的信息交流，是为了设定的目标，把信息、思想、情感在个人或群体之间传递，并达成协议的过程。沟通的方式有很多种，可以是语言的也可以是非语言的；可以是口头的、书面的，也可以是肢体的。

在生活中要达到良好的沟通目的，就要讲究礼仪。礼仪运用的恰当得体可以为沟通带来更好的效果。比如，讲究仪表礼仪，可以使人着装大方得体，适合特定的场合，形象清新自然，这不仅是自尊的表现，也是对交往对象的尊重。讲究仪态礼仪，可以使人的行为举止落落大方，彬彬有礼，给人亲切感和权威感。

(3) 礼仪有助于提升社会文明程度

社会性是人与动物的区别。人的社会化是个贯穿一生的过程，是通过社会的教化和自我的内化实现的。人的社会化是使未来的社会成员通过学习和掌握人类文化及各种行为规范，逐步成为一名符合社会要求、适应社会生活的人。人在社会化过程中，要学习很多东西，而礼仪教育则是这个过程中接触最早、最多的内容。比如，当婴儿牙牙学语的时候，父母亲朋就会教给他们正确的称呼；当有人离开时，婴儿也会模仿成人说“再见”；当儿童到了学龄前期进入幼儿园时，老师也会不厌其烦地教育他们对人要有礼貌，要懂得友爱和谦让，懂得尊重和关爱。

礼仪水平的高低是一个国家、一个民族文明程度的重要标志，是一个民族精神风貌的体现，也是衡量社会成员道德水平高低的尺度。如果每一个社会成员都能在礼仪方面加强自我修炼和自我约束，全社会的文明程度会大大提高，社会也会更加和谐地向前发展。

(4) 礼仪有助于形成完美人格

从心理学角度看，人格是表示一个人所具有的各项重要的和持久的心理特征的总和，它反映了一个人的基本精神风貌和行为方式。“人格的主要结构就是人的表里的统一体。”人格的形成很大一部分来自遗传,但后天的养成和自身的努力更为重要。礼仪是一种行为规范,对人的要求包括表里两个方面,它要求一个人既要有与人为善、开朗豁达的内在道德观念和情感,又要求一个人有彬彬有礼、优雅得体的言行举止。而要做到内外兼修,礼仪的学习就显得尤为重要。受过良好礼仪教育的人,无论是内在素质还是外在行为方式,都会有优秀的表现。正如洛克所说:“礼仪的目的与作用使得本来的顽梗变柔顺,使人们的气质变温和,使他敬重别人,和别人合得来。”所以,认真学习礼仪知识、自觉遵守礼仪规范,会有助于形成个人的完美人格。

2. 礼仪的原则

(1) 遵守原则

礼仪规范为维护社会活动稳定和有序而形成,反映了人们的共同利益和要求。社会上每个成员都应自觉遵守执行,如果违背了礼仪规范,就会受到社会舆论的谴责。

任何人,不论身份高低、职位大小、财富多寡,都有自觉遵守、应用礼仪的义务;否则,就会受到公众的指责,交际就难以成功,这就是遵守的原则。没有这一条,就谈不上礼仪的应用、推广。

(2) 尊重原则

孔子说:“礼者敬人也。”敬人原则就是要求人们在交际活动中与交往对象互相谦让,互尊互敬,友好相待,和睦共处,将对对方的重视恭敬友好放在第一位,这也是礼仪的重点与核心。

苏格拉底说:“不要靠馈赠来获得一个朋友,你须贡献你诚挚的爱,学习怎样用正当的方法来赢得一个人的心。”可见在与人交往时,真诚尊重是礼仪的首要原则,只有尊重他人,方能创造和谐愉快的人际关系。

人际关系中必须尊重对方的人格尊严,尊重是礼仪的情感基础。人与人之间彼此相互尊重,才能保持和谐愉快的人际关系。做到敬人之心长存,处处不可失敬于人。失敬就是失礼。尤其要注意不可侮辱对方的人格。

(3) 适度原则

《菜根谭》中有这样一句话:“花看半开,酒饮微醉,此中大有佳趣,若至烂漫酕醄,则成恶境矣。履盈满者,宜思之。”在哲学上,“度”指的是一定事物保持自己质的数量界限,超过这个界限,就要引起质的变化。在人际交往中情感的表达也有一个适度问题,这就是:待人既应彬彬有礼,又不低三下四;既要殷勤接待,又不失庄重;既要热情大方,又不轻浮谄谀,把握好各种情况下的社交距离及彼此间的感情尺度。

现代礼仪强调人际交流中要把握适度性,例如,要注意不同场合的交际距离,以免使人尴尬;对人要热情相待,又不能过度讨好;旅游工作人员在接待外国宾客时,言谈举止要大方得体,适度从容,要以民间外交官的姿态出现,要维护国格和人格。凡事过犹不及,运用礼仪时,假如做得过了头,或者做得不到位,都不能正确地表达自己的自律、敬人之意。当然,运用礼仪要真正做到恰到好处,恰如其分,只有勤学多练,积极实践,此外别无他法。

(4) 从俗原则

由于国情、民族、文化背景的不同,在人际交往中,实际上存在着“十里不同风,百里不同俗”的现象，一些我们习以为常的行为习惯在另外的环境中可能就让人难以理解。所以，美国礼仪学家罗杰说：“好的举止在他国也会是失礼的行为。”尤其是现代社会，人际交往的广度和深度都在不断增加，不同民族间的交流更加频繁，从俗原则已经成为人际交往的重要原则之一。

从俗原则实际上表达的是对他人生活习惯和礼仪规范的尊重，也是对异于本民族的文化传统的认同。从俗原则反映的是人们对他人的一种包容心理，是更高层次的自尊和敬人。在人际交往中要正确运用从俗原则，不要自高自大，唯我独尊，简单否定其他人不同于己的做法。必要时，必须坚持入乡随俗，与绝大多数人的习惯做法保持一致。

(5) 自律原则

自律就是自我约束，就是时时处处用礼仪准则规范自己的言行举止。日常生活中，人际交往是非常重要的一个方面，商务往来，更是离不开同各种各样的人打交道。不失足于人，不失色于人，不失口于人，语言之美，穆穆皇皇，这是古人之训。现代社会中同他人交往，同样不可随心所欲。

“己所不欲，勿施于人。”若是没有对自己的首先要求，人前人后不一样，只求诸人，不求诸己，不讲慎独与克己，遵守礼仪就无从谈起。遵守自律原则的最好做法就是在人际交往过程中，在心中构筑起一种道德信念和行为修养准则，以此来约束自己的行为，实现自我教育，自我管理。

(6) 宽容原则

宽容原则的基本含义是要求人们在交际活动中运用礼仪时，既要严于律己，更要宽以待人。宽容实质上是一种做人的精神境界，就是与人为善。容许别人有行动和判断的自由，对他人不同于自己观点和见解有听取的耐心和尊重。在人际交往中，宽容是创造和谐人际关系的法宝。要多容忍他人，多体谅他人，多理解他人，而千万不要去求全责备，斤斤计较，过分苛求，咄咄逼人。

1.1.6　中西方礼仪比较

礼仪是一种文化，体现和融合了各国的民族文化和基本的道德标准。礼仪文化的形成又是建立在全人类共有的人性之上。由于生存环境、历史发展和宗教信仰的不同，中国形成了独特的礼仪文化。较之西方礼仪，中国礼仪产生较早，形成体系更早，并且随着历史的发展和朝代的更迭，礼仪也在不断地变化、更新和完善。就中国礼仪本身而言，现代礼仪与传统礼仪已经发生了形式、目的等多方面的变化。同时，随着世界经济、文化等方面的高速碰撞，中国礼仪和西方礼仪文化也有了千丝万缕的联系，中国礼仪在纵向传承的基础上，有了横向的借鉴与融合。西方文化大量涌进中国，中国传统礼仪也不断受到西方礼仪文化的冲击。虽然中国和其他国家在民族文化、社会制度等方面存在着很大的差异，但礼仪作为人类文明的共同财富，一直被人们传承和延续着。纵观中西方礼仪文化发展，尤其是中国传统礼仪与西方礼仪相比，二者呈现出了既相互联系又迥然不同的特点。

1. 中国礼仪的特点

中国素有礼仪之邦的美名，重德行、贵礼仪的风尚一直延续至今，礼仪的形成和发展深受儒家思想的影响。中西方礼仪文化差异表现在人们日常生活的具体行为之中,如称谓称呼、交际语言、餐饮习俗、禁忌民俗等方面。这些方面的差异,体现出以下特征。

(1) 崇尚道德

“礼仪是中国传统文化的核心内容和精髓,礼仪与道德的结合是中国传统文化的重要特征。”在中国礼仪的表现形式中,礼仪不仅是人们日常生活的规范化的做法,也是社会道德的一种表现形式。礼仪作为人们在社会生活中遵循的行为规范和准则,它与道德的关系如水乳交融。礼仪是行为规范,人们遵守了礼仪要求,不仅可以完善自我人格,还可以使行为得到规范和修正,从而将人们的行为加以控制,使其符合社会道德的总体要求。

“礼者,德之基也。”在中国传统的价值观念中,人们崇尚道德,认为礼是做人的基础和前提,不懂礼,就谈不上基本的道德修养,也就无法在这个社会上立身,正如孔子所说,“不学礼,无以立。”所以在中国教育体系中,礼仪一直被纳入素质教育的范畴。

当前,我国正在建构新的国民礼仪体系,这个体系的建立,实际是依托家庭、学校、单位和社会的共同作用,进而在全社会广泛而深入地开展礼仪教育,使广大公民增强礼仪意识,掌握礼仪规范,学习礼仪准则,从而把社会道德内化为个体道德,变成个人的礼仪行为。

(2) 重视亲缘

“血浓于水”不仅是中华民族流传百年的俗语,也是中国传统文化的一种表现。在中国礼仪中,“血浓于水”也强调了人际交往中的一种重要因素——亲缘。

中国人重视家族和血缘关系,有很强的家族观念。在中国古代社会,人们以家族为本位,每个家族成员都把家族礼仪放在首位。人们认为国是家的放大,所以人际关系都是家族关系或这种关系的延伸。当人们把这种观念推而广之,就出现了“老吾老以及人之老,幼吾幼以及人之幼”的观念和做法。从礼仪初次完备的西周到科技发展的21世纪,敬老爱幼、尊祖先、孝父母之风依然存在。以亲缘为纽带的家庭关系是中国文化发展的最基本的载体。亲缘关系不仅是中国人强烈家庭宗族观念的体现,在礼仪具体运用的标准中,亲缘关系也成为重要的行为标准。例如,在一般的交际场合,人们更喜欢用亲缘性称呼与对方打招呼,即使在工作场合,当人们完全融入同一企业文化,彼此之间比较熟悉时,也习惯用亲缘性称呼代替职务性或职衔性称呼。

中国礼仪重视亲缘,在人际交往规则上就表现出忽视对方隐私的特点。例如,人们初次相见就有可能问到对方的职业、年龄、收入、婚否甚至更多细微的内容,这种行为不被认为是失礼,就在于人们内心深处强烈的亲缘情结,觉得只要熟悉了,对方就像自己的亲人一样,不用隐瞒,坦诚相见。中国礼仪表现出的天下一家亲的美好场景,在西方礼仪规范中是不被认可的,这也是中西礼仪的一大差异。

(3) 强调中庸

中国礼仪作为华夏子孙的行为规范,在礼仪的表现形式上更多地表现出强调中庸与顺序的特点。

中国人的谦逊和含蓄的人格特点,形成了礼仪方式的中庸特征。中庸是一种不偏不倚的尺度,是一种恰到好处,是一种最和谐的状态。中庸思想不仅是儒家思想的重要观点，也是中国人极为推崇的行为规范。不逾矩、彬彬有礼、正襟危坐、讲究分寸等，就表现了中国礼仪的这一独有特点。中庸的特点与西方人直率、个性的行为方式形成鲜明的对比。比如中国人通常的见面礼节是点头致意，或微微欠身然后握手，也可以行拱手礼，这样彼此之间可以保持一定的距离，体现男女有别，尊卑不同的礼仪观念，而西方人认为欠身显得自卑，身体相触的拥抱才更能表达亲切与真诚。而在赠送礼品的时候，一句“绵薄之礼，不成敬意，还请笑纳”表现了送礼者的谦虚与含蓄，其背后是送礼者费尽心机的精挑细选和诚意一片。收礼者则不论礼物是什么，都不能当着客人的面打开查看，这个行为其实传递着重情不重礼的价值理念。而西方送礼礼节中，则要求人们礼物不管贵重与否，一定会直截了当地说“这是我精挑细选的最好的礼物”，收到礼品后一定要当着客人的面查看，还要感情充沛地表达感谢、满意之情。

2. 西方礼仪的特点

西方礼仪主要是指以英、法、德、美、意等欧美国家为代表的具有西方民族特点的礼仪。西方礼仪萌芽于古希腊。古希腊哲学家对礼仪有许多精彩的论述。例如，毕达哥拉斯率先提出了“美德即是一种和谐与秩序”的观点。到了十七八世纪，西方礼仪在法国得到了全面的规范和提升。随着资产阶级群体的不断壮大，他们在包括礼仪规范在内的多个领域进行改革，如今西方社会的许多礼仪形式都是在当时形成并延续至今的。随着经济的不断发展，西方社会的文化、艺术等不断影响其他国家，同时他们的礼仪文化也被带出国门，开始影响着其他民族的礼仪文化。

中国礼仪，尤其是中国传统礼仪，是用来维护“君君臣臣父父子子”的等级秩序的，君以礼祭天，臣以礼祭君，子以礼祭父，礼仪与社会等级相一致，“礼不下庶人”就说明了礼并不注重于平级之间的交往，而是作为一种由上而下的强制的行为规范。与讲究群体等级与规范的中国礼仪相比，西方礼仪更讲求一种个体精神的体现，礼仪的基础是人人平等，用个体的完善构成整体社会的价值体系。西方礼仪的特点可以概括为以下几个方面。

(1) 强调个人至上

西方礼仪强调个人为本，个性自由，认为在不违背法律的前提下，个人拥有绝对的自由空间，个人尊严的维护是极其重要的。无论是在人与人交流沟通中还是个人独处时，都要求尊重个人隐私，同时也对他人的隐私和个人空间较为尊重。

西方人信奉每个人都是独立的，不依靠他人而存在，个人的权利任何人不得侵犯。即使在家庭生活中，夫妻关系也被看作男女双方的一种契约，双方都有独立的生活空间，不能随便干涉对方的社交自由。即便是父子关系，也与中国人的血缘亲情关系不同，他们把父子看作更为平等的个体，儿子帮父母干活、父母要给报酬的事例在西方社会很常见。个性的自由还表现在人们的生活习惯上。无论是服饰的选择还是行为方式，都力求凸显自己的鲜明特色。

(2) 强调交际务实

如果说中国礼仪讲求细致和周到，那么西方礼仪则强调务实和简单。强调务实的西方礼仪，注重人际交流中的实事求是，反对虚假造作，更不提倡过分的客套，也不认同过分的谦虚。

西方人强调交际务实还表现在人际交往中重功利和实际效益。人们在法律允许的范围内追求自身利益,并且不会被认为是不道德的,而对别人侵害自己利益的行为也绝不姑息,并且经常会以法律手段保护自己的权益。

(3) 强调女士优先

女士优先是西方礼仪很重要的一个原则,也是与中国礼仪区别较大的一个方面。西方礼仪强调,无论在什么场合,不仅要讲究男女平等,更要讲究尊重女性,女士永远有优先权,女士是被尊重的对象。因此,在西方一些高档的餐馆里,餐馆服务员中是没有女性的,她们应该是被尊重和服务的对象。不知道尊重女性的人,会被人认为是没有教养的人。由于受到中国传统文化的影响,中国古代是没有女士优先这个概念的。"三纲五常"的封建伦理观念使女性没有社会地位,没有个人的尊严与自由。虽然现代社会提倡人人平等,但几千年来形成的文化传统使人们还是更多地把尊重女性停留在口头。虽然现代礼仪更多地吸纳了西方礼仪的内容,但不尊重女性的现象还是时有发生。

中西方礼仪的差异是一种客观的存在,了解这种差异可以使人们更好地尊重和接纳不同的礼仪规范,同时用这种博大的胸怀构筑一个更加和谐、友善的社会。

1.2 礼仪与形象设计

在人们普遍以礼仪作为自己的行为标准时,一些常见的概念经常出现在我们的生活中,这就是"形象"、"形象设计"。走在街头,映入眼帘的大幅招牌,也经常能看到"形象设计"这样的字眼。因此,什么是形象,什么是形象设计,形象设计和礼仪有什么关系,也成为需要解决的问题。

1.2.1 基本概念

1. 什么是形象

现代汉语词典上对形象有这样的解释:"能引起人的思想或感情活动的具体形状或姿态。"从心理学的角度来看,形象就是人们通过视觉、听觉、触觉、味觉等各种感觉器官在大脑中形成的关于某种事物的整体印象,简言之是知觉,即各种感觉的再现。

在现代生活中,人们所说的形象由人的精神面貌、性格特征、外表长相、服饰打扮、言谈举止、生活方式、知识层次、社会地位等综合因素构成,这是广义的形象。生活环境的差异也使人们所拥有的形象构成因素千差万别,也造就了生活中形形色色、各具特色的人。狭义的形象是指由外表长相、服饰打扮、言谈举止等表层因素构成的人的形象。与广义形象相比,狭义形象的构成更简单也更浅层。

如果说狭义的形象只关注人的外在风貌,那么广义的形象则是外在风貌与内在情感修养的统一。一个人的完整形象是由内在形象和外在形象构成的,外在形象容易被感知,是感性的,内在形象是人的一种底蕴,是理性的。尼采说:"伟大的人是自己理性形象的扮演者。"这说明人的理性形象比感性形象更加重要,这是对人内在形象的描述。理性形象有更多的知性色彩,能固守自己的原则和标准,而感性形象则更柔性一点。当然,无论是感性还是理性的形象，都必须和社会相契合，必须适应社会和环境的需求。

每个人都有自己的独特表现，所以每个人都有自己与众不同的形象，并以此引起和影响他人的思想或感情活动。每个人都通过自己的形象让他人认识自己，而周围的人也会通过这种形象对你做出认可或不认可的判断。

在实际生活中，人们往往容易狭义地理解形象的概念，这就会造成形象塑造的简单化。形象不是人简单的外貌与装扮，而是一个人的综合素质，是人的内在本质的外化。

2. 什么是形象设计

形象设计是一个内涵很广泛的概念，在商业领域有企业形象设计，在艺术领域有艺术形象设计，这里所说的形象设计针对的是社会个体，是对一个社会人的形象从里到外做全方位的打造和修炼。形象设计不仅要使人的外在形象光鲜亮丽，还要提升人的内在的整体素养，使人的道德水平有全方位的提高。

形象设计又称个人形象设计，是给个人提供一个最佳的形象方案，通俗地说就是对人的“包装”。它的设计内容既包括外在形象，如服饰、化妆等，又包括内在形象，如气质、举止、谈吐、生活习惯、知识积累、审美标准等。个人形象设计根据人们的性格、职业、年龄、体型、气质、肤色等个人特点和所处环境等因素，结合一定的美学艺术知识，在发型、服装、化妆、饰品、个人行为以及心理方面进行形象指导，以充分展现个人风采，为其生活和工作增加一份自信、魅力和色彩。

在国外，形象设计是一项很普通的服务，它的消费者主要是来自政界、企业界或演艺界的公众人士和渴求成功的人们，人们希望借此对个人的事业和未来人生道路产生良好的影响。其应用范围也极为广泛，从普通人形象品位的提升到商业等大的领域，都有形象设计的参与。在国内，真正意义上的形象设计也已有多年的历史，但它一直局限在演艺圈，就是对演艺明星的包装造型。随着时代的发展进步，中国人也越来越多地认识到形象设计的重要性，形象设计开始走入普通人的生活中。人们也把更多的时间和财富投入个人形象设计中来。

3. 礼仪与个人形象设计的关系

礼仪与个人形象设计是相互包容、互相促进的。礼仪是从社会规范的角度出发，把关注的视角投放在一个广阔的领域，既关注人自身的修养和发展，也关注个体在整个社会环境中的表现，同时涉及不同民族、不同文化背景中的人际交流。个人形象设计则以个人为出发点，极力用符合规范的做法打造个人的良好形象，并提升人的内在修养。所以，礼仪中包含了个人形象设计，个人形象设计是礼仪的一个重要内容；个人形象的完善使人的礼仪表现更优秀，礼仪的学习和运用也使人的个人形象有很大的提高。

1.2.2 形象设计的重要性

形象设计在日常生活中有重要的作用，人们在求职面试、人际交往、处理人事关系等活动中都要有良好的形象，而个人形象设计就是提高个人含金量和生活质量的重要手段。从某种程度上说，懂得形象设计和包装，可以给人良好的第一印象，有可能把握重要的人生机会。

美国著名的形象设计师莫利先生曾对美国《财富》排名榜前300名公司的100名执行总裁进行调查,调查显示,这些总裁中97%的人认为懂得并能够展示外表魅力的人,在公司中有更多的升迁机会,93%的人认为会因为求职者在首次面试中有不合适的穿着,而拒绝录用他们。在西方政治家竞选时,竞选人的幕后策划班子中的四个最不能缺少的专业人才之一就是形象设计师。

在现代社会生活中,无论是职业人士还是即将毕业的大学生,都充分认识到个人形象设计的重要性,努力建立成功而自信的个人形象。人们寻求引人注目,同时注重建立职业权威感、可信度和影响力,培养高尚的品位,用个人魅力来展现一种自信、尊严、力量、能力。

1.2.3 形象设计的原则

个人形象设计的目的不仅是为了追求外表美,更主要的是为了辅助事业的发展和成功。所以个人形象设计就不是任意为之,而要遵守一定的原则。

1. 个性化原则

个人形象设计的关注点是个人,每个人的外在条件和内在素养也有很大差别。形象设计不同于舞台艺术,不同于时尚,更不同于别出心裁的奇异、古怪,要遵从个性化原则,不能盲目追赶潮流。

2. 系统性原则

形象设计是系统性工程,是对个人的全方位设计,在设计中既要遵循一般的设计规律,又要注重系统性原则,不能用局部的美化代替整体效果,不能用外在的改造代替内在修养的提升。

3. 协调性原则

形象设计要与个人的年龄、职业、所处环境相协调,只有以此为参照,才能设计出真正符合人的需要、真正美的形象。

4. 整体性原则

形象设计整体性原则有两层含义,一是形象设计是对个人由内而外的整体素质的打造;二是在形象塑造的过程中要综合运用色彩学、行为学、礼仪等多学科的知识,还要涉及成功心理学、社会心理学、哲学、人际沟通交流等知识。这些知识形成整体的形象设计理论,并共同作用于个人形象的塑造过程。

第2章 个人礼仪

2.1 个人礼仪概述

随着时代的发展，社会个体之间的交流日益增多。为保证交流的成功和效果，人们特别注重个人的言谈举止对交往对象的影响。好的开始是成功的一半，良好的仪表、得体的举止、恰当的谈吐，是影响交际能否顺利进行的较为重要的因素。所以，在社会交往中，人们首先要注重个人礼仪，以良好的个人风貌展现自我魅力，表达对交往对象的尊重，并以此为契机赢得交往的成功。

2.1.1 个人礼仪的概念

礼仪是人们在日常生活中应该遵守的各种行为规范的总和。个人礼仪是对个人社会形象的设计、塑造与维护的具体做法，是礼仪规范在个人言谈举止、行为习惯、道德修养方面的反映。个人礼仪是把社会个体从与他人交往的过程中抽离出来，是社会个体对自我的修炼和提升，并以这种良好的形象投入更广阔的社会交往中去。

个人礼仪是社会个体在个人生活领域所体现出来的符合“礼”的精神的行为规范。个人礼仪以个人为支点，是个人仪容、仪态、服饰等方面的具体规定，也是个人道德品质、文化素养、审美修养等精神内涵的外在表现。对个人来说，个人礼仪是文明行为的规范与标准；就民族而论，个人礼仪是一个民族文化与传统的表征。[1] 个人礼仪将关注的视角从个体与他人的交流中脱离出来，转而落实在对个人的审视上，所以个人礼仪的出发点是对社会个体的自我优化和整合。个人礼仪的内容主要包括仪容、仪态、服饰、表情、化妆等内容。

2.1.2 影响个人礼仪的因素

人们对个人礼仪的重视，与社会发展和文明程度的提高有关。考古发现，早在人类的祖先还没有进入文明时期，他们就开始注重自我修饰，如山顶洞人就学会了用兽皮缝制衣服御寒遮体，把贝壳串起来挂在脖子上。

随着社会的发展，人类文明不断进步，个人道德修养水平的高低直接以个人礼仪的

① 蒋璟萍．礼仪的伦理学视角[M].北京：中国社会科学出版社，2007.

形式呈现出来。孔子告诉人们:“人不可以不饰,不饰无貌,无貌不敬,不敬无礼,无礼不立。”马克·吐温则说:“服装建造一个人,不修边幅的人在社会上是没有影响的。”如果说社会的进步对人们的个人礼仪提出了要求,那么促使人们自觉进行个人礼仪修炼的原因又是什么呢?

1. 心理因素

人们在与人交往时,往往首先通过对对方的直接印象加以判断,包括对方的表情、着装、姿态等,其次才会考虑到交流的实质内容。也就是说个人的言谈举止直接影响到交往双方的心理。所以人们在生活中总是自觉或不自觉地运用个人礼仪,以期为对方留下美好的印象。

个人礼仪与人们的心理有很大的关系。人们把与他人交往中的初次感受称为第一印象。第一印象又称为初次印象,指两个素不相识的陌生人第一次见面时所获得的印象,主要是获得对方的表情、姿态、身材、仪表、年龄、服装等方面的印象。这种初次印象在对人的认知中起着很大的作用,它往往是交往双方今后是否继续交往的重要依据。第一印象在人们交往时所发生的这种先入为主的作用,就叫作首因效应。① 第一印象对我们认知他人并形成对他人的影响有非常重要的作用。因此,在人际交往中要形成稳定、和谐、健康、愉快的人际关系,除了后续交往的继续努力,第一印象的作用也不可忽视。因此,人们通过提高个人修养、加强个人礼仪的训练来获得良好的第一印象。第一印象是人们重视个人礼仪非常重要的心理基础。

据心理学家考证,第一印象的形成时间非常短暂,只有几秒到几分钟的时间。有行为学家这样概括说,在面试过程中,其他人对你的印象百分之九十都来自见面的最初四分钟,而这其中有60%～80%的评价都取决于无声的肢体语言。从某种程度上说,第一印象具有片面性,难免会对他人判断失误,产生偏见。但尽管如此,第一印象在我们的生活中依然起到了很大的作用。我们可以通过他人的言谈举止、服饰打扮来判断他人的性格特征、受教育的程度、家庭背景等,他人也通过这些方面来判断我们。② 人们曾总结出这样一个公式:55%+38%+7%=给他人留下的印象总和,即人的印象的形成55%取决于一个人的外表,包括服装、体型、化妆等;38%取决于人的自我表现,包括说话的语气、语调、声音、手势、姿势等;只有7%取决于交谈时所讲的内容。虽然我们不能用书的封面作为判断书的内容的唯一标准,但第一印象犹如生活中的潜规则,时时刻刻影响着我们每一个人。第一印象也犹如心跳,永远存在着,但一般情况下却不被我们感知。所以,在与他人第一次接触时的这种心理效应,要求我们更要注重个人修养,并且要全面提高个人的礼仪修养。

2. 社会因素

人类是群体生活的动物,人们都是在与其他社会成员的密切交往中度过一生的。这种交往不仅包括关系密切的家庭成员间的交往,还包括其身边的各种各样的社会群体。人们分属于各个不同的群体,各个不同群体间又彼此交错,形成了复杂多样的人际关系。所以,人生活在社会中要与周围的群体发生千丝万缕的联系,很难想象一个人完全地独

---

①② 崔丽娟. 心理学是什么[M]. 北京:北京大学出版社,2002.

立于社会之外，完全与世隔绝。除了有自闭症的人，大多数人都渴望融入社会。亚里士多德曾经说过，人在社会生活中，是难以不与其他人进行任何交往的。一个人如果不同其他人进行任何交往，那么，他不是一个神，就是一只兽。换言之，他就不会是一个正常的人。基于人际交往的频繁发生，在一定程度上使人们重视交往的过程，并从中获得生活的幸福感。所以，社会因素也是人们自觉运用个人礼仪的一个重要原因。

（1）社会角色

人类社会是一个有机的整体，每个人又都是一个复杂的个体。如果说人生是个大舞台，那么每个人都有属于自己的各种角色。比如，由于性格类型的不同，人们的角色便有了各种差异：老成持重型、活泼开朗型、抑郁孤僻型等，这是性格角色；由于血缘关系，人们又需要有家庭角色，比如，一个女性可以是女儿，也可以是妻子，但同时也可以是母亲、阿姨、姑姑等，这是家庭角色；由于社会分工不同，每个人都有属于自己的社会群体，并因所处的某一特定的职业位置而形成社会角色，如教师、医生、营销人员、管理者、军人、工人、农民等，这就是社会角色。

每个人在日常生活中都要扮演各种社会角色，这些角色既独立存在，又可以相互转化。根据社会交往的不同，人们在不同的场合往往扮演不同的角色。为了能达到人际沟通的最佳效果，人们往往很重视根据场合的不同做好角色定位和角色扮演，尝试用最好的方式来诠释自己的各种角色。比如，在家庭中力图做一个孝敬父母、爱护子女的好家长；在工作岗位上努力做一个称职、敬业的职业人等，以此表现现代人的能力、智慧、爱心等。如果混乱了角色，如把随意自然的生活角色带到职业场合，或把不加约束的性格角色带到为他人服务的场合，或把严谨刻板的工作角色带到温馨的家庭场合，就会带来不必要的误解和冲突，影响生活和工作的质量。

角色扮演除了认识的提高，还需要有外在礼节的参与，所以以塑造良好个人形象的方式来扮演最佳社会角色，则是一种最直接、最简易、最快捷的方式。这也可以称为角色定位。角色定位准确，可以使人能根据场合的不同确定自己的社会角色，做到“干什么，像什么”。比如，一名酒店的服务人员，在岗位上的角色就是服务于人，顾客就是上帝，顾客的合理要求就是工作的努力方向。即使这名酒店工作人员在家庭生活中受到万般宠爱和呵护，一旦角色定位为服务他人，那么就要收敛起所有的其他特征，用专心、周到、细致、热情、主动的态度对待顾客。

所以，每个人每天都要扮演的各种社会角色，促使人们注重个人礼仪修养，注重不同场合的言语、服饰、态度、表情等，努力使个人礼仪与自己的社会角色吻合，做到对人彬彬有礼，谦和礼让，恰当适度。

（2）个人的社会化

社会化是指人类个体在社会环境下，从自然人发展成为社会人的过程。所谓自然人，又称生物人，一般指刚刚出生的新生儿，他们对社会一无所知，又不具备人的社会属性，只有自然的生理性动机和需求。[①]“社会人”与自然人的不同主要是指人的社会属性的差别，其决定因素不是生物遗传因素，而是由社会因素，特别是教育决定的。通过社会

① 崔丽娟．心理学是什么[M]．北京：北京大学出版社，2002．

化,个体掌握了社会的道德和文化,学会了该社会的道德规范和道德行为,形成了独立的人格,产生了自我意识,最终成长为社会化的人。自然人只有成为社会人,才能更好地在社会上生存,这种转变过程,被称作人的社会化。现代生命科学研究,人有第二次成人的过程,用社会学知识来解释,就是人的社会化进程。社会化进程的顺利进行主要通过两种途径:一是社会教化;二是自我的内化。前者是一种外来的力量,后者则是内在的力量,即通过自我反省、自我总结、自觉选择、反复强化等,最终将外在的教化化解、吸收为内在的行动目标和动力。

个人的社会化不是一蹴而就的,而是延续一生的过程。随着生命过程的展开,人们不断获得更新、更多的社会知识,同时也不断修正着已经获得的、但与当下社会不相容的个人信息。所以,一个社会人是与时俱进的,社会化的过程也使人们的思维不会停留在过去的某个时刻,而是不断顺应当下的社会环境。

个人礼仪的获得、完善也是人社会化的一个方面。社会化的过程要求人们随着年龄的增长、社会环境的改变而不断地改变和完善自我,掌握人际交往所需的礼节规范,以良好的个人形象融入社会生活之中。所以,个人的社会化促使人们自觉地学习各种礼仪知识,而礼仪的学习同样也贯穿一生。

(3) 礼仪的历史演变

礼仪是现代人生活中必须遵守的行为规范,礼仪的形式和内容都经历了漫长的历史演变。从历史角度看,中外的个人礼仪在不同的阶段有不同的特点。以中国礼仪的发展为例,古代的礼仪建立在封建等级制度的基础上,以维护封建统治秩序为目的。当时的礼仪是一种特权,其适用的范围有限,即"礼不下庶人",严格的等级观念使得礼仪与平民百姓没有关系,而广大的劳动人民也在日常的劳动和生活之中形成了具有独特特征的民俗文化。在现代社会中,虽然不同阶层是社会的客观存在,但人们更强调人格平等,把对人的尊重作为礼仪的出发点和归宿。礼仪不仅从广义上包含了社会的各种规章制度,而且把关注的重点放在社会的每一个人上,其核心内容就是通过自尊和敬人的表达,把礼仪演变为人人都需要遵守的约定俗成的行为准则和习惯。

现代礼仪对人们的行为做出约束和规范,同时它又是非强制性的,更强调个人的自觉。当人们违反了礼仪规范时,不会上升到法律高度而受到惩治,但却要受到道德的评判和谴责。所以现代礼仪的实施需要每个社会成员的自觉,需要人们树立起一种内心的道德修养,自觉地遵守礼仪规范;否则,行为的缺失与不规范将使人在社会上处处碰壁。基于此,现代人们在讲究礼仪的同时,首先会从自我做起,通过对个人礼仪的修炼与积累,形成良好的个人形象和积极的人格心理,进而获得社会的承认和他人的尊重。

3. 文化因素

文化是一种社会现象,是一个国家或民族的历史、地理、风土人情、传统习俗、生活方式、文学艺术、行为规范、思维方式、价值观念等的综合反映。梁启超在《什么是文化》中称,"文化者,人类心能所开释出来之有价值的共业也";《现代汉语词典》中解释:文化是人类在社会历史发展过程中所创造的物质财富和精神财富的总和,特指精神财富,如文学、艺术、教育、科学等。

有学者研究认为,广义的文化指的是人类在社会历史发展过程中所创造的物质和精神财富的总和。它包括物质文化、制度文化和心理文化三个方面。物质文化是指人类创造的种种物质文明,包括交通工具、服饰、日常用品等,是一种可见的显性文化;制度文化和心理文化分别指生活制度、家庭制度、社会制度以及思维方式、宗教信仰、审美情趣,它们属于不可见的隐性文化,包括文学、哲学、政治等内容。狭义的文化是指人们普遍的社会习惯,如衣食住行、风俗习惯、生活方式、行为规范等。礼仪是一种文化,是一个国家文化与传统的象征。讲究个人礼仪,实际上是一个民族长久以来的精神文化积淀在个人身上的反映。个人礼仪与社会文明有十分紧密的关系,在日常生活中积累下来并被不断遵守的个人礼仪,就深深地植根于中国传统文化这块土壤,充分体现着中华民族传统文化的内涵。个人礼仪要求人们注重个人修养,注意自己的言谈举止,《论语》中就有这样的描述:"文质彬彬,然后君子。"这句话不是说某人很斯文,温文尔雅,而是说一个人美好的言行举止、外表体态,要和他的内在精神相协调相呼应,只有做到表里如一,才称得上君子。

个人礼仪虽然是一种隐性的社会文化,但个人礼仪却与我们的生活息息相关,时时刻刻约束着人们的行为举止。同时个人礼仪也借助社会文化得以不断地发展和延续,并成为人们自觉修正个人行为的一种无形力量。

2.1.3 个人礼仪的特点

礼仪与社会文化有密切的联系,得到社会普遍认同的行为准则为人们的共处创造了有序、和谐的氛围。个人礼仪作为礼仪的一部分,在指导社会个体的完美发展上有非常重要的作用。个人礼仪具有礼仪所共有的特点,同时也表现出其独有的特征。

1. 注重自我

礼仪是人类文明进化的产物,也是人与动物相区别的重要标志之一。礼仪使人际交往更加顺畅,使人们之间互相尊重,相互理解。而个人礼仪将关注的视角向内,更注重在人际交往之前的自我修炼,通过对自身仪容、仪态、服饰、表情等的不断塑造和提升,打造良好的个体形象。个人礼仪关注自我,不是自我封闭,也不是孤芳自赏,而是借助于个体修养的进步,去创造更优秀的人际交流通道,为进一步的合作交往创造良好的开端。

2. 自尊敬人

礼仪的核心是自尊和敬人。自尊来自社会个体的社会经验,并与精神健康紧密相连。在与周围人的比较中,人们产生了或高或低的自尊心。心理学家告诉我们,我们的自尊与我们同其他人之间的亲密关系的程度和类型紧密相关。要获得社会群体的认同,社会个体就要关注自身的修养。个人礼仪在自我美化时,已经有了获得他人认同的预期,这种预期无论从群体关系还是从个人心理来说都是自尊的表现。"敬人者,人恒敬之",只有尊敬他人,才能赢得别人的尊敬,个人礼仪在达到自尊目的的同时,也是对交往对象的重视与尊敬。这种双赢的结果,正是个人礼仪的本质所在。

3. 内外兼修

俄国的车尔尼雪夫斯基说:"要想成为一个有修养的人,必须具备三个品行:渊博的知识,思维的习性和高尚的礼节。"个人礼仪在美化人的外在形象的同时,也对人的内在修养提出了要求。个人礼仪要塑造个人形象,个人形象并不是简单的穿衣化妆和外表长相的相加,而是一个人的全面素质,一个由内到外都散发着自信、睿智、优雅、健康的形象。曾有这样的观点:个人礼仪有三个层次,自然美、修饰美、内在美。自然美是先天的,与人的遗传因素有关;自然美又是吝啬的,真正完美无缺的人少之又少。内在美是后天养成的,是不断积累的知识底蕴的表现;内在美是人人可以获得的,只要努力去做,就可以享有内在美的殊荣。修饰美是人为的结果,也是个人礼仪的关注点。只有修饰美而缺少内在美,人会显得浅薄而可笑,只有内在美而缺少修饰美,又不能全面反映一个人的精神面貌。

礼仪在一定程度上反映一个人的内在品行。有人说,心灵世界3/4是内在修养和品行,而1/4是通过礼貌、礼仪表现出来的。个人礼仪同时反映人的内心世界,著名礼仪专家英格丽说过,没有知识或知识不够,就会愚昧;不习惯思维,就会迟钝和蠢笨;没有高尚的礼仪,就是卑俗。

所以,要培养高尚的个人礼仪,同时还要修身养性,要保持乐观的生活态度,要有积极进取的人生理念。只有内外兼修,才能更好地展现个人的魅力。

2.1.4 个人礼仪的运用原则

1. 以美化自我为基点

礼仪是人区别于动物的根本标志。《礼记·曲礼》指出,"鹦鹉能言,不离飞鸟;猩猩能言,不离禽兽。今人而无礼,虽能言,不亦禽兽之心乎?"人类如果没有礼仪,即使能够说话,也是同禽兽一样。人以礼仪道德使自己区别于禽兽,礼仪使人成为人,并使人拥有高出于动物之上的本质特征。正是为了使人区别于禽兽,圣人才制礼作乐,以此来节度和引导人的行为。

个人礼仪的运用原则,就是让社会个体从自我美化出发,使个人形象日臻完美,使社会生活更加美好。运用个人礼仪,以自我美化为基点,也是在提升人的道德修养,使人们在任何场合都能够自觉遵从个人礼仪的规范与准则。

2. 以尊重他人为目标

个人礼仪虽然内容丰富,而且其运用的方式也随着交往场合和交往对象的不同而有所差异,但与人为善、尊重他人的本质和目标是不会变化的。

获得尊重是人的一种心理需求。当一个人正常地在社会上生活,就渴望融入这个社会,希望在生活中得到他人的尊重与认同。个人礼仪以自我完善为基点,通过美化个人形象,约束自己的言行举止,达到交流更加顺畅的目的。当人们以这样的面貌与人交流时,不仅表达了对交往对象发自内心的尊重之情,同时也会赢得对方的尊重。现代个人礼仪自尊与敬人的特点,要求人们首先表达出对他人的尊重,尔后就会获得他人的回报。在现实生活中,我们必须遵守这种具有浓厚感情色彩的自尊敬人、以诚相待的礼仪原则。

3. 以自然适度为要求

个人礼仪是对自我形象的关注和塑造。在运用个人礼仪进行自我美化时,同样要注意自然适度的原则。最好的个人礼仪的标准,一方面要考虑个人的年龄、社会角色等;另一方面还要注意交往的对象和场合。

塑造个人形象不能盲目。以女性为例,在着装方面,年龄偏大的女性不能为了"减龄”而比照少女去打扮，那样反而会因为服装的年轻而显露出穿着者的年龄感；职业女性要明白职场的服装打扮不是为了显示性别的魅力，而是为了突出个人的权威感，带给合作者值得信赖的感觉，一味追逐流行，会使他人失去对自己的信赖。

塑造个人形象要自然适度。在打造个人形象时，一定要认清个人条件，要有选择地运用一些要素去美化自己，但切不可跟风而动，让自己的形象成为时尚的试验地，不顾一切地在自己身上堆砌时尚元素。其实夸张的形象需要一定的场合，如果不考虑自己的具体情况，过分追求形象独特，不仅不会给人带来美的感受，反而会失去自己的个性。

除了以上三点，个人礼仪的运用原则还包括三 A 原则、人际吸引的相互性原则和热情的中心性品质原则。三 A 原则中的“三 A”指接受、重视、赞美，在英文里，接受、重视、赞美都是以“A”开头，所以称为三 A 原则。三 A 原则是服务礼仪中的一个概念，即服务人员在向顾客表达敬意时必须要抓住三个环节：接受对方、重视对方、赞美对方。这个原则把交往对象放在被尊重、受重视的高度，在日常的人际交往中也同样适用。在运用个人礼仪的时候，如果也能以三 A 原则来表达对交往对象的尊重，就可以促进人际交流的成功。

总之，个人礼仪的运用原则提醒我们，美好的个人形象是社会进步的标志之一，但要避免金玉其外，败絮其中，外表的精致终究掩盖不了内心的苍白。优秀的个人形象要和积极的人生态度、良好的心理素质、丰富的内心素养相配合。个人礼仪所追求的是向上的人生态度、尊重他人、追求人与人之间的和谐友爱，这也是美好、成功的个人形象的永恒原则。

2.1.5　掌握个人礼仪的意义

礼仪是中华民族的传统美德，长期以来被人们作为衡量为人处世的道德标准之一，也是体现国民素质的一个重要方面。良好个人礼仪的形成不能一蹴而就，必须通过人们后天的不断努力才能逐步形成。个人礼仪的学习和养成，不仅有助于个人素质的全面提升，而且有助于塑造优秀的个人形象，并可以提高整个社会的文明程度。

2.2　仪　　态

在日常生活中，人们通过各种方式进行人际交流与沟通。在这个过程中，人们不仅通过语言、声调交流思想，传递情感，还借助手势、表情、身体姿态等传递信息。前者被称为语言沟通，后者被称为非语言沟通。语言沟通是指人们把口头语言和书面语言作为沟通手段，非语言沟通是突出肢体语言、手势、目光接触等的作用，也被称为非语言交际手段。很多研究者都得出了相同的结论，就是话语的主要作用是传递信息，而包括肢体语言在内的非语言手段的使用，通常被人们用来进行人与人之间思想的沟通与谈判。在某些情况下，构成人的仪态的肢体语言可以取代话语，发挥传递信息的功能。比如，恋爱中的男女相约，女士无须开口说话，仅凭微笑的表情和温柔的眼神，就可以向男士传达“愿意和你在一起”的信息。莎士比亚说：“她的眼睛、她的脸颊、她的嘴唇都在说话。”非语言交际手段以“无声的语言”做媒介,向周围人传递比有声语言更丰富、更隐秘的信息。在礼仪范畴里,这种手势、身姿、表情等也被称作“仪态”。

2.2.1 仪态的含义

仪态是指人在外观上可以明显地被察觉到的活动、动作,以及身体其他各部分所显现的姿态,包含人体动态和静态的全部外观。从广义上说,仪态是人在行为中的姿势和风度,姿势是有意或无意的呈现,风度则是人气质方面的表达,二者结合,可以形成一个人完美的外在形象。从狭义上说,仪态只指人的身体表现的样子,是一种可以被感知的外在形态。

在日常生活中,人的仪态变化多端,一举手、一投足,一颦一笑,无不表现着人们丰富的内心世界,也诉说着有声语言无法表达的信息和情感。仪态作为有声语言的补充,比有声语言更微妙、含蓄、可信,也更真实地映射出一个人意识深处的真我。

2.2.2 仪态的意义

英国哲学家培根说过:“在美的方面,相貌的美高于色泽的美,而优雅得体的动作的美又高于相貌的美。这是美的精华,是绘画所表现不出来的。”培根的这段话告诉人们,仪态的美是高于相貌美的。如果说相貌的美可以修饰,仪态美则需要人们付出很多的努力才可以掌握,并作为个人风度的重要组成,有助于人们交际的成功。

仪态是一种身体语言,被广泛地运用于管理、沟通、自我展示等活动中。心理学家艾克曼总结身体语言的七项功能:提供信息、调节交流、表达亲和力、表达社会控制(等级、地位等)、表现功能、情感影响管理、协助达到任务。从个人礼仪的角度看,仪态在具有这七个方面功能的同时,其意义更多地表现在以下几个方面。

1. 良好的仪态可以展现人类独有的形体之美

一个人的仪态是他在与人交流时身体所发出的所有信号,包括正确的站姿,优美的坐姿,矫健的走姿,恰当的手势,真挚的表情等。古人对人的仪态也做过精彩的论述:站如松,坐如钟,行如风。无论是古代的标准还是现代的要求,都是对人们的形体动作进行规范,在展现人类特有的形体之美的同时,表达对他人的尊重之情。

在2008年北京奥运会开幕式上,礼仪小姐优雅的仪态赢得了全世界人们的喝彩。在开幕式现场,人们都把目光投向了代表国家形象的礼仪人员身上,与她们合影留念。她们无论是开幕式引导还是颁奖现场,都用精确、优雅的动作和甜美的微笑征服了全场观众。奥运礼仪小姐的站姿、行走、转身、微笑都有严格要求,她们的每一个动作都细化到厘米,如手臂与侧腰是一拳远的距离;动作规范到每一个细节,如端托盘时大拇指不能露在托盘外,引领时的动作规定是以髋关节为轴,前倾15°,角度不能多也不能少。尤其是颁奖时控制步速和颁奖衔接,更展现出仪态的训练有素和中国人特有的礼仪规范:几名颁奖礼仪小姐无论行走多远,间距始终控制在30厘米~40厘米,同时还要时刻留意颁奖嘉宾的步伐,保证托盘不能与嘉宾发生碰撞。礼仪人员轻盈美好的仪态和灿烂的笑容,为2008年的北京奥运会留下一抹艳丽的色彩。

在我国50周年国庆的盛大阅兵式上,昂首阔步从天安门广场行走过去的三军将士,用他们整齐划一、富有气势的仪态征服了人们。当他们从广场上通过时，每一步都是 75 厘米，脚离地面 25 厘米，军姿挺拔，步幅均匀，那种强大的气势不仅体现了我军将士的风采，更展现了中国人民的精神气概。

2. 仪态是有声语言的补充

达·芬奇说："从仪态知觉人的内心世界，把握人的本来面目，往往具有相当的准确性和可靠性。"仪态作为一种非语言交际手段，不仅可以单独作为人际交流的手段，同时也可以作为有声语言的补充，使信息传递更加准确。

比如，教师在课堂上讲课时，遇到重点的内容，总会想办法引起学生的注意力，教师通常采取的有声语言信号是加大音量、有意重复、突出重音等。同时，教师还会用比其他时间更加有力的手势语言，来补充强化所讲内容的重要性。在这两种信息的作用下，学生可以很快领悟教师所讲的重要内容。

同样，人在情绪激动时，往往伴随有大幅度的身体语言，如挥手、转身、握拳、瞪眼等，而人在情绪平和时，这些剧烈的身体语言会较少出现，而是以轻微、自然、随意的身体语言居多。

身体语言可以补充有声语言没有表达出来的信息。因为交流对象的不同，或者是受到交往环境的限制，人们在交谈时往往有欲言还休或意犹未尽的情况。要想获得真实的信息，还需要观察对方的表情、肢体语言等。比如，当交谈对象在谈话时出现抖腿、眼神飘忽不定、频繁看表等动作时，就是在提醒对方：我需要终止谈话，我有更重要的事情要做。聪明的谈话者就会根据这些信息及时调整行动，避免给双方带来不便。又如，如果人们在谈话时，采取相似的谈话姿态，那么他们的身体仪态的表现就是在告诉人们，他们彼此之间相互悦纳，彼此喜欢。比起那些交谈时呈现不同姿态的两个人，或是交谈双方各自把身体朝向远离对方方位的人来说，采取相同体态的两个人更有可能成为朋友，或者二人之间有更多相似的观点。同样，身体仪态的变化传递人的思想，人们也可以通过身体语言判断交谈双方真实的情感和思想。除非是高明的骗子，一般的人们很难真正地伪装自己。保持沉默寡言很容易，但身体语言的轻微变化会泄露人的真实想法。大部分人可以控制自己的面部表情，但很难控制手、脚和身体的无意识动作。甚至在有的时候，人们意识不到自己的仪态泄露了真实的自己，因为通过各种身体姿态、动作、手势、表情等所传达的信息，竟然和自己通过语言传递的信息不一致。所以行为学家通过谈话者的动作可以准确判断其真实想法，身体语言会表露人的真实思想。

在生活中，有些人际交流完全可以只借助仪态这种非语言交际手段进行。比如，相距较远的人们相见时打招呼，可以用举手礼，也可以用点头礼，同时用微笑的表情和正视对方的坦诚眼神表达敬意。这种情况下无声的仪态语言所表达的含义是丰富、清晰且明确的，是有声语言不能替代的。

大多数的人际交谈都包含了语言和非语言沟通，即使在一些无法面对面沟通的情况下，仪态这种无声语言也同时存在，这说明仪态对交谈内容的影响不仅作用于听话人，使听话人得到更多的信息，同时对说话人的影响也非常大，可以使说话者情感表达得更充分。最明显的例子是打电话，虽然交谈双方是通过电波联系的，但仔细观察会发现双方都在不自觉地运用相应的身体姿态来表达真挚的情感，如手势、表情、眼神等。这些身体动作对有声语言是一种必要的补充。

3. 仪态是个人修养的反映

当人们在生活中相遇,有声语言还没有发出,身体语言已经开始与人交流。人与人之间第一印象的形成就是来自身体语言,身体语言是人内心情感的真实表现,同时也是个人修养、学识、内涵的反映。

弗洛伊德这样描述仪态的作用:“凡人皆无法隐瞒私情,尽管他的嘴巴可以表示缄默,但他的手指却会多嘴多舌。”在文学作品中,作家往往抓住人物的动态加以生动描写,借以表现此处无声胜有声的效果。

有句话说:“微笑是人际交流的通行证”,笑容是人类共通的身体语言。不同地域不同民族的有声语言可能是人们沟通的障碍,但一个开朗的笑容却可以跨越民族与空间距离,成为人们互相接纳的信号。在一些工作场合,一个人缺少微笑这种无声语言,会表达出内心的不满与烦闷,影响工作效率,而有礼仪修养的人会克制内心的不快,避免自己的情绪影响他人。

人的道德修养和内涵是一种生活经验的积累,并在生活中形成习惯,重新融入言谈举止中。精彩的语言是思想之花,优雅的仪态却是修养的结果。

4. 仪态影响人际交流

仪态是个人情感的外显,是一个人习惯性的动作。仪态在充分展现自我真情实感的同时,也对他人形成影响,并会促进或阻碍人际交流的进行。

英国前首相布莱尔被很多年轻的英国女性认为是很有风度的,这是一个政治家多年修炼的结果。据报载,他年轻时也出现过不雅的手势,即使入住唐宁街 10 号身为首相,平时温文尔雅的布莱尔在和他人辩论的时候,也会变得“张牙舞爪”,身体语言特别张扬,这些不经意间出现的手势给他人带来了不快,也给自己留下了“狂妄”的虚名。后来英国议员们渐渐发现,首相有了些小小的变化:与人争论的时候,他不会再指着别人的鼻子说话,情急之下只会指自己,其手势也变得温和了。原来布莱尔注意到了“手势政治艺术”的重要性:激动的时候指着自己,而不是指向别人,这是布莱尔体现自己谦虚的一种略带夸张的形式,以此来反击那些认为他自负的人们,也修正了留在别人心目中的不佳形象。布莱尔的手势既表达了自己的真诚,也表现了政治家对情绪的控制能力。布莱尔的风度、不时展现的幽默和恰到好处的手势,体现了多年从政生涯在他身上留下的多彩印记。

而美国前总统老布什,也是借助于仪态和个人魅力,成功问鼎总统宝座的。在 1988 年美国总统竞选中,布什的对手是杜卡斯基。杜卡斯基在竞选过程中抨击布什是里根的影子,而自己没有独立的政治见解。民意调查显示,布什在选民中的形象也的确缺少号召力。在民意测验中一度落后杜卡斯基十多个百分点。但两个月后,布什以光彩照人的形象扭转了竞选劣势,反而领先十多个百分点,超过了杜卡斯基。原来布什嗓音又尖又细不够浑厚,手势及手臂动作显得较为死板,身体动作不美好,影响了演讲的效果。后来在形象专家的指导下,布什纠正了尖细的嗓音、生硬的手势和不够协调灵活的动作,显示了作为总统候选人的独特魅力。在随后的竞选中,布什竭力表现出强烈的自我意识,改变了人们对他的看法,最终赢得了大选。

良好的仪态可以为政治家增添成功的筹码,可以为商人增加商场上的权威感和说服力，可以为教师授课增添个人魅力……仪态影响着人际交流，不恰当、不得体的仪态会引起他人的反感，如不分场合的抖腿，说话时指指点点，走路东摇西晃等，这些行为会降低自己在他人心目中的地位，成为继续交往的障碍。

总之，良好的仪态可以为人们的交流活动锦上添花，这种仪态也被称作积极的人体语言。粗俗的仪态是人内心贫乏的表现，也是对他人的不尊重，这种仪态被称作消极的人体语言。在生活中，要遵守个人礼仪规范，就要使用积极的人体语言，避免消极的人体语言。

小资料 2-1　　世界著名形象设计师英格丽的忠告①

避免消极的身体语言：

① 避免抓耳挠腮、摸眼、捂嘴等具有说谎嫌疑的动作。

② 避免双臂交叉在胸前，它表示抵触、抗议、不屑一顾、防范。

③ 腿脚不要不停地抖动，它在告诉他人你内心紧张、不安。

④ 不要做不必要的身体移动，这样会显得你紧张、焦虑。

使用积极的身体语言：

① 身体的接触，传递亲和力。

② 交流时人与人之间的距离尽可能缩短，以增加感情距离；但是也不要太近，不要侵犯个人的空间距离。

③ 倾听时，身体前倾，目光全神贯注。

④ 入门时，目光平视、挺胸、抬头。

⑤ 就座时，尽可能占领空间。

⑥ 交谈时，不要忘了点头。

⑦ 开会时，坐在领导的左边，而不是右边。

可以利用的身体语言：

① 倾听时，把手放在脸颊——评估和分析对方所说的话。

② 手放在下巴上——考虑你的意见。

③ 双手指互对并指向上方——展示出自信。

④ 双手掌互贴——说服你，请求你。

⑤ 眼睛迅速上挑——对你所讲的很兴奋。

⑥ 双手互搓——积极参与。

2.2.3 仪态的要求

著名礼仪专家金正昆教授对仪态的总体要求做了总结，就是要做到文明、优雅、敬人。文明是要求举止大方自然，并且高雅脱俗，借以体现自己良好的文化教养；优雅是要求仪态规范美观，得体适度，不卑不亢，风度翩翩，颇具魅力；敬人是要求仪态礼敬他人，

---

① 英格丽．修炼成功[M]．北京：中国发展出版社，2003.

体现对对方的尊重、友好与善意。

良好的仪态应该灵活而不轻浮,庄重而不呆滞,自然大方,伸缩适度。个人仪态可以分解为站姿、坐姿、走姿、蹲姿、表情几个方面。

1. 站姿

站姿是人们在生活交往中最基本的姿势,也是在社交场合采用最多的姿势。无论男女,站姿不仅要挺拔,而且要优雅和大方。美国作家威廉姆·丹福斯说:"我相信一个站立很直的人的思想也是同样正直的。"所以站姿也是人内在精神的外化,也是构成人的气质风度的主要方面。

站姿的基本要求:抬头、挺胸、收腹、提臀、腿直、手垂。

(1) 基本的站姿

① 头部:站立时两眼平视前方,嘴微闭,下颌骨稍稍内收,直颈,脖子向上拔高,表情自然,稍带微笑,自然呼吸。

② 肩部:双肩平正,自然放松,并稍微向后靠拢。气向下压,身体有向上的感觉。

③ 胸部:站立时胸要打开、微挺,同时保持头、肩部的姿势。

④ 腰腹部:站立时腰腹部很重要,是整体站姿是否挺拔的关键。很多人在站立时不够舒展,就是因为腰腹部没有挺起来。站姿要求立腰,后腰部要有向上提的感觉,同时腹部内收,避免向前凸肚子。

⑤ 臀部:臀部在站立时要有意识地加以控制,即提臀——大腿根部收紧上提,带动整个臀部向上、向后提起。

⑥ 腿部:站立时两腿立直,贴紧,脚跟靠拢,两脚脚尖向外分开,脚呈V形,脚跟成60°夹角。膝盖处尽量向一起靠拢,身体重心落于前脚掌。

⑦ 手臂:两臂自然下垂,手指自然弯曲,中指对准裤缝。

以上是基本站姿的分解要求,是站姿训练的基础。但日常生活中如果总以这种站姿出现,会显得生硬、不够自然,也容易产生疲劳感。所以要根据交往对象和场合的要求变化站姿,使自己显得轻松、优雅、大方、适度。

(2) 变化的站姿

变化的站姿是在基本站姿的基础上,通过改变双腿、双脚、手臂的位置而形成的。女士的变化站姿主要包括一脚点地式、前后式、丁字式等;男士的变化站姿主要包括双脚分开式、前后式等。

① 女士

女士的变化站姿与基本站姿相比更加优雅、自然,适合场合较多。

一脚点地式:在基本站姿的基础上,将重心放在一条腿上,另外一条腿膝盖弯曲与另一个膝盖靠拢,同时内侧脚尖点地,挺胸抬头,身体重心尽量提高,双手自然摆放。可以左右交替站立。

前后式:在基本站姿的基础上,双腿稍分开,将重心放在一条腿上,然后将其中的一条腿向前伸出,重心在后面一条腿,身体重心尽量提高,双手自然摆放。可以左右交替站立。

丁字式:主要变化是在脚部,把两只脚摆放成小八字姿态,膝部和脚跟应靠紧,身体重心尽量提高，双手自然下垂。

② 男士

双脚分开式：在站立时双脚自然分开与肩同宽，挺胸抬头，身体重心尽量提高，双手自然摆放。

前后式：在基本站姿的基础上，双腿稍分开，将重心放在一条腿上，然后将其中的一条腿向前伸出，重心在后面一条腿，身体重心尽量提高，双手自然摆放。可以左右交替站立。

男士无论采用哪种站姿，都可以单手或双手背于背后，显出稳健与大气。

(3) 站姿练习

站姿是所有礼仪动作的基础，是形成优雅姿态的主要方法。正确优美的站姿，会给人以挺拔向上、舒展俊美、庄重大方、亲切有礼、精力充沛的印象。男士和女士的练习基本相同，同时必须保证练习时间要充分，练习之后要把感觉带到生活之中。

① 着装要求

练习站姿，是以人际交流为目标，所以有着装要求。

女：着合体服装，要求穿 3～5 厘米高的高跟鞋。

男：穿着不能太休闲，否则不容易找到挺拔的感觉。鞋子要求穿皮鞋。

② 训练内容

a. 靠墙站立

室内靠墙站立：要求站立时脚跟、小腿、臀、双肩、后脑勺都紧贴着墙，做到头正、颈直、颌收、肩展、胸挺、腰立、腹收、臀提、腿夹。头、背、臀、脚后跟贴紧墙面，四点一线。每次坚持 15 分钟左右。

室外靠墙站立：要求站立时保持一贯姿态，同时要求面对周围人时，面带微笑，表情自然，培养自信、开朗等多方面的素质。

b. 顶书站立

以基本站姿站好，头上顶一本书，保持头颈部的挺拔和端正。以头顶的书不掉下来为好，注意表情要自然，保持适度微笑。

c. 夹纸站立

以基本站姿站好，两腿膝盖间夹一张普通的白纸。要求纸张不能掉下，锻炼腿部线条，避免腿弯曲。可以和顶书站立结合训练。

在进行站立训练时，还可以和基础形体训练结合，使个人仪态更美好。

(4) 应避免的站姿

由于生活习惯的影响，人们在日常生活中总会有一些不良的站姿。这种站姿除了在一定程度上会影响人的健康之外，要么姿态不雅，要么缺乏敬意。在正式的社交场合还会影响到人际交流，也影响到他人对自己的正确判断。生活中应该避免的站姿可以总结如下。

无论男女，常见不良站姿包括缩颈、探脖、耸肩、含胸、驼背、腆肚、撅臀等，可以概括为扣肩含胸、站立时腿膝无力、臀部下塌、松懈晃动等。这些不良姿势不仅影响美观，还会导致虎背熊腰、两条腿粗细不一、臀部松弛下垂等体形问题。

在重要的交际场合,更要注意仪态的优雅和潇洒,除了要避免基本站姿的不良表现,还要注意以下问题。

① 不要两脚交叉站立。

② 不要站成内八字。内八字有时是天生如此,在女性身上常见到,尤其是年轻的女孩子,受到时尚图片的影响,看到一些模特在拍摄时的内八字造型而盲目模仿,进而形成习惯。内八字显得人不够舒展大方,所以应该避免。

③ 不要双手或单手叉腰站立,这是一种不够友好的仪态。

④ 不要双臂交叉抱于胸前站立,在交谈中采用这种姿势的人,往往表现出不赞同他人观点的意思。

⑤ 不要双手插入衣袋或裤袋站立,这表示你在掩饰自己的真实想法。

⑥ 不要在站立的时候身体抖动或晃动,这是驱赶性的站姿,也是内心焦躁的表现,会影响到与他人的交流。

⑦ 不要表现自由散漫,如果条件允许,站得久了,可以坐下休息。但如果条件不允许,就应该保持良好的站姿,不要随意扶、靠、踩、蹬、跨、趴,这些姿势会显得人无精打采,自由散漫。

2. 坐姿

日常生活中很多时候我们需要以坐的姿态进行人际交流,无论是参加会议、会客交谈,还是伏案工作、娱乐休息等,都离不开坐。坐姿是一种静态的人体姿态,古人要求"坐如钟",即要坐得端正、稳重。在实际的生活中,根据交往对象和环境的不同,坐姿也有不同的形式,但总的要求是要端庄、稳重、大方、优雅、从容自如。

坐姿是一个整体动作,如果加以细化,可以把坐姿分解为入座姿态、坐定姿态和离开座椅姿态三个方面。

1) 入座姿态

入座即人们走向座位直到坐下这一过程。这个过程要注意以下几个方面。

(1) 入座从容:入座时要轻要稳,动作要从容协调,不要抢步,以免失礼。

(2) 落座无声:入座时要注意身体与座椅之间的关系,轻轻坐下是一种教养,不要莽撞地碰响椅子,发出嘈杂的声响。

(3) 坐法得当:优雅大方的坐姿是讲究坐下瞬间的姿态的,一般要以膝盖为中心点,上身保持挺直,弯曲双腿后轻轻坐下。坐的过程不能身体向前倾、用臀部去"找"座位,这种姿势既不优雅舒展又失敬于人,一定要避免。女士入座时,如果是着裙装,可以用手背在身后轻抚衣摆,避免衣服褶皱,不要坐下后再匆忙拉扯衣服。坐下之后,要及时调整坐姿,找到最佳姿态:面带笑容,双目平视,嘴唇微闭,微收下颌。要坐在椅子的2/3处,如果在社交场合与人交谈,后背不要靠在椅背上。双膝自然并拢(男士可略分开)。身体倾向交谈对象,表示尊重和谦虚。

(4) 谦恭有礼:就座也有礼节,主要表现在就座的方位和就座的顺序两方面。

① 就座方位:现代礼仪讲求以右为尊,所以如果交往现场条件允许,就要讲究就座时的方位。即无论从正面、侧面、背面走向座位,都讲究左进左出,尤其在正式场合要遵守。

② 就座顺序:越是正式场合,人们越遵守座次顺序。一般情况下,如果交往场合不止

一个人，就要注意顺序。地位低于对方的，应该稍后就座。地位高于对方时，可以首先就座。双方身份相似时，可以同时就座。比如，如果在场的是同学、朋友、同事，或年龄相当、职位相近者，就可以同时就座，不分先后；如果在座的有位尊年长之人，就要优先尊长，切不可逾越规矩，无礼失态。

(5) 离座谨慎：当交谈完毕需要离开座位时，也要注意礼节，做到善始善终。要离开座椅时，身边如果有人在座，应该用语言或动作向对方先示意，随后再站起身来。起立时，可用一只脚向后收半步，而后用小腿的力量支撑身体起立，上身保持挺直，不要翘臀前倾离开座位。同时不要突然跳起，或是推动椅子，发出很大的声响。这些不雅的离座姿势会使人从容尽失，影响人的整体风度。

2) 坐定的姿势

坐定的姿态是人气质风度的最佳体现，可以表现出人的真实情感，也是情感交流的开始。讲究坐定的姿势，可以表现出对交谈对象的尊重，也可以使自己舒服、惬意。

(1) 坐定以后要根据座位高低调整姿态，做到既优雅敬人又舒服自然。一般在交谈中要“浅坐”，即坐在椅子2/3的地方。

(2) 坐定时，上身一般保持端正，双手自然摆放，或做出各种手势。而腿、脚的姿势却可以有较多的变化。常见的姿势如下。

① 双腿垂直式：又称正襟危坐式，是坐姿的最基本姿态，也是进行坐姿训练的基础姿势，比较适用于最正规的场合，如求职面试等。要求是：上身和大腿、大腿和小腿，都应当形成直角，小腿垂直于地面。双膝、双脚包括两脚的跟部，都要完全并拢，脚尖稍分开，呈八字形。

② 垂腿开膝式：与双腿垂直式的坐姿基本相同，由于这种坐姿看起来大气威武，所以多为男性所用，也是一种比较正规的姿态。主要要求是上身和大腿、大腿和小腿都成直角，小腿垂直于地面。双膝允许分开，但幅度不要超过肩宽。

③ 双腿叠放式：这是一种很优雅的坐姿，比较适合女士采用。这种坐姿的要求是：将双腿上下交叠成一条直线，交叠后的两腿间没有任何缝隙，尤其是膝盖处不能分开。双脚可以在左右两侧交替摆放。斜放后的腿部与地面成45°，叠放在上的脚的脚尖垂向地面，叠放在下的脚尖要冲向身体的外侧。一般情况下不要双手抱膝。

④ 双腿斜放式：这种姿势适合于穿裙子的女士在较低的位置就座时采用，就座者上身挺直，腿部斜放，可以使身体呈现优美的“S”形曲线。具体要求是：双腿首先并拢，然后双脚向左或向右侧斜放，力求使斜放后的腿部与地面成45°。注意膝盖不要高过腰部，否则不雅观。

⑤ 双脚交叉式：这种姿势适用于各种场合，尤其是就座环境比较狭小时采用这种方法，可以避免姿势过于舒展给他人带来的不便。另外，这种姿势是一种具有自我保护意识的身体语言，在一些隆重、正式、气氛紧张的场合采用，可以有效缓解当事人内心的压力和紧张感。这种姿势男女都可选用。具体的做法是：先采用双腿垂直式，然后双脚在踝部交叉。需要注意的是，女士采用这种姿势必须双膝并拢，男士可以膝盖稍微打开一些。

⑥ 双脚内收式：这种姿势是双脚交叉式的一个变化，即交叉后的双脚向内侧屈回，双

脚脚掌着地。双脚内收式适合在一般场合采用,是一种轻松自然的姿势,同样也是一种具有自我保护意识的身体语言,可以有效缓解内心紧张,男女都适合使用。

⑦ 前伸后屈式:是女性经常使用的一种坐姿。主要要求是:大腿并紧后,向前伸出一条腿,脚尖朝向正前方,将另一条腿后屈,两脚脚掌着地,双脚前后要尽量保持在一条直线上。

⑧ 大腿叠放式:就是人们平时说的跷二郎腿,是男士经常采用的一种姿势。有几点需要注意:一是跷起的一条腿不要随意抖动;二是不要把脚底冲向别人,因为在一些国家把脚底亮给别人是对对方的极大挑衅和侮辱,正式场合应当避免。

3) 应该避免的坐姿

礼仪有一个限定性特点,就是场合不同,交往对象不同,礼仪的标准、做法、程度等也会有所不同,有时可能差异很大。坐姿的要求也要讲究限定性,在自己独处的时候,对坐姿的要求不高,但在别人面前落座时,一定要遵守律己敬人的基本规定,不要采用不雅的坐姿。在社交场合应该避免的不好坐姿可以概括如下。

(1) 双腿叉开过大。无论男士还是女士,在公众场合都不能双腿叉开过大,这样会影响到他人。尤其是女士,不论大腿叉开还是小腿叉开,都非常不雅,穿裙装时更不要忽略这一点。

(2) 双腿直伸出去。双腿直伸在视觉上不够含蓄,在客观上也会影响他人的行动。如果身前有桌子,双腿尽量采用内收的姿态,不要伸到外面来。

(3) 将腿放在桌椅上。一些影视作品中常常用将腿放在桌椅上的画面来渲染角色的自负和霸气,现实生活中也有人为了舒服,喜欢把脚和腿架在高处,这样的行为如果在私人空间无可厚非,如在公共空间,就是一种粗鲁的表现。

(4) 抖腿。与人交谈时,把自己的腿部暴露在他人视线之内,同时反复抖动或摇晃自己的腿部,也是一种极为不雅的姿态,这样做会让对方心烦意乱,而且也给别人留下躁动不安的印象。

(5) 随意蹬踏他物。在一般的环境中,坐下时脚应该自然放在或垂向地面,如果同时把脚蹬踩在周围物体上,就是非常失礼姿态。

(6) 随意脱鞋袜触摸脚部。有个别人喜欢坐下之后就放松脚部,这种行为会为周围人带来极大的麻烦,会在气味、视觉上给人带来不便。

(7) 叠放腿部呈"4"字形。这是指一些人,尤其是男性在坐下时,将一只脚的脚踝放在另一条腿的膝盖上,两条腿形成"4"字形的形状。国际著名的人际关系研究大师的研究结果显示,这种姿势在不同文化背景中都曾经被人采用。这种姿势所表现的是争辩或者争胜的态度。如果一个人在做出"4"字形坐姿的同时,还用一只手甚至双手抓住处于上方的那条腿,那就不仅仅表现有争胜的态度,还表明这个人是一个特别有主见而且相当顽固的人,不愿意认同他人的观点,只愿意相信自己。所以在交往中采用这种坐姿,实际上给人的感觉是缺少合作的意向,不容易与他人友好相处。另外,这种坐姿直接把鞋底展示给他人,这种行为在中东和南亚一些国家还被视为对他人的侮辱,要谨慎使用。

(8) 把手放在双腿之间或压在臀部之下。

(9) 把脚藏于座椅下或钩住椅腿。

坐姿的选择要视不同情况而定，比如，在比较轻松、随便的非正式场合，可以坐得比较舒展、自由。而在隆重、严肃的正式场合则要求坐姿讲究，注意个人身份。女性相比较男性而言，坐姿更能反映自身修养的完善和性格的内敛，充分显示女性的柔美气质，在选择坐姿方面要更加谨慎。

4）坐姿练习

（1）以“双腿垂直式”作为基本的练习姿势，这是其他坐姿训练的基础。要特别注意上身与大腿、大腿与小腿、小腿与地面的垂直。练习的时候要做到头颈部的端正，腰部要用力，使整个上身挺起来，双手自然放在大腿上，面部表情自然。每次5分钟。

（2）分别练习垂腿开膝式、双腿叠放式、双腿斜放式、双脚交叉式、双脚内收式、前伸后屈式、大腿叠放式等坐姿，要求上身基本保持不变，可以自由调整身体的朝向和手的位置。

（3）练习入座的姿态。要求轻松自然地走到座位前。若从椅子后靠近座位，应从椅子左边走到座位背向椅子，右脚稍向后撤，使腿肚贴到椅子边，上体正直，轻稳坐下。着裙子的女士入座时还应将裙子后片向前拢，双脚并齐，手自然置于双膝或扶手上，重心垂直向下，腰部挺直，上身正直，双膝应并拢。

（4）模拟练习。模拟电视台的嘉宾访谈节目，一人做主持人，若干人做嘉宾，边进行语言交流边练习坐姿，包括入座的姿态、坐定的姿态等。

3. 走姿

走姿又称行姿。与其他姿态相比，走姿使人完全处于动态之中，体现人类的运动之美和精神风貌。从总体上讲，属于人体的综合性活动，但侧重点在脚步上，所以又称为步态。受年龄、职业、习惯、社会环境等影响，人们走路的姿态各不相同。个人礼仪讲求走姿的训练，不是为了让人如机器人般的动作整齐划一，而是为纠正行走过程中的不当姿势，进而表现个人的魅力，同时表达对他人的尊重。

巴尔扎克说过，巴黎的女性是走路的天才，不管她们身材高矮及穿着如何，由于具有优美的走姿，都可以展现自己绰约的风姿。生活中人们行走的时间总比站立的时间多，而且行走一般又都在公共场所进行，彼此之间通过走姿对对方做出初步的判断，而且相遇的人们相互间自然地成为彼此的审美对象。但现在生活中也有一些人，尤其是一些年轻人，或受环境的影响，或是先天生理不足，或是后天习惯，养成了不良的走路习惯，又没有很好的机会去改正这些习惯，久而久之习惯成为自然。比如，弯腰驼背、左右摇摆、脚部外翻等。

走姿没有固定统一的模式，人们可以利用走姿充分展现自我的魅力和风格，或矫健或轻盈，或显得精神抖擞，或显得庄重优雅。只要走姿与交际场合协调，就应该是正确适宜的走姿。

行姿总的要求：头颈部挺直、眼睛平视、挺胸收腹、面带微笑、脚尖向前、膝盖伸直。

（1）基本行姿

① 以站姿为基础，保持身体挺拔，表情自然，眼睛平视。

② 双肩平稳，自然而有节奏地摆动双臂，幅度不可太大，前后摆动的幅度为30°～35°，肩臂部动作柔韧，切忌做左右的摆动。

③ 行走时脚尖朝前,两只脚的内侧尽量在一条直线上,以显示内敛和优雅。

④ 要做到挺胸收腹,尤其是腹部要收紧,过于前凸的腹部会造成重心后移,影响身体的整体曲线美。

⑤ 膝盖和脚踝都应轻松自如,以免浑身僵硬。在迈步时,伸出的那条腿要尽量伸直,膝盖处不要弯曲。

⑥ 步幅适中。一般情况下前脚的脚跟和后脚的脚尖相距为一脚长,但每个人身高各异,也允许有差异。另外步幅的大小与着装、性别、环境有关:着裙装步幅可以略小,着裤装步幅可以大一些;男士步幅可以大些,女士步幅可以小些;非正式场合步幅可以有大小变化显得活泼有生机,正式场合步幅一定要统一,显得稳重含蓄。

(2) 应避免的走姿

美好的走姿需要经过训练才能形成。在美国就有专业人员开设了"如何像亿万富翁那样走路"的培训班,这个培训班旨在通过走路姿态的调整,塑造良好的外在形象,树立面对公众的自信,更好地提升领导力,因此吸引了成千上万的男士前来学习。这个学习班在纠正人们日常走路的姿态时就指出:"要像一个健康者那样挺胸、抬头……"因此走路的姿态不仅是个人行动的方式,也是一个追求成功的人用身体语言塑造个人魅力的重要手段。有很多人对待走路的姿态缺少主动的意识,完全出自身体的本能,所以就会出现一些不好的走姿。以下走姿就是日常生活中应该避免的。

① "外八字"或"内八字"。

② 行走时弯腰驼背,左右摇晃。

③ 膝盖弯曲,重心靠下。有些人在行走时膝盖弯曲,整体感觉重心下移,使人看起来不够挺拔,对关节也会有不好的影响。

④ 夸张走姿。有的人在走路时姿势夸张,不够自然。其原因很多,其中有一部分人是因为没有考虑场合。比如有的女士认为T台模特的走姿很曼妙,就故意模仿,但生活不同于舞台,在日常生活中夸张的走姿,反而会适得其反。要切记,男士不扭腰,女士不扭臀。腰臀要自然摆动,幅度不要太大。

⑤ 身体松垮,无精打采。

⑥ 摆手过快,步幅过大或过小。

⑦ 走路拖泥带水,抬不起脚来。这种走姿主要是行走时脚掌抬起的高度不够,鞋底与路面接触时间过长,使走姿不够轻盈,甚至发出"刺啦"声。

⑧ 多人一起行走时,排成横队,勾肩搭背。

(3) 走姿练习

美好的走姿体现了个人的精神风貌。由于性别差异、年龄差距和审美要求的不同,男女的走姿风格也有区别。比如,在姿态上,男士的走姿应该雄健有力、步态稳重、潇洒豪迈、步幅稍大,尽显英武的阳刚之美;女士的走姿应该轻盈飘逸、优雅含蓄,尽显独特的女性柔美。在行走速度上,男士一般保持在每分钟108～118步,女士保持在每分钟118～120步。这样的行走速度符合人体的自然要求,也使他人有赏心悦目的感受。

① 起步前准备。在走路前,先要保持良好的站姿,再过渡到行进状态。

② 走直线练习。在地面设置一条直线,在行走时要求双脚的内侧要落在直线上。

③ 平衡走姿练习。训练行走时身体的平衡和柔韧性，可以采用的方法有：头顶书本行走练习；双手十指相握上举行走练习；双手或单手扶腰行走练习等。纠正弯腰、低头、含胸的毛病。

④ 行走中的停顿、转身、拐弯练习。

⑤ 上下楼梯步态练习。上下楼梯时，上身要挺直，腰部要立起，双腿不要分得太开，膝盖尽量贴近，脚步轻缓平稳，一般不手扶栏杆。

⑥ 综合练习，配合有节奏的音乐进行。

4. 蹲姿

蹲姿是人们在日常生活中的一种临时性姿态，或是为了捡拾物品，或是放松身体，或是帮助他人。一般情况下人们要捡拾物品，习惯弯腰屈腿的动作。这样的方式在正式场合或公共场合就会失礼与人，使他人感到不方便。在服务工作领域，蹲姿更是一种基本的工作要领。

蹲姿的基本方法是：站在所取物品的旁边，屈膝下蹲去拿，双腿尽量靠拢。不要低头，也不要弓背，要慢慢弯曲双腿，两腿合力支撑身体，掌握好身体的重心，臀部向下。

(1) 基本的蹲姿

优雅的蹲姿，一般采取下列两种方法。

① 交叉式蹲姿

下蹲时双腿交叉，一条腿垂直于地面，全脚着地。一条腿弯曲，脚掌着地。两腿前后靠紧，合力支撑身体。臀部向下，上身稍前倾。这种蹲姿比较优雅，女性多用，但要注意下蹲时的身体平衡，不要左右摇晃。

② 高低式蹲姿

下蹲时双腿不交叉，双腿一高一低，一脚在前，一脚稍后，两腿膝盖靠紧。一脚全脚着地，小腿基本垂直于地面，一脚脚跟提起，脚掌着地。形成两个膝盖一高一低的姿势，臀部向下，基本上以一腿支撑身体。

这种姿势容易掌握，使用起来比较简单方便。男士选用这种蹲姿时，两腿之间可有适当距离。

另外，蹲姿还有其他不同姿势，只要优雅大方，符合礼仪要求，都是正确的姿势。

(2) 应避免的蹲姿

① 双腿分开的蹲姿。公共场合下蹲时不要分开双腿，这样的蹲姿被戏称为“洗手间姿势”，不够雅观。

② 翘臀的蹲姿。除了身体不够灵活的老年人以外，下蹲时臀部应向下，通过双腿的弯曲和上身的略微前倾来完成下蹲的姿态。

③ 面对他人、背对他人下蹲。这样都容易给他人带来不便，可以侧对他人、双腿弯曲下蹲。

(3) 蹲姿练习

① 练习常见的蹲姿。

② 模拟场景，做蹲姿训练。

5. 表情

面部表情是仅次于语言的一种交际手段,是人的内在情感在脸部的外化。人的表情丰富多彩,喜怒哀乐爱恶欲,都可以通过面部肌肉的变化表现处理,既可以笑容满面,也可以满脸冰霜;既可以明眸善睐,也可以目光呆滞。

法国著名作家罗曼·罗兰说:"面部表情是多少世纪培养成功的语言,是比嘴里讲的要复杂到千百倍的语言。"在正常情况下,人的所有语言交流都有面部表情的配合,面部的肌肉变化、眼神变化对口头语言信息表达起到强化、补充的作用,即使没有有声语言的参与,面部表情也可以单独起到传递信息的作用。

人类的表情是指在神经系统的控制下,面部肌肉及其各种器官所进行的运动、变化和调整,以及面部在外观上呈现的某种特定形态。据统计,人的表情肌肉有30多种,可做出约25万种不同的表情。动物也有表情,如杀鸡给猴看,猴会有惊恐的表情;狗面对敌人,会龇牙咧嘴,表示愤怒;牛被宰杀会流泪,会有悲伤的表情等。但唯有人类的表情最丰富、最能表达内心的真实感受。

与举止一样,表情也是无声的语言。现代传播学认为,表情属于人际交流中的"非语言信息传播系统",而且是其核心组成部分。戴尔·卡耐基说:"一个人脸上的表情比他身上穿的重要。"表情在人际交流活动中很受重视,其中眼神和微笑是构成表情的主要因素,也最具有礼仪功能和表现力。

1) 眼神

眼神是表情的主要显现途径,人们常说"眼睛是心灵的窗户",眼睛能最明显、最自然、最精确地展示自身的心理活动。眼神是面部表情的第一要素,从心理学的角度讲,眼睛所发出的是人与人心理沟通中最明显、最准确的信号,眼睛所表达的信息就是人心理活动的反映,即一个人的态度和心情。孟子曰:"存乎人者,莫良于眸子,眸子不能掩其恶。胸中正,则眸子瞭焉,胸中不正,则眸子眊焉。听其言,观其眸子,人焉廋哉。"这段话告诉我们,不要试图去掩饰自己的内心,因为眼睛表露了一切。

(1) 眼神的含义

眼睛代表着智慧,所以传说中通常赋予代表智慧的人或物更多的眼睛。在古希腊神话中,独眼巨人都是些头脑简单的野蛮人,只能干些简单的体力活。在佛教里,千手观音有一千只手,每只手中都有一只眼睛,更能洞悉人间一切。人类虽然只有两只眼睛,却也熠熠生辉,因为智慧的眼睛是明亮的。

眼神是有力量的。眼神所传递的信息是通过瞳孔的收缩、放大和眼球的转动、眼皮的眨动来表现的。所以人们说目光是无形却有分量的。古希腊的诗人认为,爱神丘比特就躲在人们的眼中,他的爱神之箭就从眼中射出。这种爱之箭甚至可以置人于死地。怒目而视是一种强烈的注视,常常使对手先从心理上败下阵来。心理学家认为,瞳孔的变化可以改变一个人,并影响到他人。人的瞳孔的变化与人的心境和外在环境都有关系。当人们处在兴奋的状态时,瞳孔会比原始尺寸扩大四倍;当人们处在生气或其他消极情绪中时,瞳孔就会缩小。瞳孔的这种变化被引入商业领域,成为眼神力量的一个证明。例如,在女性化妆品的平面广告中,通过修改模特的瞳孔尺寸,使其看起来更大,使模特看起来更有吸引力,从而影响顾客的购买倾向。

眼神是解读内心的线索。人们很早就知道通过观察他人的眼睛来解读对方的真实想法。相传在古时候，珠宝商在和顾客讨价还价时认真盯住对方的眼睛，通过细微变化来把握成交的时机。人们在某种环境里会不自觉地转移自己的目光，将目光投向他处。心理学家对此解释道，转移目光是屈服的表示，几乎所有的灵长类动物都认同这一身体语言。比如，在眼神对峙的时候，感受到威胁的一方总是先把目光移开。人的眼球的转动也能充分表现内心所想，通过观察他人目光的动向，可以解读出人们的所思所想。比如，目光投向上方，表示正在回忆某个看过的东西；目光投向侧面，是正在回忆某种声音；目光转向右下方，表示正在回味某种感觉或情绪；目光投向左下方，表示正在内心自言自语。

(2) 眼神的礼仪

印度诗人泰戈尔说："一旦学会了眼睛的语言，表情的变化将是无穷无尽的。"对自己而言，眼神能最自然、准确地表现自己的心理，对他人而言，获取交往信息87%依靠视觉。眼神的使用讲究礼仪，可以把自己的坦诚、真挚、友善表现出来，使人际交往顺利进行。

① 注视时间

注视时间即注视对方时间的长短。在交往过程中，注视时间的长短相当重要，可以影响到人际交往的质量，也会影响他人对自己的判断。注视时间可以概括为：注视时间占总交往时间的1/3表示友好；注视时间占总交往时间的2/3表示重视；注视时间少于1/3表示轻视；注视时间大于2/3，或者表示敌意，或者表示极大的兴趣。也有研究证明，长时间注视异性，会激发亲密的感情。

注视时间的礼仪要求人们在一般的社交场合和工作场合，既不要长时间注视对方，使对方不自在，也不能眼神游移不定。无论哪一种都是不礼貌和失礼的表现，应该有意避免。

② 注视角度

角度即眼神发出的方向，眼神的角度可以表现出与交往对象的亲疏远近关系。

平视：又称正视，用于在普通场合与关系平等的对象交流。表示理性、平等、自信和坦诚。

侧视：与人们与所处位置有关，如果在正面交流时使用，会给人留下猜忌和怀疑的不好印象。

仰视：主动居于低处，抬眼向上，表示尊重、敬畏之意，多用于面对尊长。或者在低头时抬起眼睛向上看，表示顺从、谦恭的态度。英国已故王妃戴安娜在公众面前经常采用这种角度，引发了全英国成千上万人的怜爱之情。

俯视：即眼光向下看人，一般表示宽容、爱怜，多在对晚辈的场合使用。但有时表示轻慢、歧视，当交往对象年龄、身份、地位相当时，要慎用俯视。

另外，人们用直视表示认真、尊重；用凝视表示专注、恭敬；用盯视表示出神、疑虑、走神、疲乏或失意、无聊或挑衅；用扫视表示好奇、吃惊；用环视表示认真、重视，在同时与多人交往时，表示一视同仁，上课、开会常用。

③ 注视区域

在与人面对面交流的时候，眼神的运用非常重要，其结果也非常微妙。学会在不同情况下注视对方不同的区域,将会对最终的交流结果产生极大的影响。如果眼神的注视区域出现偏差,不仅会使自己很失礼,也会给他人带来不愉快。在社交场合眼神的注视区域可以分为三种。

公务型注视区域:在公务场合,比如磋商、谈判等,一般注视对方脸部的三角形区域,即两眼为底线,额头中央为顶角形成的三角形。如果将视线落在此处,表示严肃、认真、敬业、坦诚,可以把握说话的主动权与控制权,对方也会有较为满意的感觉。

社交型注视区域:常用于社交场合。在社交活动中,交谈者注视对方的区域为两眼为上边线,嘴唇为下角的倒三角形。也就是注视者的目光集中在由对方的两只眼睛和嘴巴组成的三角形区域。心理学家研究,人们通常是在毫无威胁的环境下才把目光投向这里,这种注视给人轻松、平等的感觉,让对方觉得自己没有侵略性。

亲密型注视区域:这种注视的区域是从双眼到胸部的大三角形,在近距离相遇时,目光会从眼睛到胸部,在远距离相遇时,目光则可以向下延伸到腹部或更低的部分。这种注视带有亲昵、爱怜的感情色彩,是亲人、恋人、家人之间常用的。在工作场合或不熟悉的异性之间要少用,以免引起误解。

(3) 对眼神运用的差异

对眼神运用的差异包括站姿、坐姿、走姿、表情在内的各种仪态,是全世界人们共同使用的一种非语言交际手段,但由于文化差异的存在,对仪态的使用和理解却有很大的差异。在眼神的运用上,不同民族运用眼神的方式也不尽相同。比如在瑞典等国家,人们见面时喜欢对视;阿拉伯人也认为对交谈对象凝眸而视为起码的礼节。但日本人却在相见时不看对方的眼睛,而是看对方的脖子。这些习俗差异的存在,就要求人们在跨文化交流的时候,既要讲究注视礼仪,还要充分照顾到民族差异。

(4) 眼神练习

一个不善于用目光沟通的人不会拥有高超的交流技巧,目光接触也是建立思想交流的基础。荷兰心理学家的实验证明,如果把做出不同表情的演员的照片进行部分遮挡,只留下眼睛,人们同样能从眼睛中辨别喜怒哀乐。日常生活中眼神的形成受很多因素的影响,比如性格原因、环境原因、眼睛的生理原因等。需要改进的眼神主要包括:眼神呆滞不够灵活,眼神游移飘忽不定,看人时眯眼,面对面交流时喜欢斜视等。

眼神的练习可以从以下几个方面着手。

- 观察高空的鸽子或其他鸟类,或者打乒乓球,使眼神灵活。
- 主动与陌生人交流,锻炼大胆注视他人。
- 练习不同的注视区域。

2) 笑容

微笑是交际活动中最有吸引力、最有价值的面部表情。微笑是一门学问,也是人际交流的艺术。生活中不吝惜微笑可以左右逢源,顺心如意,正如美国某金融巨头说:"我的笑容价值百万。"微笑是人最美的形象,微笑可以表现自己的友善、谦恭,透露出理解、宽容、信任的信号。

中国有句古话,叫抬手不打笑脸人,人们也常说微笑是人生的通行证。弥勒佛的满面笑容消除了无数人的烦恼,日本传说中的口袋和尚也成为笑对人生的符号。

(1) 笑的意义

笑容不仅是人面部的生理运动，其更大的意义在于笑容给人带来的心理上的感受，以及给人们所处的社会环境中人际交往带来的改变。《身体语言密码》的作者亚伦·皮斯和芭芭拉·皮斯也曾对笑进行研究，他们的研究结果表明，在最让我们发笑的各种原因中，只有15%的原因与笑话有关。想与他人沟通，建立联系，才是我们大多数人笑的真正原因和目的。

笑容是人类最好的形象。笑容对人形象的塑造可以超越种族、服饰和精巧的妆容，拥有这种形象的人是阳光而开朗的，能给人留下非常好的第一印象。在生活中，一张满面愁容、阴云密布的脸是不被欢迎的。纽约一家百货公司的经理说，录用女职员时，小学未毕业却能经常微笑的女子，比大学毕业而满脸冰霜的女子的机会大得多。没有高学历的女子看起来更亲和，更有吸引力，这就是笑容塑造了人的美好形象。

笑容是调节情绪的最佳手段。英格丽说，微笑不仅能保持人外在的良好形象，而且也影响着自己和他人的情绪。真挚的微笑可以调节人体荷尔蒙，使人由内向外散发出愉悦的光彩。笑除了可以调节情绪，对人的健康也非常有益，所谓的"笑一笑，十年少"说的就是笑与健康的关系。专家研究表明，笑能刺激呼吸系统和血液循环系统，缓解关节痛，预防从感冒到癌症等许多疾病的发生。笑在缓解人的紧张情绪的同时，可以提高抗病激素水平，增强免疫系统功能。

笑容是交际的最佳手段。笑容最显著的特征就是它的感染力，研究证明，一个人笑得越多，其他人对自己的态度就会越友好。笑不仅给人带来视觉上的美感，还在于它所传递的喜悦、美好的感情，这种感情会感染周围的人，使人际交流更加顺畅。周恩来总理闻名中外的微笑外交就是一个很好的例子，他也被国际友人誉为"微笑外交官"。微笑是沟通的桥梁，人们在社交环境中更愿意也更容易开怀大笑。心理学家研究发现，人在群居生活中欢笑的次数是独处时的30倍，社交环境中的人越多，人们笑的次数就越多，时间也越长，取得的交际效果就越好。

笑容蕴含商业价值。研究者对销售人员和谈判者长达30年的跟踪研究证明，适时的微笑会对谈判双方都产生积极的效应，从而使双方都获得更大的利益。世界著名的连锁企业希尔顿酒店的创始人唐纳·希尔顿经常到世界各地的希尔顿酒店视察，每到一处他问员工最多的一句话是"你今天对客人微笑了吗?"他认为员工微笑的表情和良好的工作状态将有助于酒店的更大发展。在谈到酒店的经营方法时，他说过这样的话：酒店第一流的设备重要，而第一流的微笑更重要。如果缺少了微笑，就好比花园失去了春日的阳光与春风。著名的沃尔玛公司则要求员工每天至少向10个人微笑，每次微笑要露出6～8颗牙齿。一个企业要提高经济效益，寻找商机，除了加大对硬件设施的投入外，更要注重软件设施的建设，而员工发自内心的微笑，无疑蕴含着更大的商业机会。

笑可以创造财富。微笑是一种财富，微笑更可以创造财富。据2006年1月的《参考消息》报道，在一些国家，笑成为一种消费时尚：在德国，一位45岁的德国人建立了连锁经营的"开心一笑"培训机构，他的学员每人花260欧元参加为期两天的培训。这位创始人说，德国人一直都是抑郁大师，新一代德国人已经准备露出笑容了。对笑感兴趣的还有美国五角大楼，那里有人针对驻伊士兵家属开设了大笑俱乐部，并创立了结合滑稽动作的“瑜伽式笑法”。日本也有人开设了微笑训练公司,挪威人则发明了使人微笑的微笑器。微笑已经不仅是人的自然流露,微笑为人们缓解内心紧张和焦虑的同时,也为人们带来了财富。

(2) 笑容的要求和种类

笑的要求是发自内心、渗透感情、自然适度。发自内心的笑是真实情感的外露,是对对方的悦纳和尊重,它不仅非常自然地反映着人们的文化修养和精神追求,从视觉上看,笑时人们往往精神饱满,眉、眼、鼻、口、齿以及面部肌肉和声音协调行动,让人们感觉舒服、自然。

在日常生活之中,笑的种类很多。中国有丰富的语言词汇,其中带有笑字的成语就有很多,如笑容可掬、贻笑大方、谈笑风生、眼笑眉飞、笑语喧哗、哭笑不得、笑里藏刀,这些丰富的语汇不仅描写了笑的不同状态,还细微而逼真地表现了笑时的心理状态。在现实生活中,人们绝大多数的笑都出于善意和真诚,但也有极少数会失礼、失仪。在社交场合人们经常出现的笑的种类可以概括为若干种,但笑容中表现出的情感却是千差万别,交际双方都要根据具体的环境,用最佳的笑容向人传递信息、表达情感。

小资料 2-2 **笑的种类**

含笑,是一种程度最浅的笑,它不出声,不露齿,仅是面含笑意,意在表示接受对方,待人友善。其适用范围较为广泛。

微笑,是一种程度较含笑略深的笑。它的特点是面部已有明显变化:唇部向上移动,略呈弧形,但牙齿不会外露。它是一种典型的自得其乐、充实满足、知心会意、表示友好的笑。在人际交往中,其适应范围最广。

轻笑,在笑的程度上较微笑为深。它的主要特点,是面容进一步有所变化:嘴巴微微张开一些,上齿显露在外,不过仍然不发出声响。它表示欣喜、愉快,多用于会见亲友、向熟人打招呼,或是遇上喜庆之事的时候。

浅笑,是轻笑的一种特殊情况。与轻笑稍有不同的是,浅笑表现为笑时抿嘴,下唇大多被含于牙齿之中。它多见于年轻女性表示害羞之时,俗称为抿嘴而笑。

大笑,是一种在笑的程度上又较轻笑为深的笑。其特点是:面容变化十分明显;嘴巴大张,呈现为弧形;上齿下齿都暴露在外,并且张开;口中发出“哈哈哈”的笑声,但肢体动作不多。它多见于欣逢开心时刻,尽情欢乐,或是高兴万分。

狂笑,是一种在程度上最高、最深的笑。它的特点是:面容变化甚大,嘴巴张开,牙齿全部露出,上下齿分开,笑声连续不断,肢体动作很大,往往笑得前仰后合,手舞足蹈,泪水直流,上气不接下气。它出现在极度快乐、纵情大笑之时,一般不大多见。

笑的禁忌[①]

在正式场合笑的时候,应力戒下述类型的“笑”。

假笑,即笑得虚假,皮笑肉不笑。它有悖于笑的真实性原则,是毫无价值可言的。

---

① 金正昆．社交礼仪[M]．北京:中国人民大学出版社,2008.

冷笑，是含有怒意、讽刺、不满、无可奈何、不屑于、不以为然等意味的笑。这种笑，非常容易使人产生敌意。

怪笑，即笑得怪里怪气，令人心里发毛。它多含有恐吓、嘲讽之意，令人十分反感。

媚笑，即有意讨好别人的笑。它亦非发自内心，而来自一定的功利性目的。

怯笑，即害羞或怯场的笑。例如，笑的时候，以手掌遮掩口部，不敢与他人交流视线，甚至还会面红耳赤，语无伦次。

窃笑，即偷偷地笑。多表示洋洋自得、幸灾乐祸或看他人的笑话。

狞笑，即笑时面容凶恶。多表示愤怒、惊恐、吓唬他人。此种笑容无丝毫的美感可言。

(3) 笑容练习

对镜练习：是对表情肌的锻炼。在镜前练习，注意眼睛、眉毛、嘴巴运动的协调统一。

引导练习：是对笑容的情感化训练，要求练习时要充分调动内心积极的感情，发挥自由想象，让内心愉悦的感受带来面部的微笑。或回忆过去，或憧憬未来，或感受现在。

标准练习：借助辅助工具练习。用日本人发明的微笑练习法，即用牙齿咬住一根铅笔或筷子，然后展开嘴角，嘴角要高于铅笔，露出 6～8 颗牙齿。

杜彻内微笑练习：微笑的时候让眼睛带上笑意。眼睛没有笑意的笑容，是一种不够真诚的表情，会给人冷冰冰的感觉。其方法是用纸遮住眼睛的下部，想最高兴的事，使面部出现笑容，同时观察眼睛是否带上了笑意。

2.3 仪容礼仪

2.3.1 仪容的含义

仪容主要指包括一个人的头发、脸庞、眼睛、鼻子、嘴巴、耳朵、手部等在内的全部外观构成。在日常交往中，仪容最直观地呈现在交往对象的面前，可以直接反映出个体的整体精神风貌和品位、修养。因此，一个人的仪容如何可以影响到交往对象对行为主体的评价。

一个人的仪容受先天遗传和后天修饰两大因素的制约，无论先天遗传的仪容完美与否，都离不开后天的修饰与维护。

2.3.2 仪容修饰的历史

追求美丽是人的天性，人类对于美丽的追求是伴随着人类的产生和发展而同步进行的。自从有了人类，仪容修饰就在有意无意中诞生了。处在茹毛饮血阶段的祖先已经会用天然的颜料，如朱红色、黄褐色等，来抹脸和手脚，最原始的化妆美容就在此基础上慢慢形成了。后来，人类学会利用自然界丰富的植物和动物的脏器提炼制造美容化妆品。直至今日，民间还流传着直接用植物的茎、叶来护肤、护发、护甲的方法。

最早有意识地使用化妆品来装饰个人的是古埃及人。他们使用化妆品的范围很广，无论是个人日常生活还是在宗教仪式中都经常使用，甚至在葬礼中为死者化妆，由此可以看出他们对化妆美容的偏爱。人们为防热和干燥，常用动物油脂涂抹皮肤，为了预防灰沙和飞虫侵入，还在眼眶上涂绿、蓝等颜料。他们从印度北部和阿拉伯南部运来大量的芳香性香胶、树脂、植物根茎以及树皮等，来制造香水和化妆品，妇女们的梳妆台上，常排满各种装有她们最喜欢的香水和油脂的瓶盒。埃及人还建立了一套沐浴系统，沐浴后用香油、香水或油膏来滋润皮肤，达到护肤的目的。戴假发也曾在埃及盛行。妇女们戴着齐眉的假发，还插上莲花，以示高贵和富有。

古希腊人用烟灰涂描眼睫毛，然后涂上黄白色的天然橡胶浆，以美化睫毛。妇女们从指甲花里萃取红色染料，涂抹嘴唇和两颊。到公元前 460—前 146 年间，希腊文化达到巅峰，人们大量使用香水和化妆品，同时还发明了保养皮肤与指甲的绝佳方法。非洲人从天然环境中发现了许多美容原料，他们充满艺术气氛的发型精致复杂，别具一格。

同样，仪容修饰在我国也有着悠久的历史。中国的美容记载开始于春秋战国时代。春秋时期，美女西施以水代镜来梳妆打扮，而到了汉代，各种铜镜已广为流传，成为妇女梳妆打扮的工具。化妆工具的发展和完善，说明了当时人们对美的强烈追求。唐代的化妆美容也开始向塑造和美化形象的方向发展，初步形成了美容化妆的艺术性。宋、明以后，美容化妆经久不衰。

到了近现代，工业革命给仪容修饰带来了新的繁荣，装饰、保养皮肤、头发以及身体的各种化妆品在 20 世纪 20 年代大量上市。自此以后，仪容修饰日益成为个人礼仪的重要组成部分，妆型、发型的更新频率大大加快，各种化妆品、保养品层出不穷，花样繁多，这些进步在给仪容装扮提供较大空间的同时，也对仪容礼仪提出了新的要求。仪容修饰礼仪的整体要求是洁净、卫生、自然。

2.3.3 面容

一个人的面容是交往对象注视的焦点，因此面容修饰是仪容礼仪的最重要组成部分。对面容最基本的要求是：时刻保持面部干净、清爽，无汗渍和油污等不洁之物。具体方法是做到科学的面部清洁和护肤。具体到各个不同的部位，主要有以下要求。

1. 眼睛

眼睛是面部最聚焦的器官，也是与人进行交流的最直观部位。要注意眼睛的保洁，及时清除眼角分泌物。当然，清洁时要避开他人，不能当他人的面用手绢、纸巾擦拭或用手去抠。注意用眼卫生，预防眼病，当有眼疾而又需要与别人交往时，可戴上有色眼镜，以消除对方的心理顾虑，但需要向对方解释，以免在室内佩戴时引起误会。

2. 鼻子

鼻子部位油脂分泌旺盛，易出现毛孔粗大、黑头等问题，这种情况可以先用黑头导出液软化黑头，再敷上鼻贴、鼻膜等美容产品，不要乱挤。而对于成年男性而言，鼻毛经常有露出鼻外的情况，很不雅观，因此要及时修剪鼻毛。另外，清理鼻垢时一定要回避他人，千万不要当众擤鼻涕、挖鼻孔或乱抹、乱弹鼻垢。

3. 嘴巴

嘴巴在与人交往时同样是对方关注的焦点之一。对嘴巴的修饰,一方面是注意嘴巴的卫生。首先,有一口洁白的牙齿是人人都很向往的事情,但因为各种主客观原因,很多人的牙齿会出现发黄、有牙垢等现象。为了避免这类情况,要养成良好的刷牙习惯,每天至少要在早、晚各刷一次牙,每次刷牙不少于三分钟。对于因为长期吸烟、喝茶等原因造成的牙齿发黄、发黑,要定期进行专业清洗。其次,在进行人际交往中忌口腔有异味,主要是注意不要在社交前和社交活动中吃生蒜、生葱、韭菜等易留异味的食物,如果已经食用后,一定要通过嚼茶叶或口香糖对异味进行适当处理。最后,从嘴巴里发出异响也是不雅的,但如咳嗽、打喷嚏、打哈欠、打嗝、清嗓子等有时是很难避免的,对此一定要妥善处理,避免对着别人发出异响。

4. 耳朵

耳朵的修饰主要是清洁。平时洗澡、洗头、洗脸时,应顺便清洗一下耳朵,及时清理耳朵孔中的分泌物,清理时同样要避开他人。

5. 颈部

颈部和面部关系密切,而且在今天的整体装扮中,多属于裸露部位,也是一个人身体部位中容易显现年龄的位置,因此应重视颈部的保养和修饰。首先,每次洗脸时都要同时清洗颈部,然后在颈部涂上润肤霜,以保证它的滋润和弹性;其次,在对面部进行化妆,尤其使用粉底液、定妆粉、防晒霜等增白产品时,一定要同时均匀涂在颈部,防止出现颈部和脸部泾渭分明的化妆败笔。

6. 面部化妆礼仪

在社交场合,女性化妆是尊重他人的一种表现,在崇尚自然美的基础上,加一些人工的修饰,可以使人焕发青春的光彩,并增强自信心。但在化妆时需要遵从一些基本原则,了解化妆的禁忌,这样才能使自己在任何场合都能展示出得体的妆容。

(1) 面部化妆的基本原则

① 真实自然。当下流行的是透明妆。女性化妆的最佳境界是清新、淡雅,既显得楚楚动人,又不留人工雕琢的痕迹。

② 扬长避短。脸部化妆一方面要突出面部五官最美的部分,使其更加美丽;另一方面要掩盖或矫正缺陷及不足部分。例如,眼影是女性化妆的重要内容,但并不是所有的女性都适合用眼影。眼影只适用于相对标准或经过矫正的眼型,三角眼、肿眼泡、眼皮下垂等情况都不适合用眼影。经过化妆品修饰的美有两种:一种是趋于自然的美,一种是艳丽的美,前者是通过恰当的淡妆来实现的,它给人以大方、悦目、清新的感觉,最适合在家或平时上班时使用。后者是通过浓妆来实现的,它给人以华丽、性感的印象,可出现在晚宴、演出等特殊的社交场合。无论是淡妆还是浓妆,都要坚持扬长避短的化妆原则,恰当使用化妆品,才能达到美化形象的目的。

③ 化妆与肤色相适应。同属黄色人种的亚洲人,在肤色上亦有较大差异,有人肤色白皙,有人肤色红润,还有人的肤色泛黄、发黑,不同肤色在化妆时有不同的技巧。白皙、红润的肤色是属于比较耐看、健康的颜色,对于这种肤色就无须再涂过多的粉底液之类的化妆品,只使用足够的保湿、营养护肤品即可,另外可对眼部、唇部进行适当修饰,这样

整个妆容看起来清透、自然;而对于肤色偏黄、偏黑的女性来说,可以使用粉底液等产品进行修饰,但一定不能选择颜色过白、过浅的遮瑕、增白产品,否则会使涂上的粉底和肤色难以契合,看起来发青、灰,可以选择珍珠色、自然色、肉色的粉底,而且要注意和颈部颜色的衔接。

④ 化妆与年龄相适应。这部分在本书第7章化妆造型设计部分有详细介绍。

⑤ 化妆与服装颜色相搭配。一个人的妆色与服装色共同构成其外在形象的色感。而在面部妆容中,主要涉及唇色、眼影色、腮红色与服装的协调。一般来讲,一个人的肤色冷暖和其化妆色、服装色的冷暖是一致的,而且眼影色的色相、色调不能和服装色反差太大。

⑥ 化妆要与时间、地点、场合相适应。一般来说,日妆、生活妆的基本原则是保持自然,那种似有似无,给人赏心悦目感觉的妆容是最佳的。晚妆偏浓,具体化妆方法见本书第7章化妆造型设计部分。

此外,脸部化妆还必须注意与发型、服饰的风格相搭配,力求取得完美的整体效果。

(2) 面部化妆的禁忌

① 当众化妆。化妆属于个人私事,只能在幕后进行,如在公共场合化妆既显得缺乏修养,也是不尊重他人的表现。尤其在其他异性面前化妆,还会有搔首弄姿之嫌,会使自己的形象失分。

② 残妆示人。对于化妆的女性而言,要注意维护妆面的完整性。首先化完妆后要先检查整体妆面有无不协调之处;其次在休息、用餐、饮水、出汗、更衣之后,要及时对残缺的妆容进行修补,补妆时同样要选择卫生间、更衣室等相对秘密的空间。

③ 评论他人的妆容

当下的妆型趋于多元化、个性化,虽然说化妆得体与否体现了一个人整体审美素养的高低,但一个人化妆与否、怎样化妆,更多地属于个人自由,一般不宜打听他人的化妆方法,更不要对其化妆效果指指点点。

2.3.4 头发

头发位于人体的"制高点",是一个人仪容修饰的重心之一,具体应做到以下几点。

1. 头发的清洁

清洁头发首先要根据发质选用合适的洗发用品,有头皮屑的人可选用专门的去屑洗发水;其次要选择合适的水温,以40℃左右为宜;再次清洗方法得当,注意不要猛抓头皮,不要用干毛巾使劲搓头发;最后还要根据个体差异掌握清洗的频率,油性发质1~2天就要清洗一次,中干性发质则可以长至3~5天。

2. 头发的保养

理想的发质应色泽统一、有光泽和弹性,不分叉。保护头发首先可从饮食入手,多食富含维生素、微量元素、蛋白质的食物。如果头发枯黄或过早变白,应多吃动物肝脏、黑芝麻、核桃、葵花籽、黄豆等;头发脱落过多,则多吃黑豆、蛋、奶、松仁等;头皮屑过多,可吃海带、紫菜、海鱼等含碘多的食物。另外,洗后使用护发素、焗油膏进行护理也是很有必要的。

3. 慎选发型

发型的选择既要符合美观、大方、整洁和方便工作的原则，又要与自己的发质、脸型、体型、年龄、气质、服装以及周围环境相协调，这样才能给人以整体的美感。

(1) 头发长度。男士的头发以5～7厘米为宜。一方面不宜过短，如剃成光头；另一方面，除了个别职业外，也不宜留长发、大鬓角，否则会给人不伦不类之嫌。女性在头发长短的选择上有比较大的空间，但也不意味着没有限制。女性头发的长短因身高、职业、年龄的差别而异。头发长短一般与身高成正比；在机关、外企及一些特殊行业的工作场合，女性一般不宜留长披肩发，可以把长发盘起来(或束起来)；中年以后的女性不宜留长披肩直发。

(2) 发型与风格、体型、脸型相搭配。这一点在发型设计部分有具体讲述。

(3) 发型与身份、工作性质及年龄相称。发型不仅是个人兴趣和喜好，还要与自己的身份、年龄及工作性质相吻合，才能为自己的整体外在形象加分。

2.3.5 上肢

在日常社交中，上肢是使用频率较高的部位，而且常常需要上肢来传达一些信息。上肢的健康、美观与否会在一定程度上影响到社交效果。上肢具体包括手和臂膀两部分，在社交活动中，它们都有相应的健康标准和礼仪规范。

1. 手部

手是进行肢体语言表达的重要组成部分，符合社交礼仪要求的手部应具有以下特征。

(1) 干净、卫生。要保持手部的干净，一方面养成勤洗手的卫生习惯，如吃东西前后、去过卫生间后、上班前后、外出归来等情况下都要先洗手，不要用手掏耳朵、抠鼻孔、搔头皮等，在一些特殊岗位上还需戴上专用手套；另一方面勤剪指甲，从卫生角度而言，留长指甲有弊无益。很多女性从爱美的角度出发，留长指甲未尝不可，但一定要长短适度，过长既易给人不庄重之感，也容易藏污纳垢。男士绝对忌讳留长指甲，否则极不雅观、卫生。

(2) 健康。要保证手部健康，首先要对手部进行合理保养。例如，干家务时，避免手部直接接触洗衣粉、肥皂、清洁剂等洗涤用品。平时尤其是秋冬季节要多做手部按摩，防止生冻疮，并用护手霜加以滋润。发现死皮后，可用指甲剪将其修剪掉，同样要注意避开他人。若手部出现长癣、生疮、发炎等不良状况时，在及时治疗的同时要避免接触他人。其次，要尽量保持指甲的自然状态。虽然今天对指甲的美容、修饰方法多种多样，但很多美甲产品如果长期使用都会给指甲的健康带来损害，另外彩色指甲油、指甲彩绘等也不适合一般的工作及社交场合。

2. 臂膀

在正式的商务场合中，一般不要穿露肩部的上衣，即使穿无袖装时，也要先去掉腋毛。让腋毛外露是极不雅观的行为。

2.3.6 下肢

下肢虽然一般不在人的视觉中心,但它仍然是个人仪容的重要组成部分,而且在整体仪容装扮中所占比重较大,如果修饰不当仍然让个人形象大打折扣。腿部的修饰礼仪主要是对脚部和腿部装扮的规范与要求。

1. 脚部

修饰脚部,要注意以下两方面。一是注意脚部裸露的场合。在正式的社交场合一般女士不允许光着脚穿鞋子,不宜穿过于暴露的鞋子(如拖鞋、凉鞋等),但一些晚宴场合除外。男士除了休闲、家居外,其他场合穿凉鞋都会有太随便之嫌。二是保持脚部的清洁。要坚持每天洗脚,勤剪脚趾甲,保证脚部无异味,忌讳在公众场合脱鞋。

2. 腿部

首先,在正式的社交场合,不允许男士暴露腿部,即不允许男士穿短裤。其次,在正式场合,女士可以穿长裤、裙子,但不宜穿短裤,或是暴露腿部过多的超短裙。女士在正式场合穿裙子时,不允许光着腿不穿袜子,而且一定要避免袜子上边缘露在裙外,形成“三截腿”。女士的腿部汗毛如果过于浓密,可以用脱毛膏将其脱去,或选穿深色丝袜,加以遮掩,避免直接裸露。

2.4 服饰礼仪

2.4.1 服饰礼仪的含义及发展

1. 服饰礼仪的含义

“服”是指服装,“饰”是指修饰、饰品。服饰是指人的服装穿着与饰品佩戴的统一。服饰礼仪即是指人们在穿衣及佩饰方面应当了解与遵守的规范与惯例。

服饰是一个人的“软雕塑”,它在一定程度上可以反映一个人的性格、爱好、职业,也能部分折射出一个人文化素养、审美品位、经济水平及社会地位的高低,同样我们也能通过流行的服饰窥视不同时期的社会风尚。总之,人们通过服饰这种审美元素的集合体来彰显自己的个性,展示自己的风貌。但时代发展至今,我们的社会在服饰礼仪方面已经有了相对稳定的规范要求,只有当我们符合礼仪要求时,服饰才能为我们的形象加分。

2. 服饰礼仪的发展

从“茹毛饮血”的荒蛮时代到今天数字化、全球化的文明社会,人类在漫长的演化过程中,各种礼仪也经历了从无到有,从简单到复杂,从无序到规范的发展历程,这其中也包括服饰礼仪。服饰最早出现时的功能多是出于功利性而非审美性,即服装最早主要基于防御野兽攻击及御寒的需要,而饰品多是用来发挥驱除邪灵、标明部族归属等作用。但是,人类历史再往前发展,服饰便有了审美功能和礼仪要求。

(1) 中国服饰礼仪发展简述

原始社会中的人们社会地位与财富是平等的,他们过着群居生活,通过共同狩猎、采集食物得以生存,"穴居而野处,衣毛而冒皮"是对他们居住和着装等生活的史料记载。以指环、鱼骨、兽骨等材料制作的饰品也同时出现。伴随着阶级观念的确立,人们在穿戴、打扮上有了区别,而这种区别自出现起就贯穿中国整个阶级社会发展的全过程,人们把不同的服饰作为阶级的外在标志之一。服饰突破原来单一的实用功能,变为区别尊卑、昭明身份的一种工具。因而整个阶级社会的服饰礼仪主要通过阶级差别得以体现。

在奴隶社会,奴隶和以奴隶主为代表的上层人物在服装造型、用料、饰物材质上都有明显区别。出土的大量墓葬、遗留的绘画及文字记载中都印证了这一点。上层人物的服装从造型上多是长衣宽袖,材料多是绢、帛。例如,奴隶主的服装多为交领右衽,有云纹或几何纹图案的刺绣,下面所穿裳的边缘多以双钩云纹装饰,有束腰,有纹样精美的"蔽膝",服装整体显示精致与华美。而奴隶则多是盘发,服装的典型特征是圆领、小袖,衣长至脚踝处,多为素色,材料多以棉、麻为主。

整个封建社会在服饰礼仪上的等级色彩更加严重。汉代规定农民或农奴只能穿短襦,戴巾子或斗笠,穿本色麻布衣,不许穿彩色衣。董仲舒《春秋繁露》中说:"散民不敢服杂彩",到西汉后期才可以用青绿色。单是巾子的佩戴,根据身份的不同就有颜色上的明确要求:皇帝为黄色,武官为红色,文官和一般人为黑色,厨子为绿色。而因为在封建社会"重农抑商"的思想,《汉书・高帝纪》中明确规定"贾人毋得衣锦、绣、縠……"宋代王栐《燕翼饴谋录》中记载:"大中祥符八年三月又诏:自中宫以下,衣服并不得以金为饰,一应销金、缕金、间金,……织金金线皆不许。"明代宪宗成化十年(1474 年)规定:官民妇女不得僭用浑金衣服、宝石首饰。清代也明确规定家中的奴仆、戏子、皂隶等人不许戴貂帽,庶民男女不得用金绣闪色,珍珠缘衣、履等,若有违禁者要受到重罚。

除了上述人们在社会等级要求下要遵从的服饰礼仪外,在历史发展的长河中,也形成了很多人们在日常生活及特殊场合要遵从的服饰礼仪。

例如,古代的成年礼,在装扮上就要遵从一定的礼仪要求。《释名・释首饰》曰:男子"二十成人,士冠、庶人巾。"蔡邕《独断》曰:"帻者,古之卑贱执事不冠者之服也。"根据当时的礼仪要求,平民百姓成人后不能戴冠,只能用帻、巾;女子满十五岁被视作成年,头发要挽成成人发髻并插戴发笈。在婚礼、祭祀等特殊场合更是有诸多服饰上的礼仪要求。古代女子出嫁以红布帛盖头遮面,以赠戒指作为订婚标志就是其中的典型。

另外,在古代服饰上也有很多忌讳。首先,在传统服饰的颜色上,忌穿"贵色"、"贱色"和"凶色"。这些禁忌都与本民族的文化思想和习俗有关。贵色在古代主要指黄色,为皇家的专用色。黄色禁忌在整个封建社会体现尤为明显。所谓"贱色",是指从事某些低贱职业者的服装颜色,往往被视为不洁之色,民间视其为禁忌之色。例如,前面提到的"绿头巾",就是一种贱人之服。而明清时期,民间认为绿色、青碧色多为优伶、娼妓人等穿用,因为这些职业社会地位低下,这些色彩也被视为低贱之色。古代的凶色是指黑、白两色。纯黑色、纯白色在古代都可用作丧服,《礼记》中,"素服,以送终也"、"为人子者,父母存,冠衣不纯素"等对此做了明确规范。现代民间丧事穿白孝服、戴黑纱就是古代习俗的延续。

其次,在服饰的穿着规范上,除唐代女子可以袒胸露臂以外,其他朝代女子都忌讳裸露身体上除面部外的其他任何部位。

到了近现代,随着封建社会的消亡及“中华民国”的建立,中国几千年来的封建衣冠礼制被动摇。从这个时期开始,服饰礼仪的等级色彩亦随之消亡,取而代之的是逐渐成熟的中西结合为基调的服饰礼仪。

在这近百年的时间中,我们的服饰随着社会变革、前进的巨轮,也迎来了飞速发展和变革的时期。20 世纪,在服装上兴起了中国服装的不朽经典:旗袍和中山装,西装、女式裤装、礼服从西方传入我国。新中国成立后的 30 年里,中国受经济和文化背景的制约,对国际上的服装时尚及礼仪基本上处于一片空白的状态。这一时期,人们对美的评判标准几乎忽略了性别特征,全国人都被包裹在黑色、蓝色的服装海洋里。人们在这一时期对服饰礼仪的认识以勤俭节约、艰苦朴素为美的最高标准。改革开放后,随着国门的打开,国人掀起了全民大换装的热潮,男士西装在中国同样掀起了服装革命的风潮,帽子、项链、眼镜、耳环、香水、手链、戒指等饰品也作为美和时尚的象征得到了空前广泛的运用和流行,但随之应运而生的是我们穿戴时应遵从的一系列礼仪规范。在西装、夹克、领带等大肆流行的 20 世纪八九十年代,人们一方面迫不及待地向国际服饰的流行时尚看齐;但另一方面,由于相关礼仪文化的研究、推广不到位,出现了穿西装却把商标牢牢地缝在袖口上,穿夹克打领带等不伦不类的装扮,领带夹也成为一些人炫耀、展示名牌的手段而堂而皇之地在人们的视线中闪耀,而穿着西装革履在西方国家的大街上,购物的国人更是成为外国人眼中的一道怪异风景。

自 20 世纪 90 年代中期至今,随着互联网的普及,世界各地的资讯日益同步,国别的界限越来越小,国际化的趋势日益明朗化。国际上流行的服饰信息都能被迅速运用到国内的服饰生产上,并随之在社会上流行开来。中国服饰西化已成为一种大趋势,但本民族的服饰文化也同样对中国的现代服饰进行着持续的渗透和影响,我国的服饰礼仪在和国际接轨的过程中,同样要经过选择和批判性继承,从而形成本民族相对固定的服饰审美观及礼仪规范。例如,在服装颜色的选择上,中国人习惯把红色作为喜庆色、吉祥色,而在《礼记·郊特性》中,有明确的关于“素服,以送终也”的记载。即使在今天,纯黑色、纯白色在一些场合仍被视为悲伤的颜色。所以,虽然在中国越来越多的新娘选择在婚礼上穿白婚纱,但一般都会再选一套大红的礼服作为调和与平衡。而在西方,白色是纯洁的象征,是新娘的首选色,黑色除了可以用于悲伤场合外,更是庄重的代表色,是西式男礼服的主要颜色。而在女性晚礼服的穿着礼仪上,西方女性在隆重的宴会上穿着的晚礼服,人们只会用是否漂亮和有品位来评判,但在中国的宴会上,人们首先会关注这件衣服的暴露程度,然后才是它的款式、品牌、质地等,过于暴露的服装会有不雅之嫌。

(2) 西方现代服饰礼仪简述

在 20 世纪之前,西方的服饰礼仪有一点和中国是相同的,即服装是阶级身份的一种标志符号,不同阶级、不同社会地位、不同家庭背景的人衣着有明显不同,宫廷内的人和普通的富人、中产阶级的服饰也不同。而进入 20 世纪,西方出现了现代意义上的“时装”。此后的岁月里,以服装为代表的现代服饰进入了流行的轨道,并随着社会背景、审美情趣等的变化,不同时期出现了不同的流行色、流行款式、流行风格等,而且这种流行的范围随着人们获取信息资源便捷化、同步化的逐步实现,也逐渐摆脱了国度的界限,服饰的流行日益呈现国际化的特征,相关的服饰礼仪也随之在全世界范围内得到运用和推广。

1900年前后，西方的服饰仍旧固守着传统的模式，审美功能超越了实用功能，女士的服装仍以紧身胸衣为代表，社会上普遍认可的符合礼仪及审美规范的装束就是由夸张的帽子、长脖子、夸张的胸部、扁平的小腹、翘起的臀部、曳地长裙、华丽的抽纱装饰、各式的手套及手上的遮阳伞或折扇构成的“S”形服装及人为塑造出的“S”体型。像中国一样，那时裸露皮肤在西方同样被认为是大逆不道的。即使身着露肩和手臂的晚礼服，也要用长手套把裸露部分包裹起来。而帽子和手套的使用也处处体现着礼仪规范。20世纪初的帽子装饰非常夸张，花卉、水果篮、鸵鸟毛等都被运用到顶部的装饰中，而且在户内外都要戴帽子。手套自从19世纪末正式成为服饰装扮的一部分，在此后的几十年里，一直有严格的礼仪要求：手套是适当装扮的必备条件，在街上、剧院里、餐馆里、教堂里等，都要戴上手套。不论何时何地，上流贵妇绝不会脱下手套与人握手；反之，戴上手套与人握手才被认为是礼貌而符合礼仪规范的。在男士着装中，领带成为和西装相配套的最流行饰品，一直到今天。穿传统西服而不打领带同样是让人无法接受的装扮。

自第一次世界大战开始，人们传统的服饰审美观念遭受了巨大冲击。战争让妇女从幕后走到了生产和战争的前线，服饰的实用性大大加强。让人窒息的“S”形服装逐渐让位于方便、实用的日常服装，工作制服因时代的需求而产生，出现了短裙、宽松上衣、低胸衣以及具有革命意义的女式裤装。这一时期，因社会重心的转移，在服饰礼仪要求上也相对简单、宽松。

战后十年，随着社会和经济的复苏，服饰又开始抛弃战时追求的简单、实用观念，取而代之的是奢华、形式至上的设计理念。各种服饰在款式、材质、图案上都大大丰富了。妇女在不同场合要穿上完全与之相称的服装，要搭配正确的配饰，重新受到各种礼仪、规范的约束。由社会按照所谓时髦的标准提出的各种约定俗成的装扮要求重新成为女性生活的重心。

而到了20世纪六七十年代，西方处于思想动荡时期，伴随着相关文化的兴起，波普艺术、嬉皮风格、朋克主题这些理念也被运用到服饰设计上，其中有些随着中国的改革开放也成为20世纪70年代末80年代初的大陆青年追求时尚的标准。否定、叛逆、无性别化成为这一时期服饰的典型特征，长短随意，穿着自然，传统的服饰礼仪规范已经失去了主导地位。

20世纪80年代至今，总体上是一个回归的年代，服饰在经历了之前的叛逆、挑战后，又回到相对平稳、保守的时期，但这二十多年也是一个发展没有限度的时期，整个世界都发生了翻天覆地的变化，服饰的功能分类、款式、质地、图案都得到了空前的发展和创新。而且随着妇女地位的提高，女性在社会上扮演的角色越来越多，作为服饰重要消费者的女性所要遵从的服饰礼仪也越来越多。总之，今天的人们在追求自然、舒适的着装目标的同时，更需要根据不同时间、地点、场合的需要正确地装扮自己，以塑造自己在社会上高雅、得体的形象。

2.4.2 服饰礼仪的整体要求

庄子曰：“各美其美”，这说明每个人都有追求美的需求。但是，美是有一定标准的，这个标准的评判更多的是来自社会，而非自身。只有当我们的服饰装扮符合社会评判标准时才是美的。这里的标准很大程度上体现为礼仪规范。同时，从服饰礼仪的发展我们可以看出，服饰礼仪和服饰本身一样，有着非常明显的时代特征和要求。在服饰及礼仪日益国际化的今天，我们探讨的是在当前能够为社会普遍认可和接受的礼仪规范及整体要求。

1. TPO原则

TPO原则的概念是日本男用时装协会于1963年提出的，T、P、O分别是英文单词Time(时间)、Place(地点)和Occasion(场合)的缩写，即着装要根据时间、地点和场合的要求作相应的调整。实际上，不仅服装穿着要符合此原则，其他饰品(首饰和服装配件)的穿戴同样如此。

(1) 服饰随时间变化

这里的时间有以下三层含义。

① 春夏秋冬四季的季节变化。这里的服饰变化主要体现在服饰颜色与季节的协调。中国的大部分地区都属于四季分明的气候特征，在不同的季节里，天气、温度、周围环境的颜色等因素共同构成了不同季节的整体氛围，“春意盎然”、“夏日炎炎”、“秋高气爽”、“寒风凛冽”是对这些季节特征的典型描述，相关学者的“四季色彩理论”也是以此为基础的。为了同这种氛围相适应，服饰界在进行设计时同样要考虑这一因素，这种流行趋势推广到消费者，就形成了不同季节的服装深浅与冷暖。总体来讲，春季服饰偏浅暖；夏季偏浅冷；秋季偏深暖；冬季偏深冷。当然，这不是绝对的，每个人在选择时，还要结合个体的肤色、风格等特点。

② 时代间的差异。服饰的选择虽然不一定要紧跟流行风潮，但同时又应该在大体上顺应不同时代的风尚变化，否则会让人感觉不合时宜，有落伍之嫌。尤其在社会高速发展的今天，服饰风尚的变化更是让人眼花缭乱，不容我们忽视。例如，女性鞋子的装饰性比较明显，这也成为划分时尚潮流最主要的依据。这种变化无非体现在鞋跟的高低、薄厚和鞋头的长短、尖圆，在过去的十年里，曾经流行过非常厚重的鞋跟和特别细长的鞋头，这种夸张的装饰性表现一旦脱离流行的年代，也就背离了大众的审美标准，再穿着时就会显得非常不合时宜。

③ 着装人的年龄层次。相比男性而言，女性对于年龄更为敏感一些，尤其是到了一定年龄阶段的女性，总是通过各种修饰来使自己显得更为年轻，更有活力。但生活中甚至在社交场合我们总是会看到一些女性不顾自己的年龄，一味追求青春和活力，其装扮同自己所处的年龄及气质相去甚远，让人感觉不伦不类。有人说，女性穿衣应比自己的实际年龄小十岁。其实，这样严格画线是没有必要的。最主要的是每个人要根据自己在每个阶段所展现出的年龄感及气质、体型的变化做出灵活的调整。大体而言，20岁左右的年轻女性，正是展示青春魅力的时候，也是时尚、潮流最忠实的拥护者，在生活中或一般的社交场合可以穿得活泼、时尚，显示出年轻人的朝气。30岁左右的女性初现成熟的女性魅力，对于孩子气的花裙、迷你裙、娃娃装之类的装扮应该远离，选择大方而又不失活力的服饰。40岁左右的女性属于已经成熟的年龄段，对服装的最高要求不是时髦和新颖，而是质感和品位，佩戴首饰也不能像年轻人一样，而是要以少而精为主。而当女人到

了50岁左右，脸色不再像年轻时那样饱满、光洁，容易出现苍白或灰暗的衰老感，这时穿衣服不宜灰暗，而要通过亮丽的服装色彩、花图案等来弥补面部和精神上的沧桑感，在款式上以简洁、大方、舒适为最佳选择。

(2) 服饰随地点变化

地点在这里是指着装者所处的地理位置。从宏观角度分析，虽然我们已经进入服饰文化全球化时代，但在不同国家甚至同一国家的不同城市在整体着装风貌及风格上都有一定的区别，“入乡随俗”就是指要遵从所到之处的服饰文化风俗的要求。这在外交场合尤其要注意，否则会直接影响外交气氛、效果，甚至引起对方的敌意。从微观角度而言，指的是人的穿着要随具体环境而变化。比如，是在都市还是乡村、是在室内还是室外、是在单位还是家中等不同的地点，服饰礼仪要求也是不同的。例如，墨镜在阳光下戴既可以保护眼睛，又可以显得比较时尚，但如果在屋内出现，既显得对他人不尊重，也会让人有眼疾之嫌。如在一些影视作品中，为了突出观众视觉的唯美效果，而在自家客厅甚至卧室内穿着套装、高跟鞋的服装设计就让人感觉很怪异。

(3) 服饰随场合变化

场合和地点不同，相同的地点有不同的场合，相同的场合可以出现在不同的地点。但场合又很难与地点完全分开，因为在一般情况下，地点是构成特定场合的要素之一。所不同的是，地点是纯客观的面的概念，而场合是由特定环境、对象、目的及气氛等要素构成的环境综合体，在对服饰礼仪的要求上，它比单纯的地点对服饰的要求更严格、更规范。例如，不论中外，按场合氛围及目的的不同可以把场合大致分为喜庆场合、悲哀场合、日常工作交际场合等。不同场合对服饰颜色、款式的要求有很大区别。

喜庆场合是指结婚庆典、节日纪念、联欢晚会等。这些场合大都具有气氛热烈、情绪激昂的特征，这时人们的服饰装扮上可以时尚、华丽一些。但也要注意不同时间、不同地域、不同喜庆形式的礼仪规则。例如，在婚礼上，新娘是婚礼上的唯一主角，参加婚礼的女宾客尽管可以穿得漂亮一些，但不要过于盛装打扮，以免有喧宾夺主之嫌。另外，为了同中式婚礼上喜庆、热烈的气氛相吻合，宾客的服装颜色应避免全身黑色，而在西方的婚礼上，更强调的是一种庄重，一身黑色则是非常得体的。

悲哀场合是指殡葬仪式、吊唁活动等场合。这种场合的整体气氛是肃穆、凝重的，所以人们在服饰上应该注意以下几点：①服装颜色要以黑色或其他深色、素色为主，大红、大绿等明度较高的颜色是绝对应该避免的；②服装的款式应选择简洁、大方的，避免奇装异服，过多的蕾丝、飘带等都是不合适的；③女性不宜化浓妆和佩戴过于华丽的首饰。

日常工作、交际场合是指除喜庆场合以外的商务谈判、正式宴会、室内外工作等场合，这些场合总体要求是比较庄重。其中以商务谈判和正式宴会的服饰礼仪要求最为严格，要突出庄重、高雅的基调。而一般的工作场合，主要结合本行业或单位要求，以整洁、简单、舒适为主。

2. 扬长避短

有人说，世上没有不美的颜色，只有用错的颜色。其实，推广到所有的服饰上，这一法则同样适用。任何一件服饰都有属于自己的魅力，人的美与丑是相比较而言的。只是相对来说，脸型、体型、身高、肤色等客观条件较好的人对服饰的适应度更广泛。因此，无论自身条件好与坏,在进行服饰装扮时都应该坚持扬长避短的原则。

3. 体现个性

时代的发展使我们在同一时代能够接收到来自不同国家和地域的服饰,今日的服饰礼仪和尊重个性是并行不悖的。在追求个性化、多元化的21世纪,人们的审美观不可能也没必要完全统一在一个模式下。“城中好高髻,宫中高一尺”,“楚王好细腰,宫中多饿死”的时代已然远去。尽管由于制作的简便化、传播的高效化使流行风对人们的视觉和审美的冲击非常强大,但一味追求、紧跟流行,完全随波逐流的人注定其着装是缺乏个性和特色的。而且因为每个人的气质、风格不同,在着装上应该创造并保持自己所独有的风格,应该根据自己的主客观条件选择合适的服饰来适应时尚,而不是让时尚作为左右自己着装的唯一标准。

4. 符合整体美

选择服饰时,除了要符合各种礼仪外,最重要的是穿出美感来。不论人们的地域、文化层次、修养存在怎样的差距,追求服饰美是相通的。不管在不同时代、不同地域人们对服饰礼仪及审美标准进行怎样的变异,都是为了符合特定环境下的审美需求。这种美不是由哪件服饰带来的,而是一个人身上所有的服饰共同创造出来的。美虽然没有绝对统一的标准,但要符合整体美,就要遵从美的形式原理。

美的形式原理在各行各业均有表现,而在服饰设计上也大体遵循这些原理,即对称与均衡、对比与调和、比例与尺度、统一与变化、动与静、量感的大与小等,但具体到每一件服饰上,侧重点又有所不同。我们需要做的就是把符合不同的形式美法则的一件件服饰在我们的身体上协调起来,最后达到一种和谐的整体美。以对称与均衡为例,因为人体是符合对称与均衡规律的,所以服饰在设计上大多遵循这一规律。有些服饰从单件看并不符合对称法则,但我们在穿着时,可以通过与其他服饰的搭配取得均衡。如果穿件单肩斜裁的晚礼服,那么晚礼服本身是不均衡的,如果在露肩的一侧搭配上胸饰或比较夸张、醒目的首饰,就可以取得左右量感上的均衡。再如统一与变化,在服饰的颜色搭配上,无论采用的是单色搭配,对比色、相似色搭配,还是多色搭配,都要遵从统一和变化的法则。西服套装上下装的颜色、质地是完全一样的,视觉上自然是完全统一的,属于典型的同色搭配,但如果里面没有不同颜色、图案的衬衫和领带的搭配,就会显得呆板和单调,正是因为有了衬衫、领带不同的颜色、图案,整体上才有了变化。但领带和衬衫的颜色、图案又要考虑与西装的搭配,否则三者各自为政,虽然有了变化,却失去了统一。只有兼顾统一与变化,才能在整体上达到一种和谐,而和谐是美的最高表现形式。

总之,穿着本身是一门艺术,我们只有了解相关礼仪及搭配规则,加上不断地实践和总结,才能穿出风采,穿出品位,穿出修养。

2.4.3 女性服饰礼仪

作为美的传播者,女性服饰一直是社会上的美丽风景。现代女性在社会中扮演的角色越来越多元化,遵从相关的服饰礼仪有助于赢得他人的认可和尊重,并最终成功实现个人的人生价值。

1. 女性服装的分类及着装礼仪

女性服装按功能的不同，分为礼服、职业装和便装。

(1) 礼服

女式礼服是指裙装为基本款式特征，在特定礼仪场合穿着的服装。

① 西式礼服

西式礼服按其功能及款式特征的差异可分为大礼服、小礼服等。大礼服又通常被称为大晚礼服，是晚上8点以后穿用的正式礼服，是女士礼服中最高档次、最具特色、充分展示个性的礼服样式。高规格的颁奖典礼、鸡尾酒会是女性展示自己的最好舞台，大晚礼服也是最受青睐的选择。因为它强调女性窈窕的曲线美，肩、胸、臂的美得以充分展示，通常采用低领口或露背设计，既为华丽的首饰留下表现空间，又能充分展示女性的柔媚与性感。晚礼服的面料、颜色通常作如下选择：为迎合夜晚奢华、热烈的气氛，选材多是丝光面料、闪光缎等一些华丽、高贵的材料，追求面料的飘逸和垂感，以黑色为最经典的颜色，白色、大红色、蓝色、金色等也是常见的色彩选择。在款式上多为抹胸礼服、露背礼服、拖尾礼服、鱼尾礼服，每个人要根据自己的身材、体型特点来选择适合自己的款式。

小礼服是在晚间或日间的鸡尾酒会、正式聚会、仪式、典礼上穿着的礼仪用服装。裙长在膝盖上下5厘米，适宜年轻女性穿着。比起华丽、高贵、性感的晚礼服，这种服装在款式、面料及装饰品的选择上都更简约、保守一些。

西式礼服尤其讲究饰品的搭配，得体、巧妙地搭配可以为礼服增色，更能彰显自己的品位；相反，如果搭配不当，则会令服装黯然失色，甚至成为众人眼中的"败笔"。为了同华丽、优雅的礼服相匹配，在项链、手链、戒指等饰品的质地上，可选择珍珠、蓝宝石、祖母绿、钻石等高品质的配饰，也可选择人造宝石。在鞋子的选择上多配高跟细袢的凉鞋或修饰性强、与礼服相宜的高跟鞋；包要选择精巧雅致的花纹皮、漆皮、软革、丝绒、金银丝混纺等材料，根据材质的不同通常会采用镶嵌、绣、编等工艺进行加工制作，华丽、精巧、高雅是晚礼服用包的共同特点。披肩、华美的镂空装饰手套等也是晚礼服常见的装饰品。另外，为了和整体服饰的风格相配，此时的妆容应该是偏浓的。

② 中式礼服

中式礼服主要指旗袍。旗袍源于清代满族女子的装束，在20世纪30年代，上海作为受西方时装潮流影响较大的国际都市，一直崇尚海派的西式生活方式，于是在传统旗袍的基础上加上西式的时尚元素，出现了"改良旗袍"，从遮掩身体曲线的设计到充分展示玲珑突兀的女性曲线美，改良后的旗袍正好迎合了南方女性清瘦玲珑的身材特点，所以在上海备受青睐，继而在全国流行开来，成为中国女性独具民族特色的时装之一。

传统的旗袍多采用高领、紧身、裙长过膝、高开衩、斜开襟、无袖的款式。质地多以绸缎、金丝绒等高档面料为主。旗袍在今天的款式已经千变万化，领口的样式有高领、低领、无领；开衩有高开衩、低开衩；裙长有长至脚面的，也有仅至膝盖上面的；袖长更是有无袖、盖肩袖、短袖、中袖、长袖等多种样式。近些年，还有不少设计大师以旗袍为灵感，推出了具有国际风味的旗袍，中国旗袍与西式晚礼服结合的新式旗袍也是当今很多国际性颁奖典礼等重大场合的亮点。今天，旗袍主要用于一些正式、隆重的社交场合及结婚礼服，但同时应用最广的是礼仪小姐、迎宾人员，还有一些高级宾馆、餐厅的服务人员，成为她们穿着的具有职业象征意义的"制式旗袍"。

旗袍因其独特的东方韵味流传至今,无论样式怎么改变,旗袍传达的含蓄与内敛美是不会改变的。因此,我们在选择、穿着旗袍时,要遵从一定的礼仪规范。首先颜色以单色或素雅图案为主,礼宾人员的旗袍以红色为主。在长度上,因为旗袍主要体现的是庄重,所以不宜太短,尤其礼宾人员,一般长至脚面。另外,两边的开衩也不宜太高,以到大腿中部为宜。穿旗袍时不宜有太繁杂的装饰物,如果需要,可以搭配珍珠项链、玉镯、披肩等,下面必须配以传统的高跟、全包皮鞋,绝不可以搭配凉鞋或露脚趾、脚跟的休闲皮鞋。

(2) 职业装

这里讲的职业装由两方面组成:一方面是指当今社会某一行业或企业本身为了标明本行业着装风貌、突出职业特征,而把服装作为行业的识别标识之一,这种职业装更多地体现为一种职业、身份的识别。例如,我们的军队、公检法、工商、税务等各类机关单位都有自己独具特色的职业服装,邮政、医院、银行、学校等大的企事业单位也都有相对固定的服装标识,包括工厂的工人、商场的售货员、饭店的服务员都有属于本单位的职业装。因为某些职业装具有相对的稳定性,其服装特征被社会所广泛认知,当我们想起某个职业时,同时就能想象出这个职业固有的服装色彩和款式。例如,邮递员习惯被称为"绿衣使者",而护士又被社会尊称为"白衣天使"。当前,职业装正被越来越广泛地运用到工作场合。当人们穿上本行业、本单位独有的职业装时,不仅有助于更好地展示行业、组织的整体风貌、文化形象,也有利于增加凝聚力和责任感。

另一方面是指女性在工作场合穿着的职业套装或套裙。这种套装或套裙没有明确的组织标识,主要为了体现干练的精神风貌,弱化女性在职场上的性别特征。

套装或套裙的典型特征是上下身的颜色、质地是完全一致的。套裙根据季节的不同,分为长袖套裙和短袖套裙,套裙的领子以西服领居多。近些年,套装、套裙也在借鉴时装的某些时尚元素,出现了圆领、V形领、小立领等式样。在特别隆重、正式、庄严的外交场合,套裙是最得体的装扮。因此,套裙有时也肩负有礼服的功能。套裙的裙长一般在膝盖上方,如果裙长低于膝盖,会显得腿部不够修长,也会使衣服显老气。职业女性在选择套装或套裙时要注意其颜色、图案,色彩多以粉色、米色、浅灰、藏蓝等素雅、柔和的单色为主,忌穿大红、大绿、大紫等明度较高的颜色,也不宜有过于醒目、夸张的图案。

另外,还要注意与套装、套裙相配的饰品装扮规范。无论套装或是套裙,都侧重体现职场或其他社交场合的干练、利落,因此,在整体装扮上要突出简约而不失单调的宗旨。套装里面搭配相同色、近似色或白色的衬衣,下面搭配高跟、封闭式皮鞋。包同样要求是皮质,一般要和皮鞋的颜色相一致。长袖套裙里面需要穿上颜色相协调的衬衣或胸衣,其中胸衣的领子多为椭圆或一字领。和套裙相配套的是全包头的高跟皮鞋,而且不能使腿部裸露,要搭配长筒肉色丝袜,尤其是在正式社交场合,裸露腿部是极不雅观、更不符合服饰礼仪规范的。

套装、套裙随着时尚元素的不断注入,款式越来越新颖,质地、图案越来越多样化,可运用的场合越来越多,而且一改过去留给人们的古板印象,不同年龄、不同职业的女性都可以找到适合自己的衣服,并穿出不同的风度气质,从而在不同场合都能展示自己良好的个人形象。

(3) 便装

凡是日常穿着的有别于严谨、庄重的服装类型，都可称为便装。便装主要用于日常生活及一般的社会交际场合。根据风格、功能的不同，又可以分为休闲时装、休闲运动装、家居服等。随着经济、文化全球化的日益深入，服饰文化同样出现了全球化。以欧、日、韩现代服饰为主体的服饰形态成为当今世界服饰的主流，并深深影响着中国。在设计理念上的休闲化、时尚化倾向所占比重越来越大。休闲时装成为当今人们日常生活中最常见、使用率最高的服装类型。而且，随着整个社会工作节奏的加快，生活、工作压力的增大，人们在服饰观念上，越来越漠视习俗，不愿受潮流的约束，转而寻求一种舒适、自然的新型着装，在服装选择上更青睐于舒适、随意、千变万化的休闲时装，而且休闲时装也被更多的单位认可并作为工作场合的服装。

休闲时装的款式、质地多种多样，单是按功能就可以分为外套、上衣、裤子、裙子等。外套根据使用季节、质地、款式的不同又分为夹克、羽绒服、大衣、风衣等；上衣可分为毛衣、衬衣、T恤衫、吊带衫；裙子从功能上可分为连衣裙、半身裙，从长短上可分为长裙、中长裙、短裙、超短裙，从裙摆的形状上可分为A字裙、喇叭裙、百褶裙、筒裙、泡泡裙等；裤子从裤腿形状上可分为水桶裤、喇叭裤、直筒裤、铅笔裤、萝卜裤、灯笼裤等。纷繁复杂、令人眼花缭乱的休闲时装，一方面可以使女性更好地展示自己的形象美，但同时也对着装人的审美眼光、品位提出了更高要求。不仅要注意服装自身的搭配，还要注意鞋子、包及其他饰品与服装的搭配，如果搭配不当，可能会适得其反。

人们在选择这些服饰时，特别需要遵从个人外在形象设计的三重境界。首先要遵从符合时间、地点、场合、身份等基本礼仪的要求；在此基础上，还要充分考虑扬长避短原则，即个人形象设计的第二重境界。因为休闲类服装的款式、质地的多样化，每个人选择时都需要结合自身特点，以最大限度展示自己的优势，掩盖或适当修饰自身的不足。例如，身材偏胖的人，穿衣服时应该避免颜色过浅、面料弹性过大、图案过于夸张、过于紧身等的衣服；皮肤偏黄、偏暗的人应避免选择色调过于鲜亮、饱和度过高的颜色等；臀部、腰围偏大的人不要穿喇叭裙、百褶裙、水桶裤、哈伦裤等。

结合自身色彩和风格的特点来选择服饰是个人形象设计的第三重境界，也是当今社会打造个性化形象所必须掌握的。不同人拥有不同的皮肤、头发、眼睛颜色，同为黄色人种，我们的皮肤有的偏白、有的偏黄，有的偏黑，头发也是如此；当我们看不同人时会发现，每个人因为不同的身高、胖瘦、面部身型轮廓、气质、性格等因素，使得不同人呈现出不同的精致、大气、夸张、前卫等，正因为人拥有相对固定的个人色彩，在一个较长时期内拥有相对固定的风格特征，而服饰也有自己的颜色和风格。近些年，服装颜色越来越多样化，配色也更加大胆，除了传统的色系，近几年流行的金属色、糖果色、荧光色在服装设计中得到了广泛的运用，撞色搭配成为时尚，这些为我们提供了更加多元的选择。而不同人的个人色彩深浅、艳浊不同，对这些服饰颜色选择要求也不一样。虽然都是休闲类服装，因为其外在廓形、剪裁、材质、图案等要素的不同，使得不同的服装廓形、剪裁都偏中性的女性套装、套裙，通过领口的不同造型设计、边缘线的装饰，呈现出可爱、精致、高贵、另类、性感等不同特点。而在今天，即便在传统设计中用色腰线设计、装饰等细节的变化,使得其在干练之余,还能表现出时尚、优雅等特征。我们需要做的就是根据自己的色彩和风格挑选适合自己的服饰。这样,才能达到形象设计的最高境界:打造个性美形象。

近几年,健康、运动成为人们追求的时尚,各种健身馆应运而生,社会上掀起了运动风,运动装更是大行其道,以其宽松的自由度、舒适度和运动感赢得人们的青睐。人们在日常生活中穿着运动装时主要是出于休闲、舒适的考虑,一般装扮比较随意,但这并不意味着可以随意搭配。一般来讲,穿运动装时,不适合戴手表、项链、耳环、围巾等装饰品,鞋子也应搭配运动鞋或休闲鞋,而不是一般的皮鞋。

2. 女性饰品及使用礼仪

用石头、兽骨等穿缀成的项链、手链是人类饰品的最初形式,此后又衍生出多种装饰不同部位的饰品。今天我们所讲的饰品通常分成首饰和服装配件两大类。

饰品不只是人们整体服装上的点缀物,今天的饰品实用功能与审美特性并重,是人的整体外在形象的重要组成部分。饰品、服装与人体本身在其审美价值的实现过程中,有着互补和互相制约的关系。在进行服饰的搭配过程中,一方面,我们要学会运用均衡、韵律、节奏、比例、肌理等各种形式美的法则使服装、饰品、人体达到一种和谐美的境界,例如,饰品要和服装传达出的风格保持一致,或高贵,或优雅,或奢华,或简约,或古典,或时尚。另一方面,很多饰品在长期的发展、进化过程中已经形成了相对成熟的佩戴礼仪,不同的佩戴方法可以传达出特定的信息,人们必须遵从社会约定俗成的礼仪规范,才可以起到画龙点睛、锦上添花的作用。

(1) 首饰

首饰主要以审美功能为主。女性常用的首饰主要包括项链、耳饰、胸针、戒指、手镯、手链等。

① 项链

项链是女性最为青睐的首饰之一,几乎所有的女性都有几条款式、材质不同的项链。正因为如此,女性在搭配项链时要考虑好与自身及服装的搭配。

首先,女性选择项链时要与自己的脸型、体型、肤色等保持协调。项链有粗有细,有长有短,不同脸型、体型的人对此有不同的要求。一般来讲,脸型偏长的人比较适合戴短一些的项链,以增加面部的圆润感,相反偏圆的脸型比较适合长一些的项链。体型高大或偏胖的人比较适合长一些的项链,体型娇小或偏瘦的人比较适合短一些或细一些的项链。当然这不是绝对的,因为还要考虑颈部自身的因素。不论是哪种款式的项链,不论是什么脸型,佩戴的首要条件是颈部没有缺陷,如果颈部偏长且线条优美,自然适合的范围较宽,相反,如果颈部又粗又短,则最好不戴项链。如果要戴,也一定要选择细、长、简约的项链,否则只会弄巧成拙。项链从材质上分为玉、翡翠、珍珠、玛瑙、水晶、黄金、白金、彩金、银、钻石、绿松石等,颜色更是五彩斑斓,在和肤色的搭配上主要考虑肤色的冷暖和项链颜色的冷暖保持一致。黄金、彩金、绿松石、玛瑙等一般都是偏暖的,银、白金、钻石一般是冷色。

其次,项链和服装的搭配也是非常关键的。项链的颜色与服装的色彩成对比色调为好。如:穿着单色或素色服装,佩戴色泽鲜亮的项链,能使首饰更加醒目,在首饰的点缀下，服装色彩也显得丰富。穿着色彩鲜艳的服装，佩戴简约无彩色或与服装主色调一致的项链，以免和艳丽的服装颜色发生视觉冲突，并且可以使服装色彩产生平衡感。另外，从二者风格搭配的角度而言，旗袍比较适合玉、翡翠、珍珠等带有古典风格的饰品，西式晚礼服比较适合白金、钻石、水晶等高贵、雅致的饰品，而休闲时尚的服装多搭配彩金、黄金、绿松石、玛瑙等偏时尚休闲风格的饰品。

② 耳饰

耳饰的款式主要有三种：纽扣式耳钉、耳坠、耳环。耳钉造型一般比较小巧、精致，有圆形、菱形、钻石形、花朵形等样式；耳环以圆形为主，可能小巧精致，也可能夸张、奢华；耳坠更是造型各异，有心形、椭圆形、扇形、链式、吊灯式等。在选材上有金银、水晶、玉石、珍珠等高档材料，也有仿水晶、合成金属、塑料等低端材料。不管大或小，长或短，精致或夸张，华丽或朴实，每一种都有属于自己的风情，如果搭配得当，可以起到修饰脸型，增加面部风采的作用。

因为耳饰是和脸部关系最为密切的首饰，所以受脸型的制约最为明显。例如，脸部偏圆或下巴较宽的人不适合戴耳环，因为耳环会增加脸的下半部的量感，对脸部有横向拉宽的效果，使面部缺陷更为突出。耳坠是耳饰里形状最富于变化的一种，对面部的修饰力也是比较强的。菱形脸、方形脸绝不适合菱形耳坠，它会使面部的棱角更加明显。同样，脸型偏长的人也不适合细长的耳坠，那样会让脸部看起来更长。另外，耳环、耳钉的大小也要与人的体型、风格相配。前两年社会上流行大耳环，于是很多女性全然不顾自身的条件，纷纷戴上了夸张、粗犷的大耳环，但它只会使身材不够高挑的人看起来更加矮小，使肥胖的人显得更壮实。

近些年，很多年轻女性为了追求时尚，在耳朵上打上很多洞，戴上大大小小的耳环、耳钉，这在纯粹的休闲场合未尝不可，但是在工作或社交场合，这类装扮是非常不得体的。

③ 胸针

胸针在出现的早期，是服装的重要组成部分，那时的实用功能大于装饰作用，同时它还是用来显示穿着者的身份、种族、地位的一种标识。今天，胸针的功能更多地体现在装饰性上。胸针的材质有金银、钻石、水晶、合成金属等，造型多种多样，不论材质、造型如何，胸针传达出的总是一种奢华、古典的味道。

传统的胸针习惯别在前胸偏于一侧或衣领上，这样的佩戴方式显得比较庄重、典雅，并且对服装可以起到一定的修饰作用。例如，在线条不对称、不规则的服装上，将胸针别在量感、面积偏小的一侧，可以起到平衡的作用；在款式相对庄重、严肃的套装、套裙的领子上别上一枚小巧、精致的胸针，可以使套装在庄重之中增添几丝活泼与动感。传统的佩戴方式比较适合职场装扮。但如果我们想让身上的胸针传达出时尚信息，让它在更多场合为我们增色，我们只需要选择一个合适的造型，并把它换一下位置。今天的胸针可以出现在胸前作为衣扣，可以出现在帽檐上作为帽饰，可以出现在口袋上作为口袋装饰，这样的装扮会收到意想不到的效果。

佩戴胸针时还要考虑和服装领型、面料、图案的搭配。V字领、一字领的领口比较适合量感偏大的胸针，高领服装一般搭配小巧的胸针，当然还要考虑着装者本人的身高、体

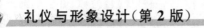

型特点。冬季的服装面料厚重,比较适合造型偏大、材质偏重的胸针;反之,夏季的服装比较轻薄,如果佩戴大而偏重的胸针容易使衣料下坠,既影响美观,也易使服装变形,因此,小巧精致的胸针是首选。在和服装图案的搭配上,以素色服装为最佳,其次是偏暗、偏小的图案,有比较夸张、醒目图案的服装上不宜佩戴胸针,否则会显得更加杂乱。

佩戴胸针还要注意不能出现过多焦点,如服装上有胸针的同时,就不宜再戴胸花、胸章,同时由于项链、耳饰、胸针都在面部周围,同时佩戴就会失去重点,也失去了本来应有的点缀、美化效果。

④ 戒指

戒指是最普遍的首饰,在款式设计及材质上包罗万象。目前,市场上比较流行的材质有白金、铂金、黄金、银、彩金等,其中以白金、铂金、黄金为原料的系列戒指又可分为镶嵌宝石和不镶嵌宝石两种。镶嵌宝石的戒指比较贵重,主要为了突出宝石本身的美和价值,戒圈本身只是一种载体,用作镶嵌的宝石主要有钻石、红宝石、蓝宝石、翡翠、紫水晶等。镶嵌物的大小与华丽、复杂程度直接决定了戒指的风格。没有镶嵌的戒指相对比较简约,价格也比较低。

不管戒指的材质、造型如何,它的佩戴方法在今天已经有了约定俗成的象征意义。例如,戒指一般戴在左手上,尤其是结婚戒指。不同的部位有不同的含义,戴在食指上表示未婚;戴在中指上表示在恋爱中;戴在无名指上表示已经订婚或结婚;戴在小拇指上表示独身,大拇指一般不佩戴戒指。现在一些追求时尚的女性喜欢根据自己的喜好随意佩戴戒指而无视其特有的意义,也有人在手上戴多枚戒指以示时尚与个性,这些在正式的社交场合是不可取的,会有损你在他人眼中的形象。

⑤ 手镯、手链

手镯、手链都是戴在手腕上的装饰品。二者的区别在于:手镯是以环形为固定形状,手链是可以随意变形的链条状。制作手镯的材质中有的是以展示材料天然美为主,如黄金、白金、铂金、银、玉等,有的是以展示精湛工艺为主,如景泰蓝、泰银、镶嵌宝石等。手链的材质则更加多样化,除了黄金、白金、钻石、银、彩金、玉以外,还有玛瑙、水晶等。为了更好地起到修饰与点缀作用,二者也要和个人体型、肤色、服装保持协调。在正式场合的佩戴礼仪上,二者也有不同之处:手镯在佩戴时可单可双,手链一般是单戴;手链与手镯、手链(手镯)与手表不宜同时出现在一只手腕上;虽然现在很多时尚女性喜欢在一只手臂上戴几条手链以彰显个性,但这在正式社交场合是有失大方的。

首饰的种类繁多,在佩戴的过程中,一定要注意首饰数量的控制,绝对不是"韩信点兵,多多益善"。一般来讲,一个人身上的首饰不宜超过三件,而且这些饰品不仅要和服装、个人风格保持协调,饰品本身也一定要保持协调。

(2) 服装配件

服装配件是指帽子、围巾(丝巾)、包、鞋、袜子等可以与服装搭配的饰品。与首饰相比,服装配件兼具物质上的实用性和精神上的审美性,不同时期、不同场合及不同材质和造型决定了其功能特点的侧重。而且,服装配件在人的整体着装形象中所占的比重要高于首饰,因此,更应该注意它们的使用礼仪。

① 帽子

帽子的产生与发展和服装是同步的，特殊时期会比服装的发展更为迅速。帽子在中国的历史上被称为首服，根据款式、功能不同将其分成风帽、冠、抹额、帻、巾等，其中风帽侧重于取暖的实用性需求，冠多是装饰或用于标识身份地位，二者是今天中国帽子的前身。西方女性对帽子的使用历史同样是比较悠久的，并一度在文艺复兴时期和19世纪前后两次达到高峰，成为当时女性必备的一种装饰品。今天的帽子材质丰富，功能分工日益明确，有工作帽、运动帽、休闲帽等，其中在社交场合使用的主要是休闲帽。

因为帽子的面积偏大，而且在人们视线的最高点，更容易给人留下深刻印象。为了保持整体装扮的协调，在选择帽子时，一定要考虑它的色彩、材质、款式、大小和服装的搭配问题。比如，前面说的运动帽，只适合穿运动装时佩戴；休闲帽因为本身材质、造型、色彩丰富多样，要根据服装颜色、风格的不同来进行选择与搭配。在颜色上，帽子的颜色一般要和服装的主色调保持统一，材质要和整体服装或与外套、衣领的材质相同，风格要和自身的气质相近。

因为帽子和脸部的关系极为密切，又可以使一个人的身高发生视觉误差，所以，选择帽子时还要与考虑脸型、肤色、体型的协调。一般来讲，帽子的形状不应和脸型重复。例如，圆脸形的人不适合戴圆顶帽，长脸形的人也不适合再戴高帽子。帽子颜色和肤色的关系与服装和肤色的协调规则基本一致。另外，个子高的人选择帽子时或中或大但不宜小，否则给人头轻脚重的感觉，身矮的人则相反，如个子矮的女性不宜戴平顶宽檐帽，那样会显得个子更矮。戴帽子和穿衣服一样，要尽量扬长避短，既使自己满意，又要使人看着雅观、得体。

选择帽子除了考虑上述因素外，礼仪是同样要遵守的，这主要涉及帽子的佩戴地点和场合问题。中国的女性在参加正式、庄重的社交场合，一般不戴帽子。在一般的公务活动中，虽然允许女士在室内戴帽子，但为了表示对对方的尊重，最好摘下帽子。

② 围巾(丝巾)

围巾、丝巾都是女性常见的装饰物。围巾、丝巾的区别主要在于材质及薄厚程度的不同。围巾一般偏厚，质地以棉、毛、麻为主，丝巾主要以丝绸、雪纺、轻纱为主。按传统的理解，围巾一般侧重于取暖的实用性，丝巾则装饰性更强一些。但今天，二者在款式上有小方巾、大方巾、大三角巾、小三角巾、长方巾等多样化的选择，而且不同的材质传达的风格有异，丝绸、毛料体现高贵典雅，真丝、轻纱透出时尚，棉、麻流露休闲，皮草彰显华贵。根据它们的不同款式、尺寸、质地，做出百变搭配，可以出现在头部、颈部、肩部、腰部，既可以做围巾(丝巾)，也可以变成头饰、披肩、胸衣等，总之，它们的修饰功能、范围比以前大大增加了。在佩戴时，既要注意围巾(丝巾)款式、质地、图案等与服装、肤色的搭配，又要注意扬长避短。例如，披肩是最近两年很受女性钟情的装饰品，但不是所有人都适合。一般的披肩都比较宽大，质地较厚，身材不够高挑的人是不适合它的，矮小的身材加上一副大披肩会使人显得更加单薄。穿着套装或套裙时，为了增加整体装扮的生动感，颈部系上一条真丝的小方丝巾是一个比较经典的搭配，但如果你的脖子本身就比较短或粗，这样的搭配会使这个缺陷更加突出。

③ 包

包的发展、演变不仅与服装的变化有关,更与科技的发展及人们生活方式的改变有关。在中国服装史上,因为女性很少在社交场合出现,包在几千年的发展历程中主要是属于男性的半实用、半装饰品。在不同时代,有佩囊、绶囊、鱼袋、荷包等不同称谓,造型随盛放物品的不同而变化,材质以皮革或丝制为主,但这些都不属于今天真正意义上的包。在西方,妇女使用包的历史较早,而到了 20 世纪,随着妇女逐渐参与到社会活动中来,包的实用价值得到充分体现,现代意义上的包开始应运而生。今天,服饰文化的全球化使得包在材质上大大丰富,有名贵鱼皮、蛇皮、羊皮、牛皮、压花皮革、仿动物皮毛、各种布料做成的布包等。因为造型的不同也由此衍生出双肩背包、斜挎包、单肩挎包、手提包、手抓的晚装包、腰包等。正因为女包色彩缤纷,款式多样,在与服装的搭配上,既提供了较大的个性空间,又对个人的品位提出了挑战。搭配协调,能为服装增色,使二者浑然一体,相得益彰;反之,则会破坏整体的形象,让人看着不伦不类。

这里讲的协调主要是指包的款式、色彩、材质、装饰、大小等要素构成的包的风格应与服装及人本身风格的一致。例如,穿正规的职业装时,只能搭配款式比较正统、简约的手提皮包或单肩皮挎包;和奢华晚装搭配的是镶以珠宝、钻石、高级晶片,体现高贵、精致外观设计的手抓小包,因为此时的包只用来装必备的补妆用品或仅仅是服装的配饰。体型高大的女性不宜挎特别精致的小包,使包看起来像玩具;相反,体型娇小的女性不宜挎大包,使包看起来像行李袋。双肩背的皮包更适合年轻女性,而且主要彰显的是休闲与随意。在与服装色彩的协调上,有以下几种方式:一是与单色服装的上装或下装保持同一色系;二是与多色服装的主色调保持一致;三是与鞋子、帽子、腰带等服装配件中颜色较为突出的一种保持色调一致。

作为职业女性,在使用包时,一定要注意对所装物品分门别类。因为女性相对随身携带的物品较多,既有私人用品,如化妆镜、唇膏、梳子、纸巾、钱包等,也有公务用品,如笔、名片夹、记事本等,如果因为需要拿出某件物品而在别人面前翻遍整个包的做法是很不雅的。

在社交场合还应该注意放包的位置。如果进入他人的私人空间,一定不能随意放置,而是交给主人代放,或入座后放在自己的腿上。在公共场合进餐时如果没有专门的衣帽间或衣帽柜,一般把包放在自己的后背和椅背中间。

④ 鞋子

鞋子是配饰品中最实用的一种,但在其发展演化过程中,也始终兼有审美功能。不同时期,鞋子的材质、色彩、款式大相径庭,单从鞋跟的造型、粗细、高低变化上,就有方跟、圆跟、椭圆跟、马蹄形、三角形、粗高跟、细高跟、中跟、低跟、平跟等。鞋子在女士的整体着装中占有重要地位,它在很大程度上决定着服饰装扮的得体与否。

因为鞋子本身风格、款式的复杂性,正确选择鞋子同样对一个人的审美品位提出了挑战。要使装扮协调,同样涉及和服装及自身的合理搭配问题。首先,女鞋从功能上可分为正装鞋、便装鞋。正装鞋主要是用来搭配职业套装、职业套裙、旗袍等在正式场合的装扮。正装鞋的特征一般为皮质、低帮、独跟、少装饰。有的女性在夏季用凉鞋或露脚后跟的鞋搭配职业装,这在正式的社交场合是非常不礼貌的。更有甚者,一些人选择了短裙、凉鞋和短丝袜的搭配，让一个人的腿部从视觉上出现了恶性分割。便装鞋的范围很广，从风格上有偏休闲的、偏运动的、偏时尚的，同样要与服装的风格保持一致。

因为今天的鞋子颜色多样，所以要考虑和服装的颜色相协调。黑色皮鞋对服装的搭配选择比较宽容，但夏天如果全身衣服颜色都较浅时也不适合，这时一般搭配米色、浅咖啡色、浅灰色等，最好和下装或服装的主色调保持一致。

还有要注意的一点就是高跟鞋的选择问题。本来鞋子作为实用的饰品，舒服才是首要的。然而，纵观时尚的历史，鞋子在任何一个时期都未放弃对美观的追求，有时甚至超过了实用性的地位。其中，最经典的时尚当属高跟鞋。如果搭配得当，高跟鞋既能改变一个人的视觉高度，也能提升整体气质，增添女性韵味。但抛开健康与舒适的问题，也并非每个女性都适合高跟鞋。客观地说，个子太高和太矮的女性都不宜穿高跟鞋。个子高本来是一种优势，穿上平跟或低跟的鞋子相得益彰，若穿上很高的鞋子，会让周围的人感觉很突兀，甚至有“人高马大”之嫌。个子较低的女性，如果想改变身高，只能适当地穿上低跟或中跟，否则，穿上高跟鞋以后，在增加视觉高度的同时也会打破身体比例的平衡，会显得下身长上身短。

⑤ 袜子

袜子在女性整体装扮中，虽然属于细枝末节，但如果搭配不当同样会让人的形象大打折扣。相反，合适的搭配既能给腿部带来温暖和呵护，也能对腿部起到修饰、塑形的作用。现在的丝袜图案、造型繁多，但在职场比较适合的还是肉色、灰黑色、黑色丝袜。前者比较传统、保险，适合面较宽，后两种主要用来搭配休闲、时尚风格的裙装。其他彩色或带有明显图案的袜子，会让人感觉不稳重。袜子最忌讳的就是跳丝或有洞，它会让你万分尴尬，所以，在正式的社交场合，为了避免这种局面，最好准备一双备用袜子在包里。另外，当穿着袜子时，一定不能在脚踝处戴脚链之类的装饰。

此外，像眼镜、腰带、香水等既不属于首饰，也不是服装配件，但它们同样具有装扮整体形象的功能，在选择时，既要起到美化的效果，也要遵从相关的礼仪。例如，眼镜的颜色要与肤色的冷暖一致，镜片的形状要避免与脸型重复，大小要与脸型大小成正比。在佩戴礼仪上，主要注意墨镜、太阳镜的佩戴。夏季，戴太阳镜的女性很多，但在社交场合与人握手或进入室内时，一定要摘下太阳镜，否则有失礼节。香水是使女性充满自信、倍增风采的秘密武器，但香水的独到之处在于它与使用者之间的默契，香水在每个人身上的味道会随体质、温度的不同而有所改变。因此，在选用香水时，既要考虑自己的喜好，更要兼顾合适与否。相比其他服饰，香水是单纯的高端奢侈品。因为只有好的品牌香水才会散发出怡人的香味，所以选择香水应绝对奉行“宁缺毋滥”的原则。而现实中，我们经常在身边闻到劣质香水的刺鼻味道，这既有损自己的形象，也是对他人的一种污染。香水在喷洒部位上非常讲究，耳后、后颈部、头发、手腕、裙摆、脚踝等都是可供选择的部位，应该避开的是腋窝、心口等汗腺发达的地方。皮草、丝绸及纯棉衣料都不能直接喷洒香水。香水在用量上应严格控制，宁少毋多，否则会让身边人窒息，也会有庸俗之嫌。

2.4.4 男性服饰礼仪

自从人类进入文明社会，男性是社交场合绝对的主角。但相对女性而言，男性的成功与魅力更多地以事业为判断标准。尤其在现代,和女性服饰日新月异的变化相比,男性的服饰更突出一种简约与自然。但这并不意味着男性的服饰礼仪就比女性少,西方一直比较注重男性在正式场合的着装礼仪。中国男性自20世纪以来,在服饰上出现过长衫马褂、中山装、列宁装、西装、皮鞋等。长衫马褂曾经作为新中国成立前中上层民众的打扮,20世纪三四十年代又曾流行过长衫配西裤、皮鞋的装扮,西装此时主要为留学生及西派人士所推崇。而新中国成立后,因为要同旧社会划清界限,所以长衫马褂、西装都被抛弃,继而开创了中国的"中山装时代",一直到改革开放后,这种垄断局面才被打破。其间,苏联式的列宁装在20世纪50年代一度盛行。

改革开放后,面对服装业的飞速发展,全民掀起了换装大浪潮,西装、夹克、牛仔裤成为时代的新宠。社会的进步对男性的装扮提出了更高的要求。中国社会对男士西装、领带、夹克的推崇在20世纪八九十年代出现高潮,西装配领带几乎成为成功男性的代名词,甚至被单位定位为职业装。在这一时期,在中国中年男性曾经流行的一种打扮是束腰夹克里面打领带,这在涉外交际场合被西方人视为怪现象。在着装理念越来越追求休闲、舒适的今天,很多单位已不再要求把西装作为职业装。但在出席正式场合时,西装仍不失为最佳选择。

今天中国男性常见的服装根据其风格及功能的不同,可分为礼服、西装和便装。

(1) 礼服

男式礼服同样分为中式礼服和西式礼服。

① 中式礼服

在这里,把中山装和唐装界定为中式礼服。有人说中国没有真正的礼服,这样说自然有其道理,因为无论女性的旗袍或是男性的中山装、唐装,在今天都没有明确、固定的穿着场合,在各类正式的礼仪场合,女士套裙和男士西装反而成为主角。但中山装和唐装都是在和西方服饰文化融合、对抗过程中出现的经典,是和中国文化精神、气质高度契合的服装代表。中山装是中西服饰文化求同存异的结果,是以西服为原型进行的改装。最早的中山装前门襟有九颗扣子,上下四个明袋,后身有背带缝,中腰处有腰带。孙中山带头穿着以后,很快便在男士中时兴并逐步得到推广。今天的中山装在样式上已经进行了改进:领子除了单立领外,又出现了立翻领,前门襟的扣子改成五颗,四个明袋改成平贴袋。这种服装简约、庄重、大方,非常适合中国男性的形体特征和内敛气质,在国际上被视为中国男礼服的代表。因为是以西装为基础进行的服装改进,所以中山装也是采用上下装同质、同色设计。传统中山装的颜色也只有黑色,这些年出现了纯白中山装,这种服装时尚气息更浓一些,比较适合艺术表演或婚庆场合。在2000年前后随着世纪庆典的到来,中国掀起了唐装风。唐装是采用对门开襟、盘扣设计,颜色以大红为基本色调,此外还有蓝色、黄色等,而且明度较高,一般带有"福"、"寿"或兰、竹等中国传统文化象征的图案,主要用在春节及涉外的重大喜庆场合。

虽然唐装和中山装在国内礼仪社交场合使用的概率还不够高,但在一些国际性的重大礼仪场合,它们是最好的诠释中国服饰文化的服装。因此,是当之无愧的中式礼服。

因为中山装、唐装都是传统服装,因此更要注意和鞋子的搭配。因为皮鞋是男士今天社交场合最基本的样式,所以,在穿中山装和唐装时,一般还是以皮鞋来搭配。但是皮鞋的颜色一定是黑色的，而且款式是传统的制式、系带皮鞋，配黑色袜子。只有在穿纯白中山装时，需要搭配白色皮鞋、白棉袜。

② 西式礼服

西式晚礼服主要有小晚礼服和大晚礼服两类。

小晚礼服因其领结为黑色，又被称为 Black Tie。小晚礼服的上装与一般西装的款式相同，但颜色只有黑、白两色，两襟均为同色缎面设计。不论上衣颜色是黑是白，礼服裤均不同于一般的西裤，裤子比较宽松，立裆较深，一般不用腰带，均为黑色高腰，裤腰左右各配一条黑色缎面背带。和这种礼服相搭配的是白色硬胸式或百叶式衬衫，黑色制式皮鞋、黑袜子、黑色领结。

大晚礼服又被称为燕尾服(Tail Coat 或 White Tie)，使用白色领结。大晚礼服是18～19 世纪欧洲最著名的男子礼服，由英国骑兵服改制。其基本结构形式为前身短，约与腰节齐，以无光泽的平纹绸或塔夫绸材质设计的宽枪驳头领，前门襟的扣子也是用同样的平纹绸包起来的包扣，左右各有三粒，袖口处的三至四粒装饰扣也是同样的小包扣。后身长至膝部，后衣片呈两片开衩的燕尾型，后中缝开衩一直开到腰围线处。色彩多以黑色为正色，表示严肃、认真、神圣之意。另外，也有藏青色、黑蓝色等。裤子、衬衣、鞋、袜子的搭配礼仪与小礼服相同，领结为白色。

以上两种礼服目前在我国还很少使用。

另外，传统西装也可以看作一种礼服。

(2) 西装

现代意义上的西装出现于 17 世纪的欧洲，清朝末年传入我国。西装充分彰显了男性的力量与干练，加上领带、衬衣的搭配，实现了美观度与舒适度的完美结合。在今天，西装已经成为国际通用的标准礼服。

传统西装属于上下装同色、同质的套装，具体样式很多。从组成数量上有两件套(一衣、一裤)和三件套(一衣、一裤、一马甲)之分。三件套更为正式，但在今天的中国，人们主要穿着的是两件套的西装。从领型上有大翻领(大枪勃头领)和小翻领(小枪勃头领)；口袋有明、暗之分；上衣前排纽扣有单排扣与双排扣之分，单排纽扣又有四粒扣、三粒扣、两粒扣、一粒扣之分，双排纽扣有四粒和六粒之分。西装在社交场合穿着时，有着严格、统一的规范和要求，只有遵从它们，才能塑造自己得体的着装形象，显示自己上乘的着装品位。

以下从几个方面介绍西装及和西装相关配饰的穿着礼仪。

① 西装的穿着礼仪

套装西装在颜色上比较多样化，但在正式工作或社交场合，西装的颜色不宜过浅，明度不宜过高，一般以黑色、黑蓝色、深蓝色或灰色系为主；不适合醒目、夸张的图案，在庄重场合，以单色为最佳。

西装穿着时的衣袋较多，但这些衣袋在使用时一定要慎重。上衣的左胸袋原来是设计用来放手帕的，但是现在除了在典礼喜庆场合，该口袋用来插胸花以外，一般场合放手帕的人也比较少见，而且其他物品也不宜放在这个口袋里。上衣两侧的口袋只作装饰用，不宜放置香烟、打火机、钥匙串之类。西裤的左右插袋可以适当放置一些细小物品，避免物多(大)影响裤型美观。上衣内侧口袋一般用作放证件、钱、卡等重要物品,笔也可以放在这个口袋里,但总体不宜过多。总之,穿西装时口袋里的东西尽量以精简为佳。另外,穿西装内衣不要穿太多,春秋季节只配一件衬衣最好,冬季衬衣里面也不要穿棉毛衫,可在衬衣外面穿一件羊毛衫。穿得过分臃肿会破坏西装的整体线条美,同样,穿短袖衬衫搭配西服也是不得体的。

正规传统的西装只能整套穿,尤其在正式社交场合。在非正式场合,西装可以不扣,以显示潇洒与随意。在正式场合必须扣,但扣的数量和位置是很有讲究的。双排扣西装设计比较传统,应把扣子都扣好。单排扣西装:一粒扣的,系上端庄,敞开潇洒;两粒扣的,只系上面一粒扣是正统,只系下面一粒显得不严肃,全扣上是土气。三粒扣的,系上面两粒或只系中间一粒都合规范要求;四粒扣的,最下面一粒不扣或扣中间两粒就可以了。

西裤的灵魂在裤腰上,太紧会使裤子起褶皱,太松又给人不利索之感,一般以在自然呼吸的情况下不松不紧地刚好放得下一只手掌为最佳。裤管要穿出挺拔的质感,因此裤管的中折线一定要笔直而自然地垂到鞋面,不能偏倚;裤子的长度从后面看应该刚好到鞋跟和鞋帮的接缝处。如果想让腿看起来更修长,那么裤管的长度也可以延伸到鞋后跟的1/2处。

西装的穿着还要注意西装左袖上商标的处理问题。在西方,缝在衣袖上的商标主要是让顾客识别品牌。顾客在购买了西装之后,服务员应该替顾客拆下商标。但由于中国相关经营者不知道,也没有相关的配套服务,以致在中国男性穿着西装的若干年中,一直存在一个误区:把上装左袖上的商标作为西服品牌的特有标识。加上人们对品牌的崇尚心理,购买名牌服装的人把它作为一种炫耀,唯恐别人不知,而以致以讹传讹,一直到今天还有人对它恋恋不舍。

② 西装和衬衫的搭配

衬衫在和西装搭配时,对颜色、质地、款式都有严格要求。大体来讲,传统西装要搭配传统衬衫,过于炫目、杂乱的图案、颜色,过于柔软、光亮的质地,过于夸张、怪异的领型都不适合与传统西装搭配。白色衬衫是适应性最广的。衬衫的领口必须挺括、平整,不能过于宽松,以合领后能插入一个手指头的宽度为最佳,一般高出西装后领1~2厘米。在正式场合,衬衣的下摆必须束在西裤里,袖长以长出西服衣袖1~2厘米为宜。袖口不能散开,也不能翻到西装袖口外面。如果不是特别正规的场合,可以不系领带,这时衬衣领口处的扣子要解开,否则会让人感觉很呆板。由于男性油脂分泌旺盛,加上衬衣颜色一般较浅,很容易在领口、袖口处出现污渍,这比服装本身搭配的失败更破坏自身的形象。

③ 领带

领带源于17世纪的斯拉夫骑兵,法国路易十四时期开始在上层社会流行,后逐渐传向全世界,并发展成为传统西装的固定配饰。因为传统的西装款式、颜色缺少变化,领带可以很好地弥补这一点,它可以通过多变的颜色、图案为西装增添亮色,同时提升着装人的气质,把它称为"西装的灵魂"一点不为过。

领带的款式主要在领带的宽度上,常用的领带宽度多为8~9厘米,最宽的可达12

厘米，最窄的仅有5～7厘米。一般来讲，领带的宽窄应与西装领及衬衫领的宽窄成正比。领带的打法有温莎结、平结、交叉结、双交叉结等，其中平结和温莎结因打起来较为简单而使用频率更高一些。

领带的质地以真丝或者羊毛为佳，在正式场合，尽量不选涤丝、尼龙材质的，容易变形。

领带的颜色有单色与多色之分，在商务活动中，主要是单色无图案的领带，蓝色、灰色、棕色、黑色、紫红色、黄色等都是十分理想的选择，当然也可以选择条纹、圆点、方格、菱形等规则的几何形状为主要图案的领带。

领带打好以后必须长短适度。最标准的长度，是领带打好之后，上面宽的一片要长于下面窄的一片，上片下端的领带尖正好抵达皮带扣的上端。如果穿的是三件套西装，则领带必须放到马甲内，领带尖的长度不能超过马甲前襟的下边缘。还有，领带是与传统西装搭配的，一般的短袖衬衫属于休闲装，就像休闲夹克一样，不能打领带，行业或单位制服除外。

④ 西装、衬衫与领带的搭配

这里主要涉及颜色与图案的搭配。

如果单看西装和领带的色彩搭配，可以考虑以下几种搭配方案：银灰色、乳白西装配棕红色、紫红色或深蓝色领带，显示一种沉稳、潇洒；红色、紫色西装配乳白色、黑色领带，显示一种典雅华贵；深蓝、墨绿西装配黄、棕红色领带，显示一种深沉、含蓄；褐色西服配深蓝、棕红色领带，显得庄重大方。

实际上，我们不但要考虑西装和领带的搭配，还要考虑它们与衬衫在颜色及图案上的搭配。有以下几种搭配方案：①三单搭配，也就是说三种单色搭配在一起，这种搭配显得比较简约、精练；②两单一花，这其中唯一一个有花纹或图案的无论是衬衫、领带或是西服，花纹或图案的颜色一般要是其他两种颜色或主色调的其中一种；③二花一单，当有两种花纹或图案时，必须先分辨图案的明暗和图案的走势。西装与衬衫、领带的图案都不应该重复，更不要形成明显的线条冲突，而且领带上的图案一般要比衬衫上的明显。

西服和衬衫因为面积较大，更需要注意颜色及图案的搭配。永恒的保险搭配是白色或浅蓝色衬衫配深色西装；二者的颜色不宜完全一致，应有一定的颜色及色调反差。西服和衬衫不宜同时有明显图案，更不适合把带有不同明显图案的衬衫和西装搭配，例如条纹西装搭配方格衬衫，反之亦然，这两种搭配都会给人图案杂乱的感觉。

⑤ 西装的其他配件

领带夹的用法：领带夹只适用于传统西装，也就是说只穿长袖衬衫时虽然可以搭配领带，但没必要使用领带夹。因为领带夹的作用不是装饰，而是用来固定领带。领带夹应别在特定的位置，即从上往下数，七粒纽扣的衬衫，领带夹应在衬衫的第四粒与第五粒纽扣之间，将领带夹别上，然后扣上西服上衣的扣子，从外面一般应当看不见领带夹。而不像前些年的很多中国人一样，为了炫耀名牌领带夹，把它醒目地置放在胸前，甚至直逼衬衫领扣，唯恐他人不知，这样既不符合礼仪要求，显得过分张扬，同时也显示了自己的无知。

皮带是西装必备的饰品之一。男人的皮带既有实用性，又有装饰性，被戏称为男人腰间的一张脸。因为它在不穿或敞开外套时，会显露在他人的视线中，因此有以下几点一定要注意：a. 皮带的长度，皮带在系好后尾端应该介于第一个和第二个个裤袢之间，既不要太短也不要太长；b. 皮带的宽窄，皮带太窄会使男人显得缺乏阳刚之气，太宽的皮带只适合于休闲、牛仔风格，一般皮带宽窄应该保持在3厘米左右；c. 皮带的颜色，穿一般的深色西装时，皮带的颜色只能是黑色，穿白色西装时，为避免颜色反差太大，一般可用棕色皮带。还有，在搭配西装时，皮带扣的颜色不宜过于炫目，造型以简单、大方为主，皮带扣与拉链必须在一条垂直线上。

今天男士的鞋子在颜色、质地、款式风格上也比较多样化。传统颜色既有经典的黑色，也有比较柔和的棕色，今天又多了体现休闲与时尚的黄色、红色、蓝色等。在质地上，主要有布鞋和皮鞋两种，皮鞋是使用率最高的，也是西装的固定搭配。黑皮鞋能配任何一种深色西装，棕色皮鞋除同色系西装外，一般不宜搭配其他颜色的西服。而黄色、红色等更不能与传统西服相配。与西装配套的皮鞋，应当是真皮制品而非仿皮。一般来说，牛皮鞋与西装最为般配。羊皮鞋、猪皮鞋则不甚合适。磨砂皮鞋、翻毛皮鞋大都属于休闲皮鞋，也不适合与传统西装搭配。

男士的袜子不像女性那样五彩斑斓，一般有白色、黑色、蓝色、灰色。在质地上有丝袜和棉袜之分，很多男士喜欢穿丝袜，尤其是白色丝袜，这是不得体的。因为丝袜属于袜子中的低端产品，吸汗性较差，容易产生异味，而且当男士落座时，袜子很自然地要从裤子和皮鞋的中间露出来，显得突兀、刺目，所以应当避免。白色棉袜子和其他浅颜色的纯棉袜子只适合运动休闲装时穿。当搭配黑色皮鞋时，男袜的颜色应该是深色，而且要比长裤的颜色深，比皮鞋的颜色稍浅，深蓝、蓝灰、黑蓝等都是不错的选择，当然袜子的颜色与西装的色调一致是最经典的。另外袜子的长度也要注意。太长的袜子会显得土气，太短的袜子会使你在坐下或一条腿搭在另一条腿上时露出腿上部分皮肤及腿毛，这也是非常不雅观的。

男士在社交场合常用的包分为手拿小包和单肩挎包，以皮质为主，少装饰，颜色主要有黑色和棕色。一般来讲，穿传统西装时，只适合搭配手拿小包，单肩挎包本身具有休闲性质，主要适合休闲西装、牛仔装等。

鞋子、皮带和包在男士的身上同时出现时，最好保持一个颜色。总之，职场男士的服饰在颜色上以少为佳，最多不超过三种。

手表对于职场男士来说，是必备的装饰品，尤其是穿传统西装时。男士的手表相对属于高端产品，同样奉行“宁缺毋滥”的原则，廉价、杂牌手表是影响装扮形象的。

戒指、项链是男性只有穿着休闲服装时才可选择的配饰，结婚戒指除外。总之，职场男士身上的首饰越少越好，以零为最佳。

(3) 休闲西装

休闲西装来自19世纪中叶的男装风潮，在20世纪初，西方的男士们希望有更新款式的、舒适又时尚的衣服出现，而这种单件上装外套也成为当时的时尚潮流迅速蔓延开来。而中国一直到20世纪90年代，流行的一直是传统西装，直到20世纪末，随着全球休闲风潮的再次盛行，传统西装也失去了以往在中国男装中的霸主地位。休闲西装从休闲程度上应该说是介于传统西装和运动、牛仔装等便装样式的过渡类型，既能体现出职场上的干练，又能彰显男性的潇洒与风度，因此适应场合远远高于其他服装类型，成为当下男性在社交及生活中最常见的装扮。

与传统西装相比，休闲西装是单件上装设计，在领型、腰身、图案及口袋的设计上都比传统西装有更多的变化。例如在图案上，既可以使用传统西装的单色或规则多色设计，也可以采用毫无规则的夸张图案或刺绣设计。和休闲西装搭配的是休闲西裤、休闲皮鞋。

(4) 其他便装

随着时代的发展，男性便装也呈现出更加多样化的趋势。首先，在颜色上，打破了传统对男性色、女性色的局限，粉红、亮黄、果绿、粉紫等原来典型的女性用色，现在在男性春夏季服饰中已经非常多见。其次，在材质上，休闲感较强的棉、麻、真丝在男性服饰上的运用也更加广泛，再加上细节的设计，弱化传统正装原有的硬朗、职业、权威感，更多地体现简约、时尚、舒适的风格。

另外，更加舒适的休闲运动装、户外装等也成为重要的男性服饰。除了传统的运动服装款式，也有更多在款式、面料和图案方面将休闲和运动结合在一起的服饰，这类服饰既避免了传统运动装的单调与职业感，也保留了运动装的舒适，成为很多人在一般休闲及工作场合的着装。户外装是随着这几年户外运动群体的逐渐壮大而兴起的，相比运动装、休闲运动装，户外装有其较为专业的迎合户外运动、探险需要的设计，如宽松的款式、较多的兜部设计、可拆解、防水、防紫外线、高识别度等，与之搭配的鞋子也是专门的户外登山鞋、包、帽子等。

需要强调的是，便装是指简便舒适的服装，而不是指可随便穿着的服装，穿着便装同样应遵守服饰礼仪，像一些男士在正式工作或社交场合着无领汗衫、短裤、沙滩鞋的打扮就显得过于随便，影响自己的形象。

第3章 社交礼仪

3.1 社交礼仪概述

3.1.1 社交礼仪的内涵

社交礼仪是人们在社会交往活动中用于表示尊重、敬意、友好的行为规范和惯用形式。它包括惯用的身体动作，惯用的方式、仪式和惯用的物品等。社交礼仪定义包含以下几层意思。

(1) 社交礼仪是一种道德行为规范。规范就是标准和准则的意思。在文明社会中，任何一个人的行为都要受到一定规范的制约，不能随心所欲，为所欲为。和纪律、法律相比，社交礼仪的约束力要弱得多，违反纪律、法律要受到制裁，而违反社交礼仪规范，则只能让他人产生厌恶感，令人嫌而远之。因此，社交礼仪以社会公德、个人品格修养、文化素养为基础，靠的是自觉、自律。

(2) 社交礼仪的本质是实现社会交往各方的互相尊重。“礼者，敬人也。”每个人都有被尊重的心理需要，社交礼仪可以有效地展现人的教养、风度和魅力，体现一个人对他人和社会的认知水平、尊重程度。在社会交往活动过程中，按照社交礼仪的规范和要求去做，就会使人获得尊重，产生愉悦，进而实现人与人之间关系的融洽以及社会的和谐。

(3) 社交礼仪的根本目的是为了维护社会正常的生活秩序。社交礼仪是一种文明行为标准，是具有较强约束力的道德力量，让每一位社会成员自觉按文明规范的要求，调整自己的行为，修正自己的陋习，以适应社会发展的需要。如果没有社交礼仪的规范和约束，社会正常的生活秩序就会遭到破坏，社会的发展就会受到阻碍。

(4) 社交礼仪的范围是人际交往和社会交往活动。超出这个范围，社交礼仪规范就不一定适用了。

3.1.2 社交礼仪的特点

1. 规范性

规范性反映的实质是一种被广泛认同的社会价值取向和行为准则。孔子说：“非礼勿视，非礼勿听，非礼勿言，非礼勿行。”强调的就是礼仪的规范性。它意味着礼仪对人在社会交际中具体的行为具有约束和限制作用，是一种约定俗成的社会行为规范。每个人不但自觉地用它来约束自己的言行举止，而且还用它来衡量和判断他人。一个人无论地位高低、财富多寡，只有采用标准化的表现形式才能获得社会的广泛认可，反之就会受到否定和指责。

2. 对象性

“十里不同风，百里不同俗。”作为一种文化精神和传统，礼仪具有鲜明的民族文化烙印。不同民族、不同时代、不同地域，由于文化和心理背景不同，礼仪的表现形式也千差万别。运用礼仪要因人、因时、因地而异，面对不同的交往对象或在不同的场合进行交际时，需要采用不同的礼仪形式。

3. 技巧性

礼仪是人际交往中行为处事的方式和方法。礼仪支配和控制着人的交往行为，它有一定的“套路”，每个环节都有特定的内涵与形式，每个步骤都有特定的规则、程序和要求，不是毫无联系的言行、举止、行为的堆积组合。

4. 可操作性

作为一种行为的规范与准则，礼仪在具体运用时，“有所为”与“有所不为”都有各自具体的、明确的、可操作的方式与方法，只要照章办事就能得到肯定和认可，而任意为之则不受欢迎。

3.1.3　社交礼仪的职能

社交礼仪作为人类的行为规范和准则，具有四大职能：第一是塑造形象；第二是沟通信息；第三是联络感情；第四是增进友谊。

1. 塑造形象

社交礼仪具有塑造形象的功能。它不但能塑造个人形象，而且能通过个人形象塑造组织形象。每个人都生活在一定的国家，归属于一定的民族和阶级，处于一种宏观关系中；每个人都有自己的亲朋好友、同事和上下级等人际联系，处于一种微观关系中。人存在于这些息息相关的各种人际关系中，以自己特定的身份和角色去与人交往。有时以个人身份去待人接物，表现的是个人形象；而有时又以个人代表组织去与人交往，表现的就是组织形象。

(1) 个人形象塑造

个人形象是指通过自己的仪容仪表、言谈举止等给他人留下的总体印象。在人们社会生活的大部分时间里，都是以个体形象出现的，代表着自身的存在意义。每个人都希望给人留下一个良好印象，获得公众的认可。个人形象会对一个人的社会交往产生很大的影响，一个具有高尚的情趣、优雅的谈吐、潇洒的风度的人总是备受欢迎的。学习和运用社交礼仪，用礼仪来约束自己的行为举止，能帮助我们提高个人修养，塑造出受欢迎的个人形象。

(2) 组织形象塑造

人是社会的人、组织化的人。大部分人都隶属于一个国家、一个单位、一个部门。在工作中，每个人的仪容仪表、谈吐举止和修养不仅代表自己，而且还代表自己为之工作的组织的形象。良好的个人形象也是其所在组织的形象、品牌和无形资产，甚至影响着其所在组织的经济效益和社会效益。因此,任何组织内的成员,都应重视社交礼仪的学习,自觉掌握现代社交礼仪的常识,塑造和维护良好的组织形象,让社会公众对组织产生认同感,进而为组织赢得知名度和美誉度。

2. 沟通信息

礼仪行为是一种信息性很强的行为,总是有意无意地传达着某种含义和情感。根据礼仪表现信息的方式,可以把礼仪分成三种类型:言语礼仪、行为表情礼仪和饰物礼仪。

言语礼仪是指通过口头或书面语言的方式表现的一种礼节、仪式,即直接用语言来传达的礼仪,如"您好"、"晚安"、"身体健康"、"万事如意"等,传递给对方的各种信息,或是问候、礼貌,或是尊重、祝福。

行为表情礼仪是指通过人的身体来传情达意的一种礼仪行为,又称"态势语"、"体态语"、"行为语言"、"副语言"等。虽然有声语言是交际中最为重要的形式,体态语言只起着辅助作用,但就具体情况而言,有声语言的信息在交际中只占一小部分。身姿学的杰出研究者伯德惠斯特尔估计,在两个人的互动场合中,有65%的"社会含义"是通过非语言方式传递的。美国的社会心理学家拉莫宾通过研究得出:一个信息的传递=7%语言+38%语音+55%非语言。在社会交际中,我们既要通过态势语言准确地传达信息,同时也要准确地理解他人传递的信息。

饰物礼仪是指通过服饰、物品等表达思想的一种礼仪。在社会活动中,人们经常通过服饰打扮或各种物品来传情达意。了解"饰物语言",通过饰物来传情达意,能达到"无声胜有声"的境界。不同的饰物所包含的礼仪信息是不同的,比如,红色衣服适合喜庆场合,黑色衣服适合隆重、庄严的场合,白色表示纯洁、高尚,等等。在社交活动中,服装的颜色也表达不同的内涵,在正式的工作场合,首选颜色为黑色和白色,其次是灰色、褐色系列。

3. 联络感情

礼仪是人们在社交活动中形成的行为规范和准则,表现为一些礼节、礼貌、仪式等。这些礼节、礼貌是一种润滑剂,在社交活动中不仅表达自己的友好和善意,更主要的目的是在维系、深化和推动交往过程中,增进彼此的了解和信任。表达感情、联络情感既是社交礼仪的重要目的,也是行使礼仪行为的基础。只有具备了一定的情感基础,才能产生和颜悦色的礼仪行为,得到别人的关心、友爱和尊重,为个人或组织营造一个和睦的人际环境,以保证交际的顺利、成功。

4. 增进友谊

由于礼仪体现的是社会交往中人们的共同规范,所以进入社交的双方遵守礼仪会增进彼此的认同感,进而有助于发展和加深友谊。而这种友谊既可以是个人间的,也可以是组织间的。

3.2 见面礼仪

3.2.1 称呼礼仪

称呼是指人们在日常交往、应酬中彼此之间采用的称谓语,也是当面招呼对方,以表明彼此关系的名称。它是人际交往中的先行官、见面礼。称呼不仅能体现对对方的尊重、双方之间的关系，也能体现说话人的个人修养和知识水平。一个得体的称呼，会使人如沐春风，并为以后的交往打下良好的基础。不得体的称呼则会使人陷入尴尬境地，造成交往障碍，影响交往的效果。

1. 称呼的要求

(1) 礼貌得体

在社交场合，称呼要符合对方的年龄、性别、身份、职业等，要做到礼貌得体。不能用“喂”、“哎”来称呼人，更不可用鄙视性称呼，如“看门的”、“扫地的”、“老头儿”等。

(2) 注意场合和风俗习惯

在正式场合，对熟人、朋友或者本单位的领导均应以职务相称，对于不太熟悉的参加者，应以“姓＋先生(女士)”或“姓＋职务”相称，以体现严肃性。

选择称呼还要照顾被称呼者的个人习惯，入乡随俗。例如，我国南方某些省份称农民为“老表”，称年轻妇女为“大姐”，称儿童为“伢子”、“小鬼”等。

(3) 讲究次序

在社交场合要注意称呼的次序。一般来说，同时与多人打招呼，称呼应先长后幼、先上后下、先女后男、先疏后亲，或者按照由近及远的顺序。在一般接待中要按“女士们”、“先生们”、“朋友们”的顺序称呼。

(4) 考虑亲疏关系

对德高望重的前辈，称其为“先生”；对刚结识不久且年长的朋友，称其为“老师”；同事之间，可视年龄大小在姓氏前加“老”、“小”相称，如“老王”、“小李”；上级称呼下级，长辈称呼晚辈，亲友、同学、邻里之间可以直呼其名，甚至还可以叫小名；对陌生人，可以亲属的称谓称呼对方，如“叔叔”、“阿姨”、“老伯伯”、“老奶奶”等。

2. 常用的称呼

(1) 社交、工作场合中常用的称呼

在工作岗位上或正式场合，称呼的总体要求是要庄重、正式、规范。

① 职务性称呼

一般在较为正式的政务活动、商业活动、学术性活动中使用。以示身份有别，敬意有加，而且要就高不就低。

- 只称职务。如书记、院长、董事长、总经理等。
- 职务前加姓氏。如王总经理、张主任、吴校长等。
- 职务前加上姓名。如×××书记、×××部长、×××董事长等。这种称呼适用于正式的场合。

② 职称性称呼

对有专业技术职称的人，可用职称相称。

- 仅称职称。如教授、律师、工程师等。
- 在职称前加姓氏。如李主编、常律师、王工程师。
- 在职称前加姓名。如杨振宁教授、阎崇年研究员，这种称呼适用于正式的场合。

③ 学衔性称呼

这种称呼,可以增加被称者的权威性,同时有助于增加现场的学术气氛。

- 仅称学衔。如博士、院士。
- 在学衔前加姓氏。如张博士、王院士。
- 在学衔前加姓名。如张宇博士、王选院士。

将学衔具体化,说明其所属学科,并在后面加上姓名。如法学博士张宇,这种称呼最正式。

④ 行业性称呼

在工作中,可以直接以行业或职业作为称呼。如老师、教练、医生等。一般在此类称呼前,均可加上姓氏或者姓名。如刘老师、于教练、姚远医生等。

⑤ 泛尊称

社会各界人士在较为广泛的社交中都可以使用的称呼。如小姐、女士、夫人、太太。未婚者称小姐,已婚者或不明其婚者否者称女士。男的可以叫先生。不论男女都可以叫同志。

(2) 生活中的称呼

生活中的称呼总体要求是亲切、自然、准确、合理。

① 对亲属的称呼

对自己的亲属要采用谦称。与外人交谈时,对自己的亲属应采用谦称。称自己长辈和年龄大于自己的亲属,可加“家”字,如“家父”、“家母”、“家兄”等;称自己的晚辈或年龄小于自己的亲属,可加“舍”字,如“舍侄”、“舍弟”、“舍妹”等;至于自己的子女,可称“小儿”、“小女”。

对他人的亲属要采用敬称。一般可在称呼前加“令”字,如“令尊”、“令堂”、“令郎”、“令爱”等。对其长辈,也可加“尊”字,如“尊父”、“尊祖父”等。

② 对朋友、熟人的称呼

敬称:对任何朋友、熟人,都可以用人称代词“你”、“您”相称。对长辈、平辈,可称其为“您”;对待晚辈,可称为“你”;对有身份或年纪大的人,可称“先生”,如“杨振宁先生”、“杨绛先生”;对文艺界、教育界有成就、有身份的人,可称“老师”,如“易中天老师”、“赵丽蓉老师”;对德高望重的人,可称“公”或“老”,如重庆谈判时,大家称周恩来为“周公”,对教育家叶圣陶,人们习惯称“叶老”。

姓名的称呼:平辈的朋友、熟人之间可以直呼其姓名,如“张文杰”、“李小明”;长辈对晚辈也可以这样称呼,但晚辈对长辈却不能这样;为表示亲切,还可以免呼其名,在被呼者的姓前加上“老”、“大”或“小”字,如“老刘”、“大王”、“小赵”;对关系极为亲密的同性朋友、熟人,也可不称其姓,直呼其名,如“玉玲”、“宏伟”、“建国”等。

亲近的称呼:对邻居、至交可用令人感到信任、亲切的称呼。如“爷爷”、“奶奶”、“大爷”、“大妈”、“叔叔”、“阿姨”等类似血缘关系的称呼,也可以在这类称呼前加上姓氏,如“杨爷爷”、“李奶奶”、“张阿姨”等。

③ 对一般(普通)人的称呼

对一面之交、关系普通的人,可视情况采取“同志”、“先生”、“女士”、“小姐”、“夫人”、

“太太”等称呼。

(3) 外交中的称呼

在国际交往中，因为国情、民族、宗教、文化背景的不同，称呼就显得千差万别。一是要掌握一般性规律；二是要注意国别差异。一般都可以称小姐、女士、夫人、先生。

对部长以上的高级官员，按国家情况称“阁下”、职衔或先生。如“部长阁下”、“总统阁下”、“主席先生阁下”、“总理阁下”、“总理先生阁下”、“大使先生阁下”等。但美国、墨西哥、德国等国没有称“阁下”的习惯，可称为“先生”。对有地位的已婚女士可称“夫人”，对有高级官衔的妇女，也可称“阁下”。

君主制国家，按习惯称国王、皇后为“陛下”，称王子、公主、亲王等为“殿下”。对有公、侯、伯、子、男等爵位的人士既可称爵位，也可称“阁下”或“先生”。

对军人一般称军衔或军衔加先生，知道姓名的可冠以姓名。如“上校先生”、“奥雷连诺少校”、“维克多中尉先生”等。有的国家对将军、元帅等高级军官称“阁下”。

对服务人员一般可称服务员，如知道姓名的可单独称名字。但现在很多国家越来越多地称服务员为“先生”、“夫人”、“小姐”。

对教会中的神职人员，一般可称教会的职称，或姓名加职称，或职称加先生。如“福特神父”、“传教士先生”、“牧师先生”等，对主教以上的神职人员也可称“阁下”。

3. 称呼禁忌

(1) 使用错误的称呼

① 误读。误读也就是念错姓名。如“查(zhā)”、“仇(qiú)”、“炅(guì)”、“单(shàn)”、“爨(cuàn)”等字在名字中容易被读错。为了避免这种情况的发生，对姓氏中的生僻字，平时就要留心；对不认识的字，事先要查阅字典；如果是临时遇到，就要谦虚请教，切不可信口开河、妄加称呼。

② 误会。误会主要指对被称呼者的年纪、辈分、婚否以及与其他人的关系做出了错误判断。比如，将未婚妇女称为“夫人”，就属于误会。对相对年轻的女性，都可以称为“小姐”，这样对方也喜欢听。

(2) 使用过时的称呼

语言具有社会性，它随着社会的产生而产生、发展而发展、消亡而消亡，称呼语言也是如此。有些称呼，具有明显的时代性，随着社会的发展变化，人们已不再使用。比如，在我国古代，把官员称为“老爷”、“大人”，把男子称为“公子”、“相公”，如果将它们照搬进现代生活里，就会显得迂腐可笑、不伦不类。

(3) 使用不通行的称呼

有些称呼，具有一定的地域性和民族性，不适于广泛使用，否则容易产生误会，带来麻烦。比如，北京人习惯称人为“师傅”，山东人喜欢称人为“伙计”，中国人习惯把配偶称为“爱人”。但是，在南方人听来，“师傅”等于“出家人”，“伙计”肯定是“打工仔”。而外国人则将“爱人”理解为“情人”、“第三者”，和本意相去甚远，甚至南辕北辙。

(4) 使用庸俗低级的称呼

在人际交往中，有些称呼在正式场合切勿使用。比如，“哥们儿”、“姐们儿”、“死党”、“伙计”、“铁哥们儿”等称呼，就显得庸俗低级，档次不高。

(5) 用绰号作为称呼

姓名是一个人的代号,包含着父母、家人对一个人的祝愿和期待。每一个正常人,都极为看重本人的姓名。要尊重一个人,必须首先学会去尊重他的姓名,不要随便拿他人的姓名乱开玩笑。对关系一般者,切勿自作主张给对方起绰号,更不能随意用绰号称呼对方。如"瘸子"、"秃子"、"罗锅"等。

3.2.2 寒暄礼仪

寒暄,即嘘寒问暖,是正式谈话之前的开场白、应酬语,是谈话进入主题的必要过渡语,是无话题的"话题"。一个恰当的寒暄可以化解人际交往中的尴尬,有利于调节气氛、缓和情绪、拉近距离,为进一步交流与合作打下良好的基础。

寒暄的形式有两种。一是大家相约见面或客人来了之后,在交谈正题之前的问候,如"您好"、"好久不见"、"一切还好吗",等等。二是在公共场所遇到熟人,顺便打招呼、问候。

1. 寒暄要选择一个恰当的时机

不是什么时候寒暄都可以,一般要在刚见面时进行,而且还要看对方是否有空闲时间、双方的目光是否能够交会、是否会打扰对方。

2. 寒暄要挑选适合的内容

寒暄的话题不像正式谈话那么集中单一,它没有明确的目的,内容比较广泛,涉及社会生活的方方面面,可以从天气、交通、体育比赛到社会新闻、股市行情、家长里短,只要是双方感兴趣的、格调高雅的话题都可以谈。

寒暄要考虑对象的特点,因人而异。年龄不同,文化背景不同,寒暄的内容也应有所不同。例如,对少年儿童可以问"几岁了"或"上几年级了";对老年人可以问"身体好吗"或"气色不错啊";对成年人可以问"工作忙吗"或"一切都好吧";对客人可以问"吃得合适吗"、"生活习惯吗";等等。一般情况下,要避免涉及私人生活状况,如成年人的年龄大小、婚姻现状及个人收入等内容。

3. 寒暄也要适可而止

寒暄只是一个开场白,真正要谈的是后面的话题。所以,寒暄不可长篇大论,简单的致意和三言两语就可以。在寒暄的过程中,要注意观察对方的表现,看对方是否感兴趣,如果对方很明显不认可或是另有要事,那么就要及时停止。寒暄的作用是过渡和缓冲,从寒暄切入主题要自然而然,否则寒暄就失去了意义。

3.2.3 致意礼仪

致意是一种不出声的问候礼节,常用于相识的人在社交场合打招呼。在社交场合里,人们往往采用招手致意、点头致意、脱帽致意等形式来表达尊敬、友好和善意。向对方致意时,应根据不同的情况选择不同的致意方式。

1. 点头礼

点头礼又称颔首礼。在会场、剧院、歌厅、舞厅等不宜交谈的场合遇到熟人,在同一场合碰上已多次见面的人，遇上多人而又无法一一问候的时候，可使用点头礼表示敬意。点头礼的具体做法是：上身略向前倾斜15°左右，头部向下轻轻一点，同时面带笑容。

2. 举手礼

行举手礼的场合和行点头礼的场合大致相似，它最适合于向距离较远的熟人打招呼。行举手礼的具体做法是：右臂举起向前方伸直，右手掌心向着对方，四指并拢，拇指叉开，向左右轻轻摆动一两下。不要将手上下摆动，也不要将手背朝向对方。

3. 微笑礼

微笑礼是通过略带微容、不出声音的笑来传递信息的一种跨文化的礼仪。微笑有强化语言的功能，是通向全世界的护照，具有天然的吸引力。在交际中恰如其分地运用微笑，可以传递感情、沟通心灵、征服对手，使人相悦、相亲、相近。微笑适用于同不相识者初次会面时，也可用在同一场合与反复见面的老朋友打招呼。

在社交活动中，微笑意味着理解、赞赏和欢迎，不仅能美化自我形象，有效地改善交际环境，并且还能委婉得体地传情达意。中国与美国在20世纪50年代处于相互敌对状况，当时的美国国务卿杜勒斯禁止部下与红色中国的外交官来往，而时任中国总理兼外交部部长的周恩来则对部下说，要主动与美方接近。接近的第一步便是以微笑对待外交场合相遇的美国外交官，渐渐地对方也回报了微笑，这为日后的中美正式接触埋下了伏笔。

4. 脱帽礼

戴着帽子的人在进入他人居所或娱乐场所、路遇熟人、与人交谈、握手或升挂国旗、演奏国歌等情况下，要主动地摘下自己的帽子，以示尊重。现役军人可以不除帽，女士在社交场合也可以不脱帽子。

5. 注目礼

在升国旗、游行检阅、剪彩揭幕、开业挂牌等情况下，适用注目礼。注目礼的具体做法是：起身立正，抬头挺胸，双手自然下垂或贴放于身体两侧，表情庄重严肃，双目正视对象，或随之缓缓移动。

6. 拱手礼

拱手致意在我国是一种民间传统的会面礼。每逢重大节日，邻居、朋友、同事见面时，常拱手表示祝愿；在团拜会上，大家互相祝愿，常以拱手致意；婚礼、生日、庆功等喜庆场合，来宾也可以拱手向当事人表示祝贺；双方告别，互道珍重时可用拱手礼；向对方表示歉意，也可用拱手礼。

拱手礼的具体做法是起身站立，上身挺直，两臂前伸，双手在胸前高举抱拳，通常为左手握空拳，右手抱左手，拱手齐眉，自上而下或者自内而外，有节奏地晃动两下。拱手的同时往往伴随“恭喜、恭喜”、“久仰、久仰”、“请多关照”、“后会有期”等寒暄语。

7. 鞠躬礼

一般的社交场合，晚辈对长辈、学生对老师、下级对上级、表演者对观众等都可行鞠躬礼。行鞠躬礼时，应脱帽立正，双目凝视受礼者，然后上身弯腰前倾。男士双手自然下垂，贴放于身体两侧裤线处。女士双手下垂搭放在腹前，上身前倾弯腰。下弯的幅度可根据施礼对象和场合决定鞠躬的度数,下弯的幅度越大,表示的敬重程度就越大。一般情况下,全身或身体上部微微向前一躬即可,鞠躬时应同时伴随“您好”、“请多关照”、“欢迎光临”等问候语。

8. 合十礼

合十礼是流行于泰国、缅甸、老挝、柬埔寨、尼泊尔等佛教国家的见面拜礼,我国傣族聚居区和佛教徒也用合十礼。具体做法是:两掌相合,十指伸直,掌尖和鼻尖齐平,手掌向外倾斜,双腿直立,上身微欠低头。行礼时,合十的双手举得越高,越体现出对对方的尊重,但原则上不可高于额头。

9. 拥抱礼和亲吻礼

拥抱礼和亲吻礼流行于欧美国家。拥抱礼多用于官方、民间的迎送宾客或祝贺致谢等社交场合。具体做法是:两人相对而立,上身稍稍前倾,各自右臂偏上,左臂偏下,右手环拥对方左肩部位,左手环拥对方右腰部位,彼此头部及上身向右相互拥抱,然后再向左拥抱一次。

行亲吻礼时,往往与一定程度的拥抱相结合。不同身份的人,相互亲吻的部位也有所不同。一般而言,夫妻、恋人或情人之间宜吻唇;长辈与晚辈之间宜吻脸或额;平辈之间宜贴面。在公开场合,关系亲密的女子之间可吻脸,男女之间可贴面,晚辈对尊长可吻额,男子对尊贵的女子可吻其手指或手背。

10. 握手礼

握手是一种定型化体态交际艺术,流行于许多国家,能够传递复杂而微妙的信息,是交往时最常见的一种见面、离别、祝愿、谅解、合作、告别、欢迎、感谢、安慰或鼓励的礼节,也是现代交际中不可缺少的、最基本的礼节和手段。社交活动中通常是先打招呼,然后相互握手,同时寒暄致意。

(1) 握手的时机

① 被介绍与人相识时,应握手表示高兴。

② 与朋友或同学相见时,应握手表示问候。

③ 当对方取得成绩、得到奖励或有喜事时,应与之握手表示祝贺。

④ 领取奖品时,与发奖者握手表示感谢。

⑤ 当拜托别人为自己做某件事或别人为自己办成某件事时,应握手表示期待或感谢。

⑥ 参加宴会,告辞时客人应和主人握手表示感谢。

⑦ 邀请客人参加活动结束时,主人应与所有客人一一握手,以感谢其光临和支持。

⑧ 参加朋友、同事的追悼会,离别时应与其主要亲属握手表示安慰。

(2) 握手的次序

根据礼仪规范,握手时双方伸手的先后次序,应当遵守“尊者居前”的原则,即由尊者首先伸出手来。具体规则如下。

① 男女之间握手,女士先伸出手。

② 主客之间握手,主人先伸出手。

③ 长幼之间握手,年长者要先伸手。

④ 上下级之间握手，上级要先伸手。

⑤ 一个人与多人握手，应由尊而卑，即先年长者后年幼者，先长辈而晚辈，先老师后学生，先女士后男士，先已婚者后未婚者，先上级后下级，先职位、身份高者后职位、身份低者。

(3) 握手的方式

握手不仅是一种礼节，同时也体现出一个人的气质、风度和涵养。日本一位作家曾这样描写邓颖超与人握手的方式："她微笑着，目光安详，握手时，力量不强不弱，时间不长不短，很亲切，又恰到好处。她不仅用右手，而且把左手也轻轻地放在我的右手背上，刹那间，我感到她是多么慈祥而又庄重啊！"正确的握手取决于以下因素。

① 手势。握手一定要用右手，除非没有右手或右手受伤。因为在阿拉伯国家及少数西方国家，认为左手是"不洁之手"，用左手握手是对对方的一种侮辱。

- 平等式。是为表达友好而进行的礼节性握手，一般适用于初次见面或交往不深的人。具体做法是：伸出右手，四指并拢，拇指张开与对方相握。同性握手，要虎口相握；男性同女性握手时，不要满手掌相触，一般只轻握对方的手指部分。
- 手扣式。这种握手往往表达真挚热情、诚实可靠，被称为"政治家式握手"。具体做法是：用右手握住对方的右手，再用左手握住对方右手的手背。
- 双握式。这种握手常常表达深厚的情感，适用于情投意合、关系极为密切的人之间。具体做法是：用右手握住对方的右手，再用左手握住对方的右手臂或肩膀。

② 表情。握手时要热情，面带笑容，双目注视对方，千万不能一面握手，一面东张西望或斜视他处，给对方留下不屑一顾或心不在焉的感觉。

③ 姿态。除非是年老体弱或有残疾的人，否则不要坐着与人握手。当对方伸出手来，一定要紧走几步上前相握，距离一般保持在一步左右，应双腿立正，上身稍微前倾。

④ 时间。除了关系亲近的人可以长久地把手握在一起外，一般关系握一下即可放开，时间控制在3～5秒以内。如果要表示自己的真诚和热烈，也可较长时间地握手，并上下摇晃几下。

⑤ 握力。握手力度要适中，与一般客人、老朋友、尊长者的握手力度是不同的。同初次见面或与不大熟悉的人握手，不要太用力；如果双方是熟人，可适当用力甚至双手相握；男女之间握手，不管生熟与否，都不宜用力过大。

(4) 握手的禁忌

在人际交往中，握手可以用来传递多种信息和情感，具有丰富的含义，因此在行握手礼时应努力做到合乎规范。

① 不要用左手与他人握手。

② 不要在握手时争先恐后，交叉握手。

③ 不要在握手时戴着手套或墨镜，在社交场合只有女士可戴薄纱手套握手。

④ 不要在握手时仅仅握住对方的指尖，应握住整个手掌，对异性也应如此。

⑤ 不要在握手时将另外一只手插在衣袋里或拿着东西。

⑥ 不要在握手时面无表情，不置一词或长篇大论、点头哈腰，过分客套。

⑦ 不要在与人握手之后，立即擦拭自己的手。

⑧ 不要在握手时把对方的手拉过来、推过去,抖个没完没了。

⑨ 在任何情况下,都不应拒绝与别人握手。即使有手疾或湿、脏,也要及时向对方说明,以免造成不必要的误会。

3.3 介绍礼仪

介绍礼仪是社会交往活动中相互了解、建立联系的一种基本方式,是人们交往的第一座桥梁。通过介绍,可以缩短人与人之间的距离,为更好地交谈、了解与合作奠定基础。日常交际中的介绍有自我介绍、他人介绍和集体介绍三种方式。

3.3.1 自我介绍

在社交活动中,自己希望结识某人、他人希望认识自己时,又无人引见,便可以向对方做自我介绍。自我介绍是打开交往大门的一把钥匙,有助于自我展示、自我宣传,能够扩大交际圈,广交朋友。

1. 自我介绍的时机

(1) 应试求学时或应聘求职时。

(2) 在社交场合,与不相识者相处时或与他人不期而遇,并且有必要与之建立临时接触时。

(3) 在社交场合,有不相识者表现出对自己感兴趣或被要求自己做介绍时。

(4) 在公共聚会上,与身边的陌生人组成的交际圈或者打算介入陌生人组成的交际圈时。

(5) 交往对象记不清自己或担心这种情况可能出现时。

(6) 有求于人,而对方对自己不甚了解或一无所知时。

(7) 拜访熟人遇到挡驾,或是对方不再需要请不相识者转告时。

(8) 前往陌生单位,进行业务联系时。

(9) 在公共场合对公众进行自我推荐、自我宣传或业务推广时。

2. 自我介绍的分寸

(1) 注意时间。自我介绍要简洁明了,一般以半分钟左右为佳。为了节省时间,还可利用名片、介绍信加以辅助。自我介绍还要在适当的时间进行,要在对方有空闲、有兴趣、有要求而且情绪好、无其他事情干扰时做自我介绍。如果当对方无兴趣、无要求、心情不好,或正在休息、用餐、忙于处理事务时,切忌打扰,以免尴尬,可以另择时机。

(2) 讲究态度。进行自我介绍,态度一定要亲切、自然、友善、随和。要充满信心和勇气,落落大方,彬彬有礼,不卑不亢。语气要亲切,语速要适中,语音要清晰,表情要自然。既不要羞羞答答、畏畏缩缩,又不要虚张声势、矫揉造作。

(3) 真实诚恳。自我介绍的内容要实事求是,真实可信,准确清楚。既不可过于谦虚、贬低自己,也不可自吹自擂、夸大其词,更不可无中生有、欺骗别人。

3. 自我介绍的内容

自我介绍的内容,可根据实际需要、所处场合而定,要有鲜明的针对性。一般来说,要先说敬语“您好”,然后再视情况具体做介绍。

(1) 应酬式的自我介绍

应酬式的自我介绍适用于某些公共场合和一般性的社交场合,它的对象,主要是进行一般接触的交往对象。自己并无与对方深入交往的愿望,只是泛泛之交,做自我介绍只是向对方表明自己身份。这种自我介绍最为简洁,往往只包括姓名一项。例如:

“您好,我是刘洋。”

“您好,我叫高明。”

有时,也可对自己姓名的写法做些解释,如“我叫李华,木子李,中华的华”。

(2) 公务式(商务式)的自我介绍

公务式(商务式)的自我介绍是我们在日常交往和工作中遇到最多的介绍,是在工作中或正式场合做的介绍,因工作而交际、交友,以工作为介绍的中心。一般而论,公务式自我介绍应当包括本人姓名、供职的单位及其部门、担负的职务或从事的具体工作三项。例如:

“您好,我是刘洋。在郑州大学教外国文学。”

“您好,我叫高明。是希望电脑公司的销售经理。”

(3) 交流式的自我介绍

交流式的自我介绍主要适用于社交活动,也叫社交式自我介绍或沟通式自我介绍。是一种刻意寻求与交往对象进一步沟通交流,希望对方认识自己、了解自己,对自己产生兴趣并建立联系的自我介绍。交流式自我介绍的内容,应当包括介绍者的姓名、工作、籍贯、学历、兴趣以及与交往对象的某些熟人的关系等。例如:

“您好,我叫高明,是希望电脑公司的销售经理,是肖鹏的老乡,我们都是河南人。”

“我叫王珍,是杨艳丽的同学,我在河南理工大学音乐学院教声乐。”

(4) 礼仪式的自我介绍

礼仪式的自我介绍适用于庆典、仪式、讲座、报告、演出等一些正规而隆重的场合。它是一种表示对交往对象友善、敬意的自我介绍。礼仪式自我介绍的内容,不仅包含姓名、单位、职务等项,还应适当加入一些谦辞、敬语,以使交往对象感到对其的尊重、友好。例如:

“各位来宾,大家好!我叫王华,是华东师范大学的教师,今天向大家谈谈自己在工作上的一些心得,有不当的地方请予批评指正。”

(5) 问答式的自我介绍

问答式的自我介绍一般适用于应试、应聘和公务交往。问答式自我介绍的内容,讲究问什么答什么,有问必答。这种自我介绍在应酬式交际场合也比较常见。例如:

“先生您好,请问您怎么称呼?(请问您贵姓?)”

“您好,我叫刘洋。”

3.3.2 他人介绍

他人介绍又叫第三方介绍，是自己作为第三者，替不相识的双方引见的一种介绍方式。他人介绍通常是双向的，即对双方均做以介绍。有时也可以是单向的，只把被介绍者中的一方介绍给另一方，前提是前者了解后者，而后者不了解前者，在礼仪式介绍中比较常见。为他人做介绍，需要熟悉双方情况，并事先征求双方同意。

1. 介绍人

为他人做介绍的介绍人，在不同的场合是由不同的人来充当的。

(1) 主人。在家庭举办的聚会、舞会、宴会上，主人应该是介绍人。

(2) 专门人士。在公务活动中，最合适的介绍人应该是专业对口人员或公关、礼宾人员等。

(3) 在非正式场合，可由双方的熟人充当介绍人。

(4) 接待贵宾，介绍人应是本单位职务最高者。

2. 他人介绍的时机

遇到下列情况，通常有必要进行他人介绍。

(1) 在办公室接待彼此不相识的客人或来访者。

(2) 与家人、朋友外出，路遇其不相识的同事或朋友。

(3) 陪同亲友去拜会亲友不相识的人。

(4) 陪同上司、长者、来宾遇到其不相识者，而对方又向他们打了招呼。

(5) 受到为他人介绍的邀请或打算推荐某人进入某一社交圈。

3. 介绍的顺序

在为他人做介绍时，必须遵守"尊者居后"的规则，即"尊者有优先知情权"。要把双方之中地位较低的一方首先介绍给地位较高的一方。根据规则，为他人做介绍时的顺序大致有以下几种。

(1) 介绍上级与下级认识时，先介绍下级，后介绍上级。

(2) 介绍长辈与晚辈认识时，应先介绍晚辈，后介绍长辈。

(3) 介绍年长者与年幼者认识时，应先介绍年幼者，后介绍年长者。

(4) 介绍女士与男士认识时，应先介绍男士，后介绍女士。

(5) 介绍已婚者与未婚者认识时，应先介绍未婚者，后介绍已婚者。

(6) 介绍同事、朋友与家人认识时，应先介绍家人，后介绍同事、朋友。

(7) 介绍来宾与主人认识时，应先介绍主人，后介绍来宾。

(8) 介绍与会先到者与后来者认识时，应先介绍后来者，后介绍先到者。

(9) 介绍职位、身份高者与职位、身份高低者认识时，应先介绍职位、身份低者，后介绍职位、身份高者。

4. 介绍的内容

根据实际需要的不同，为他人做介绍的内容也不同。通常有下面几种形式。

(1) 标准式。适用于正式场合，类似于自我介绍时的公务式，要求说明双方的姓名、单位、职务。例如，"我来介绍一下，这位是富达集团副总余凯先生，这位是三隆公司营销部主任江珊小姐”。

(2) 简介式。适用于一般社交场合,类似于自我介绍时的应酬式,内容只有名字一项,或者只介绍姓氏。例如,“我来为大家介绍一下:这位是王总,这位是刘董。希望大家合作愉快”。

(3) 强调式。适用于各种交际场合,类似于自我介绍时的交流式,内容除了被介绍者的姓名外,往往还会刻意强调其中一位与介绍者之间的特殊关系,以期引起另一位被介绍者的重视。例如,“这位是海洋公司的业务主管梁永奇先生,这是小儿黄涛,请多多关照”。

(4) 引见式。适用于普通社交场合,介绍者只需要将被介绍者引导到一起,提供一个交流的机会,让他们自由沟通,不需要表达任何实质性的内容。例如,“两位认识一下吧。大家其实都曾经在一个公司共事,只不过不是同一个部门。接下来,请自己说吧”。

(5) 推荐式。适用于比较正规的场合,介绍者精心准备,有意要将某人推荐给另外一个人,通常会对前者的优点加以重点介绍,希望对方引起重视。例如,“这位是姚远先生,这位是海天公司的张海董事长。姚先生是经济学博士,管理学专家。张总,我想您一定有兴趣和他聊聊吧”。

(6) 礼仪式。适用于隆重、正式的场合,是一种最为正规的他人介绍方式。内容与标准式略同,只是在称呼、语气、表达上更为礼貌、规范和谦恭。例如,“马先生,您好!请允许我把广东中天集团的人力资源部经理高飞小姐介绍给您。高小姐,这位就是上海天方公司的执行总裁马尔康先生”。

5. 他人介绍的应对

在他人介绍时,介绍者与被介绍者都要注意自己的表达、态度及反应。

(1) 介绍者为被介绍者做介绍之前,要先征求被介绍者双方的意见,还应先打一下招呼,让其有所准备,切忌开口就讲,让被介绍者措手不及。

(2) 被介绍者在介绍者询问自己是否有意认识某人时,一般应欣然表示接受。如果实在不愿意,应向介绍者说明缘由,并取得谅解。

(3) 当介绍者走上前来为被介绍者进行介绍时,除年长者和位尊者或残疾者外,被介绍双方均应起身站立,面带微笑,大大方方地目视介绍者或者对方,神态庄重、专注、自然。

(4) 介绍者介绍完毕,被介绍双方应按顺序进行握手,并且彼此用“您好”、“很高兴认识您”、“久仰大名”、“幸会”等语言问候对方。

(5) 介绍内容应该对等,不可对一方介绍得面面俱到,而对另一方介绍得极为简略,厚此薄彼。

3.3.3 集体介绍

集体介绍是他人介绍的一种特殊方式,即被介绍的一方或双方不止一人。

1. 集体介绍的时机

(1) 规模较大的社交聚会,有多方参加,各方均可能有多人。

(2) 大型的公务活动,参加者不止一方,而各方均不止一人。

(3) 正式的大型宴会,主办一方人员与来宾均不止一人。

(4) 演讲、报告、比赛,参加者不止一人。

2. 集体介绍的顺序

集体介绍顺序可参照他人介绍的顺序,也可酌情处理。但越是正式、大型、隆重的交际活动,越要注意介绍的顺序。

(1)"少数服从多数。"当被介绍双方地位、身份大致相似时,应先介绍人数较少的一方再介绍人数较多的一方。

(2) 根据地位、身份高低。若被介绍双方地位、身份存在差异,尊贵的一方虽人数较少或只有一人,也应将其放在最后加以介绍。

(3) 单向介绍。在演讲、报告、比赛、会议、会见时,往往只需要将主角介绍给广大参加者,无须介绍其他参与者。

(4) 人数多一方的介绍。若一方人数较多,也可采取笼统的方式进行,不再一一加以介绍。如"这是我的家人"、"这是我的朋友"。

(5) 人数较多各方的介绍。若被介绍的不止两方,需要对被介绍的各方进行位次排列。排列的方法如下。

① 以其负责人身份为准,先低后高。

② 以其单位规模为准,先小后大。

③ 以单位名称的英文字母顺序为准。

④ 以抵达时间的先后顺序为准,先后到再先到。

⑤ 以座次顺序为准先前再后,或距介绍者的远近为准,先近后远。

3.4 交谈礼仪

交谈,《现代汉语词典》中解释为"互相接触谈话"。

《公关礼仪教程》给交谈下的定义是:"交谈是指两个或两个以上的人进行的对话,是社会交往、交流思想、沟通信息、加深友谊的重要手段。"

人与人之间的沟通离不开交谈,社交场合的魅力展现离不开交谈,成功的商务谈判离不开交谈。进行交谈,要注意交谈的风度、艺术,遵循交谈的礼节、分寸。

如何让富有魅力的交谈打开你成功的大门?我们从以下几个方面说起。

3.4.1 交谈的态度

细节决定成败,态度决定一切。交谈的态度如何,是成功、得体交谈的前提。交谈时应当体现出以诚相待、以礼相待、谦虚谨慎、主动热情的基本态度,切不可逢场作戏、虚情假意、敷衍了事、油腔滑调。

1. 正确评价自我,树立自信心

有人说交谈礼仪的核心是平等参与和相互补益。平等参与要求谈话人保持良好的心态,不居高临下、自我炫耀,也不能躲躲闪闪,吞吞吐吐。交谈者充满自信心在交谈中非常重要。那种缺乏自信,说话时面红耳赤、语言模棱两可、手足无措的人往往不能取得谈话的成功。

要学会正确地认识自己和对待自己,不要把别人看成一朵花,把自己看成豆腐渣。事实上,人无完人,他人不会一切都好,自己也不会一切都不好,而且好和不好也是相对的、可变的。

著名的成人教育家卡耐基,幼年时表现平平,青年时也无惊人之举,但他经过多年的刻苦学习和实践,竟成为举世瞩目的公共关系专家、人际交往大师。他所以成长、成熟、成名,是必胜的信心帮助了他。

增加自信,往往以良好的印象为开始,要努力在交往时保持良好的心态和习惯。心理学家指出,以下行为有助于克服交往中的心理自卑,加强自信心。

(1) 注视着对方的眼睛,主动和其握手。眼睛是心灵的窗户,眼睛的真诚交流有助于心灵的沟通。

(2) 主动先开口,直接介绍自己。主动表示友好,可以消除人与人之间的冷漠和隔阂,创造友好的气氛,从而赢得自信。

(3) 面带笑容,满脸诚实。

(4) 说话声音要简洁清晰。声音在交谈中也是表现个人魅力的重要元素,深厚、宽音域的、温和的声音能够让人觉得舒服。在讲话时保持抑扬顿挫的语调,不用过于尖锐的声调,不用太大的音量让听话者觉得气势逼人,也不要声音太小,使你显得不够自信权威,语速过快会让人听不清楚,过慢则会让人失去耐心。

2. 真诚热情、平等待人

交谈中,不要打哈欠,伸懒腰;不要剪指甲、挖耳朵、抠鼻子、晃脚或摆弄手指;不要频频看手表;不要将手搂在脑后;不要交叉双臂紧抱在胸前……这都是消极的交谈态度的表现。

要用积极的身体语言表现出热情和尊重,以礼待人,平等沟通。比如,面带微笑,表情专注,身体略前倾,两肩平衡,不时地点头或皱眉表示你的赞同或不解,不时用语言表示你在认真倾听。

3.4.2 交谈的内容

谈论能被对方认同的、轻松参与的、目前都一致定论的,最好和对方有些关联的内容,是明智的选择。这样能使对方消除戒备心理,便于进行下一步的交流。

小资料 3-1　　早川先生与陌生人①

第二次世界大战开始后不久的一天,身为美国参议员的日裔早川先生在火车站等车。他注意到身边等车的人都用怀疑的眼光盯着他,还有人交头接耳。有一对夫妇带着孩子,盯着他,神情显得格外紧张。当时都传说有日本间谍潜入了美国。

① 资料来源:http://blog.sina.com.cn/s/blog-4dfoa9f90100b4kb.html.

为打破尴尬局面,早川对那个丈夫说:"真糟糕,天这么冷,火车偏偏又误点。"那个丈夫点点头表示同意。

早川继续说:"带着孩子在冬天旅行,火车又没个准,一定特别辛苦。"丈夫再次表示同意。

早川接着问他,孩子几岁了,看起来很乖很勇敢,比同年龄的孩子懂事。他这次脸上有了一丝微笑。就这样,化解了紧张的气氛。

交谈了几句后,他问早川:"我问你一个问题,希望别介意,你是日本人吧?你觉得日本打赢的机会有多大?"

早川说:"我的推测可能和你一样。依我看,日本缺煤、缺钢铁、缺石油……怎么打得过美国这种高度工业化的国家。"

随后,他们谈到了早川在日本的家人。以至于在上车之前,那对夫妇还请早川有机会一定要去他们的城市,去他们家吃饭。

这段谈话正是选择了恰当的内容,使得对"间谍"的抵触变为对朋友的和善。

1. 通常选用的话题

交谈的内容往往和选择的话题有关,那么,通常选择哪些话题呢?

(1) 既定的话题。即交谈双方业已约定,或者其中一方先期准备好的主题。

(2) 知识性的话题。如文学、艺术、哲学、历史、地理、建筑等,它适用于各类交谈,但忌讳不懂装懂,班门弄斧。

(3) 中性的话题。即轻松的主题,谈论起来令人轻松愉快、饶有情趣、不觉得劳累厌烦的话题。如文艺演出、流行趋势、时装、美容美发、体育比赛、电影电视、休闲娱乐、旅游观光、名胜古迹、风土人情、名人轶事、烹饪小吃、天气状况等。

(4) 有品位的个人爱好。即交谈双方共同的爱好点,如交响乐、话剧、雕塑等。

(5) 有兴趣的话题。指的是交谈双方,尤其是交谈对象有研究、有可谈之处的话题。例如,与医生谈健身祛病;与学者谈治学之道;与作家谈文学创作;等等。

(6) 他人的优点和长处。重在发现对方,引起对方的谈话热情。

2. 禁忌的话题

当然,还有一些谈话的禁忌。

(1) 个人隐私类话题。特别是双方初交,有关年龄、收入状况、婚恋、健康、经历等,如果不是对方主动提出来,就不要谈论。

(2) 非议政府或个人的话题。无论是国家、政府,还是名人、普通人,都不要去议论,特别是国家和行业秘密、他人的隐私和缺点。

(3) 错误倾向的话题。如不利于宗教、民族团结的话题,违背社会伦理道德的话题等。

(4) 令人反感的话题。如不小心谈到一些让对方伤感、不快的话题,要立即将其转移,必要时向对方道歉。如疾病、挫折、死亡等。

3.4.3 交谈的气氛

交谈的气氛与技巧直接影响到谈话的效果与质量。小资料3-1中的早川先生正是选择了合适的交谈内容，营造了良好的交谈气氛。

调动交谈气氛，通常有如下几种方式。

1. 有情有礼的寒暄

在不同时候，适用的寒暄语各有特点。

跟初次见面的人寒暄，最标准的说法是："您好！很高兴能认识您"，"见到您非常荣幸。"

如果想比较文雅一些，可以说"久仰"，或者说"幸会"。如果想随便一些，也可以说"早听说过您的大名"，"某某人经常跟我谈起您"，或是"我早就拜读过您的大作"、"我听过您作的报告"，等等。

跟熟人寒暄，用语则不妨显得亲切一些、具体一些。可以说"好久没见"，"又见面了"，也可以讲"您气色不错"，"您的发型真棒"，"您的小孙女好可爱呀"，"今天的风真大"，"上班去吗？"等气氛融洽后再"言归正传"。

寒暄语应带有友好之意，敬重之心。恰如其分的寒暄语能够营造好的气氛，有助于交谈的进行。

2. 恰如其分的赞美

什么样的人最招人喜欢？答案是：懂得赞美他人的人最招人喜欢。

有位名人说得好，人的天性就在于得到他人的赞美。

赞美他人，可以打破谈话的僵局，可以消除紧张心理，可以显示你的慧眼和宽广的胸怀，可以让你获得真挚的友谊和良好的人际关系。良好的人际关系是事业成功的要素。赞美他人是一种有效的情感投资，而且投入少，回报大，是一种非常符合经济原则的行为方式。

赞美他人应有感而发，诚挚中肯。它与拍马屁、阿谀奉承是大相径庭的；赞美他人是要实事求是，力戒虚情假意，乱给他人戴高帽子。夸奖一位 40 岁的女士"显得真年轻"，还说得过去；要用它来恭维一位气色不佳的 80 岁的老太太，就过于做作了。离开真诚二字，赞美将毫无意义。

赞美他人还要因人而异。有位西方学者说：面对一位真正美丽的姑娘，才能夸她"漂亮"。面对相貌平平的姑娘，称道她"气质甚好"，方为得体。而"很有教养"一类的赞语，则只能用来对长相实在无可称道的姑娘讲。

赞美他人还要自然，不露痕迹，不要听起来过于生硬，更不能"一视同仁，千篇一律"。

应当指出的是：在人际交往中，不要"老王卖瓜，自卖自夸"，应当少夸奖自己，多赞美别人。除了必须进行的自我评价之外，猛夸自己，认定自己一贯正确，举世无双，是极不理智的做法。

怎样学会赞美呢？以下几点值得注意。

(1) 赞美他人，就要善于发现别人的长处和优点。

(2) 赞美是把肯定和敬重献给他人，但是多数人只把目光倾注在自己身上，常常忽视他人的需要。

(3) 要赞美对方引以为荣的事情。在一个人的人生道路上，有无数让他引以为豪的事情。真诚地赞美这些事情，可以使你更好地与人相处，可以使他人容易接受你的建议，可以使他人感到幸福。对一位老师,最希望他人称赞他教过的学生;对一位默默无闻的母亲,你可以称赞她很有出息的孩子;对一位老人,你可以赞颂他一生事业的成功之处。

(4) 善于从小事赞美他人,不仅可以给人惊喜,而且可以树立你明察秋毫、体贴入微的形象。记住他人的闪光之处,哪怕微乎其微,经过你无"微"不至的赞美,小事就不小,其意义自然而然地显现出来,对方就会有快乐的感觉。

3. 学会说"谢谢"

简单的两个字"谢谢",体现一个人的修养,能营造良好的人际氛围。"茶壶煮饺子——心里有数"、"讷于言而敏于行",可能会造成隔阂和抱怨。

表示感谢,最重要的莫过于要真心实意。为使被感谢者体验到这一点,务必要做得认真、诚恳、大方。话要说清楚,要直截了当,不要连一个"谢"字都讲得含混不清。表情要加以配合:要正视对方双目,面带微笑。必要时,还需专门与对方握手致意。

3.4.4 微笑是最美的语言

有人说,"用微笑征服世界,用宽容获得理解"。也有人说:"微笑是人类最美的语言。"可以发现,微笑的确具有超乎寻常的力量。

2008年在中国举行了世人瞩目的奥运会,在火炬的传递过程中,有一个女孩美丽的笑脸刻在了大家的脑海里,她就是金晶,人们称她为"用微笑战胜苦难的天使"。她的微笑让我们觉得阳光、自信。

在交际过程中,微笑能强化有声语言沟通的能力,增强交际的效果。微笑能弥补嫌隙,微笑能化解嗔怨,微笑能增进友谊。

微笑语言的运用技巧有以下几点。

1. 要笑得自然

微笑是发自内心的,是美好心灵的外在表现。情动于衷才能笑得自然、笑得亲切、笑得美好、笑得得体。汉语词汇中有"皮笑肉不笑"、"笑里藏刀"的说法。笑并不是都能营造好的效果,发自内心的微笑才能让交谈双方感受到和谐愉悦。

2. 要笑得真诚

微笑既是自己愉快心情的表现,也是纯真之情的奉送。社会学专家指出,我们在倡导道德、诚信、和谐的同时,应该倡导友好真诚的微笑。

研究表明,人类大脑有一个"发笑中枢",位于丘脑的后部。"发笑中枢"同大脑皮质有密切联系,外界环境的各种刺激输入大脑皮质,进行综合分析,其中某些愉快的兴奋冲动就传给"发笑中枢"。因此,发自内心真实、自然的微笑,不仅能给人愉悦,同时也有利于自己的身体健康。

医学专家曾经把笑的作用归纳为十大好处:增强肺的呼吸功能、清洁呼吸道、抒发健康的情感、消除神经紧张、使肌肉放松、散发多余精力、驱散愁闷、减轻社会束缚感、有助于克服羞怯情绪,乐观对待现实。

3. 要笑得合适

微笑并不是在任何场合都可以通用的,它的运用讲究一定的艺术性。

首先,场所要合适。在参加庄严集会、追悼会、探讨严肃话题或重大政治问题时,不宜微笑。《新闻联播》的某主播,在播报一则空难消息时依然保持嘴角上扬的动作,引起广大观众的强烈反响。有一位姓梁的女士打热线电话表示:“在播报飞机遇难的消息时,她面带笑容的表情让我受不了。我的儿子现在空军服役,在机场工作,我绝对能理解那些遇难人员亲人的心情。而作为《新闻联播》的播音员,绝对不能面带笑容播报这新闻,让那些看了报道的遇难者的父母心情更难过。”可见,微笑不分场合将带来严重后果。

其次,程度要合适。“奥运微笑”的标准是:微笑时牙齿露出6～8颗,脸部表情不能僵硬。2008北京奥运礼仪小姐选拔时,姑娘们每天对着镜子练微笑,甚至有时候会在双齿之间夹一根筷子,希望能露出完美的8颗牙齿。我们日常生活中对微笑的要求没有那么严格,但是,笑得太放肆、太过分、太没有节制,会有失身份,甚至引起对方的反感。相反,如果微笑一闪而过,一放即收,也收不到好的效果。

最后,对象要合适。对不同的交际对象,应使用不同含义的微笑,传达不同之情,表达不同之意。对恋人,微笑是热烈而深情的;对同事、朋友、顾客,微笑是友好而亲切的;对长辈,微笑是尊重而关切的;对晚辈,微笑是慈爱和包容的,诸如此类,不一而足。

3.4.5 运用得体的态势语

1. 面部表情

面部表情通常是指眼睛、眉毛、嘴巴、面部肌肉及其综合运动所反映的心理活动和情感信息。语言专家测定:在人们可接收的信息之中,只有45%来自有声语言,而55%来自无声的态势语言;而在态势语言中,又有70%来自表情。

罗曼·罗兰早就指出:“面部表情是多少世纪培养的成功的语言,是比嘴里讲的要复杂到千万倍的语言。”

表情主要由目光和脸部表情来体现。交谈时,目光应同对方相对而视,处于同一水平线上,可使对方有一种平等感。交谈时表情要自然且把握好分寸,温文尔雅,或热烈、或感激、或同情、或高兴,不能一脸茫然,也不可做作与夸张。交谈时脸部表情要随交谈内容的变化而变化。

2. 手势

手势是社会交往中不可或缺的动作。富有表现力的手势往往可加强表情达意的效果,加深交谈印象,活跃交谈气氛。正确地使用手势会收到意想不到的效果。交谈时,手势可衬托、强调关键性话语,显示出个人的风格。运用手势要与面部表情和身体其他部位相配合。

手姿禁忌有如下几种。

(1) 交谈时不要紧握拳头或用手指指指点点,评头论足。

(2) 不要用拇指自指胸口或鼻子,否则会给人以粗鲁、庸俗、缺乏修养的印象。

(3) 不要用手指点别人,需要指出其他人的时候,应该把手指全部伸开,掌心朝上,用手掌指出那个人。

(4) 注意手势不要过大,不要手舞足蹈,动作要适当。不要和对方离得过近或过远,更不要拉拉扯扯、拍拍打打,尤其注意不要唾沫四溅。

(5) 不要在他人面前有掏耳朵、搔头皮、剔牙齿、抠鼻孔、抓痒痒等一些不卫生也不尊重的手姿。

(6) 在大庭广众之下,不要有双手乱动、乱摸、乱扶,或是做出咬指尖、折衣角、抱大腿等不稳重的手势。

3. 姿态

人的动作与姿态是人的思想情感、文化修养的外在表现,它往往比人体外表美更重要。稳健、优雅、端庄大方的姿态,加上敏捷、准确、得体的动作,会给人以美感,增加交谈的成功率,所以讲究姿态极为重要与必要。

(1) 交谈时,不论是站还是坐,都要将自己的身体正面朝向对方。

(2) 站立时要抬头,颈挺直,双目平视对方,双肩放松,挺胸、收腹、立腰、平肩,双臂自然下垂于体侧,双腿微开,要给对方以挺、直、高的美感。

(3) 入座时,坐姿端正、自然、大方,不论坐椅子还是沙发,最好不要坐满,只坐一半,上身端正挺直,手放腿上或沙发扶手上,两腿并拢平列,以示恭敬与尊重对方。

3.4.6 倾听的艺术

有人说:"聪明的人懂得说,智慧的人懂得听,高明的人懂得问。"这话一点不假,说、听、问,看似三种不同的形态,其实,在言语交际中,它们却构成了密不可分的互动关系。

著名的幽默大师马克·吐温,他总结"获得知心朋友最有效的方法"是:"尽量倾听说话者嘴里说得最多的话,而不加以反驳。"

无论是获得知识,获取信息,还是与人相处,乃至日常工作生活,人们都离不开倾听,以至于人们把从倾听中的获益凝成一句话:"听君一席话,胜读十年书。"

在生活中,并不是每个人都懂得倾听的艺术。

著名节目主持人张越最早做节目的时候,喜欢很清楚地表达自己的观点,甚至与嘉宾对着干。她有着和许多主持人一样的心态——她是主角,她不在乎嘉宾的反应,而是在乎大家有没有看到她咄咄逼人、出口成章的能力。

张越曾请了一位内向的知识分子到节目做嘉宾。"我一开口就出口成章,那位嘉宾被我的气势吓到了,一直在擦汗,还哆嗦,话也说不完整。我遇强则强,这一下子反而没了招数。但我觉得他这样的反应挺真实的。"

经过时间的沉淀,后来的张越逐渐不再伶牙俐齿、锋芒毕露,她往往坐在田间地头,安静地听着受访者说话。从咄咄逼人到学会倾听,在俊男靓女扎堆的电视主持人圈子中,白白胖胖的张越慢慢站稳脚跟,成功迈进"中国电视节目主持人25年25人"的颁奖现场。

聆听是尊重别人的表现,也是一种很重要的能力。学会听人说话,是社交中最容易做的事情,不过在现实生活中,这却是很多人最容易忽略的。

在听别人讲话时,目光要与讲话者对应,面部表情应该根据对方谈论的内容而有所反应;身体前倾,以表示你对他人正在讲的话题感兴趣或者专注;点头或者摇头,以表示肯定或者否定;要时不时地报以"嗯"、"是"、"对的"、"哦"这样简短的语气词来表示你在认真倾听；对他人提出的问题应该及时并且诚恳地回答。

不随意打断对方谈话，不要老是插话、抢话。具体要注意四种情况的处理：正确的意见——表示赞同；无原则问题——不必细究；有原则问题——婉转相告；不合理要求——婉言谢绝。

3.5 名片使用礼仪

名片是以个人名字为主体（或包括身份、职业、特长、处世、品行或志向信息）的介绍卡片，是当代社会私人交往和公务交往中一种最为经济实用的介绍性工具。由于它印制规范、文字简洁、使用方便、便于携带、易于保存，不论男女老幼均可使用，因此颇受社会各界的欢迎。在现代社会，一个没有名片，甚至不会正确使用名片的人，是一个缺乏现代意识的人。名片是一个人身份、地位的象征，是一种最常规的介绍信和联系卡，被称为人的第二张脸。

3.5.1 名片的功能

随着名片使用越来越普遍，它的用途也变得多样化起来，可以用于通报身份、方便联系、代替礼单、作为请柬、充当留言等事宜。

1. 通报身份

名片是交际中的敲门砖，是自我介绍的简便方式。有了名片的交换，双方的结识就迈出了第一步。在会客交友时递上一张名片，自己的基本情况就跃然纸上，为进一步的沟通和了解奠定基础。

2. 方便联系

名片上最重要的资讯，包括个人办公地点、通信地址、邮政编码、移动电话、办公室电话等，使人一目了然，既免除对方的动手之苦，又便于在联系时查找。

3. 代替礼单

需要赠送礼物或鲜花时，在礼物、花篮或花束里放一张名片，便可起到礼单的作用。

4. 作为请柬

非正式邀请时，在名片的空白处写上约请他人的事由、时间和地点，便可代替请柬，既方便又别出心裁。

5. 充当留言

在托人办事或访友不遇时，可以留一张名片，有谁来过便一清二楚。

3.5.2 如何索取名片

在一般的社交场合中，最好不要向他人索要名片。如果确实有必要，索要名片可采取如下方法。

1. 交易法

交易法就是主动把自己的名片递给对方。古人云："将欲取之，必先予之。"你把名片递给对方,说:“非常高兴认识您,这是我的名片,请多指教。”对方一般会回赠你一张名片。

2. 明示法

如果你跟对方比较熟,你担心他联系方式有变动,想要他的名片,可以向他明确表示:“老王,好久不见,我们交换一下名片吧,以后方便联系。”

3. 询问法

如果跟长辈、名人或有地位的人交往,可以采用询问法去索取名片,比如:“×××教授,以后如何向你请教?”对平辈、晚辈或与自己地位相仿的人,则可以说:“以后怎样和您联系?”

3.5.3 如何递送名片

名片的使用绝不是个简单的动作,该在什么时候、什么地点、向什么人、怎样递上名片是一门学问。当我们把名片递给他人时,有以下几个细节要注意。

1. 做好准备

在参加交际活动之前,要提前准备好名片。随身携带的名片最好放在专用的名片包或名片夹里,也可以放在上衣口袋里。在公文包和办公室抽屉里也应经常准备好名片,以备随时使用。

2. 掌握时机

名片可以在见面时相互介绍后递送,也可以在交往中感到有必要进一步联系时递送。遇到下面几种情况,需要将自己的名片交给他人。

(1) 希望认识对方。

(2) 被介绍给对方。

(3) 对方提议交换或索要名片。

(4) 打算获得对方名片。

(5) 初次登门拜访对方。

递送名片不能像发传单一样,见人就递,逢人就送。遇到以下几种情况,则不必将自己的名片递给对方:尚未弄清对方身份;双方身份、地位、年龄悬殊;不想认识对方、不愿与之深交;对方对自己没有兴趣;与对方经常见面。

3. 按顺序递送

名片的递送要讲究顺序,一般是:“先客后主,先低后高。”地位低的人要首先把名片递送给地位高的人。客人先递给主人,男士先递给女士,晚辈先递给长辈,下级先递给上级等。如果需要递名片的人不止一位,正规的做法是按照职务高低或年龄大小进行。如果分不清职务或年龄,可以由近而远,或按顺时针方向依次递送,切勿跳跃式进行。

4. 注意方法

送给别人名片时,要事先拿在手中,或放在易于拿出的地方,不要临时东翻西找。递送时,要起身站立,走上前去,用双手或右手持握名片的两端,将名片正面朝向对方,同时面带微笑、注视对方,并说一些礼貌的话语:“这是我的名片,请多关照”,“这是我的名片,以后多多联系”。不可用左手递送，不可将名片举得高于胸部，也不可将名片的背面朝向对方。

3.5.4 如何接受名片

当对方提议交换名片或递送名片时，要通过表情、动作、语言等来表达对对方的尊重和敬意。

1. 起身迎接

对名片的重视实际上就是对名片主人的重视。他人递送名片时，把手里的事放下来起身站立，面带微笑，注视对方，用双手或用右手捧接，用双手拇指和食指接住名片下方的两角。

2. 表示谢意

人家给你名片，是尊重你，要表示谢意。如“谢谢”、“认识您很高兴”、“请多关照”、“请多指教”，或者重复对方使用的谦辞、敬语，不可一言不发。

3. 回敬对方

你拿到对方的名片之后，一定要及时回赠对方一张自己的名片。没有名片、名片用完了或者名片没有带，可以向人家说明并致歉。

4. 认真阅读

接过名片后，应当着对方的面，用30秒钟以上时间从头到尾认真阅读一遍，并点头表示对交往对象的重视和敬仰。最好将名片上的重要内容，如对方的姓名、职务、单位等读出声来。对方名字比较复杂或有不能确认发音的生僻字，最好能礼貌地向对方请教，以免闹出笑话。

5. 收藏到位

接过他人名片看过后，应小心郑重地将名片收藏起来，精心放在自己的名片包里、上衣口袋里或办公室的抽屉里，给人以非常妥帖、被重视的感觉。不可放在裤兜、裙兜或钱夹里，最忌讳当场交换名片之后把名片放在桌子上或其他地方，甚至在名片上面压上东西，或者走的时候忘记携带。

3.5.5 名片使用的忌讳

1. 任意涂改

名片就是一个人的脸面，不能在上面乱涂乱改，如把130划掉，改成139。在交际场合，宁肯不给名片，也不要给一张涂改过的名片，以免破坏自己的形象。

2. 提供私宅电话

商务交往中，名片上提供的一般都是办公室电话或手机，不提供私宅电话。

3. 印两个以上的头衔

如果头衔比较多，应该印一两个最重要的。否则会给人一种炫耀、不真实甚至蒙人的感觉。有地位、有身份的人，在针对不同的交往对象，强调自己不同的身份时候，可以使用不同的名片。

4. 玩耍名片

拿到名片后,切不可在手中摆弄,也不可将名片作为谈话记录,乱写乱画,这些都是不礼貌的表现。

3.6 通信礼仪

3.6.1 电话礼仪

随着科学技术的飞速发展,现代人的沟通和交往在极大程度上依赖于各式各样的便捷通信工具,电话就是其中的一种,接打电话已经成为我们每天工作和生活中都离不开的事情。电话作为联系工作、传递信息与表达情感的工具,虽然"只闻其声,不见其人",但是同样能反映一个人的知识修养。

1. 电话交谈的特点

(1) 电话交谈突破了空间限制

电话交谈就是用电信设备进行的同时、异地的双人交流,是通过一方打电话,另一方接电话来实现的,是一种特殊的交际方式。它不像面对面的交谈那样能留给对方具体、直观的可视印象(可视电话除外),而是通过听筒里的内容、音质、语气、语调等声音形式,间接体现个人素质,塑造个人形象,使对方如见其人,并为进一步的交往打下良好基础。

(2) 电话交谈受通话时间的制约

因为电话交谈是计成本的,所以不能随心所欲,东拉西扯,要长话短说、言简意赅。电话接通后,应先致问候,然后直奔主题。为了在较短时间内将意思表达得圆满得体,就应做好充分的准备,要主题明确,思路清晰,不说空话、废话。

(3) 电话是"不速之客"

电话被称为"无形造访的不速之客",在很多情况下,何时、何地、何人都别无选择,它有可能"出其不意"地打扰人正常的工作和生活。

2. 电话交谈基本礼仪

(1) 表情要面带微笑

拿起电话,就应该面带微笑,即使不使用可视电话也应该如此。虽然一般情况下电话交谈看不到通话者,但微笑可以被听到,友好、坦诚、优雅的声音出自笑脸。对方不仅可以听到说话者轻松愉快的声音,而且还能感觉出说话者的神态和表情,受到对方情绪的感染。

(2) 姿态要保持端正

通话过程中,应尽可能注意自己的姿势,要保持端正的站姿或坐姿,不要东倒西歪,驼着背、弯着腰,否则,对方听到的声音就是懒散的、无精打采的。

(3) 语调要清晰愉快

用清晰而愉快的语调打电话,能显示出说话人的职业风度和可亲的性格。通话时,声音应当语气亲切温和、清晰悦耳、真诚有礼。语速要适中，吐字要准确，多用短句，少讲方言，声音不要太大，话筒离口部保持 3 厘米左右，在表述重要信息的时候可稍微提高音量，以示强调。

(4) 要专心接打

打电话要专心致志，不能三心二意，中途离开或者与其他人说话、吃东西、看书报、听音乐等都是极不礼貌的行为。如果有事，须与身边的人做简短交流时，应向对方道歉后手捂话筒，以最快的速度完成，不要让对方久等。如果遇上急事，需要马上办理，且时间比较长，应该向对方道歉，然后另约时间再打过去。

在会晤重要客人或举行会议期间，应关闭手机，以免受到干扰。如果忘记关机或有人打进固定电话，可向其说明原因，表示歉意，并承诺稍后联系。正在接电话时，有另一个电话打进来，可向正在通话的一方说明原因，请其稍候片刻，再接通另一个电话。或者先请对方过一会儿打来，然后再继续接听刚才的电话。

3. 打电话礼仪

(1) 选择恰当的时间

不同的通话时间会收到不同的交谈效果。最佳的打电话时间要根据对方的行业性质、作息时间、个人生活习惯等来确定。一般安排在早上 7 点以后、晚上 10 点以前打电话。除了紧要事情外，不要在一日三餐的常规用餐时间和午休时间打电话。

公务电话最好不要在星期一一大早和对方下班的前几分钟拨打，尤其应避免节假日拨打。打国际长途电话时，还要注意各国和地区的时差。如不得已必须在清晨、深夜或用餐时打电话，应当先致歉意。

使用公用电话要"长话短说"，应尽可能缩短通话时间，要照顾到其他电话的进出，不可过久占线，影响他人使用。拨打电话应遵循"通话三分钟"原则，超过三分钟应改换其他的交流方式。

(2) 选择适宜的场合、环境

一般情况下电话只能通过声音传递信息、交流情感，打电话最好选择安静的场合或环境。要尽量避开嘈杂的环境，事先消除电视、音乐等声音，排除干扰，保证通话效果。

(3) 做好打电话前的准备

不要想打电话时拿起就打，拨打之前应首先明确通话目的是通报信息、祝贺问候、联系业务还是交流感情、表示感谢；其次要考虑好通话的大致内容，厘清思路。对简单的问题打一个腹稿即可，稍微复杂一些的事情最好事先用笔记下来以免遗忘。

(4) 正确拨号

打电话之前要首先查清号码，然后准确拨打。电话拨通后，应等电话铃响七次后还没人接再挂断电话。若一时占线拨不通，就应让别人先打，不能一直占着电话机。当一不小心拨错电话号码且已接通时，不能"咔嚓"一声把电话挂了，而应向对方道歉后再放下话筒。

(5) 礼貌通话

电话接通后，应礼貌地问候："您好！"然后告知对方自己的单位、姓名及要找的人的姓名。比如："我是××单位的×××，请××先生(或小姐)接电话，谢谢。"无论是正式的电话业务，还是一般交往中的不太正式的通话，都应该自报家门，这是对对方的尊重，即使是对熟悉的人也应该如此。需要对方帮你找人听电话时,则应手持话筒耐心静候,不能放下话筒干别的事。如果对方说你要找的人不在,不可毫无回音地就将电话挂断,而应说:"谢谢,打扰了!"或说"谢谢,我过一会儿再打来"等。

(6) 恰当地挂断电话

电话交谈结束时,一般由打电话者使用简洁的结束语或告别语挂断电话。例如,"好,就这样吧,再见"。提醒对方将要挂断电话,听到对方放下话筒后才挂断电话。不要一听到对方说"再见"就马上挂电话,尤其不能在对方一讲完话,还没来得及说"再见"时就把电话挂了。挂断电话时应小心轻放,不能鲁莽地"啪"一下挂断,更不能摔打电话。

4. 接电话的礼仪

(1) 及时接听

一般待听到完整的两次铃响后,就应拿起话筒,否则显得不礼貌。若铃声响起后立即拿起,会让对方觉得唐突;但若在响铃超过三声以后再接听,则是缺乏效率的表现;响了四次以上,因电话不在身边、一时走不开等客观原因,未及时接听时,应首先向对方表示歉意并做出适当的解释,如"您好,对不起,让您久等了"。

(2) 礼貌通话

拿起话筒,应先问候:"您好!"然后报出自己单位的名称或自己的姓名,不要开口说:"喂,找谁?"如果不是找你,且对方没主动报姓名,不要先问对方是谁,应礼貌地请对方稍候。如果听电话的人不在,可说:"对不起,他不在,需要我转告吗?"

(3) 仔细倾听,做好记录

电话机旁应放笔和电话记录本,以便通话时做记录。要仔细倾听对方的电话内容,牢牢掌握"5W1H"技巧,即When(何时)、Who(何人)、Where(何地)、What(何事)、Why(为什么)、How(如何进行),对重要事情认真记录。记录完毕后,最好向对方复述一遍,以免遗漏或记错。

(4) 适时反馈,结束通话

听电话时,应尽量避免打断对方的讲话,并给予对方积极反馈,不时以"嗯"、"好"、"对"等作答,让对方感到你在认真听。电话交谈结束时,应谦恭地问一下对方:"请问,您还有什么事吗?"这既是必要的客套,也是提醒对方是否讲完了,是一种很有人情味的表现。

(5) 亲切应对打错电话

打错电话的情形经常会发生,所以要特别注意应对的方式。要亲切、客套,以避免给对方留下不愉快的印象。应体谅地说:"没关系"或"不要紧",并告知对方自己的电话号码,请对方核实。

5. 手机使用礼仪

手机是比较现代化的、灵活的通信工具,已经成为人们日常生活中越来越重要的交际工具。使用时除了应该遵守基本的电话礼仪外,还应该注意以下几点。

(1) 不在公共场合通话

在公共场合保持肃静是每个公民都应遵守的社会公德,也是个人修养的体现。参加会议或庆典、开讲座、听音乐会、观看体育比赛、看医生时可关闭手机或将其调至静音状态，以免产生噪声，影响他人。一般情况下，不要在影剧院、图书馆、医院等公共场所通电话，如不得不当众使用，应事先向周围的人致歉，并走出来接打电话。乘坐飞机或驾驶汽车时，为安全起见，必须关闭手机。

(2) 考虑他人感受

手机虽然方便，但不管是打电话的一方还是接电话的一方，通话都是要占时间的。所以，通话时间不要太长，说话要简短扼要，有时三言两语说不清楚，可以询问对方是否有时间，如果有，可以继续谈；否则，另约时间通话。不要设置特殊、滑稽的铃声，在公共场合不要让手机的铃声频频响起，避免造成声音污染。

(3) 注意携带方式

手机是通信工具而不是装饰品，应将其放在公文包、小型提包内或衣服口袋里。在正式场合，不要将其拿在手上、挂在脖子上或别在腰带上，既不美观也不严肃。

(4) 尊重他人隐私

一般情况下，不要借用他人的手机，更不要随意翻阅他人手机的电话簿、通话记录和短信。不经本人允许，不要将他人的手机号码随便告诉别人。

(5) 文明发送短信

短信已经成为手机的一项重要功能，短信的选择和编写，反映一个人的品位和修养。不要编写无聊、低级趣味甚至诽谤他人的短信，收到这样的短信应立即删除，不要转发。

3.6.2 书信礼仪

书信是人们生活中最为普通、最为古老的一种沟通方式，是人们日常生活和工作中为了交流信息、沟通感情、联系事务而广泛采用的一种文书形式。随着科技的迅猛发展，人与人之间通过电话、网络、传真机沟通越来越普遍，既方便快捷，又经济实惠，书信大有被取代的趋势。但是书信有它的明显特点和优势，无论事情大小都可以通过书信来表述，许多不能、不便、不愿或者不需直接陈述的事情，皆可利用书信婉转妥帖地传达，书信是最为正式、规范的一种沟通方式。常用的书信有普通书信和专用书信两种。

1. 普通书信

普通书信是指人们之间来往的适用情况广泛的书信，是父母子女之间、兄弟姐妹之间、亲朋好友之间为了表达互相问候、鼓励、祝贺、关照、托事等而写的书信。

(1) 普通书信的格式和写法

普通书信由信封和信文两部分组成。

① 信封

信封是信文的密封工具。它的主要信息是收信人的地址、姓名和寄信人的地址、姓名等，是指引邮递员送达信件的标识，使邮递人员知道信从哪里来，寄往哪里去。

我国目前通用的信封有两种款式：一种是竖式（又称“中式”）；另一种是横式（又称“西式”）。

比较常见的是横式信封，内容分上、中、下三部分。

信封上面左上角写收信人所在地区的邮政编码，一般是6位数字，一定要准确无误；然后是收信人地址，要写得准确、清楚、规范，最好一行写完，如果写不完，可转行写，但地名不要拆开写,以避免发生误会。

信封的中间,写收信人姓名,字体可稍大一些。在姓名后空两三个字处写上“同志”、“先生”、“女士”、“老师”等称呼,收信人的姓名主要是让邮递员看的,不要加“父亲”、“夫”、“妻”、“儿”等亲属称谓。收信人姓名后加“启”、“收”等字样。托人转交的信,若捎信人熟悉收信人的地址,信封上便不必写地址,只写“烦交”、“面交”等字样;若捎信人不熟悉收信人地址,则信封上应写清地址和收信人姓名。

信封的右下方写寄信人的地址、姓名、邮政编码。

竖式信封内容分为左、中、右三部分,右边写收信人邮政编码、地址,中间写收信人姓名,左边写发信人的邮政编码、地址、姓名。

邮票一般贴在信封的右上角。

② 信文

信文是书信的内页,由称呼、问候、正文、敬语、署名、日期等几部分构成。

称呼。信的第一行要顶格写对收信人的称呼。称呼后面加冒号,表示下面有话要说。称呼要看写信人和收信人的关系,应遵循长幼有序、礼貌待人的原则。一般来说,平时口头怎样称呼,信上就怎样称呼。同学、朋友一般写名字,也可在名字后加“同学”、“同志”等;兄弟姐妹间可直写称呼,如“大哥”、“小妹”等;对一般交往的人,不仅要写名字,还要写姓,如“王宏伟同学”;对长辈一般只写称呼,如“父亲”、“姑姑”等;对老师、师傅可直接称呼“老师”、“师傅”,或加上姓,如“王师傅”;对德高望重的教育家、艺术家,可在其姓后加“老”字,以表敬重,如“徐老”、“郭老”等。为了表示郑重和尊敬,也可以用职务、职称来称呼收信人,如“王院长”、“赵教授”等;为了表示尊敬和喜爱之情,有时称呼前还可以加上“尊敬的”、“亲爱的”、“敬爱的”等修饰语。

问候。问候语一般写在正文的前面,如“您好”、“你好”、“节日好”等,可以写在称呼的后面,也可以提行空两格,独立成一小段。如果写信人与收信人关系很密切或经常通信,也可以不写问候语。

正文。正文是信的主要部分,写信人要说的话、要办的事情都要写在这里,要把想说的事情说清楚,想说的话写明白。正文的开头要空两格,如果要说的话、要商量的事情很多,就要分段写,写完一件,再写一件。如果写的是回信,最好先写明“×月×日来信已收到”,接着回答来信中提出的问题,解决来信中要办的事情,然后再写自己想说的话。

敬语。敬语是写信人在书信结束时向对方表达祝愿、勉慰之情的短语。多用“此致、即颂、顺祝”等词紧接正文末尾。下一行顶格处,用“敬礼”、“×安”、“安康”等词与前面呼应。正文写完之后,提行顶格或空两格写一些表示祝福的、敬意的、鼓励的话。具体内容要根据与对方的关系、对方的职业、写信的季节不同而有所不同。如果写给长辈,可以写“敬祝健康”、“祝健康长寿”;如果写给平辈,可以写“祝万事如意”、“祝工作顺利”;如果写给晚辈,可以写“望天天向上”、“望努力工作”;如果是一般关系,可以写“此致 敬礼”。

署名。信写完后要在正文的右下方写上写信人的名字。署名的写法要看写信人和收信人的关系,它和称呼是对应的。一般来说,对熟悉的人可以只写名不写姓,不加称谓;对不熟悉的人或初次写信的要写全姓名;亲属或亲密朋友之间,可以加上称谓,如“弟海波”、“你的朋友红梅”等;给儿女写信,一般不署名,只需写“父字”、“母字”。

日期。日期写在名字的下边。可以写上年、月、日,也可以写月、日,或只写日,有的还在日期之后写上具体时辰,也有的在日期的后面再写上写信的地点,如2009年5月1日晚9时于河南郑州。

(2) 普通书信的写作要求

① 称呼要正确。称呼正确是书信礼仪的集中表现。对不同关系、不同辈分、不同职业、不同身份的人使用不同的称呼,表示不同程度的敬意。

② 中心内容要写清楚。写信人要与收信人说的话、商量的事,在信中要写清楚,让人一看就能明白,不能模棱两可,含糊其辞。感情的表露要恰如其分,既不能模糊不清,也不能过于夸张。

③ 用语要得体。写信就像与收信人说话,要根据彼此关系的不同,运用不同的语气、措辞,体现出长幼有序、亲疏有别。特别是祝愿的词,一定要针对收信人的具体情况来写,不能用错,以免引起误会。

④ 忌用红笔或铅笔。私人的书信最好亲笔书写,以显示亲切和尊重,写信时忌用红笔或铅笔。如果是公函,既可以手写,也可以打印,可视具体情况而定。

2. 专用书信

专用书信是指分别适用于某些特殊情况的各类书信,一般包括介绍信、证明信、推荐信、求职信、慰问信、感谢信、表扬信、批评信、贺信、请柬、邀请书、聘书等。

专用书信的格式同一般书信基本相同,由称呼、正文、结尾、署名、日期几个部分组成,只是由于专用书信各有自己专门的用途,所以内容都比较单一、集中、简单明了。通常情况下,我们是根据信的内容对专用书信进行分类的,如表示祝贺的叫贺信,表示慰问的叫慰问信,表示感谢的叫感谢信,证明某一情况的叫证明信等。

专用书信第一行正中标明信的名称,第二行是收信单位的名称。名称要用全称或规范化简称,称呼后加冒号。接着是信的内容,即正文。正文要另起一行空两格写,最后是落款和日期,位置在正文右下方。落款包括发信人单位名称、姓名及发信年、月、日等。

(1) 介绍信

社会组织为了介绍本单位的人到有关单位了解情况、联系工作、参观访问的人的身份的一种专用书信称作介绍信。介绍信起着介绍和证明的作用,联系单位要凭此了解来人的身份和具体事由。介绍信一般有填写式和书信式两种。填写式介绍信用印有固定格式的专用纸,按格逐项填写。填写式介绍信都有存根和编号。书信式介绍信一般用印有单位名称的信笺书写,格式同一般书信一样。介绍信的内容包括:对方单位或个人的称呼;持介绍信者的姓名、人数;活动的目的、接洽的具体事项、对受访单位的请求等;持介绍信人的单位名称和开具日期;开具介绍信的单位加盖公章。

【例3-1】

介绍信存根

××字第××号

介绍××同志等×人,前往××××联系×××。

××××年×月×日

…………………………××字第××号……………………

介 绍 信

××××：

兹介绍×××同志等×人，前往你处联系×××，请接洽为盼。

此致

敬礼

××××××(公章)

××××年×月×日

(2) 证明信

证明信是社会组织或个人用来证明某人身份、经历或者证明有关事件的真实情况的专用书信。证明信有单位开出的，也有个人提供的。书写证明信要认真负责，要据实证明事情的原委。除所证明的事实一定要准确无误外，还应注意用语明确、肯定，不能涂改，一经涂改，单位出具的要在涂改处加盖公章，个人提供的，则要在涂改处加盖私章或按手印。证明信一般都要留存根或底稿，以备查找。

【例3-2】

证 明

××市财政局：

你局×××同志，原为我校职工，已于××××年×月被评为高级会计师，情况属实，特此证明。

××市职业中专(公章)

××××年×月×日

(3) 推荐信

推荐信是向单位或个人介绍某一个人担任某职务或工作的信件。推荐信的收信者可以是个人，也可以是单位或者单位负责人。推荐信的格式同于一般书信，也有以“推荐信”为题的。推荐信的内容主要应写明被推荐者的身份及基本情况；表明推荐者的目的和愿望；也可说明被推荐者一旦被任用将会产生的作用或好处等。被推荐者也可以是自己，即“自荐信”或“自荐书”，内容与求职信一样。

(4) 求职信

求职信是无业、待业或者是需要再就业的人写给用人单位的信，目的是让对方认识自己、了解自己、相信自己，最后录用自己。它是一种个人对单位，并有求于单位的书信。求职信要在第一行居中位置写“求职信”字样，开头写上称呼，接着写明求职者的身份及基本情况，然后是求职者的求职目的和决心，最后写“此致 敬礼”类的敬语或者祝福语，右下角署求职者的姓名及成文日期。

(5) 慰问信

慰问信是以组织或个人名义向某一集体或个人表示关怀和问候的信件。它多在节日、遇有重大事件或特殊情况时使用。慰问信可以寄给本人或单位，也可以登报或广播。慰问信一般由标题、称谓、正文、署名和日期构成。标题写在第一行居中位置，写“慰问信”或“×××致×××的慰问信”等字样；称谓写在第二行，顶格写要慰问的单位或个人名称；正文从第三行空两格起写，内容应包括：慰问的背景和原因；慰问对象的模范事迹或遇到的困难；表示慰问和学习的话语；表示共同的愿望和决心；最后用一句慰勉与祝愿的话作结。慰问信的署名和日期写法与一般书信相同。

(6) 感谢信

感谢信是为了感谢某个单位或个人对自己曾给过的某种关怀、支援、祝贺或勉励，表示回谢的一种信件。感谢信一般由标题、称谓、正文、致敬语、署名和日期构成。标题写在第一行居中位置，写“感谢信”或“×××感谢信”等字样；称谓写在第二行，顶格写要感谢的单位或个人名称；正文从第三行空两格起写，简述事迹，交代清楚人物、事件、时间、地点、原因和结果，并扼要叙述在关键时刻得到对方帮助所产生的客观影响和社会效果，颂扬对方的优秀品德，表达感激之情和以实际行动向对方学习的决心；最后写致敬语，如“此致 敬礼”、“致以最诚挚的敬礼”等表示感激和敬意的话，署名和日期写法与一般书信相同。

3.6.3 柬帖礼仪

1. 请柬的含义

请柬是单位和个人广泛使用的一种文书形式，是人们举行吉庆活动或某种聚会时，为表示对客人的尊重和邀请者的郑重态度，专门向邀请对象发出的礼仪性通知书，又称请帖。其使用范围十分广泛，庆祝会、纪念会、联欢会、招待会、宴会、订货会等许多会议和许多活动都可以发请柬。

请柬是在不同社交场合经常使用的一种礼仪性专用书信，它虽属书信类，但又与书信有所区别。一般书信通常是在双方不便或不宜直接交谈时使用的，请柬则是逢重大事情或庄重场合才使用的，即使被邀请的对象近在咫尺，也须用请柬，以示对被邀者的尊重，也表明邀请者的诚意和郑重态度。请柬比一般书信更具庄重性，它是主人十分正规而有礼貌的一种邀请方式。

请柬的制发需提前一周至两周，以便让被邀请的宾客有充分的时间对自己的日程进行安排和调整，保证活动能如期按预定规模举行。

为了表达主人的真诚，也为了减少活动的失误，在活动的前夕，还应打电话给被邀请者，询问一下请柬是否收到，对方能否出席等。如果对方能来出席，应向对方表示感谢。即使对方不能前来，也应表示理解。如果是小规模的且十分必要的邀请，应再与对方商量是否可以改期前来等。

在请柬信封上，被邀请人姓名、职务，要求写得清楚准确。正式邀请最好能在发请柬前排好席次，并在信封上角说明席次号。请柬发出后及时落实出席情况，准确记载，对出席率有所估计，以便安排并调整席位。

2. 请柬的格式及写法

(1) 封面。请柬的封面要写明“请柬”或“请帖”字样。封面上一般要做些艺术加工，力求“雅致”，给人一种美的享受，如图案装饰、美术字体、烫金加彩等。不用封面的请柬，就在第一行的中间写“请柬”二字。

(2) 被邀请者的名称。另起一行(或一页),顶格写上被邀请单位的名称或被邀请人的姓名。

(3) 正文。被邀请者的名称下一行空两格写正文。正文是请柬的主体,写明邀请对方所参加的活动名称,如座谈会、展览会、婚礼、生日宴会等。交代举行活动的时间、地点及其他应知事项。正文末尾要写上"敬请参加"、"敬请出席"、"敬请届时光临"、"敬候莅临"、"敬请光临指导"等敬辞。也可以将上述敬辞放在正文的下一行,空两格书写。

(4) 落款。在正文的右下方(竖式在左下方),注明邀请单位名称或个人姓名,如果是结婚请柬,要并排写上新婚夫妇二人的姓名,其后往往加上"敬启"或"谨上"二字。再另起一行注明发出请柬的年、月、日。若是单位发出请柬,有时还需加盖公章。

另有一种写法,是在柬帖的正中写"请柬"二字,下一行空两格直接写正文,在正文下一行空两格写"此致",在"此致"下一行顶格写被邀请的单位名称或个人姓名。

3. 请柬的写作要求

(1) 使用专用纸。请柬一般不用通常的书写纸或单位的信函纸,多用红色或彩色纸印写,并加上花边、图案等装饰,以示喜庆和对被邀请者的尊敬。请柬的格式要设计得美观大方、精致、庄重。

(2) 内容严谨准确。请柬的文字很少,语言表达务求严谨、准确。一定要写清被邀请者的姓名、身份、邀请的事由及注意事项等内容,特别要注意核对时间、地点和人名等项内容,做到准确无误。

(3) 语言要达雅兼备。"达"就是通顺、明白,不至于让被邀请者产生歧义;"雅"就是讲究文字美,根据具体场合、内容、对象,采用得体客气的措辞,既优美、典雅,又热情、庄重,使被邀请者感到愉快和温暖。

【例 3-3】

请　柬

×××先生(小姐):

谨定于____月____日____时在黄金大酒店二楼会议室召开用户代表座谈会,恭请光临。

××公司公共关系部

________年____月____日

3.6.4 网络礼仪

所谓网络,就是将多台计算机连接在一起,使各用户之间能通过电子邮件、数据库和其他共享方式得到更好的通信与交流。网络可分为局域网和广域网两大类,人们熟知的互联网就属于广域网。

随着信息技术的不断发展和计算机应用的普及,网络在人类的生产、生活中扮演着越来越重要的角色,网络的具体活动形式也日新月异。网络本质上是一种无形的联系,是不同的计算机用户进行信息共享、通信与交流的渠道。任何人在使用网络的时候都会直接或间接地影响他人对网络的使用。因此,人们在使用网络时必须遵守一定的网络规则。这些网络规则,就是网络礼仪。

1. 网络道德

(1) 公私分明

单位的计算机是办公的工具，因此使用网络时必须明确自己的上网目的，做到公私分明。不可在工作时间占用公家计算机享用私人服务项目，如网上炒股、网上购物等。不在闲暇时间，利用单位的计算机进行娱乐、“网上约会”或做其他任何与公务无关的事情。

(2) 适度上网

在上网前，应对自己要查找的内容或登录的网站有大致的了解，并提前做好记录、下载或打印的准备。目标明确后，上网时就能直奔主题，不至于在网上漫无目的地临时查找。长时间使用网络，甚至不分昼夜地上网，不仅影响自身健康，荒废了现实生活，也会增加网络负担，影响他人的使用。

(3) 确保安全

在使用网络这种极易广泛、迅速传递消息的交际工具时，必须谨言慎行，切不可掉以轻心、泄露机密。要注意严格保守组织或国家机密，尽量避免在网上谈及与自己所知机密相关的话题，更不可借网络传播渠道故意泄密。谨慎保管手提电脑，不得随意将计算机借给他人使用，对重要的资料采取严格的加密措施，以免机密外泄。不要随便在网上留下单位电话、个人联系方式等个人资料，以免被骚扰。公用账户、私人密码不要在公众场合使用。

近年来，我国已发生多起“黑客”入侵事件。“黑客”往往凭借其高超的计算机知识和网络操作技术进入重要机构的服务器，或偷窥机密，或擅改程序，造成网络混乱，并借机牟利，进行高科技犯罪。我们既不能充当“黑客”，同时又必须防范“黑客”，确保网络安全。

(4) 文明交流

① 遵守法律，注意形象

网上的道德和法律与现实生活是相同的，遵守法律是对每一个网民最基本的要求。禁止盗用他人 IP 与密码的行为；禁止中伤、诽谤他人的行为；禁止妨碍网络系统的行为；禁止侵害他人隐私的行为；禁止网上劝诱等商业行为；禁止宗教、政治方面的劝诱行为；禁止违反公德的行为。

网络具有匿名的性质，无法根据外观、举止对其做出评价，但能通过语言了解一个人的品行、修养，因此网络语言具有塑造形象的功能。当面不能说、不该说、不会说的话在网上也不要说。

② 入乡随俗，自敬敬人

网络是个大世界，不同的网站、论坛有不同的规则、风格与重点。在一个网站或论坛可以做的事、说的话，在另一个网站或论坛可能就不可以做。要入乡随俗，先观察了解再介入，不可贸然行事，以免格格不入。

网络是一个开放的空间，网民可以在这里畅所欲言、自得其乐，却不能目中无人、肆无忌惮。要尊重自己，尊重他人。不要随意评论对方的信仰、性格、智商、生活方式和饮食习惯，不要漫无目的地乱发议论，也不要说粗话、脏话，不要故意向人挑衅。不要试图追查他人的私生活或者在公开场合披露他人的某些难堪的历史。对他人的个人隐私,未经同意不能公开,以免给他人带来伤害。如果无意中看到别人的电子邮件或秘密,也不应该到处传播。

③ 合理争论,宽容待人

不同年龄、地域、身份、阅历、职业、性格的人们聚集在一起,对同一个问题,仁者见仁,智者见智,有意见分歧,有矛盾冲突是正常现象。争论是为了明辨是非、寻求统一,要心平气和、以理服人、以情感人,千万不要进行人身攻击。

人与人交往产生一些小摩擦,只要不是恶意的,就应该设身处地地站在对方的角度想一想,不要过分计较、得理不饶人。每个人都会有这样那样的过错,网上也是这样,要允许犯错误,如写错字、用错词、问一个低级问题、写篇没有必要的文章,只要无关大局,不妨一笑了之。

④ 强化自卫措施,对盗版说"不"

不论是单位还是个人,采取计算机病毒防范措施已成为网络社会中最起码的道德规范。在单位系统中导入防火墙与杀毒软件,在职员的个人终端上安装杀毒软件、普通个人用户使用诸如ISP的病毒检测与杀毒服务等,已成为理所当然的事情。

要强化自卫意识,不仅要防范"黑客"、病毒,还要尊重、保护知识产权,不使用盗版软件。

⑤ 独善其身、共享知识

网络世界和现实生活一样,往往鱼龙混杂,经常会出现一些虚假的消息,甚至色情、暴力、反动的内容。我们要保持清醒的头脑,增强辨识能力,既不要轻易相信他人,也不要人云亦云、以讹传讹,更不能无中生有、发布虚假消息以致谬论流传。

在生活中助人为乐是一种美德,在网络上亦然。当自己具备某方面的知识、技能或者能够帮助他人时,应该热心提供帮助,以达到知识共享的目的。

2. 电子邮件礼仪

电子邮件,即通过计算机网络在用户之间传递的各种信息。电子邮件是网络上一种非常重要的交流方式,也是迄今为止最为方便快捷的通信方式之一。一般来说,收发电子邮件是上网必须要做的几件事中最重要的一件。

(1) 及时收取电子邮件。应当定期打开收件箱,查看有无新邮件,以免遗漏或耽误重要邮件的阅读和回复。

(2) 及时回复电子邮件。一般应在收件当天予以回复,以确保信息的及时交流和工作的顺利开展。若涉及较难处理的问题,则可先电告发件人业已收到邮件,再择时另发邮件具体回复。若由于出差或其他原因而未能及时查阅和回复时,应迅速补办,尽快回复,并向对方致歉。

(3) 使用正确的主题。邮件主题是内容的概括和总结,应简单明了。如果怕麻烦随便写上两个字或者什么都不写,会被误认为是垃圾邮件而删除。最好是在主题中就能说明邮件的主要内容,如"毕业论文"、"聚会照片"、"课题"、"通知"等,使人一目了然。

(4) 内容要精简。电子邮件和普通书信的功能相同,是为了通报信息、联系业务、交流情感。在撰写内容时,应遵照普通信件或公文所用的格式和规则。不可长篇大论,说过多的废话、套话，要便于收件人阅读。如果有篇幅较长的文字、表格或过大的图片，最好以附件形式发送。

(5) 回信无须引用全文。回复电子邮件的时候，没有必要引用对方的全文，特别是原文较长的时候。只需引用对方邮件的开头一部分，然后再加上自己要回复的那部分内容就行了，否则容易产生混淆，影响信息的接收。

(6) 不发垃圾邮件。电子邮件的优点是速度快、效率高。如果邮箱被垃圾充斥，就会影响使用。所以，不要发送无聊、无用的垃圾邮件，无端增加网络的拥挤程度，更不要在邮件中附带恶意程序，攻击他人的计算机。

(7) 注意签名。电子邮件和普通书信一样，末尾要签署姓名，让人知道信件源自何人。应视具体情况，在邮件的右下角签署自己的真实姓名或网名。如果是比较正式的邮件，最好写明其他的联系方式，如电话、传真或者主页地址等，以方便联络。

(8) 尊重对方。如果有比较重要或者比较大的邮件，最好首先发送一封确认信，确定对方乐意接收时再发送。对重要信件，应在脱机状态下撰写，并将其保存在文件夹中，准备发送时再连接网络，一次性发送。还可以请求回执，以确认对方收到。

(9) 礼貌表述。电子邮件与其他的网络交流方式相比更为规范、正式。电子邮件和普通书信一样，无论是称呼、问候还是正文、祝语、签名都要礼貌、规范、得体，以显示对对方的尊重。在写英文电子邮件时，不要清一色采用大写字母。

(10) 考虑差异。发送电子邮件应该考虑国家、地区、文化差异以及技术上的区别，以便于对方接收、阅读。如发送到我国港澳台的邮件，就不应该采用GB格式的内码，如果不能转换成对方的格式，那么把文本转换成图片也是一个可以尝试的方法。

(11) 定期清理。要养成定期整理收件箱的习惯，对不同类型、内容的邮件应区别对待，或保存或删除，以免使邮箱过于拥挤。对需要保存的邮件，应当复制在硬盘或软盘上，使之安全地保留下来，也可打印成文稿。对不是很重要、无实际价值或者已被复制的邮件，应该及时删除，以节约资源，获得更好的服务。

3. 网上聊天礼仪

网上聊天是结识新朋友、联络老朋友、减轻压力、改善心情的有效手段，也是网络沟通的一种具体形式，主要方式有虚拟社区、网络聊天室、网络论坛等。网络聊天应遵守与真实生活中相同的良好行为规则，人们在社交场合交谈的一般规则都适用于网上聊天，同时也有其特定的礼仪规范。

(1) 尊重他人。虽然网络是虚拟的，但聊天对象却是真实的。网络聊天时，虽然面对的是冷冰冰的计算机，沟通的却是彼此温暖的心灵和真诚的情感。在聊天时，要尊重他人，使用文明用语，不说粗话、脏话。不要频繁更换网名，不要强加对方为好友。进入聊天室时，年龄小的应主动向年高资深前辈打招呼，“后到”者应向“先来”者“报到”，不可随意打断他人加入讨论，更要避免发生激烈的争吵或辩论。

(2) 真诚交流。在保护个人隐私的前提下，网络聊天应真诚交流。聊天时不能三心二意，对善意的招呼、问候，要及时回应，不可置之不理。不可满口谎话、怪话，不可讽刺挖苦别人，否则网络聊天就失去了意义。

(3) 使用网络名称或别名发送所有消息。网络毕竟不是现实，所以不要使用真实姓名发送消息,以免带来麻烦,影响工作和生活。网名或别名一旦确定,不宜频频更换,以方便联系和交流。

(4) 检查拼写,减少失误,并使消息保持简短。

(5) 使用图释来帮助表达。网络聊天不仅可以借助语言,还可以借助图片,使表达更为具体、直观、生动、形象,增加语言的幽默感和讽刺效果,还可以通过常用缩写词、固定短语提高书写速度。

(6) 慎重交友。结交网友是很多人上网的初衷之一,也是社会的一大时尚。但是,网络是虚拟的,网络上展示的不一定是人的真实面目,而且网友重在网上沟通,不应当将现实生活中的觅友或择偶希望寄托在虚拟的网络世界里,否则可能害人害己。结交网友宜精不宜滥,要情投意合、两相情愿,不应勉强对方、死皮赖脸或软磨硬泡。与他人结为网友后,应经常保持联系。收到对方消息后,应及时回复,出远门前,应留言告知,不应不辞而别,杳无音信。

第4章 餐饮礼仪

餐饮礼仪，是指人们以酒水饮料、食物款待他人时，以及自己在餐饮活动中，应该认真遵循的行为规范。当代社会，在参加餐饮活动时，表现出良好的礼仪礼貌不仅是个人的事情，也关系到组织形象。如果不懂得餐饮礼仪，一个不经意的错误就会导致个人形象大打折扣，进而影响到组织形象。就像英格丽说的那样，“餐桌上的举止是对一个人的礼仪和修养的最好考验，你的事业可能会在餐桌上发展起来，也有可能在餐桌上跌落下去”。

4.1 宴请礼仪

4.1.1 国际上通用的宴请形式

宴请是为了表示欢迎、祝贺、答谢、喜庆等举行的一种隆重的、正式的餐饮活动，是国际交往中最常见的交际活动形式之一。宴请活动应根据其目的和性质、参加人员的数量和当地的习惯做法等，采取不同的方式，例如，商务宴请用于商务交往，私人宴会用于朋友间交往。下面从礼仪的角度，谈谈国际上通用的四种宴请形式，每种宴请形式均有特定的规格和要求。

1. 宴会

宴会是指比较正式、隆重地设宴招待，宾主在一起饮酒、进餐的聚会。人们通过宴会，不仅获得饮食艺术的享受，而且可以增进人际交往。宴会是正餐，出席者按主人安排的席位入座进餐，由服务员按专门设计的菜单依次上菜。宴会按其规格有国宴、正式宴会、便宴、家宴之分。

(1) 国宴

国宴特指国家元首或政府首脑为国家庆典或为外国元首、政府首脑来访而举行的正式宴会，是宴会中规格最高的一种。按规定，举行国宴的宴会厅内应悬挂两国国旗，安排乐队演奏两国国歌及席间乐，席间主、宾双方均有致辞、祝酒。

(2) 正式宴会

正式宴会除不挂国旗、不奏国歌及出席规格有差异外，其余的安排与国宴大体相同。有时也要安排乐队奏席间乐，宾主均按身份排位就座。许多国家对正式宴会十分讲究排场，对餐具、酒水、菜肴的道数及上菜程序均有严格规定。

(3) 便宴

便宴是一种非正式宴会,常见的有午宴、晚宴。早宴相对较少。便宴的最大特点是简便、灵活,可不排席位、不作正式致辞,菜肴也可丰可俭。有时还可以采用自助餐形式,自由取餐,可以自由行动,更显亲切随和。

(4) 家宴

顾名思义,家宴就是在家中设便宴招待客人。这种形式很受西方人士欢迎。家宴使人感觉亲切,而且常用自助餐方式,餐具、布置等亦可不必过分讲究。但这仍有别于一般的家庭晚餐,应注意遵守宴会席上的礼节程序。西方家宴的菜肴往往远不及我国丰盛,但由于通常由主妇亲自掌勺,家人共同招待,因而不失亲切、友好的气氛。

2. 招待会

招待会是指一些不备正餐的宴请形式。一般备有食品和酒水饮料,不排固定席位,宾主活动不拘形式。较常见的有冷餐会和酒会两种,此外还有烧烤野餐会。

(1) 冷餐会

冷餐招待会又称自助餐,是现在比较流行的一种方便灵活的宴请形式。此种宴请形式的特点是不排席位,菜肴一般以冷食为主,逐渐发展到也可以冷食、热食兼备。客人一般站立进餐,自由取食,边用边谈。冷餐会也应准备少量桌椅,提供给一些年老体弱的客人。这种形式适宜于招待人数众多的宾客,既可布置得隆重热烈,适用于正式官方活动,也可用于各种不同规模的友好活动,丰俭自主。

(2) 酒会

酒会又称鸡尾酒会,是一种以酒水招待为主,略备小吃的接待聚会。会场气氛活泼、随意,宾客可以随意走动与人交流、接触,通常不设座位。酒会举行的时间亦较灵活,中午、下午、晚上均可,但通常会选择在下午进行。请柬上一般均注明酒会起止时间,客人可在此期间任何时候入席、退席,来去自由,不为失礼。通常鸡尾酒会备置多种酒品、果料,但很少或不用烈性酒。近年来,国际上举办大型活动广泛采用酒会形式招待。

(3) 烧烤野餐会

烧烤野餐会也是非正式的宴请形式之一,近年来逐渐流行,主要以野外烧烤的方式进行。也泛指朋友间的露天聚会,是一个大家可以聚在一起闲聊、野餐的好机会,气氛比较活跃,颇受年轻人的欢迎。

3. 茶会

茶会是一种更为简便的招待形式。举行时间一般在上午10点、下午4点左右,地点常设在客厅,厅内设茶几、座椅,不排席位。如为贵宾举行的茶会,入座时应有意识地安排主宾与主人坐在一起,其他出席者随意就座。

茶会,顾名思义就是请客人品茶,因此对茶叶、茶具均有严格的规定和讲究,以体现本国的茶文化。茶具一般用精致的陶瓷器皿,不用玻璃杯,也不能用热水瓶代替茶壶。外国人一般用红茶,略备点心、小吃,也有不用茶而用咖啡者,其组织安排与茶会一致。

4. 工作进餐

工作进餐是一种非正式的宴请形式,又称商务聚餐,即主客双方利用进餐时间,边吃边谈问题,多采用快餐分食的形式。此类活动因多与工作有关,一般不请配偶。按用餐时间可分为工作早餐、工作午餐、工作晚餐，其中以工作午餐居多。双边工作进餐席位以长桌为佳，其座位与会谈桌座位排列相仿，这样更加便于宾主双方交谈。

4.1.2 宴请的组织礼仪

要使宴请活动井然有序，顺利举行，事先的充分准备和过程中的有效控制都是至关重要的。

1. 宴请准备

按照标准的宴请程序，组织方应根据宴请的规模、标准、内容整合出相应的准备方案。这个方案应主要包括宴请规格，宴请标准，宴请时间、地点、形式以及宴请范围等，此外，还应确定菜单和席次。

2. 邀请方式

邀请主要分为口头邀请和书面邀请两种方式。凡是正式宴请，都应该发送请柬或请帖，这是一种对他人的尊重，同时也可起到提醒、备忘的作用。请柬一般应注明被邀请人姓名、尊贵的称呼、宴请的目的、宴请的方式及时间地点、邀请人姓名、着装要求或提示等。

请柬一般应提前3～7天发出，以方便被邀请人及早安排时间。需要安排座次的宴请必须在请柬上注明要求被邀请人答复能否出席，正式宴会在请柬上注明席次号。

非正式的宴请通常只需口头打个招呼，在得到对方明确首肯后进行。

3. 宴请要求

宴请活动中涉外宴请要求严格，必须按国际惯例去做，譬如选择宴请时间时要注意不要选在重大的节假日或对方有重要活动或禁忌的时间。确定时间时最好能征询主宾的意见，不应按我国传统习惯，认为自己确定了宴请的时间后再通知客人才显得真诚礼貌，对习惯国际惯例的人士来说，这是失礼的。

正式宴请，国际惯例有以下几个程序：迎接、小憩、开宴、致辞、宴会进行、休息，最后是告辞。

迎接。正式宴请，主人应在宴会厅门口迎接客人到来，应与来宾行致意礼。主人在见到客人时，如能称呼其姓名，更能体现对来宾的尊重和礼貌。主人还应为客人准备好存放衣帽的地方。客人到来后，要有专门的服务人员为客人脱掉外套和帽子，并把它们放到衣架上。

小憩。客人到来后可以先到休息厅或客厅小憩。这样既可以稍事休息，还可以等待其他没有到来的客人。此时，服务员应及时为客人倒上热茶、递上湿巾。

开宴。等到预定宴会开始时间，主宾也已到齐时，宴会就可以正式开始。开宴时需要注意客人的落座。即使事先已经安放了座位卡，也需要引座，应依据先主后次的顺序，分批引领客人到座位上。

致辞。如果主宾双方需要在宴会上表达某种意愿，等客人入席以后，主宾双方就可以开始致辞。讲话顺序是由主人首先致辞，然后再由主宾致辞。讲话应简短，富有热情，语气礼貌谦虚，并注意气氛的轻松幽默。

宴会进行。正式宴请的时间一般以一个半小时为宜。宴会进行应有一定的节奏。

宴会开始,宾客喝酒品尝冷菜的节奏是缓慢的,待酒过三巡时开始上热菜,由此节奏加快,进入高潮,上主菜是最高潮。

休息。用餐完毕,吃完水果,稍事休息,交谈。不应用餐完毕立即结束宴会,这样显得过于突兀而没有礼貌。

告辞。宴会结束,主人和主宾起身离座,互相致谢。按惯例,结束是自然发生的,无须当众宣布。宴请结束,主人应送别客人,位置在宴请场所的门口。

总之,合理美味的菜肴,热情周到的服务,恰当掌握宴会的时间,控制上菜节奏及热情的迎送工作是圆满完成一次佳宴必不可少的因素。

4.1.3 出席宴会的礼仪要求

宴会是比较隆重的社交场合,因此席间礼节非常重要。掌握席间礼节的主要目的是避免给他人带来不愉快的感觉,使你的仪态、形象与风度都能给他人留下良好的印象。

1. 应邀、出席时间和抵达

接到宴会邀请后,能否出席都应尽早答复对方,以便主人合理安排。按国际惯例,如接到注有"R. S. V. P"字样的请柬,无论出席与否,都应迅速答复;注有"Regrets only"字样的,则要求被邀请者在不能出席宴会的情况下要给予主人回复;经口头约定再发来的请柬,上面一般注有"To remind"字样,表示备忘,无须答复。

出席宴会前,应事先了解宴会的层次,尤其是赴宴宾客的穿着要求。如无特殊说明,一般男子可穿着西装套装,女士可以穿长裙、连衣裙、旗袍等。除此之外,服装选择还应考虑宴会的主题,与其相适应。出席宴会前要做简单的梳洗打扮,女士要淡淡地修饰一下,显出高雅端庄的气质,男士则要整理头发和刮洗胡须,容光焕发地赴宴,这样也是对他人的一种尊重。

出席宴请活动,抵达时间早晚,逗留时间长短,在一定程度上表示对主人的尊重,所以也不容忽视。在我国一般是正点或提前五分钟到达出席宴会地点。身份高者可略晚到达,一般客人宜略早到达。一般客人应等待主宾退席后再陆续告辞。确实有事需提前退席,应向主人说明后悄悄离去,也可事前打招呼,届时离席。

2. 赠送礼物

参加家宴时,被邀请人应根据情况准备相应的小礼物,不需要昂贵奢侈,只是尽到自己的一份心意,最常见的是向女主人赠送鲜花。有些宴会主人会为每位出席者准备纪念品,宴会结束时,主人会招呼客人带上。遇到这种情况,一般应对礼物表示称赞和喜爱,但不需要郑重地表示感谢。

3. 入座与进餐

应邀出席宴请活动,客人应听从主人安排。进入宴会厅之前,先了解自己的桌次和座位,如有席位卡,入座时注意桌子上座位卡是否写着自己的名字,不要随意乱坐。入座后,主人招呼,即开始进餐。

进餐过程中,如果遇到本人不能吃或不爱吃的菜肴,当主人夹菜时,不要拒绝,可取少量放在盘内,并表示"谢谢,够了"。对不合口味的菜,不应该显露出难堪的表情。吃东西要文雅,闭嘴咀嚼,喝汤不要啜,吃东西时不要发出声音。如汤菜太热,可稍稍晾凉后再吃，切勿用嘴吹。嘴里的鱼刺、骨头不要直接外吐，用餐巾掩嘴，用筷子或手取出，放在菜盘子内。吃剩的菜，用过的餐具、牙签，都应放在盘内，不要放置在桌上。嘴里有食物时，不要与人交谈。使用牙签时，要用手或餐巾遮口。

宴会上，即使感觉到闷热，也不可当众解开纽扣或脱下衣服，这是不雅观的，需要时可去盥洗室。小型便宴，如主人请客人宽衣，男宾可脱下外衣搭在椅背上。

4. 交谈和祝酒

出席宴会时，无论是作为主人、陪客或主宾，都应与同桌的人交谈，特别是左右邻座。不要只同自己的熟人或只同一两个人说话。如遇邻座不相识的情况，可先自我介绍，认识之后礼貌地与对方交谈。宴会的礼仪实际上是一个双向的礼仪，不论你是宴会主办人还是客人，言谈均需有度，举止均需有方。

参加宴会活动时，应事先了解对方的祝酒习惯，即应为何人祝酒、何时祝酒等，以便做必要的准备。碰杯时，主人和主宾先碰，人多可同时举杯示意，不一定碰杯。祝酒时注意不要交叉碰杯。在主人和主宾致辞、祝酒时，应暂停进餐，停止交谈，注意倾听。如参加国宴，在奏国歌时应全体肃立。主人和主宾来到自己所在的桌子敬酒时，应立刻起立举杯。碰杯时，要目视对方致意，并说一些祝福的话语。

5. 致谢

宴会结束时，参与宴会的客人需对宴会主办人表示真诚的感谢，感谢主人的热情款待，千万不能吃完饭就立刻离开，这是很不礼貌的。社会交往中，在出席了私人宴请之后，应致便函表示对主人的感谢。

总而言之，在参加宴会时，我们要了解并遵守宴会礼仪，这样不仅能够让我们恰到好处地品尝美味佳肴，而且还可以使我们在宴会上多交朋友，维护形象，扩大交际圈，也充分发挥了宴会的作用和功效。

4.2　中餐礼仪

4.2.1　中餐礼仪概述

中国是文明古国，也是礼仪之邦，历来崇尚礼仪，在这个讲究民以食为天的国度里，饮食礼仪自然成为饮食文化的一个重要部分。早在《礼记·礼运篇》中，就有“夫礼之初，始于饮食”的话，其中“毋抟饭”、“毋诧食”、“毋刺齿”等诸多告诫，几千年之后还是值得我们好好学习的。据文献记载，到了春秋战国时代，就有了“食不言，寝不语”、“虽疏食菜羹，必祭，必齐如也”、“席不正，不坐”、“乡人饮酒，杖者出，斯出矣”等一系列饮食规范。可见，中国饮食礼仪由来之久，在世界饮食文化史上更是独树一帜。

中国古代的餐饮礼仪十分繁缛，过去的礼仪制度显然不适用于当代社会。中式进食礼仪随着历史的发展一直在演进，终于形成今天大家普遍接受的一套饮食进餐礼仪。人们在餐饮活动中重视礼节、礼貌，几千年形成的一套饮食传统中表现出的伦理美、形式美的一些规范，也一直沿用至今。目前，许多社交活动都发生在餐桌上，餐桌上的礼仪确实需要特别留意,所以说要“坐有坐相,站有站相,吃有吃相”,“吃”应该要吃得斯文、优雅,不要出丑,更不能妨碍他人用餐。

现代较为流行的中餐宴请礼仪是在继承传统与参考国外礼仪的基础上发展而来的。

4.2.2 中餐礼规

1. 桌次和位次的排列原则

中餐的席位排列,是整个中国饮食礼仪中最重要的一部分,因为关系到来宾的身份和主人给予对方的礼遇,所以是一项重要的内容。中餐席位的排列,在不同情况下,有一定的差异,可以分为桌次排列和位次排列两方面。

(1) 桌次排列

在中餐宴请活动中,往往采用圆桌布置菜肴、酒水。在安排桌次时,所用餐桌的大小、形状要基本一致。除主桌可以略大外,其他餐桌都不要过大或过小。排列圆桌的礼宾次序,主要有下面两种情况。

① 双桌宴请,即由两桌组成的小型宴请。这种情况,又可以分为两桌横排和两桌竖排的形式。当两桌横排时,桌次是以右为尊,以左为次。这里所说的左和右,是由面对正门的位置来确定的。当两桌竖排时,桌次讲究以远为上,以近为下。这里所讲的远近,是以距离正门的远近衡量的。

② 多桌宴请,是由三桌或三桌以上的桌数所组成的宴请。在安排多桌宴请的桌次时,首先依据“面门为上、以右为尊、以远为上、居中为尊”的规则确定主桌,然后应根据距离主桌的远近来安排其他桌次。通常,距离主桌越近,桌次越高;距离主桌越远,桌次越低;相同距离,主桌的右侧高于左侧。

为了确保在宴请时赴宴者及时、准确地找到自己所在的桌次,可以在请柬上注明对方所在的桌次、在宴会厅入口悬挂宴会桌次排列示意图、安排引位员引导来宾按桌就座,或者在每张餐桌上摆放桌次牌。

(2) 位次排列

宴请时,每张餐桌上的具体位次也有主次尊卑的分别。排列位次的基本方法有三条,它们往往会同时发挥作用。

① 主人大都应面对正门而坐,并在主桌就座。

② 举行多桌宴请时,每桌都应有一位主人的代表在座。位置一般和主桌主人同向,有时也可以面向主桌主人。

③ 各桌位次的尊卑,应根据距离该桌主人的远近而定,一般来说“以近为上、以远为下、以右为上、以左为下”。

根据以上位次的排列方法,圆桌位次的具体排列可以分为两种具体情况。一是每桌只有一名主人的排列方法,即每桌只有一名主位,主宾在主人右侧就座,这时每桌只有一个谈话中心;二是每桌有两个主位的排列方法,一般是主人夫妇在同一桌就座,以男主人为第一主人,女主人为第二主人,主宾和主宾夫人分别在男女主人右侧就座。这样,每桌有两个谈话中心。如果主宾身份高于主人,为表示尊重,也可以安排在主人位子上坐,而请主人坐在主宾的位子上。

排列便餐的席位时，如果需要排列桌次，可以参照宴请时桌次的排列进行。位次的排列，可以遵循"右高左低、居中为尊、面门为上"原则。

2. 点餐及上菜礼仪

中餐点餐应讲究色香味俱全，荤素搭配合理，菜名吉祥，主菜价值高贵。点餐时应重视客人的口味与忌讳或宗教习俗，如佛教用素斋，伊斯兰教忌食猪肉，印度教忌食牛肉，天主教星期五不吃肉类等。点餐时客人应遵循客随主便的原则。

中餐菜是一道一道分先后次序上的。上菜的一般顺序是：先上冷菜、饮料及酒，后上热菜，然后上主食，最后上甜食点和水果。上菜的基本原则是：拼盘先上，鲜嫩清淡先上，名贵的食品先上，本店名牌菜先上，易变形、走味的菜先上，时令季节性强的菜先上。如有两桌或两桌以上的宴席，上菜要看主桌，但上菜的数量和时间应大体一致，不可有厚此薄彼之嫌。

上菜时，如果上鱼、全猪、全羊等有头有尾的菜肴时，头的一边一定要朝向第一主宾的位置，表示对主宾的尊重。如果所上的菜配有作料，一定要配齐再上，一般是先上作料后上菜，也可以作料、菜一起上。

中餐上菜的方式大体有四种：把大盘菜端上，由各人自取；餐盘分让式，服务员站在客人的左侧，右手拿叉与勺，将菜派给客人；二人合作式，将菜盘与客人的餐盘一起放在转台上，服务员用叉和勺将菜分派到客人的餐盘中；分菜台分让式，由服务员在分菜台将菜分派到客人的餐盘中。

3. 中餐的餐具及使用礼仪

(1) 餐具的摆放礼仪

中餐的餐具主要有杯、盘、碗、碟、筷、匙等。在正式的宴会上，水杯放在菜盘左上方，酒杯放在右上方。筷子与汤匙可放在专用架子上或放在纸套内。公用的筷子和汤匙最好放在专用的架子上。要备好牙签和烟灰缸。

(2) 筷子的使用礼仪

在中国几千年的饮食文化中，筷子的使用形成了基本的规矩和礼仪。在正式宴会上，筷子一定要放在筷子架上，而不应随意放在碗或杯子上。关于使用筷子，有一些禁忌，现总结如下。

① 忌舔筷。不要用筷子叉取食物放进嘴里，或用舌头舔食筷子上的附着物。

② 忌敲筷。在等待就餐时，不能坐在桌边一手拿一根筷子随意敲打或用筷子敲打碗盏或茶杯。少数民族风俗除外。

③ 忌叉筷。筷子不要交叉摆放。

④ 忌插筷。用餐者因故需暂时离开时，要将筷子轻轻放在筷子架上或餐碟边，不可插在饭碗里。

⑤ 忌挥筷。夹菜时，不能用筷子在菜盘里挥来挥去，更不能上下乱翻。

⑥ 忌碰筷。遇到别的宾客也来夹菜时，要注意避让，避免"筷子打架"。

⑦ 忌舞筷。用餐过程中进行交谈，不能把筷子当成道具，在餐桌上乱舞，也不要在请他人用菜时，用筷子指点他人。

每次用完筷子要轻轻地放下，尽量不要发出响声。如果不小心把筷子碰掉到地上，不需要自己捡拾,可请服务员换一双。用餐完毕,应等众人都放下筷子后,在主人示意散席时方可离座,不可自己用餐完毕,便放下筷子离席。

4. 中餐用餐礼仪

客人入席后,不要立即动手取食,也不要拿着筷子等待开餐,要等主人动筷说"请"之后方能动筷。主人举杯示意开始,客人才能用餐。如果酒量能够承受,对主人敬的第一杯酒应喝干。中餐宴席进餐伊始,服务员送上的第一道湿毛巾是擦手的,上龙虾、鸡、水果时,会送上一只精美的小水盂,其中飘着玫瑰花瓣或柠檬片,它是洗手用的,不可饮用。

进餐时举止要文明礼貌,在餐桌上保持良好的坐姿,吃东西时胳膊肘不要压在桌面。进餐时要细嚼慢咽,绝不能大块往嘴里塞,狼吞虎咽。不要挑食,不要只盯着自己喜欢的菜吃,或者急忙把喜欢的菜堆在自己的盘子里。中国人一向以热情好客闻名于世,主人会向客人介绍菜的特点,并反复向客人劝菜,希望客人多吃一点。有时热情的主人还会用公筷为宾客夹菜,这是主人热情好客的表示,出于礼节的需要,宾客应表示感谢,并根据自己的胃口适量享用。遇到自己不喜欢吃的菜,可很少地夹一点,放在盘中,不要吃掉,当这道菜再转到你面前时,就可以借口盘中的菜还没有吃完,而不再夹这道菜,最后应当将盘中的菜全部吃完。

一道菜上桌后,通常需等主人或主宾动手后再去取食。遇到需使用公筷或公用调羹的菜,应先用公筷将菜肴夹到自己的盘中,然后再用自己的筷子慢慢食用。夹菜时,要等到菜转到自己面前时再动筷,不可抢在邻座前面。夹菜一次不宜过多,不要刚夹一样菜放于盘中,紧跟着又夹另一道菜;也不要把夹起的菜放回菜盘中,又伸筷夹另一道菜;夹菜偶尔掉下一些在桌上,不要放回菜盘内,也不要放入口中。

进食时尽可能不咳嗽、打喷嚏、打哈欠、擤鼻涕,如果不能控制,要用手帕、餐巾纸等遮挡口鼻,转身,脸侧向一方,低头尽量压低声音。用餐的动作要文雅,夹菜时不要碰到邻座,不要把盘里的菜拨到桌上,不要把汤碗打翻。不要发出不必要的声音,如喝汤时"咕噜咕噜",吃菜时嘴里"吧吧"作响,这些都是粗俗的表现。不要一边吃东西,一边和人聊天。嘴里的骨头和鱼刺不要吐在桌子上,可用餐巾掩口,用筷子取出来放在碟子里。掉在桌子上的菜,不要再吃。不要用手在嘴里乱抠。用牙签剔牙时,应用手或餐巾掩住嘴。不要让餐具发出任何声响。用餐结束后,可以用餐巾、餐巾纸或服务员送来的小毛巾擦擦嘴,但不宜擦头颈。

在我国对有些人而言,餐桌上的许多行为举止往往习惯成自然,但是在一个开放的社会,国际来往非常密切,每个人都要懂得尊重他人,不能一味地自行其是。或许在家中有些习惯没有什么,但在正式的宴会上,同样的饮食习惯与动作就会被视为冒犯了他人且被视为没有教养。下面就列举一些在餐桌上经常发生,而且被认为是致命的错误行为。

- 大声叫喊"服务员",颐指气使;
- 用牙咬开啤酒瓶盖;
- 用餐时经常东张西望,起身走动;
- 吃东西或喝汤时,发出难听的声音;
- 吃喝得又快又急,狼吞虎咽;

- 容忍小孩子在餐厅里乱跑乱叫，打扰别的客人用餐；
- 在餐桌上梳头、补妆；
- 在餐厅里高谈阔论，而且声音很大；
- 随地吐痰，随地丢弃果皮、纸屑；
- 在餐桌上张大嘴打哈欠或饱嗝；
- 用餐巾擦皮包、皮鞋；
- 在餐厅旁若无人地边吃饭边抽烟；
- 边吃饭边把鞋脱掉甚至摩搓双脚；
- 说话时叼着牙签或用牙签时不加遮掩。

总之，生活中我们要注重个人的行为举止，尤其要在吃饭时稍微用心，多加注意，以得体的用餐礼仪进餐，让别人在享受美食的同时，也能欣赏到你优雅高尚的进餐举止。

4.3　西餐礼仪

西餐是一种迥然不同于我国饮食文化的舶来品。随着中西文化交流的深入发展，西餐已经逐渐进入了中国人的生活。在现代社会交往中，不论人们对其喜爱程度与否，都有可能与之“相逢”，但不知是否对这种复杂而讲究的饮食文化“知根知底”呢？因此，了解和掌握有关西餐的基本常识和礼仪是很有必要的。

4.3.1　西餐概述

西餐是我国人民和其他部分东方国家和地区的人民对西方国家菜点的统称，广义上讲，是对西方餐饮文化的统称。我们所说的“西方”习惯上是指“欧洲国家和地区，以及由这些国家和地区为主要移民的北美洲、南美洲和大洋洲的广大区域”，因此西餐主要指代的便是以上区域的餐饮文化。西餐一般以刀叉为餐具，以面包为主食，多以长形桌台为台形。西餐的主要特点是主料突出，形色美观，口味鲜美，营养丰富，供应方便等。

实际上，西方各国的餐饮文化都有各自的特点，各个国家的菜式也都不尽相同，例如，英国人认为他们做的菜是英国菜，法国人会认为他们做的是法国菜。其实西方人自己并没有明确的“西餐”概念，这个概念是中国人和其他东方人的概念。但是，不管西方人是否有明确的“西餐”概念，中国人和其他东方人都对这部分大体认识相同，将与东方饮食迥然不同的西方饮食文化统称为“西餐”。

近年来，随着东西方文化的不断撞击、渗透与交融，东方人已经逐渐了解了西餐中各个菜式的不同特点，并开始区别对待了。一些高级饭店也分别开设了法式餐厅、意式餐厅等，西餐作为一个笼统的概念逐渐趋于淡化，但西方餐饮文化作为一个整体概念还是会继续存在的。

4.3.2　西餐的分类

虽然西方各国的菜点各有不同的风味特点，但由于各国或是地理位置相邻，或是历史渊源很深,在文化上也有千丝万缕的联系,在菜点制作方法上有很多共同之处。影响较大的西餐有法国菜、意大利菜、英国菜、美国菜、俄罗斯菜等。不同国家的人有着不同的饮食习惯,有种说法非常形象,即"法国人夸奖着厨师的技艺吃,英国人注意着礼节吃,德国人考虑着营养吃,意大利人痛痛快快地吃……"现介绍几种主要的西餐菜系。

1. 法国菜

法国菜是西餐中最有地位的菜,是西方饮食文化的一颗明珠。法国人一向以善于吃并精于吃而闻名,法式大餐至今仍名列世界西餐之首。法国菜的特点是选料广泛,用料新鲜,滋味鲜美,讲究色、香、味、形的配合,花式品种繁多,重用牛肉、蔬菜、禽类、海鲜和水果,特别是蜗牛、黑菌、蘑菇、龙虾、洋百合和芦笋;法式菜还比较讲究吃半熟食品或生食,如牛排、羊腿以半熟鲜嫩为特点,海味中的蚝也可生吃,烧野鸭一般六成熟即可食用等;法式菜肴重视调味,调味品种类多样。喜用酒来调味,什么样的菜选用什么酒都有严格的规定,如清汤用葡萄酒,海味品用白兰地酒,甜品用各式甜酒或白兰地等。法国人十分喜爱吃奶酪、水果和各种新鲜蔬菜。

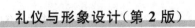

法国美食使用新鲜的季节性材料,加上厨师个人的独特调理,完成独一无二的艺术佳肴极品,无论在视觉上、嗅觉上、味觉上、触感、交感神经上,都达到无与伦比的境界。而在食物的品质、服务水准、用餐气氛上,更要求精致化的整体表现。

法式菜肴的名菜有:法式焗蜗牛、鹅肝酱、沙福罗鸡、牡蛎杯、马赛鱼羹、巴黎龙虾、马令古鸡、沙朗牛排等。

2. 意大利菜

意大利民族是一个美食家的民族,他们在饮食方面有着悠久历史。意大利美食典雅高贵,且浓重朴实,讲究原汁原味。意大利菜系非常丰富,菜品成千上万,除了大家耳熟能详的比萨饼和意大利粉外,它的海鲜和甜品也闻名遐迩。源远流长的意大利餐,对欧美国家的餐饮产生了深远影响,并发展出包括法餐、美国餐在内的多种派系,故有"西餐之母"的美称。

意大利菜肴最为注重原料的本质、本色,成品力求保持原汁原味。在烹煮过程中非常喜欢用蒜、葱、西红柿酱、干酪,讲究制作沙司。烹调方法以炒、煎、烤、红烩、红焖等居多。通常将主要材料或裹或腌,或煎或烤,再与配料一起烹煮,从而使菜肴的口味异常出色,缔造出层次分明的多重口感。意大利菜肴对火候极为讲究,很多菜肴要求烹制成六七成熟,而有的则要求鲜嫩带血,如罗马式炸鸡、安格斯嫩牛扒。米饭、面条和通心粉则要求有一定硬度。

意大利人喜爱面食,做法、吃法甚多。其制作面条有独到之处,各种形状、颜色、味道的面条至少有几十种,如字母形、贝壳形、实心面条、通心面条等。意大利人还喜食意式馄饨、意式饺子等。

意式菜肴的名菜有:通心粉素菜汤、意式馄饨汤、火腿起司牛排、奶酪焗通心粉、红炖白豆牛肚、米兰小牛胫肉、提拉米苏等。

3. 英国菜

英国菜相对来说简单些,英国人也常自嘲不精于烹调,虽然如此,英国菜仍是西餐文化中非常重要的分支。

英国由于其本身的粮食及畜牧产品均不能自给自足，需要依赖进口，因此，在料理烹调上多少都受到外来的影响。英国菜选料比较简单，虽是岛国、海域广阔，可是受地理自然条件所限，渔场不太好，所以英国人不讲究吃海鲜，比较偏爱牛肉、羊肉、禽类等。英式菜肴的特点是：口味清淡、原汁原味。简单而有效地使用优质原料，并尽可能保持其原有的质地和风味是英国菜的重要特色。英国的饮食有"家庭美肴"之称，即英国烹饪法根植于家常菜肴，因此认为只有原料是家生、家养、家制时，菜肴才能达到满意的效果。英国菜的烹调对原料的取舍不多，一般用单一的原料制作，要求厨师不加配料，要保持菜式的原汁原味。英国菜的烹调相对来说比较简单，配菜也比较简单，香草与酒的使用较少，调味品大都放在餐台上由客人自己选用。英式菜肴的烹调方法多以蒸、煮、烩、烤、熏见长。

英式的代表菜肴有：鸡丁沙拉、牛肉腰子派、烤大虾苏夫力、薯烩羊肉、炸鱼排、烤羊马鞍、冬至布丁、皇家奶油鸡、明治排等。

4. 美国菜

美国菜是在英国菜的基础上发展起来的，继承了英式菜简单、清淡的特点，口味咸中带甜。美国人一般对辣味不感兴趣，喜欢铁扒类的菜肴。美国盛产水果，美式菜的沙拉中水果用得很多，例如，用香蕉、苹果、梨等做沙拉最为普遍。另外，在热菜中也常使用水果，如菠萝焗火腿、苹果烤火鸡、炸香蕉等。另外，在美国素食和生食比较盛行，喜欢吃各种新鲜蔬菜和各式水果。美国人对饮食要求并不高，只要营养、快捷。

在烹调方面，美国菜所采用的方法主要有煮、蒸、烤、铁扒等。典型的美国菜有苹果黄瓜沙拉、西冷牛排、华道尔夫沙拉、美式花旗大虾、美式螃蟹杯、美式煮鱼、烤火鸡等。

5. 俄罗斯菜

沙皇俄国时代的上层人士非常崇拜法国，贵族不仅以讲法语为荣，而且饮食和烹饪技术也主要学习法国。但经过多年的演变，特别是俄罗斯地寒，食物讲究热量高的品种，逐渐形成了自己的烹调特色。传统的俄式菜一般油性较大，口味也较浓重，而且酸、甜、咸、辣各味俱全。俄罗斯因气候原因，饮食中肉类占有较大比例，因此其烹调方法以烤、焖、煎、炸、熏见长。

俄罗斯人喜食热食，讲究小吃，擅长做菜汤。俄式小吃主要是指各种冷菜，其特点是生鲜，味酸咸，如鱼子酱、酸黄瓜、冷酸鱼等。俄式小吃品种之多、花样之全，风味之独特，是其他国家无可比拟的。俄罗斯人还喜欢做菜汤，他们每日膳食中必有用肉、鲜白菜、酸白菜及其他多种蔬菜和调料制成的菜汤。常见的菜汤有60多种，鱼汤的款式也很多，其中莫斯科红菜汤就颇具盛名。

俄式菜肴的名菜有：什锦冷盘、鱼子酱、莫斯科红菜汤、莫斯科式烤鱼、红烩牛肉、鱼肉包子、黄油鸡卷等。

6. 德国菜

德国菜式在西餐菜式中是比较有特点的一类菜式，不求浮华只求实惠营养，可以说德国人对饮食并不讲究，首先发明自助快餐。德国菜肉制品丰富，它的菜系中有不少是用肉制品制作的，仅香肠一类就有上百种，著名的法兰克福肠早已驰名世界。他们喜欢食用生鲜菜肴。一些德国人有吃生牛肉的习惯，著名的鞑靼牛扒就是将嫩牛肉剁碎，拌以生葱头末、酸黄瓜末和生蛋黄食用。口味以酸咸为主。德式菜中的酸菜使用非常普遍,经常用来做配菜,口味酸咸,浓而不腻。德国人还有一个特点就是用啤酒制作菜肴。德国盛产啤酒,啤酒的消费量也居世界之首,一些菜肴常用啤酒调味。

典型的菜式有:柏林酸菜煮猪肉、酸菜焖法兰克福肠、汉堡肉扒、鞑靼牛扒等。

4.3.3 西餐的礼规

西餐礼仪是西餐礼节、仪式的统称,是一套约定俗成的带有浓厚的西方民族文化背景的饮食习俗。它由一系列具有西方民族特色的具体礼节构成,是一个表现礼貌的系统而完整的过程,是一个人内在修养和素质的外在表现,也是西方国家人际交往中的一种艺术。西餐非常讲究食品的健康、合理搭配,什么样的主菜搭配什么样的副菜并搭配什么样的饮料酒水都是有较严格的规定的。做客也好,请客也好,既要懂菜单,还要懂饮料知识、饮料器具用途等。

1. 5M 原则

如何品味西餐文化,研究西餐的学者们经过长期的探讨和总结认为,吃西餐应讲究以下5个“M”。

(1) Meeting(会面)

Meeting 指邀请哪些方面的人士出席,请多少人出席,以及选择主宾双方都适宜的宴请时间。吃西餐的伙伴最好是亲朋好友或是趣味相投的人。所以在西餐厅内,氛围一般都很温馨,少有面红耳赤的场面出现。

(2) Menu(菜单)

当走进咖啡馆或西餐馆时,服务员会先领入座,待坐好后,首先送上来的便是菜单。菜单被视为餐馆的门面,老板也一向重视,采用最好的材料做菜单的封面,有的甚至用软羊皮打上各种美丽的花纹,显得格外典雅精致。菜单上以店名命名的菜品,相当于中餐厅的“招牌菜”,是餐厅下功夫做出的菜,肯定会好吃的,这道菜品不要错过。

另外要特别说明的一点是,不要以吃中餐的习惯来对待西餐的点菜问题,即不要对菜单置之不理,不要让服务员为你点菜。因为看菜单、点菜已成为吃西餐的一个必不可少的程序,是一种优雅生活方式的表现。

(3) Media(环境)

西餐更讲究氛围。西餐进餐氛围追求严谨,富于审美情趣,讲究环境雅致,气氛和谐。一定要有音乐相伴,桌台整洁干净,所有餐具一定要洁净。豪华高级的西餐厅,通常会有乐队演奏一些柔和的乐曲,一般的西餐厅也播放一些美妙典雅的乐曲。但是,这里最讲究的是乐声的“可闻度”,即声音要达到“似听到而又听不到”的程度,就是说,要集中精力和友人谈话就听不到,在休息放松时就听得到,这个火候要掌握好。如遇晚餐,要灯光暗淡,桌上要有红色蜡烛,营造一种浪漫、迷人、淡雅的气氛。

(4) Manner(举止)

Manner 指的是“吃相”和“吃态”,吃西餐就应遵循西方的习俗。要注意餐桌上的言行举止,让菜不劝菜,祝酒不劝酒,吃东西不发出声音,不满桌满地乱吐,不在餐桌上整理妆容。关于西餐当中的用餐规范在下面会做详细介绍。

(5) Money(费用)

费用方面中外有别。国际交往要强调节俭、务实,要强调宴请的少而精,反对铺张浪费,没有必要每种必吃,大吃大喝。尤其是商务宴请,不要给人以铺张浪费的感觉。

2. 西餐座次安排

西餐一般都使用长桌,桌次高低以离主桌位置远近而定;女士优先,在排西餐座次时,主位请女主人就座,而男主人位居第二位;在排座次时,以右为尊;面对正门者为上座,背对正门者为下座;男女交叉排列,生人与熟人交叉排列。西餐排座次还有个规矩,即每个人入座或离座,均应从座椅的左侧进出。礼宾次序是排定座位的主要依据,同时也要考虑客人的政治倾向、人事关系等,适当对座次做出相应的调整。

3. 西餐用餐顺序

西餐菜单上有几大分类,分别是开胃菜、汤、沙拉、海鲜、肉类、点心等。

应先决定主菜。主菜如果是鱼,开胃菜就选择肉类,这样在口味上就比较富有变化。如果食量不是特别大,一般只要开胃菜和主菜各一道,再加一份甜点就够了。可以不要汤,或者省去开胃菜,这也是很理想的组合。值得注意的是,在意大利菜中,意大利面被看成是汤,所以原则上意大利面和汤不一起点。

正式的全套餐点上菜顺序如下。

(1) 头盘

西餐的第一道菜是头盘,又称为开胃品。开胃品的内容一般有冷头盘和热头盘之分,常见的品种有鱼子酱、鹅肝酱、熏鲑鱼、鸡尾杯、奶油鸡酥盒、焗蜗牛等。因为是要开胃,所以开胃菜一般都有特色风味,味道以咸和酸为主,而且数量少,质量较高。

(2) 汤

和中餐不同的是,西餐的第二道菜就是汤。西餐的汤大致可分为清汤、奶油汤、蔬菜汤和冷汤四类。品种有牛尾清汤、各式奶油汤、海鲜汤、美式蛤蜊汤、意式蔬菜汤、俄式罗宋汤、法式焗葱头汤。冷汤的品种较少,有德式冷汤、俄式冷汤等。

(3) 副菜

鱼类菜肴一般作为西餐的第三道菜,又称为副菜。品种包括各种淡、海水鱼类、贝类及软体动物类。通常水产类菜肴与蛋类、面包类、酥盒菜肴品都称为副菜。因为鱼类等菜肴的肉质鲜嫩,比较容易消化,所以放在肉类菜肴的前面,叫法上也和肉类菜肴主菜有区别。西餐吃鱼类菜肴讲究使用专用的调味汁,品种有鞑靼汁、荷兰汁、酒店汁、白奶油汁、大主教汁、美国汁和水手鱼汁等。

(4) 主菜

肉、禽类菜肴是西餐的第四道菜,又称为主菜。肉类菜肴的原料取自牛、羊、猪等各个部位的肉,其中最有代表性的是牛肉或牛排。牛排按其部位又可分为西冷牛排、"T"骨形牛排、菲利牛排、薄牛排等。其烹调方法常用烤、煎、铁扒等。肉类菜肴配用的调味汁主要有西班牙汁、浓烧汁精、蘑菇汁、白尼斯汁等。

禽类菜肴的原料取自鸡、鸭、鹅,通常将兔肉和鹿肉等野味也归入禽类菜肴。禽类菜肴品种最多的是鸡,有竹鸡、山鸡、火鸡,可煮、炸、烤、焖,主要的调味汁有黄油汁、咖喱汁、奶油汁等。

(5) 蔬菜类菜肴

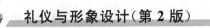

蔬菜类菜肴可以安排在肉类菜肴之后,也可以和肉类菜肴同时上桌,所以可以算为一道菜,或称为一种配菜。蔬菜类菜肴在西餐中称为沙拉。和主菜同时上的沙拉,称为生蔬菜沙拉,一般用生菜、西红柿、黄瓜、芦笋等制作。沙拉的主要调味汁有醋油汁、千岛汁、奶酪沙拉汁等。

沙拉除了蔬菜之外,还有一类是用鱼、肉、蛋类制作的,这类沙拉一般不加味汁,在进餐顺序上可以作为头盘。

还有一些蔬菜是熟的,如花椰菜、煮菠菜、炸土豆条。熟食的蔬菜通常和主菜的肉食类菜肴一同摆放在餐盘中上桌,称为配菜。

(6) 甜品

西餐的甜品是主菜后食用的,可以算作是第六道菜。从真正意义上讲,它包括所有主菜后的食物,如布丁、煎饼、冰激凌、奶酪、水果等。

(7) 咖啡、茶

西餐的最后一道是上饮料,咖啡或茶。喝咖啡可以加糖和淡奶油。茶可以加香桃片和糖。

4. 西式餐具

西餐所需的器具可分为银器、瓷器、玻璃器皿、上菜盘和厨房用品五大类。西式餐具的使用方法相对复杂。下面对刀、叉等主要餐具加以简单介绍。

(1) 刀、叉、勺

① 刀、叉、勺的使用。东方人进餐时的主要工具是筷子,而西方人进餐时则要用刀叉。正确的持刀方法是,右手持刀,拇指抵刀柄一侧,食指按在刀柄的背上,但是食指不应触及刀背,其余三指则顺势弯曲握住刀柄。正确的持叉方式是,叉如果不与刀并用,则叉齿应该向上。持叉应该尽可能地持住叉柄的末端,而不应抓住叉柄的下部。叉柄倚在中指上,中指则以无名指和小指为支撑。刀叉并用时,左手持叉,右手持刀,持刀叉姿势如前所述,只不过持叉时叉齿应该向下。在正式场合下,勺子有多种,小的是用于咖啡和甜点心的;扁平的用于涂黄油和分食蛋糕;比较大的,用来喝汤或盛碎小食物;最大的是公用分食汤的,常用于自助餐。

刀叉是从外侧向里侧按顺序使用的(也就是说,事先按使用顺序由外向里依次摆放)。进餐时,一般都是左右手互相配合,即一刀一叉成双成对使用的。刀叉有不同规格,按照用途不同,其尺寸的大小也有区别。吃肉时,不管是否要用刀切,都要使用大号的刀。吃沙拉、甜食或一些开胃小菜时,要用中号刀、叉。喝汤时,要用大号勺,而喝咖啡和吃冰激凌时,则用小号为宜。叉子和勺子可入口,但刀子不能放入口中,不管它上面是否附有食物。

进餐时,手持刀叉时切勿指手画脚。发言或交谈时,应将刀叉放在盘上才合乎礼仪。在餐桌上进餐,在享用美食的同时大家当然也要开心畅谈一番。这时,可以拿着刀叉,不用放下来,但不要挥舞,也不可将刀叉竖起来握在手中,切勿放肆地大笑或大声喧哗,这会让人感到胆战心惊,实际上这种危险的举动的确对人对己都是一种威胁。不要一手拿刀或叉,而另一只手拿餐巾擦嘴;也不要一手拿酒杯,另一只手拿叉取菜。任何时候,都不要将刀叉的一端放在盘上，另一端放在桌上。

② 刀叉的暗示语。通常吃西餐时，在餐厅里很多时候只是听见刀叉的声音，很少见到客人总在呼叫服务员忙这儿忙那儿的。这是因为，客人们普遍懂得使用"刀叉语言"，在桌子上进餐时的一举一动已经在告诉服务人员你的意图，受过训练的服务员会按照你的愿望去为你服务，去满足你的要求：刀叉并摆呈"八"字形状摆在盘子中央，表示没吃完，还要继续吃；将刀叉并排放在盘中，表示已经吃完了，可以将这道菜或盘子拿走。

(2) 餐巾

① 餐巾的使用。在西餐中，使用餐巾是为了防止用餐时弄脏衣服。它除了可以用来擦拭嘴、手以外，也可以在吐出杂物时起掩饰作用，使用范围相当广泛。

在正式场合应将餐巾打开后对折成长方形或三角形，平放在大腿上，并将开口朝外置于膝上，不要塞在领口里。对折的目的在于防止错拉到餐巾，而开口朝外则是方便拿起擦拭嘴巴。擦拭嘴巴时，拿起餐巾的末端顺着嘴唇轻轻压一下，弄脏的部分为了不让人看见，可往内侧卷起。吐出杂物时，可利用餐巾遮住嘴后，用手指拿出来或吐在叉子上后再放在餐盘上。也可以直接吐在餐巾内，再将餐巾向内侧折起。通常服务生会注意到并换上一条新的餐巾。不过，用餐巾来擦汗或是擦鼻涕，或是将口红整个印在餐巾上等都是失礼的。涂了口红的人应在用餐前以面纸轻压。

② 餐巾的暗示语。餐巾在西餐中除了具有保持服装清洁、擦拭口部的作用外，还有特殊的暗示作用。

- 暗示用餐开始。按惯例，享用西餐时，就餐客人均自觉应向女主人看齐，当女主人为自己铺上餐巾时，一般等于正式宣布用餐开始。在餐厅，通常是在点完菜点后才将餐巾打开。在决定菜点之前，只点了开胃酒，由于没有必要担心会滴到衣服上，所以一开始就将餐巾打开是违反餐桌礼仪的。
- 暗示暂时离开。用餐期间离开餐位，轻轻地将餐巾折好，很自然地将餐巾留在椅子上，表示用餐没结束，将很快返回；切勿将餐巾搁在桌上，这样就暗示用餐结束，服务员可以来收走餐具，不会再上菜了。
- 暗示用餐结束。当女主人把自己的餐巾放在餐桌上，则宣告用餐结束，其他客人见此情景应停止进餐，自觉告退。用餐完毕，餐巾大致叠好，也可以不叠好，放在餐桌上，不要乱扔。

5. 西餐用餐规范

西餐的具体吃法和中餐有很大区别。

(1) 吃面包

面包一般掰成小块送入口中，不要拿着整块面包去咬。抹黄油和果酱时也要先将面包掰成小块再抹，抹一块，吃一块。掰面包，涂奶油，需在盘中进行，不要拿在手中。

吃三明治时，小的三明治和烤面包是用手拿着吃的，大点儿的吃前先切开。配卤汁吃的热三明治需要用刀和叉。

(2) 吃肉类

西方人吃肉(指的是羊排、牛排、猪排等)一般都是大块的。吃的时候，用刀、叉把肉切成一小块，大小刚好是一口。可以吃一块，切一块，也可以一下子切好，再慢慢品尝。

但一定不要用叉子把整块肉夹到嘴边,边咬、边咀嚼、边吞咽。

吃牛肉(牛排)的场合,由于可以按自己的爱好决定生熟的程度,预订时,服务员或主人会问你生熟的程度。

吃有骨头的肉,比如吃鸡的时候,是不能用手撕的,要用叉子把整片肉固定,再用刀沿骨头插入,把肉切开,边切边吃。如果骨头很小,可以用叉子把它放进嘴里,在嘴里把肉和骨头分开后,再用餐巾盖住嘴,把它吐到叉子上然后放到碟子里。不过需要直接"动手"的肉,洗手水往往会和肉同时端上来。一定要时常用餐巾擦手和嘴。

通常西餐中的鱼都是去掉刺后煎煮鱼肉的。有时也会上整条鱼,吃鱼时先用专门的刀子把鱼头切掉,吃鱼不要把鱼翻身,吃完上层后用刀叉剔掉鱼骨后再吃下层。

(3) 吃沙拉

西餐中,沙拉往往出现在这样的场合里:作为主菜的配菜,比如蔬菜沙拉,这是常见的;作为间隔菜,比如在主菜和甜点之间;作为第一道菜,比如鸡肉沙拉。

如果沙拉是一大盘端上来的,就使用沙拉叉。如果和主菜放在一起则要使用主菜叉来吃。

如果沙拉是间隔菜,通常要和奶酪、炸玉米片等一起食用。先取一两片面包放在你的沙拉盘上,再取两三片玉米片。奶酪和沙拉要用叉子吃,而玉米片可以用手拿着吃。

如果主菜沙拉配有沙拉酱,可以先把沙拉酱浇在一部分沙拉上,吃完这部分后再加酱。直到加到碗底的生菜叶部分,这样浇汁就容易了。

沙拉习惯的吃法是:将大片的生菜叶用叉子切成小块,如果不好切可以刀叉并用。一次只切一块,吃完再切。

(4) 喝汤

喝汤用汤匙。喝汤时不要啜,吃东西时要闭嘴咀嚼。不要舔嘴唇或咂嘴发出声音。即使汤菜再热,也不要用嘴吹冷却,这是一种不良的用餐习惯。要用汤匙从里向外舀,汤盘里的汤快喝完时,可以用左手将汤盘的外侧稍稍翘起,用汤匙舀净就可以了,同时应牢记不要刮碗底或弄出其他声响。吃完后,将汤匙留在汤盘里,匙把指向自己。

(5) 生蚝和文蛤

吃生蚝和文蛤用左手把蚝持紧,右手握叉,用叉把蚝敲开,然后把蚝肉整个地挖出来,蘸调味料用蚝叉吃。要注意的是,西餐中的生蚝一定要全只放进口中,切开就失礼了。小虾和螃蟹的混合物也可以单独蘸调味料,用蚝叉吃。

(6) 意大利面

吃意大利面,要用叉子慢慢地卷起面条,每次卷四五根最方便。也可以用调羹和叉子一起吃,调羹可以帮助叉子控制滑溜溜的面条。不能直接用嘴吸,不然容易把汁溅得到处都是。吃意大利面最需注意的是不要让面条挂在嘴边,也不要发出"呼噜呼噜"的声音。

(7) 水果

在许多国家,把水果作为甜点或随甜点一起送上。通常是许多水果混合在一起,做成水果沙拉,或做成水果拼盘。

吃水果关键是怎样去掉果核。不能拿着整个去咬。有刀叉的情况下,应小心地使用，用刀切成四瓣再去皮核，用叉子叉着吃。要注意别把汁溅出来。没有刀或叉时，可以用两个手指把果核从嘴里轻轻拿出，放在果盘的边上。把果核从嘴里直接吐出来，是非常失礼的。

(8) 西式快餐和小吃

汉堡包和热狗是用手拿着吃的，但一定要用餐巾纸垫住，让酱汁流到餐巾纸上，而不是流到你的手或衣服上。为防止万一，可以一只手拿餐巾纸垫住，另一只手准备一两张餐巾纸备用。

比萨饼可以用手拿着饼块，把外边转向里，防止上面的馅儿掉出来。但一般晚宴的餐桌上是看不到比萨饼的。

玉米薄饼是一种普遍地用手拿着吃的食物。可以蘸上如甜豆或番茄酱等混合酱后吃。

油煎食品和薯片，可以用手拿着吃，也可以用叉子吃。如果在户外，可以用手拿着吃。

4.3.4 中西餐异同

由于历史、地理、民族等多种因素，东西方的餐饮文化有很大不同，这主要体现在以下几方面。

1. 选料的特点

中国菜肴历来以风味各异、品种繁多著称于世。我国人民在饮食上讲究物以稀为贵，喜欢猎奇，因此中餐的选料非常广泛，几乎是飞、潜、动、植无所不食。而西方自中世纪后在精神文化上一直受到宗教的约束，加之由于现代营养学的建立，与中餐相比，西餐在选料上局限性较大，常用的原料有牛、羊、猪肉和禽类、乳蛋类等，对内脏的选择很少。中餐宴请外宾，应充分考虑到外宾的饮食结构和饮食特点。德国人忌食核桃，美国人忌食动物内脏，匈牙利人不吃形状奇异的食物，如海参和带壳的虾、蟹等。

2. 原料加工的特点

刀工是制作菜肴的一个非常重要的环节。中餐厨师非常讲究刀工，对原料加工讲究大小、长短、精细、厚薄的一致，认为这样才能使食材受热均匀，成熟度一样。我国厨师创造了斜刀、花刀、平刀等诸多刀法，可以把原料加工成丝、丁、片、坨、粒、茸等形态。而西餐厨刀的种类非常多，干什么用什么刀也很讲究，但很少把原料加工成细小的刀口，大都是体积较大的排、卷、块等形状，讲究造型。

3. 烹调的特点

中餐做菜一般使用圆底锅、明火灶，非常适宜炒菜，所以中餐的烹调方法非常多。而且中餐烹饪对火力、火度、火势、火时诸多因素都有讲究。而西餐做菜是用平底锅、暗火灶，并带有烤箱，还要有扒板、面火炉等设备，所以烹调方法主要是煎、烤、焖、烩、铁扒等。

4. 口味的特点

中餐菜肴善于调味，并富于变化，大都有明显的咸味，大部分菜肴都是完全成熟后再食用的。在中餐菜肴中，如咸鲜味、咸甜味、麻辣味、鱼香味等，素为人们所喜爱。西餐菜肴很少有明显的咸味，口味变化相对没有中餐多，但追求菜肴鲜嫩的效果，像牛排、羊排等菜肴多数人喜欢吃五成熟的,有些海鲜还喜欢生吃。再者,西餐非常讲究制作沙司,且种类繁多,几乎所有菜都配有沙司,用来增加菜肴的口味。

5. 主食的特点

中餐有明确的主、副食概念,主食有米、面等多种制品。而西餐并无明确的主、副食概念,面包及其他面食、米饭经常作为配菜放在盘子旁边,用量也较少。

6. 习惯的不同

西餐的菜单大多只有一页纸,最多是正反面,且包括了饮料和甜品,越是好的餐厅,菜单越短。有人把西方的菜单比喻成西方文化,虽然也很丰富,很深刻,但它的集中度很高。中餐则不同,中餐菜单如同一本装帧精美的书,菜单一般都很长,可供客人选择的菜式非常多,点菜就成为一件费脑筋的事情。中餐菜式是多样的融合,它的丰实表现在多样化上。中餐的前后道菜之间没有必然的联系,吃什么与喝什么酒水也没有必然的联系。

西餐是每个人点自己的菜,中餐是主人把菜都点好大家只管吃,两者各有千秋。自己点菜对个人选择更尊重一些,自己点,好坏自己负责,但品种单一,吃起来也没有那么热闹,但可以体现出西方文化中个体的独立性。中国文化中更多地重视整体,点菜的人要满足不同人的口味,可能会受到赞扬,也可能会受到批评,所以中国有句话叫作众口难调。知道这是件难事,可还要这样做,因为觉得整体的一致更重要。西欧人、美国、加拿大人一向崇尚独立、自由,讲究个性,不可反复劝菜和劝酒。否则,这种中国式的热情好客会被误认为是一种外来强迫,从而引起反感,影响宴会的友好气氛。

4.4 咖啡礼仪

咖啡对欧洲人的重要性就好像茶对亚洲人一样,我们说"茶余饭后",对欧洲人来说,就是"饭后咖啡",咖啡在其生活中已是不可或缺的饮料。而现今咖啡早已经成为备受全世界宠爱的一种饮品了。虽然咖啡在亚洲还不是非常普及,但也极受欢迎。咖啡深刻地影响着人们的生活,因此,了解相关的咖啡知识和礼仪,是必不可少的。

4.4.1 咖啡概述

咖啡是人类社会流行范围最为广泛的饮料之一。"咖啡"一词源自希腊语,意思是"力量与热情"。咖啡是采用经过烘焙的咖啡豆(咖啡属植物的种子)制作的饮料,通常为热饮,但也有作为冷饮的冰咖啡。

由于各种不同的咖啡概念相互交叉,而且在不同的时候经常使用相同或者类似的名称,所以就导致了人们各种不同的咖啡概念混淆以及乱用。其实咖啡的分类并不复杂,主要有以下几种分类方法。

1. 按咖啡树的种类分类

咖啡走出非洲后,变成了许多种类。每一种类都同特定的气候条件和一定的海拔有关。目前已知咖啡树的种类有数十种,但主要有三大原种——阿拉比卡种、罗布斯塔种及利比里卡种，因为品质与产量的因素，又以前两种最为常见。

(1) 阿拉比卡

阿拉比卡种占全世界咖啡产量的2/3，品质为三大树种之冠。阿拉比卡咖啡豆呈椭圆扁平形，其特征为品质细腻、风味浓醇，其咖啡因含量只有罗布斯塔种的一半，因此也较健康。该品种一般种植在海拔900米以上的坡地，多产于中南美洲、东非、东南亚、夏威夷等热带高海拔地区，其分支包括迪比卡、波旁、牙买加蓝山等。与其宜人的香气、丰富的滋味相对应的是，该树种需要较多人工照顾，对气候中的温度和湿度的稳定性也要求较高，所以价格自然也较昂贵。

(2) 罗布斯塔

罗布斯塔种对环境适应力较强，但罗布斯塔咖啡豆滋味较平庸，味苦而不酸，香味也不是很好，更重要的是咖啡因的含量达阿拉比卡咖啡豆的2～3倍。它一般生长在海拔200～600米的坡地，果实稍小，对人工照顾的要求很低，价格低廉，适合作为拼配咖啡或速溶咖啡。

(3) 利比里卡

利比里卡咖啡豆产于非洲的利比里亚，其特征香淡而味强苦，品质、产量都不佳。

2. 按制作方法分类

(1) 速溶咖啡

速溶咖啡，包括粉末状、颗粒状及近年来的低温急冻型咖啡。如雀巢咖啡，冲泡简单，兑热水即可，但缺乏滋味的丰富和变化，正式宴会或茶话会一般不采用此类咖啡。

(2) 单品咖啡

单品咖啡又称黑咖啡，通常是指由滤泡法制得的单品咖啡，更广义来说所有未添加其他成分的纯粹咖啡皆可以称为黑咖啡。颜色呈黑色，分为蓝山、巴西、曼特宁等，在咖啡馆里面一般用摩卡咖啡壶或玻璃的虹吸式咖啡壶冲煮；通常只有比较高品质的单一品种咖啡，才适合做单品咖啡。

(3) 意大利浓缩咖啡

意大利浓缩咖啡(Espresso)使用专业的较大型的Espresso咖啡机制作，味道浓烈，一般装在专用的厚厚的小杯子里，分量很少，正应了“浓缩的才是精华”这句话。一杯好的意大利浓缩咖啡表面有一层奶油状的物质，叫克丽玛(咖啡油)，最好的应呈棕褐色油膏状豹纹，这层油正是意大利咖啡诱人香味的来源，属于咖啡精华中的精华。真正喝咖啡的行家大多会用Espresso来测吧台的功力，因为Espresso无法用水与牛奶来掩饰，因此最能呈现咖啡的原味。

(4) 花式咖啡

花式咖啡是用咖啡(过滤咖啡或意大利特浓咖啡)配上不同的配料制作出来的含咖啡饮料。例如最常见的拿铁、卡布其诺、玛琪雅朵、爱尔兰咖啡、皇家咖啡等。这类咖啡是各地区人民为了自己的口味，或者是为了满足客户的需要发明创造的含咖啡饮料。目的都是为了在咖啡中添加不同的配料来满足不同的口味需要。下面介绍几种常见的花式咖啡。

① 拿铁。意大利浓缩咖啡加入高浓度的热牛奶与泡沫鲜奶，保留淡淡的咖啡香气与

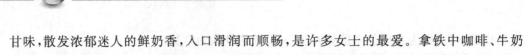

甘味,散发浓郁迷人的鲜奶香,入口滑润而顺畅,是许多女士的最爱。拿铁中咖啡、牛奶与奶泡的比例是1∶8∶1,因此,它可以说是一杯没有负担的咖啡,可以喝到牛奶的温润,像是一杯牛奶咖啡,只是喝牛奶时有咖啡香。

② 摩卡。摩卡则是意大利浓缩咖啡加入巧克力、肉桂、泡沫鲜奶、糖浆、可可粉等,已经不是单纯的咖啡了,是咖啡的一种变形,可以说是意式咖啡中最花哨的一种,比拿铁的泡沫少,取而代之的是牛奶、鲜奶油与巧克力。它具有浓郁的咖啡及巧克力香气扑鼻,而且甜味与咖啡中和,顺口而不腻,适合大众的口味。

③ 卡布其诺。将浓醇的意大利浓缩咖啡混合细致鲜香的泡沫鲜奶与香滑可口的巧克力粉,有充分调和的柔顺口感与迷人的香气,加上优雅的装饰,凸显个人品位。卡布其诺是一杯很中庸的咖啡,有很强烈的口感。因为卡布其诺中加了奶泡,有些人喝它是为了享受其奶泡的口感,享受奶泡的密度与紧实的感觉,因此牛奶的比例很重要。卡布其诺可以说是一杯很挑剔的咖啡,咖啡、牛奶与泡沫的比例是1∶1∶1。

④ 爱尔兰咖啡。爱尔兰咖啡把风味独到的特制 Espresso 佐以威士忌、糖和鲜奶油,让 Espresso 的香浓被威士忌提升得更为明显,并与鲜奶油调和出香滑顺口、甘苦适中的滋味。

⑤ 玛琪雅朵。玛琪雅朵是指在意大利浓缩咖啡中,不加鲜奶油、牛奶,只在咖啡上添加两大匙绵密细软的奶泡,如此就是一杯玛琪雅朵。

3. 按生产地区分类

按不同的生产地区或出产国,咖啡可以分为牙买加蓝山、夏威夷科纳、波多黎各的姚科精选、巴西的山多士、印度的季风等。除了同一地区的不同品质的咖啡之外,很多地区的咖啡是以该地区命名的。而其中最独特的应该算是哥伦比亚咖啡。这样的分类结果就是各种不同的单品咖啡,下面简单介绍有代表性的几种。

(1) 蓝山咖啡

蓝山咖啡是咖啡中的极品,产于牙买加的蓝山。受到加勒比海环抱的蓝山,每当太阳直射蔚蓝海水时,便反射到山上而发出璀璨的蓝色光芒,故而得名。此种咖啡拥有所有好咖啡的特点,不仅拥有香醇、苦中略带甘甜、柔润顺口的特性,而且由于咖啡的甘、酸、苦三味搭配完美,所以完全不具苦味,仅有适度而完美的酸味,能让味觉感官更为灵敏,品尝出其独特的滋味。一般都单品饮用,但是因产量极少,为咖啡之极品,价格昂贵无比,所以市面上一般都以味道近似的咖啡调制。

(2) 夏威夷科纳

夏威夷科纳是蜚声世界的香醇而酸的上等咖啡豆。咖啡柔滑、浓香,具有诱人的坚果香味,酸度也较均衡适度,具有强烈的酸味和焦糖般的甜味,口感湿顺、滑润,就像夏威夷岛上五彩斑斓的色彩一样迷人,一样余味悠长。科纳咖啡确实是世间的珍品,不易找到,售价极其昂贵。

(3) 巴西山多士

山多士来自世界第一的咖啡生产国巴西,为巴西咖啡中的极品。口感微甜带柔和的果酸,甘性特佳有其特有的圆熟味,其独特之甘、酸、苦味极为优雅,具有浓郁的果香及草腥香。在树龄3～4年以前,布邦咖啡树结的是小而扭曲的豆子,称为“布邦山多士”,这是最高级的巴西豆，通常在咖啡馆里直接被叫作“巴西”。

(4) 哥伦比亚咖啡

哥伦比亚咖啡产地为哥伦比亚，烘焙后的咖啡豆，会释放出甘甜的香味，具有酸中带甘、苦味中平的良质特性，因为浓度合宜的缘故，常被应用于高级的混合咖啡之中。

(5) 爪哇咖啡

爪哇咖啡产于印度尼西亚的爪哇岛，属于阿拉比卡种咖啡。烘焙后苦味极强而香味极为清淡，但感觉不到任何酸味，这种口味深受荷兰人的喜爱。此种咖啡豆最常使用于混合咖啡与即溶式冲泡咖啡。

(6) 危地马拉咖啡

危地马拉咖啡产于危地马拉。此豆是属于波旁种的咖啡豆，是酸味较强的品种之一，味道香醇而略具野性，最适合用来调配成混合咖啡。

4.4.2　正确品尝咖啡

咖啡是一种优雅的饮品，如果不懂得如何去品尝，那么原本的美味也可能变得毫无味道可言。品尝咖啡不仅要用舌头的味觉去感受，而且还要享受那种咖啡在口里的芳醇，除此之外，还要看喝咖啡时身体的情况、周围的气氛等。总之品尝咖啡是一件非常微妙而美好的事情。

一杯香醇美味的咖啡，除了甘醇圆润的口感之外，其最吸引人之处，莫过于咖啡在冲泡过程中所飘散出来的一种略带神秘感的诱人芳香。因此所谓的品尝一杯咖啡，应该是自冲泡咖啡的那一刻即开始。咖啡在不同的冲泡阶段会产生不同的香味。刚开始冲泡时，咖啡的香味就像生咖啡豆一般，味道极为生涩，接下来的香味则会由生涩渐渐转为香醇。咖啡冲泡好之后，在正式品尝前应先闻其香，再观其色泽：唯有汤色清澈的咖啡，才能带给口腔清爽圆润的口感。最后是小口小口地品啜咖啡，此时先不急于将咖啡喝下，应先暂时含在口中，让咖啡与唾液及空气稍微混合，同时感受咖啡在口腔里不同部位的感受，再轻轻把咖啡咽下。如此结合嗅觉、视觉、味觉的品位与鉴赏，才能真正品味咖啡之美。

咖啡如果在近乎半冷时品尝，不管咖啡豆的品质多好，冲泡技巧又是如何高明，都会使人失去喝咖啡的胃口。“趁热喝”是品尝美味咖啡的必要条件，即使是在夏季的大热天中饮热咖啡，也是一样的。咖啡冰凉时，风味就会降低，所以冲泡咖啡时，为了不使咖啡的味道降低，要事先将咖啡杯在开水中泡热。咖啡的适当温度在冲泡的刹那为83℃，倒入杯中时为80℃，而到口中时的温度以61～62℃最为理想。

品尝美味咖啡，除了要注重适当的温度外，还要有适当的分量。喝咖啡不像喝酒或果汁，一满杯的咖啡，看了就会失去喝的兴趣。七八分满即为适量，分量适中的咖啡不仅会刺激味觉，喝完后也不会有腻的感觉，反而回味无穷。同时，适量的咖啡能适度地消除疲劳，使头脑更为清醒。

咖啡的味道有浓淡之分，所以，不能像喝茶或可乐一样，连续喝三四杯，而以正式的咖啡杯的分量刚好。一般喝咖啡以80～100毫升为适量，若想连续喝三四杯，这时就要将咖啡的浓度冲淡，或加入大量的牛奶，不过仍然要考虑到生理上需求的程度，来加减咖啡的浓度,也就是不要造成腻或恶心的感觉,而在糖分的调配上也不妨多些变化,使咖啡更具美味。

4.4.3 咖啡饮用礼仪

饮用咖啡是一种文化,只有讲究礼节,才能体味它的温馨。全套咖啡具包括咖啡杯、咖啡碟、咖啡小匙、糖罐、糖匙或糖夹等。

标准地使用咖啡杯是我们会喝咖啡的第一步。饮用咖啡,一般都是用袖珍型的杯子盛出。这种杯子的杯耳较小,手指无法穿出去。但即使用较大的杯子,也不需用手指穿过杯耳再端杯子。盛放咖啡的杯碟也是特制的。应把它们放在自己的面前或右侧,杯耳指向左方。咖啡杯的正确拿法,应是拇指和食指拈住杯把儿将杯子端起。

喝咖啡时,用右手拿着咖啡杯耳,左手轻轻托着咖啡碟,慢慢地向嘴边轻啜,避免发出响声。不宜举杯大口吞咽,或俯首去吸咖啡。做客饮咖啡,有时也会遇上一些特殊情况。例如,坐在远离桌子的沙发中,不便使用双手端着咖啡饮用,此时应用左手将咖啡碟置于齐胸的位置,用右手端着咖啡杯饮用。饮毕,应立即将咖啡杯置于咖啡碟中,不可将二者分别放置。有时饮咖啡可以吃一些点心。但不要一手端着咖啡杯,一手拿着点心,吃一口、喝一口地交替进行。饮咖啡时应当放下点心,吃点心时则应当放下咖啡杯。

最后需要注意的是,刚刚煮好的咖啡太热,可以用咖啡匙在杯中轻轻搅拌使之冷却,或者等待其自然冷却,然后再饮用。试图用嘴去把咖啡吹凉,是很不文雅的动作。添加咖啡或者糖时,不要把咖啡杯从咖啡碟中拿起来,只需拿着咖啡壶把咖啡缓缓注入杯中。如果供应的是方糖,应当用专用夹子(没有夹子时用手)而不是用咖啡小匙去取方糖。

在咖啡屋里,举止要文明,不要盯视他人。交谈的声音越轻越好,千万不要不顾场合而高谈阔论不已。

在外交场合,常常为女宾举办咖啡宴,作为夫人们彼此结识的一种有效的非正式方式。若咖啡宴于上午11时举行,则客人们应于12时之后离开。在家中请人来喝咖啡,通常安排在下午4时以前,一般不用速溶咖啡。届时应准备一些点心,女主人负责给客人们倒咖啡,坐着倒即可。

小资料 4-1　　关于咖啡的常用词[①]

风味:对香气、酸度与醇度的整体印象。

酸度:所有生长在高原的咖啡所具有的酸辛强烈的特质。此处的酸辛与苦味、发酸、酸碱值无关,它是指促使咖啡发挥提振心神、涤清味觉等功能的一种清新、活泼的特质。

咖啡的酸度不是酸碱度中的酸性或酸臭味,也不是进入胃里让人不舒服的酸。在冲调咖啡时,酸度的表现是很重要的,在良好的条件及技巧下,可发展出酸度清爽的特殊口味,是高级咖啡必备的条件。

咖啡的酸味是形容一种活泼、明亮的风味表现,这个词有点类似于葡萄酒品评中的形容方式。倘若咖啡豆缺乏了酸度,就等于失去了生命力,尝起来空洞乏味、毫无层次深

---

① http://cafetiere.blogbus.com/logs/36397826.html.

度。酸度有许多不同的特征，像来自叶门与肯亚的咖啡豆，其酸度特征就有着袭人的果香味以及类似红酒般的质感。

醇度：饮用咖啡后，舌头留有的口感。醇度的变化可分为清淡如水到淡薄、中等、高等、脂状，甚至某些印度尼西亚的咖啡如糖浆般浓稠。

气味：咖啡调配完成后所散发出来的气息与香味。用来形容气味的词包括焦糖味、炭烤味、巧克力味、果香味、草味、麦芽味等。

苦味：苦是一种基本的味觉，感觉区分布在舌根部分。深度烘焙的苦味是刻意营造出来的，但常见的苦味发生原因，是咖啡粉用量过多，而水太少。

清淡：生长在低地的咖啡，口感通常相当清淡、无味。咖啡粉分量不足而水太多的咖啡，也会造成同样的清淡效果。

咸味：咖啡冲泡后，若是加热过度，将会产生一种含盐的味道。

泥土的芳香：通常用来形容辛香而具有泥土气息的印度尼西亚咖啡，并非指咖啡豆沾上泥土的味道。

独特性：形容咖啡具有独树一帜的芳香与特殊气息，如花卉、水果、香料般的甜美特质。东非与印度尼西亚所产的咖啡，通常具有这种特性。

芳醇：用来形容酸度平衡性佳的咖啡。

温和：用来形容某种咖啡具有调和、细致的风味，用来形容除巴西以外的所有高原咖啡。

柔润：形容像印度尼西亚咖啡这样的低酸度咖啡，亦形容为芳醇或香甜。

发酸：一种感觉区主要位于舌头后侧的味觉，是浅度烘焙咖啡的特点。

辛香：指一种令人联想到某种特定香料的风味或气味。

浓烈：就技术上而言，形容的是各种味觉优缺点的多寡，或指特定的调理成品中，咖啡与水的相对比例。就通俗的用法而言，形容的是深度烘焙咖啡强烈的风味。

香甜：本质上像是水果味，与酒味也有关。

狂野：形容咖啡具有极端的口味特性。

葡萄酒味：指水果般的酸度与滑润的醇度，所营造出来的对比特殊风味。肯亚咖啡便是含有葡萄酒风味的最佳典范。

另外，咖啡豆只有经过烘焙才能变成供研磨和饮用的咖啡豆，一般分为浅度、中度、深度和特深度烘焙。

4.5 茶　礼　仪

中国是茶的故乡，也是茶文化的发祥地，中华茶文化源远流长。如今，茶已成为中华民族的举国之饮，成为全球最大众化、最受欢迎、最有益于身心健康的饮品。茶及茶文化，是中华民族的物质财富和精神财富，是中华民族的瑰宝。

4.5.1 茶的起源与发展

中国在茶业上对人类的贡献,主要在于最早发现并利用茶这种植物,并把它发展为我国和东方乃至整个世界的一种灿烂独特的茶文化。茶,开始是作为药材被人们所关注的,后来才成为一种饮料。

中国是茶树的原产地,产于我国南方地区的茶树很早即载于中国医学和植物学方面的书籍中。在古籍中,它被高度赞誉为具有抵抗疲劳、清醒精神、增强意志等功效。它不仅作为内服药而被施用,而且还制成糊状作为外敷药以减轻风湿病人的疼痛。"茶之为饮,发乎神农氏,闻于鲁周公。"早在神农时期,茶及其药用价值已被发现,古代人类直接含嚼茶树鲜叶汲取茶汁而感到芬芳、清口并富有收敛性快感,久而久之,茶的含嚼成为人们的一种嗜好。该阶段,可说是茶之为饮的前奏。

像艺术一样,茶有它不同的时代和流派。茶在中国的发展大致可以分为三个主要时期:煎茶、抹茶和淹茶(沏茶叶)。我们现代人饮茶属于最后一个流派。这三个时期最具代表性的体现分别在中国的唐代、宋代和明代。

春秋以前,最初茶叶作为药用而受到关注。随着人类生活的进化,生嚼茶叶的习惯转变为煎服。即鲜叶洗净后,置陶罐中加水煮熟,连汤带叶服用。煎煮而成的茶,虽苦涩,然而滋味浓郁,风味与功效均胜几筹,日久,自然养成煮煎品饮的习惯,这是茶作为饮料的开端。

然而,茶由药用发展为日常饮料,经过了食用阶段作为中间过渡,可以说那个时期的饮茶方法是原始的。即以茶当菜,煮作羹饮。茶叶煮熟后,与饭菜调和一起食用。秦汉时期,茶叶的简单加工已经开始出现。把蒸好的茶叶放在臼中捣碎,之后制成茶团,再晒干或烘干以存放。饮用时,将茶团和葱、姜、米、橘子皮、香料、洋葱等一起煮,制成一种奇妙味道的浆汁饮用。此时,茶叶利用方法前进了一步,运用了当时的烹煮技术,并已注意到茶汤的调味。此时茶叶不仅是日常生活之解毒药品,且成为待客之食品。

由于秦统一了巴蜀,促进了饮茶知识与风俗向东延伸。四五世纪时,茶已成为我国长江流域居民喜爱的饮料。西汉时,茶已是宫廷及官宦人家的一种高雅消遣,王褒《童约》已有"武阳买茶"的记载。三国时期,崇茶之风进一步发展,出现"以茶当酒"的习俗。到了两晋、南北朝,皇帝们常把精制的茶叶作为对高官的奖赏。南朝的诗人就曾热情颂扬茶为"液状翡翠之泡沫"。

中国茶业,最初兴于巴蜀,其后向东部和南部逐次传播开来,最后遍及全国。顾炎武曾经指出,"自秦人取蜀而后,始有茗饮之事"。到了唐代,又传至日本和朝鲜。当时人们对饮茶的环境、礼节、操作方式等都很讲究,有了一些约定俗成的规矩和仪式,茶宴已有宫廷茶宴、寺院茶宴、文人茶宴之分。可以说是唐朝的时代精神把茶从粗俗的状态中解脱出来,使它升华到最终的理想境界,因此,唐代是茶文化发展的一个重要历史时期。8世纪中叶的"茶神"陆羽,以嗜茶著名,精于茶道,所作《茶经》流传于世,为我国茶文化的发展做出了杰出的贡献。

宋代,抹茶开始流行。人们先用小石磨把茶叶研成细粉,然后把它放进热水里,用茶筅搅打。这种新的方法带来了当时一些茶具的变化,茶叶的选择也相应地发生变化。宋人对茶倾注了无限的热情，竞相发明新的花样，开创了“斗茶”。所谓“斗茶”，最早出现在文人雅士之间，是比赛各自所藏的名茶之高低。比赛的内容，包括茶的色、香、味、形和饮茶的方法等。这在客观上对促进茶叶的制作技艺，提高茶叶品质，增加茶叶品种，培养品茶能力，都起到了积极的推进作用。

不幸的是，13 世纪，蒙古族征服了中国，在元朝皇帝的野蛮统治下，宋文化的全部成果丧失殆尽。14 世纪中叶，企图复兴中国的明朝又陷于内乱。17 世纪，满族统治中国，昔日的风俗习惯便被改得面目全非，抹茶也逐渐被遗忘，淹茶取而代之，即饮茶的方法是把茶叶放在杯子或碗中用热水沏之。茶的饮用方法发生了变化，但人们对茶的热爱不曾改变。元、明、清以后到现在，天下嗜茶成风，不论家庭、酒肆和饮宴，茶都成为必备的饮料。客来献茶已是我国人民的传统习俗。当今西方喜欢饮茶的人日渐增多，东方人更是“一日不可无茶”。

目前，中国茶叶的生产和消费居世界之首，大致可分为四大茶区，包括江南茶区、江北茶区、华南茶区、西南茶区。由于茶叶受到世界人民的欢迎，并成为三大饮料之一，所以世界茶业的发展速度也很快。目前，世界五大洲中已有 50 个国家种植茶叶，茶区主要集中在亚洲，茶叶产量约占世界茶叶产量的 80%以上。

随着社会的进一步发展，人们对茶叶的需求也出现新的要求。这是因为，在社会进程中，一旦人们对衣、食、住、行的要求得到了满足，就特别注重保健和文化生活方面的需求。茶，这种天然保健饮料必将越来越受到人们的青睐。与此同时，由于它含有对人体有益的成分，更会吸引大量消费者去饮用它。茶叶，已成为人们生活中不可缺少的伴侣。

茶，“其性精清，其味浩洁，其用涤烦，其功致和。参百品而不混，越众饮而独高”。几千年来，它带给世人的不仅是物质生活的享受，而且能给人以精神上的愉悦。喝茶能静心、静神，有助于陶冶情操、去除杂念。品茶的最高境界是“茶道”，它是一种以茶为主题的生活礼仪，也是一种修身养性的方式，它通过沏茶、赏茶、品茶，来修炼身心。吴觉农先生曾说过，“茶道是把茶视为珍贵、高尚的饮料，饮茶是一种精神上的享受，是一种艺术，或是一种修身养性的手段”。中国茶品的丰富、茶具器型的丰富、品饮方式的丰富，构成了与日本茶道、韩国茶礼不同的表现形式。

4.5.2 茶的分类与特点

我国的茶叶名目虽多，但根据其不同的加工制造方法，归纳起来主要有六大类，即绿茶、红茶、青茶、黄茶、白茶和黑茶。其他还有再加工茶类，如花茶、紧压茶和速溶茶、药用茶等，通常都是以这六大茶类为原料再加工制成的。现在就将六大茶类的制造特点、各自包括哪些主要茶叶名目，简单作一介绍。

1. 绿茶

绿茶是我国产量最多的一类茶叶，生产历史悠久，产区分布于各产茶省、市、自治区。其中以浙江、安徽、江西三省产量最高，质量最优，是我国绿茶生产的主要基地。我国传统绿茶，向以香高、味醇、形美、耐冲泡，深受消费者的欢迎。

绿茶，又称不发酵茶。以适宜茶树新梢为原料，不经过发酵，直接经过杀青、揉捻、干燥三个工艺程序生产出来的茶类统称为绿茶。其干茶色泽和冲泡后的茶汤、叶底以绿色为主调,故名。绿茶的特性,较多地保留了鲜叶内的天然物质。其中茶多酚、咖啡碱保留鲜叶的85%以上,叶绿素保留50%左右,维生素损失也较少,从而形成了绿茶"清汤绿叶,滋味收敛性强"的特点。

中国绿茶中,名品最多,不但香高味长,品质优异,且造型独特,具有较高的艺术欣赏价值。绿茶按其干燥和杀青方法的不同,一般分为炒青、烘青、晒青和蒸青绿茶。绿茶通常比较细嫩,具有"色绿、汤绿、叶底绿"的三绿特点,绿茶茶汤比较清爽,适于清饮。

我国著名的绿茶主要有以下品种。

(1) 西湖龙井

龙井茶产地分布在杭州西湖,属扁形炒青绿茶。龙井茶分为"狮峰龙井"、"梅坞龙井"、"西湖龙井"三个品类,以"狮峰龙井"品质最佳。三个品类的高级龙井茶宜用85℃左右的开水进行冲泡,冲泡后芽叶一旗一枪,矗立杯中交错相映,芽叶直立,上下沉浮,栩栩如生。

(2) 洞庭碧螺春

碧螺春产于江苏太湖洞庭山,属细嫩炒青绿茶。碧螺春的品质特点为:条索纤细,卷曲似螺,满披白毫,银白隐翠,香气浓郁;汤色碧绿清澈,滋味鲜醇甘厚,叶底嫩绿明亮,故素有"一嫩三鲜"之称。一嫩是指芽叶幼嫩;三鲜是香气鲜爽、味道鲜醇、汤色鲜明。

碧螺春不仅外形独特,而且在饮法上也有讲究。一般泡茶是先撮茶叶入杯,再用开水沏冲。饮碧螺春时,宜先将开水倒入杯中,然后放进"碧螺春"。顷刻之间,只见杯中"白云翻滚,雪花飞舞",茶汤碧绿清澈,叶底嫩绿明亮,入口香气芬芳,顿觉神清气爽。

(3) 黄山毛峰

黄山毛峰属细嫩烘青绿茶,分特级及1～3级,特级"黄山毛峰"堪称毛峰茶之极品,其外形细扁卷曲,状似雀舌披银毫,汤色清澈带杏黄,香气持久似白兰,滋味醇厚回甘。黄山不仅茶叶好,泉水也好,用黄山泉水冲泡黄山茶,即使汤色经过一夜,第二天茶碗上也不会留下茶迹。

(4) 庐山云雾茶

庐山云雾茶,属细嫩炒青绿茶。庐山现有茶园5000余亩,其中以五老峰与汉阳峰之间,因终日云雾不散,茶叶品质最好。庐山云雾茶工艺精湛,共分九道工序。它的外形条索紧结重实,饱满秀丽;色泽碧嫩光滑,芽隐绿;香气芬芳、高长;汤色绿而透亮;滋味爽快,浓醇鲜甘;叶底嫩绿微黄,鲜明,柔软舒展。

(5) 六安瓜片

六安瓜片属单片形细嫩炒青绿茶,是中国名茶中唯一由单片鲜叶制成、不含芽头和茶梗的特异名茶,这在中国古今茶叶史上也是绝无仅有的。六安瓜片产于六安、金寨、霍山三县之毗邻山区和丘陵,品质上以金寨最优,齐云山所产的"齐山名片"更为六安瓜片中的极品。六安瓜片叶色宝绿而泛微黄,白毫多,光泽鲜润,香高味醇,汤色清澈,叶质浓厚耐泡,以第二泡的香味最好。六安茶还常作为药用,具有清心明目、提神消乏、通窍散风之功效。

(6) 雁荡毛峰

雁荡毛峰属细嫩烘青绿茶,产于雁荡山的龙湫背、斗室洞及雁湖岗等海拔800米左右的高山上，尤以龙湫背所产为佳。雁荡毛峰的外形秀长紧结，茶质细嫩，色泽翠绿，芽毫隐藏；汤色浅绿明净，香气高雅。滋味甘醇；叶底嫩匀成朵。在品饮时，一闻浓香扑鼻，再闻香气芬芳，三闻茶香犹存；滋味头泡浓郁，二泡醇爽，三泡仍有感人茶韵。

(7) 信阳毛尖

信阳毛尖产于河南省南部大别山区的信阳，属针形细嫩绿茶。信阳毛尖的外形细、圆、紧、直、多白毫；内质清香，汤绿味浓。口感很好，胜过了许多江南名茶。1915年信阳毛尖在巴拿马万国博览会上获名茶优质奖项。

(8) 太平猴魁

太平猴魁产地仅限于安徽黄山山脉的猴坑一带，属细嫩烘青绿茶，它产量不多，其他地区所产统称"魁尖"，外形与"猴魁"相似，但品质风格却与其相差很大。太平猴魁的外形是两叶抱芽，平扁挺直，自然舒展，白毫隐伏，有"猴魁两头尖，不散不翘不卷边"之称。叶色苍绿匀润，叶脉绿中隐红，俗称"红花线"。汤色青绿明净，叶底嫩绿匀亮，芽叶成朵肥壮。品饮时能领略到"头泡香高、二泡味浓、三泡四泡幽香犹存"。

2. 红茶

红茶与绿茶的区别，在于加工方法不同，它是全发酵的茶(发酵度为80%～90%)。红茶加工时不经杀青，而是萎凋，使鲜叶失去一部分水分，再揉捻，然后发酵。所谓"发酵"，实质是茶叶中原先无色的多酚类物质，在多酚氧化酶的催化作用下，氧化以后形成了红色的氧化聚合物——红茶色素。这种色素一部分溶于水，一部分不溶于水，而积累在叶片中，从而形成红汤、红叶。红茶的品质特征是红汤红叶，香甜味醇。优质红茶的干茶色泽乌黑油润，具有甜花香或蜜糖香，汤色红艳明亮，叶底红亮。红茶主要有小种红茶、工夫红茶和红碎茶三大类。

(1) 小种红茶

小种红茶是福建省特有的一种红茶，外形条索粗松，色乌黑油润，干茶具有松烟香气，茶汤黄暗，滋味浓厚，松柏香味明显。叶底呈旧铜色。在小种红茶中，唯正山小种品质最好，百年不衰。主要是因其产自武夷高山地区崇安县星村和桐木关一带，地处武夷山脉之北段，海拔1000～1500米，冬暖夏凉，年均气温18℃，年降雨量2000毫米左右，春夏之间终日云雾缭绕，茶园土质肥沃，茶树生长繁茂，叶质肥厚，持嫩性好，成茶品质特别优异。

(2) 工夫红茶

工夫红茶是我国特有的红茶品种，也是我国传统的出口商品。按地区命名的有滇红工夫、祁门工夫、闽红工夫、宁红工夫、越红工夫、台湾工夫及粤红工夫等。祁红与滇红是在海外享有很高声誉的工夫红茶。按品种又分为大叶工夫和小叶工夫。大叶工夫茶是以乔木或半乔木茶树鲜叶制成的工夫茶；小叶工夫茶是以灌木型小叶种茶树鲜叶为原料制成的工夫茶。

① 祁门工夫。祁门工夫红茶，简称祁红，是我国传统工夫红茶的珍品，有百余年的生产历史。祁门红茶，产于安徽省西南部黄山支脉区的祁门县一带。当地的茶树品种高产质优，植于肥沃的红黄土壤中，而且气候温和、雨水充足、日照适度，所以生叶柔嫩且内含水溶性物质丰富，又以8月所采收的品质最佳。色泽乌润，外形条索细紧稍弯，具有类似

玫瑰花香(甜花香),滋味甘醇;祁红外形条索紧细匀整,锋苗秀丽,色泽乌润(俗称"宝光");内质清芳并带有蜜糖香味,上品茶更蕴含着兰花香(号称"祁门香"),馥郁持久;汤色红艳明亮,滋味鲜醇回甜,叶底(泡过的茶渣)铜红色。清饮最能品味祁红的隽永香气,即使添加鲜奶亦不失其香醇。

② 滇红工夫。滇红工夫茶,属大叶种类型的工夫茶,主产云南的临沧、保山等地,是我国工夫红茶的后起之秀,以外形肥硕紧实,金毫显露和香高味浓的品质而著称于世。滇红工夫外形条索紧结,肥硕雄壮,干茶色泽乌润,金毫特显,内质汤色艳亮,香气鲜郁高长,滋味浓厚鲜爽,富有刺激性。叶底红匀嫩亮,国内独具一格,系举世欢迎的工夫红茶。滇红工夫内质香郁味浓。香气以滇西茶区的云县、凤庆、昌宁为好,尤其是云县部分地区所产的工夫茶,香气高长,且带有花香。滇南茶区工夫茶滋味浓厚,刺激性较强,滇西茶区工夫茶滋味醇厚,刺激性稍弱,但回味鲜爽。

鉴别红茶优劣的两个重要感官指标是"金圈"和"冷后浑"。滇红条索肥壮多金黄毫,汤色红艳,茶汤贴茶碗一圈金黄发光,称"金圈",焦糖香明显,滋味浓厚爽口。"金圈"越厚,颜色越金黄越亮,红茶的品质就越好。茶汤稍冷就出现"冷后浑",这是内含物质丰富的标志。

③ 闽红工夫。闽红工夫条索细长紧结显毫,色泽乌黑有光,茶汤味浓、色红艳。闽红工夫茶系政和工夫、坦洋工夫和白琳工夫的统称,均系福建特产。三种工夫茶产地不同、品种不同、品质风格不同,但各自拥有自己的消费爱好者,盛兴百年而不衰。

(3) 红碎茶

红碎茶是揉切成颗粒形碎片后发酵干燥而制成的红茶,外形细碎,又称红细茶。红碎茶冲泡后茶叶浸出快,一次冲泡浸出量大,很适合做袋泡茶原料,加糖加奶饮用,十分可口。红碎茶干茶外形呈颗粒状或片末状,乌黑或红棕色,茶汤红艳明亮,味浓醇且香气鲜甜,叶底红亮。红碎茶的初制毛茶经精制加工后成叶茶、碎茶、片茶和末茶四类。叶茶是短条形红碎茶,碎茶是颗粒形红碎茶;片茶是小片状红碎茶;末茶是细末状红碎茶。

3. 青茶

青茶又称乌龙茶,属于半发酵茶(发酵度为30%~60%),即制作时适当发酵,使叶片稍有红变,也就是介于绿茶与红茶之间的茶类。其特点是冲泡之后,既有绿茶的甘澈之味,又有红茶甜醇浓郁的特色,汤色清澈金黄,有天然花香,滋味浓醇鲜爽。叶片中间呈绿色,叶缘呈红色,素有"绿叶红镶边"之美称。青茶中以"铁观音"、"大红袍"、"冻顶乌龙"等最具代表性。

(1) 安溪铁观音

闽南青茶中最著名、品质最好的是安溪铁观音。安溪铁观音主产于福建省安溪县,有着悠久历史,素有"茶王"之称。制茶品质以春茶为最佳。这种茶颗粒重实,味美香高,真有美如观音重如铁的形象。安溪铁观音外形条索圆结呈螺旋形,重实呈蜻蜓头状,蝌蚪尾的形态,色泽深绿,汤色橙黄,带浓郁的兰花香,具有独特的品位。口感回味香甜浓郁,清香久驻,叶底黄绿镶红边。福建乌龙茶畅销东南亚和日本。由于传说乌龙茶有美容、健身之功效,日本曾经出现过乌龙茶热。其中以铁观音身价最高,十分畅销。

(2) 大红袍

大红袍是武夷岩茶中品质最优异者。武夷岩茶产于福建的武夷山。武夷山位于福建崇安东南部,方圆60千米,有36峰、99名岩,岩岩有茶,茶以岩名,岩以茶显,故名岩茶。大红袍的品质特征是外形条索紧结,色泽绿褐鲜润,冲泡后汤色橙黄明亮,叶片红绿相间,典型的叶片有绿叶红镶边之美感。品质最突出之处是香气馥郁有桂花香,香幽细长持久,香高而持久,"岩韵"明显,而且很耐冲泡,冲泡七八次仍有香味。品饮时,必须按工夫茶小壶小杯细品慢饮的程式,才能真正品尝到岩茶之巅的韵味。

(3) 冻顶乌龙

冻顶乌龙属于轻度半发酵茶。冻顶为山名,乌龙为品种名。冻顶茶品质优异,在我国台湾茶市场上居于领先地位。其上品外观紧结弯曲,呈条索状,色泽墨绿鲜艳,并带有青蛙皮般的灰白点,干茶具有强烈的芳香;冲泡后,汤色略呈橙黄色,有明显清香,近似桂花香,茶汤入口生津富活性,落喉甘润,韵味强。叶底边缘有红边,叶中部呈淡绿色。

冻顶乌龙茶采制工艺十分讲究,鲜叶为青心乌龙等良种芽叶,经晒青、凉青、摇青、炒青、揉捻、初烘、多次反复团揉、复烘、焙火而制成。喝冻顶茶的感觉很妙,越品越有味。

4. 黄茶

黄茶属轻度发酵的茶(发酵度为10%~20%),在制茶过程中,经过闷堆渥黄,因而形成黄叶、黄汤的品质特点。黄茶按其鲜叶的嫩度和芽叶大小,分为黄芽茶、黄小茶和黄大茶三类。黄芽茶原料细嫩、采摘单芽或一芽一叶加工而成。黄茶芽叶细嫩,显毫,香味鲜醇,如君山银针、蒙顶黄芽等;黄小茶是采摘细嫩芽叶加工而成,主要包括北港毛尖、沩山毛尖和平阳黄汤等;黄大茶是采摘一芽二、三叶甚至一芽四、五叶为原料制作而成,主要包括霍山黄大茶和广东大叶青。

(1) 君山银针

黄芽茶之极品是湖南洞庭君山银针,色、香、味、形俱佳,世称"四美"。君山银针,芽头茁壮挺直,大小长短均匀,白毫完整鲜亮,芽头色泽金黄,故名银针,享有"金镶玉"之美称。在国际和国内市场上都久负盛名,1954年,君山银针参加德国莱比锡博览会获金奖,1957年被定为全国十大名茶之一,身价千金。

君山银针在冲泡技术上也与其他茶叶不同。茶杯要选用耐高温的透明玻璃杯,杯盖要严实不漏气;冲泡用水必须是瓦壶中刚刚沸腾的开水;冲泡的速度要快,冲水时壶嘴从杯口迅速提至六七十厘米的高度;水冲满后,要敏捷地将杯盖盖好,隔三分钟后再将杯盖揭开。待茶芽大部分立于杯底时即可欣赏、闻香、品饮。

(2) 霍山黄芽

安徽霍山黄芽亦属黄芽茶的珍品,产于安徽省大别山区的霍山县,其所产黄芽为名茶极品。它起源于唐朝,明清时即为宫廷贡品,是安徽省霍山县久负盛名的历史名茶。霍山黄芽史书记述,"霍山有黄芽焉,可煮而饮,久服得仙"。霍山黄芽要求鲜叶细嫩新鲜,一般当天采芽当天制作,分杀青、初烘、摊放、复烘、足烘五道工序,在摊放和复烘后,使其回潮变黄。霍山黄芽特点是:外形条直微展、匀齐成朵、形似雀舌、嫩绿披毫,香气清香持久,滋味鲜醇浓厚回甘,汤色黄绿清澈明亮,叶底嫩黄明亮。

(3) 蒙顶黄芽

蒙顶黄芽产于四川省名山县蒙山。蒙山产茶的历史十分悠久,蒙顶茶自唐至明清,都是有名的贡茶。现在还有不少茶馆、茶庄悬挂"扬子江中水,蒙顶山上茶"的对联,可见蒙顶茶影响之深远。每年春分时节开始采制蒙顶黄茶,选择肥壮的芽头一芽一叶初展,经杀青、处包、复炒等八道工序制成。蒙顶茶的特点是茶形扁直,芽毫毕露,茶色色泽微黄,甜香浓郁,汤色黄亮,叶底嫩黄匀亮。

5. 白茶

白茶是我国的特产。白茶属轻微发酵茶类,它加工时不炒不揉,只将细嫩、叶背满茸毛的茶叶晒干或用文火烘干,而使白色茸毛完整地保留下来。白茶最主要的特征是毫色银白,真有"绿妆素裹"之美感,且芽头肥壮,汤色黄亮,滋味鲜醇,叶底嫩匀。冲泡后品尝,滋味鲜醇可口,还能起药理作用。中医药理证明,白茶性清凉,具有退热降火之功效,海外侨胞往往将银针茶视为不可多得的珍品。白茶的主要品种有白毫银针、白牡丹、贡眉、寿眉等。

(1) 白毫银针

白毫银针是中国福建的特产,被称作"白茶极品"。其针状成品茶,长约一寸,整个茶芽为白毫覆被,银装素裹,熠熠闪光。在众多的茶叶中,它是外形最优美者之一,令人赏心悦目。冲泡后,香味怡人,饮用后口感甘香,滋味醇和。杯中的景观情趣横生,茶在杯中冲泡,即出现白云疑光闪,满盏浮花乳,芽芽挺立,蔚为奇观。汤色浅黄,鲜醇爽口,饮后令人回味无穷。白毫银针味温性凉,有健胃提神之效,祛湿退热之功,常作为药用,有降虚火,解邪毒的作用,常饮能防疫祛病。

(2) 白牡丹

白牡丹,以绿叶夹银白色毫心,形似花朵,冲泡后绿叶托着嫩芽,宛若蓓蕾初放,故得美名。目前产区分布于政和、建阳、松溪、福鼎等县。白牡丹是采自大白茶树或水仙种的短小芽叶新梢的一芽一二叶制成的,是白茶中的上乘佳品。成品毫心肥壮,叶形肥嫩,呈波纹隆起,叶缘向叶背卷曲,芽叶连枝,叶面色泽呈深灰绿,叶背遍布白茸毛;香毫显,味鲜醇;汤色杏黄或橙黄清澈;叶底浅灰,叶脉微红。其性清凉,有退热降火之功效,为夏季佳饮。主要出口我国港澳地区。

6. 黑茶

黑茶属于后发酵茶,是我国特有的茶类,生产历史悠久,以制成紧压茶边销为主,主要产于湖南、湖北、四川、云南、广西等地。黑茶采用较粗老的原料,属后发酵的茶(发酵度为100%),加工时堆积发酵时间较长,使叶色呈暗褐色。此茶主要供一些少数民族饮用,是藏、蒙、维吾尔等兄弟民族不可缺少的日常必需品。主要品种有湖南黑茶、湖北佬扁茶、四川边茶、广西六堡散茶,云南普洱茶等。其中云南普洱茶古今中外久负盛名。

云南普洱茶,产地集中在云南省的思茅和西双版纳。普洱茶是以云南大叶种晒青毛茶为原料,经过后发酵而成。后发酵的途径有两种:一种是自然存放,长时间地缓慢自然发酵,这样变成的普洱茶,称传统普洱茶;另一种是用晒青毛茶经过人工促成后发酵办法生产的普洱茶及其压制成型的各种紧压普洱茶,称现代普洱茶或熟普。普洱茶有越陈越香的特点,与茶贵新的特点背道而驰。如储存保管得当,可储存百年左右。

7. 再加工茶

再加工茶是以各种毛茶或精制茶再加工而成的产品，包括药茶、花茶、紧压茶、液体茶及速溶茶等。

(1) 药茶

药茶是将药物与茶叶配伍，制成药茶，以发挥和加强药物的功效，利于药物的溶解，增加香气，调和药味。这种茶的种类很多，如“午时茶”、“姜茶散”、“益寿茶”、“减肥茶”等。

(2) 花茶

花茶是一种比较稀有的茶叶花色品种。它是用花香增加茶香的一种产品，在我国很受欢迎。一般是用绿茶做茶坯，少数也有用红茶或乌龙茶做茶坯的。它根据茶叶容易吸收异味的特点，用香花以窨加工而成的。所用的花品种有茉莉花、桂花等，以茉莉花最多。

4.5.3 中国传统用茶礼规

我国历来就有“客来敬茶”的民俗。到两晋、南北朝时，客来敬茶已经成为人际交往的礼仪。唐代刘贞亮赞美“茶有十德”，认为饮茶除了可健身外，还能“以茶表敬意”、“以茶可雅心”、“以茶可行道”。

1. 饮茶礼仪

有客来访，待之以茶。沏茶是家庭礼仪中待客的一种日常礼节，也是社会交往的一项内容，不仅是对客人、朋友的尊重，也能体现自己的修养。最基本的奉茶之道，就是客人来访马上奉茶。奉茶前应先请教客人的喜好，如有点心招待，应先将点心端出，再奉茶。喝茶的环境应该静谧、幽雅、洁净、舒适，让人有随遇而安的感觉。选茶也要因人而异，如北方人喜欢饮香味茶，江浙人喜欢饮清芬的绿茶，闽粤人则喜欢酽郁的乌龙茶、普洱茶等。

待客坐定，应尽量在客人视线之内把茶具洗净，就是平时备用的洁净茶具，也要再用开水烫洗一下。如用有留存茶水的杯子，更要把茶叶倒干净，再用开水烫一下，避免客人因茶具不洁而不愿进口的尴尬局面。清洁是品饮中必不可缺的环节，不仅品饮环境要清洁，茶具要卫生，包括泡茶时的一系列动作都要维护茶的圣洁。

要用开水泡茶。如没有开水，应立即烧煮少量以应急需，并要对客人打声招呼，请稍等片刻。开水沏茶，利于溢出茶香，同时茶叶沉底后利于进口，切忌用温开水泡茶，使茶叶浮集杯口而妨碍交谈。西方喝茶的方式和中国不一样。中国喝茶方法一般都是把茶叶直接放在茶杯里用开水冲着喝，茶叶仍在杯子里。西方是用袋泡茶或把茶叶先放在茶壶里泡，然后把茶水倒出来喝，茶杯里不留茶叶。

奉茶时应注意：茶不要太满，以七八分满为宜，我们通常称作“七分茶，三分情”。同时要注意有两位以上的访客时，端出的茶色要均匀，并要配合茶盘端出。左手捧着茶盘底部，右手扶着茶盘的边缘，点心放在客人的右前方，茶杯应摆在点心右边。上茶时以右手端茶，从客人的右方奉上，面带微笑，眼睛注视对方并说：“请慢用。”奉茶顺序应按照职位高低的原则，一般先端给职位高的客人，再依职位高低端给其他人。

以咖啡或红茶待客时，杯耳和茶匙的握柄要朝着客人的右边，此外要替每位客人准备一包砂糖和奶精，将其放在杯子旁或碟子上，方便客人自行取用。

喝茶的客人也要以礼还礼，双手接过，点头致谢。品茶时，讲究小口品饮，一苦二甘三回味，其妙趣在于意会而不可言传。另外，可适当称赞主人茶好。壶中茶叶可反复浸泡3～4次，客人杯中茶饮尽，主人可为其续茶。斟茶动作要轻，要缓和，同时要注意不要一次性斟得太满，而形成一冲四溢。如果凉茶较多，应倒去一些再斟上。客人停留时间较长时，茶水过淡，要重新添加茶叶冲泡，重新冲泡时应用同种茶叶，不可随意更换品种。我国旧时有以再三请茶作为提醒客人应当告辞了的做法，因此客人谈兴正浓时，不要给客人频频斟茶，不要一而再、再而三地劝其饮茶。客人散去后，方可收茶。

不论是主人还是客人，都不应大口吞咽茶水，或喝得"咕咚咕咚"直响。应当慢慢地一小口一小口地仔细品尝。遇到漂浮在水面上的茶叶，可用茶杯盖拂去，或轻轻吹开。切不可以手从杯里捞出来扔在地上，也不要吃茶叶。茶杯要轻放，不要莽莽撞撞，以免茶水泼洒出来，弄得桌上湿漉漉的；如果泼在其他人身上，就更加难堪。

目前，到中国茶馆里去寻访民俗的外宾也日渐增多。在茶馆里遇上外宾同桌饮茶，应以礼相待。既不要过分冷淡，也不要过于热情，做到不卑不亢。

2. 茶艺

中国饮茶历史最早，陆羽《茶经》云：我国历来对选茗、取水、备具、佐料、烹茶、奉茶以及品尝方法都颇为讲究，因而逐渐形成丰富多彩、雅俗共赏的饮茶习俗和品茶技艺。茶艺是我国民族文化的精华。表演茶道技艺，已经成为中国文化的一个组成部分。比如中国的工夫茶，便是茶道的一种，有其严格的操作程序。

(1) 嗅茶。主客坐定以后，主人应取出茶叶，并介绍该茶叶的产地、特点和风味，并传递给客人，客人应认真地嗅赏，体现对主人的尊重。

(2) 温壶。先用开水冲入空壶，使壶体变得温热，然后将水倒入茶船，这样冲出茶来口感更佳。

(3) 装茶。用茶匙向茶壶中装入茶叶，通常装满大半壶。忌用手抓茶叶，以免手气或杂味混入。

(4) 润茶。用沸水冲入壶中，待壶满时，用竹筷刮去水面杂沫，随即将茶水倒入茶船。

(5) 冲泡。至此，开始正式泡茶。泡茶应用开水，以80℃左右为宜，但不宜用100℃的沸水冲泡，这样泡出来的茶水才色、香、味俱佳。

(6) 浇壶。盖上壶盖之后，在壶身外浇开水，即使壶内、壶外温度一致，又能洗净茶壶外表。

(7) 温杯。泡茶的间隙，在茶船中利用原来温壶、润茶的水，浸洗一下品茶的小茶盅。

(8) 运壶。第一泡茶泡好后，提壶在茶船边沿巡行数周，这是防止壶底的水滴滴入茶盅串味。

(9) 倒茶。将小茶盅依次排开，提起茶壶来回冲注，切忌一杯倒满后再倒第二杯，以免浓淡不均，此法俗称"巡河"。

(10) 敬茶。双手敬上第一杯茶，敬奉在座的客人；如不止一位客人时，第一杯茶应奉给德高望重的长者。

(11) 品茶。客人捏着小茶盅,仔细观茶色,认真嗅茶味,慢慢闻茶香,然后腾挪于鼻唇之间,或嗅或啜,如醉如痴,物我两忘。品尝是工夫茶中最讲究的一环,确如白居易诗云:"盛来有佳色,咽罢余芳香。"苏东坡也云:"从来佳茗似佳人。"可见个中之味,余味无穷。

品茶的全过程,每一程序都包含"敬"的意味,敬茶不只是社交礼节,也是一门生活艺术,更是一个人修养的体现。

小资料 4-2　　七碗茶歌

(唐)卢仝

一碗喉吻润,二碗破孤闷。三碗搜枯肠,唯有文字五千卷。四碗发轻汗,平生不平事,尽向毛孔散。五碗肌骨清,六碗通仙灵。七碗吃不得也,唯觉两腋习习清风生。

蓬莱山,在何处?玉川子乘此清风俗归去。山中群仙司下土,地位清高隔风雨。安得知百万亿苍生命,堕在巅崖受辛苦!便为谏议问苍生,到头合得苏息否?

4.6 酒礼仪

我国是酒的故乡,也是酒文化的发源地,是世界上酿酒最早的国家之一。酒的酿造,在我国已有相当悠久的历史。在中国数千年的文明发展史中,酒与文化的发展基本上是同步进行的。几千年来,随着生活的积淀,也逐渐形成了一系列约定俗成的饮酒礼仪。

4.6.1 酒的起源与发展

含乙醇的可饮用的液体,酒精含量在0.5%～75%都称为酒。酒是一种用水果、谷物、花瓣、淀粉或其他含有糖分或淀粉的植物经过蒸馏陈酿等方法生产出的含酒精饮料。

酒最早是一种自然形成的产物,偶尔被人们发现之后,机械地简单重复大自然的自酿过程,这就是人类最早的酿酒活动。葡萄酒当推是人类最早发现的酒,它的历史远远超过了1万年。

中国是最早掌握酿酒技术的国家之一,据考证,我国的酿酒起源于五千多年前的龙山文化时期,也有人认为我们祖先从旧石器时代就已经把野果发酵成酒。中国古代在酿酒技术上的一项重要发明,就是用酒曲造酒。酒曲里含有使淀粉糖化的丝状菌(霉菌)及促成酒化的酵母菌。利用酒曲造酒,使淀粉质原料的糖化和酒化两个步骤结合起来,对造酒技术是一个很大的推进。中国先人从自发地利用微生物到人为地控制微生物,利用自然条件选优限劣而制造酒曲,经历了漫长的岁月。至秦汉,制酒曲的技术已有了相当的发展。

南北朝时,制酒曲的技术已达到很高水平。北魏贾思勰所著《齐民要术》记述了12种制酒曲的方法。这些酒曲的基本制造方法,至今仍在酿造高粱酒中使用。

唐、宋时期,中国发明了红曲,并以此酿成"赤如丹"的红酒。宋代,制酒曲酿酒的技术又有进一步的发展。北宋朱翼中撰写的《酒经》中,记载了13种酒曲的制法,其中的制酒曲方法与《齐民要术》上记述的相比,又有明显的改进。中国古代制曲酿酒技术的一些基本原理和方法一直沿用至今。

在发明蒸馏器以前,仅有酿造酒,在中国主要是黄酒。中国传统的白酒(烧酒),是最有代表性的蒸馏酒。李时珍在《本草纲目》里说,"烧酒非古法也,自元时始创其法"。所以一般人都以为中国在元朝才开始有蒸馏酒。其实,据对山西汾酒史的考证,认为6世纪的南北朝时已有了白酒。据此推断,我国在6~8世纪就已有了蒸馏酒。而相应的简单蒸馏器的创制,则是中国古代对酿酒技术的又一贡献。

4.6.2 常见酒的分类

凡含酒精成分的饮料均可称为酒,酒的种类很多,主要有以下三种分类方法。

1. 按制造方法分类

酒的生产方法通常有三种:发酵、蒸馏、配制。用这些方法生产出来的酒又称为发酵酒、蒸馏酒和配制酒。

(1) 发酵酒

发酵酒是指用制造原料(通常是谷物与水果汁)直接放入容器中加入酵母发酵而酿制成的酒液,属低度酒。饭店里常用的发酵酒有:葡萄酒、啤酒、水果酒、黄酒和米酒等。

(2) 蒸馏酒

蒸馏酒是将经过发酵的原料(发酵酒)加以蒸馏提纯获得的含有较高度数酒精的液体。通常可经过一两次甚至多次蒸馏,便能取得高质量的酒液。我国生产的各种白酒大都属于这一种。饭店里常用的蒸馏酒有金酒、威士忌、白兰地、朗姆酒、伏特加酒、德基拉酒和中国的白酒,如茅台、五粮液等。

(3) 配制酒

配制酒的制作方法很多,常用浸泡、混合、勾兑等几种。浸泡制法多用于药酒,将蒸馏后得到的高度酒液或发酵后经过滤清的酒液按配方放入不同的药材,然后装入容器中密封起来,经过一段时间后,药材就溶解于酒液中,人饮用后便会得到不同的治疗效果和刺激效果。如国外的味美思酒、比特酒,中国的人参酒、三蛇酒等。混合制法是把蒸馏后的酒液(通常用高度数酒液)加入果汁、蜜糖、牛奶或其他液体混合制成。勾兑也是一种酿制工艺,通常可以将两种或数种酒兑和在一起,例如将不同地区的酒勾兑在一起,高度数酒和低度数酒勾兑在一起,年份不同的酒勾兑在一起,形成一种新的口味,或者得到色、香、味更加完美的酒品。

2. 按酒精含量分类

以酒精含量可分为低度酒、中度酒和高度酒。

(1) 高度酒。高度酒指酒精含量40%以上的烈性酒,国外的烈酒全属此类。国产的有茅台、五粮液、汾酒、二锅头等。

(2) 中度酒。酒精含量在20%~40%的酒类。中度酒有餐前开胃酒、餐后甜酒等,国产的竹叶青酒、青梅酒、五加皮酒等属此类。

(3) 低度酒。低度酒酒精含量在20%以下,常用的有葡萄酒、桂花陈酒、香槟酒和低度药酒。

3. 按糖分含量分类

这种分类方法通常是对黄酒、葡萄酒而言的。

(1) 甜型酒。黄酒含糖在 10 克/100 毫升以上，葡萄酒含糖 5 克/100 毫升以上的，为甜型酒。

(2) 半甜型酒。黄酒含糖 3～10 克/100 毫升的酒类，葡萄酒含糖 1.2～5 克/100 毫升的酒类，为半甜型酒。

(3) 半干型酒。黄酒含糖在 0.5 克/100 毫升以下，葡萄酒含糖在 0.4 克/100 毫升以下的酒类，为半干型酒。

4.6.3 中国酒的分类和特点

中国酒品种繁多，分类的标准和方法不尽相同，习惯上大都由经营部门根据经营习惯来分类，主要将中国酒分为白酒、黄酒、果酒、药酒和啤酒五大类。

1. 白酒

白酒是用粮食或其他含有淀粉的农作物为原料，以酒曲为糖化发酵剂，经发酵蒸馏而成。白酒的特点是无色透明，质地纯净，醇香浓郁，味感丰富，酒精度在 30°以上，具有较强的刺激性。白酒根据其原料和生产工艺的不同，形成了不同的香型与风格，白酒的香型主要有清香型、浓香型、酱香型、米香型和复合香型五种，典型代表分别是汾酒、五粮液、茅台酒、桂林三花酒和湖北的白云边。

俗语说酒有五味：苦、辣、涩、酸、甜，只有五味达到有机平衡才算是好酒。一种质量优良的白酒，在色泽上应是无色透明，瓶内无悬浮物，无沉淀现象。好酒又应该具备五个特点：浓(酒香浓香、浓郁)、醇(口感醇厚、绵柔)、净(口味纯净)、甜(后味甜爽)、长(回味悠长)。

2. 黄酒

黄酒是我国生产历史悠久的传统酒品，因其颜色黄亮而得名。它以糯米、黍米和大米为主要原料，经酒药、麦曲发酵压榨而成，因此也称“压榨酒”。黄酒酒性醇和，适于长期储存，有越陈越香的特点，属低度发酵的原汁酒。酒精度一般在 8°～18°。黄酒大多采用陶坛盛装，泥土封口，以助酯化，因此越陈越香，素有“老酒”之称。保存条件要求环境凉爽，温度平稳。由于黄酒是低度酒，开坛后要及时销售和饮用，时间久了，易被污染而变质。

黄酒的特点是酒质醇厚幽香，口感和谐鲜美，有一定的营养价值。黄酒质量的高低是按其色、香、味三个方面进行评定的，色泽以浅黄澄清(即墨黄酒除外)、无沉淀物者为优，香气以浓郁者为优，味道以醇厚稍甜、无酸涩味者为优。黄酒根据其原料、酿造工艺和风味特点的不同，可以划分成江南糯米黄酒、福建红曲黄酒、山东黍米黄酒三种类型。

3. 果酒

凡是用水果、浆果为原料直接发酵酿造的酒都可以称为果酒，品种繁多，酒精度在 15°左右。各种果酒大都以果实名称命名。果酒因选用的果实原料不同而风味各异，但都具有其原料果实的芳香，并具有令人喜爱的天然色泽和醇美滋味。果酒中含有较多的营养成分如糖类、矿物质和维生素等。由于人们更喜欢用葡萄来酿造酒,所以果酒可以分为葡萄酒类和其他果酒类。其他果酒有苹果酒、山楂酒、杨梅酒、广柑酒、菠萝酒等多种。果酒除葡萄酒外,其他果酒的产量是比较少的。

4. 药酒

药酒是以成品酒(大多用白酒)为酒基,配各种中药材和糖料,经过酿造或浸泡制成,具有不同作用的酒品。药酒可以分为两大类:一类是滋补酒,它既是一种饮料酒,又有滋补作用,如竹叶青酒、五味子酒、男士专用酒、女士美容酒;另一类是利用酒精提取中药材中的有效成分,以提高药物的疗效,此种酒是真正的药酒,大都在中药店出售。

5. 啤酒

啤酒是以麦芽为主要原料,加酒花、经酵母发酵酿制而成的一种含有二氧化碳、起泡的低酒精度饮料,其酒精度为3.5°~5.5°。

啤酒的特点是有显著的麦芽和啤酒花的清香,味道纯正爽口。啤酒含有大量的二氧化碳和丰富的营养成分,能帮助消化,促进食欲,有清凉舒适之感,所以深受人们的喜爱。根据啤酒是否经过灭菌处理,可将其分为鲜啤酒和熟啤酒两种;根据啤酒中麦芽汁的浓度,可将其分为低浓度啤酒、中浓度啤酒和高浓度啤酒三种;根据啤酒的颜色,可将啤酒分为黄色啤酒、黑色啤酒和白色啤酒三种;根据啤酒中有无酒精含量,可将其划分为含酒精啤酒和无酒精啤酒两种。啤酒的种类繁多,但销售量以淡质纯啤酒为最多,它的最佳饮用温度是6~8℃。

啤酒的鉴定是从透明度、色泽、泡沫、香气、滋味等方面来检查的,质量优良的啤酒,酒液透明有光泽,色泽深浅因品种而异,泡沫洁白细腻、持久挂杯,有强烈的麦芽香气和酒花苦而爽口的口感。

4.6.4 中餐饮酒礼规

较为正式的场合,饮酒的礼仪是颇为讲究的,要真正做到善用酒水,合乎礼仪。具体来讲,在搭配菜肴方面,中餐所选的酒水讲究不多。喜欢喝什么酒就可以喝什么酒,想什么时候喝酒也可完全自便。正规的中餐宴会一般不上啤酒。一般需要在饮酒过程之中注意斟酒、祝酒、干杯的礼节。

1. 斟酒

通常,酒水应当在饮用前先斟入杯中。有时,为表示对来宾的敬重、友好,主人还会亲自为其斟酒。如果是服务员为自己斟酒,不要忘记道谢。若是男主人亲自来斟酒时,则必须端起酒杯致谢;必要时,还需起身站立或欠身点头为礼。

主人为来宾所斟的酒,应是本次宴会上最好的酒,并应当场启封。斟酒时要注意三点:首先,要面面俱到、一视同仁,切勿有挑有拣,只为个别人斟酒。其次,要注意顺序。可以依顺时针方向,从自己所坐之处开始;也可以先为尊长、嘉宾斟酒。最后,斟酒要适量。白酒与啤酒均可以斟满,而其他洋酒则无此讲究。在正式宴会上,除主人与侍者外,其他宾客一般不宜自行为他人斟酒。

2. 敬酒

敬酒,又称祝酒。它具体所指的是:在正式宴会上,由男主人向来宾提议,为了某种事由而饮酒。在敬酒时，通常要讲一些祝愿、祝福之言。在正式的宴会上，主人与主宾还会郑重其事地发表一篇专门的祝酒词。因此，敬酒往往是酒宴上必不可少的一项程序。

敬酒可以随时在饮酒的过程中进行。频频举杯祝酒，会使现场氛围热烈而欢快。不过，如果致正式的祝酒词，则应在特定的时间进行，并以不影响来宾用餐为首要考虑。

通常，致祝酒词最适合在宾主人席后、用餐前开始。有时，也可以在吃过主菜之后、甜品上来之前进行。不管是致正式的祝酒词，还是在普通情况下祝酒，内容均应越短越好，千万不要长篇大论、让他人等候良久。

在他人敬酒或致辞时，其他在场者应一律停止用餐或饮酒。应坐在自己的座位上，面向对方洗耳恭听。对对方的所作所为，不要小声讥讽或公开表示反感。

3. 干杯

干杯，通常指的是在饮酒时，特别是在祝酒、敬酒时，以某种方式劝说他人饮酒，或是建议对方与自己同时饮酒。在干杯时，往往要喝干杯中之酒，故称干杯。有的时候，干杯者相互之间还要碰一下酒杯，所以又称作碰杯。

干杯，需要有人率先提议。提议干杯者，可以是致祝酒词的主人、主宾，也可以是其他任何在场饮酒之人。提议干杯时，应起身站立、右手端起酒杯，或者用右手拿起酒杯后，再以左手托扶杯底，面含笑意，目视自己祝酒的对象，说出祝颂之词。如祝对方身体健康、节日快乐、生活幸福、工作顺利、事业成功以及双方合作成功等。

在主人或他人提议干杯后，应当手持酒杯起身站立。即便滴酒不沾，也要拿起酒杯示意一下。在干杯时，应手举酒杯至双眼高，口说“干杯”之后，将酒一饮而尽或饮去一半，也可以只饮适当的量。然后，还需手持酒杯与提议干杯者对视一下，这一过程方告结束。

过去，在中餐中喝白酒时，干杯必须一饮而尽，杯内不剩残酒，现在则不是必须如此。在西餐里，祝酒干杯讲究只用香槟酒，而绝不可以用啤酒或其他葡萄酒。饮香槟酒时，应饮去一半杯中之酒为宜，但也要量力而行。

在中餐里，还有一个讲究，即主人亲自向自己敬酒干杯后，应当回敬主人，与他再干一杯。回敬时，应右手持杯，左手托底，与对方一同将酒饮下。

有时，在干杯前，可象征性地与对方碰一下酒杯。碰杯时，不要用力过猛。出于敬重之意，可使自己的酒杯比对方低一些。与对方相距较远时，可以“过桥”之法作为变通，即以手中酒杯之底轻碰桌面。这样做，也等于与对方碰杯了。不过，这一方式只是中式的。在西餐宴会上，人们是只祝酒不劝酒，只敬酒而不真正碰杯的；使用玻璃酒杯时，尤其不能彼此碰杯。在西式宴会上，越过身边之人而与相距较远者祝酒碰杯，尤其是交叉干杯，也是不允许的。

4. 饮酒适度

不管是在哪一种场合饮酒，都要量力而行，饮酒适度，努力保持风度。

首先，饮酒适量。不管在什么场合，饮酒都不要争强好胜。不仅高兴时需要谨记，心情低落时也需要如此，借酒浇愁是不可取的。在饮酒之前，应根据既往经验，对自己的酒量做到正确估计。在正式的宴请上，更应该主动将饮酒限制在自己平日酒量的一半以下。饮酒过多，不仅容易伤身体，而且容易出丑，损害个人形象。

其次,依礼拒酒。如果因生活习惯、健康或其他特殊原因而不能饮酒,应该用一些合乎礼仪的方法,婉拒他人的劝酒。如说明不能饮酒的客观原因;主动以其他软饮料代酒;委托亲友、下属或晚辈代为饮酒等。注意不要在他人为自己斟酒时倒扣酒杯、又躲又藏、推搡酒瓶,也不能把酒偷偷倒掉或把自己的酒倒入他人杯中,尤其是把自己喝了一点的酒倒入他人杯中,这些都是非常不礼貌的。

最后,在饮用酒水时,不要忘记律己敬人之规。特别是不要酗酒、不要强行劝酒、不要大声吵闹划拳、不要酒疯,因为这些做法都是非常失礼的。要坚决抛弃这些既有害于人,又有损于己的陋习恶俗。

4.6.5 西餐饮酒礼规

1. 西餐品酒礼仪

先点菜,再点酒。在用餐时,酒是用来搭配菜肴的,所以先决定要吃什么,再决定搭配的酒。在餐厅里点选餐酒,其实并无法则,最重要的,还是应该定下消费预算。一般来说,点选的餐酒价钱,一般为晚餐消费的一半。当定下预算后,就要从餐厅酒单里拣选合适的餐酒,较具水准的餐厅常备有酒单,好的酒单会清楚地说明每瓶酒的酒名、特性、年份、酿酒商、价格等信息,作为点酒时的参考。如果还是无法决定,也可请侍酒师或服务人员依照你的预算与喜好口味推荐适当的酒。

目前,按杯点酒已成为点酒趋势。在大多数的高级餐厅内,均设有多款餐酒以杯出售,而且种类品牌齐全。事实上,二人共进晚餐,若只有其中一人喝酒,开一瓶餐酒未免浪费,按杯点酒,则分量刚刚好,酒量好的可多试几款,又可避免饮得过量。

按惯例,服务员会按顺序倒酒。侍者来倒酒时,不要动手去拿酒杯,而应把酒杯放在桌上由侍者来倒。如果你不想让侍者给你倒酒,那么就用指尖碰一下酒杯的边缘,以示不想要了,但不要用手盖住酒杯,或者把酒杯倒扣在桌上。

品酒要用眼、鼻和口来鉴别酒液的色、香与味。简单来说,品酒可分为以下三个主要步骤。

(1) 先用眼睛观赏酒液的颜色。选定餐酒后,侍者会先将酒奉上,请你核对瓶上的标签,以确认餐酒品牌无误后,就会先倒少许酒液于杯内给你试饮,若你对酒质口味感到满意,侍者便会继续添酒。试酒前,先要微微举起酒杯,轻轻打圈摇晃,先欣赏酒液的"挂杯"情况,再于灯光下观赏其色泽,并要留意酒中是否清澈无杂质。

(2) 用眼观赏过后,就要用鼻子去感受酒香。先握紧杯脚,轻轻摇动酒杯让酒与空气接触以增加酒味的醇香,但不要猛烈摇晃杯子。然后将酒杯凑近鼻子,慢慢享受酒香。只要你多试几次,慢慢就能分辨出酒液中的果味、木味、花味、泥土味以及橡木味,亦可凭味道分辨出酒的级数。

(3) 饮用餐酒时,为避免手的温度使酒温增高,正确的握杯姿势是用三根手指轻握杯脚,即用大拇指、中指和食指握住杯脚,小指放在杯子的底台固定。喝酒时绝对不能吸着喝,应该倾斜酒杯,就像是将酒放在舌头上似的品尝。饮用餐酒,"咕噜咕噜"地吞下去,是一种浪费和失仪,应先呷一口,让味蕾感受酒的味道,让酒香在口腔中慢慢释放散开,然后才慢慢吞下。而一瓶优质佳酿,喝后酒香会留于口腔之内,久久不散,为晚餐带来丰富的味觉享受。

非敬酒时的一饮而尽，或是边喝酒边透过酒杯看人、拿着酒杯边说话边喝酒、将口红印在酒杯沿上等，都是失礼的行为。

2. 葡萄酒配餐原则

关于酒与食物如何搭配，应该说只有参考的原则，没有绝对的标准，因为每个人的喜好是不一样的。

(1) 葡萄酒与食物搭配的首要原则是能产生相得益彰的效果，也就是彰显两者优点，减少彼此缺点。

(2) 味道相接近的搭配。一般来说红葡萄酒味道较浓郁，涩度高，适合调味较重的红肉(如牛排、羊肉、烤肉、鸭肉)和乳制品；而调味较清淡的白肉(如鸡肉、海鲜)适合口味清淡的白葡萄酒。但是在许多情况下，食物的烹调方式和配料会改变食材原本的个性，因此葡萄酒的搭配也要有相应的变化，例如加入了酱料烧烤的海鲜或者带辣味的白肉和干红是更合适的搭配。由此可见，搭配什么样的葡萄酒，更取决于食物烹煮之后的味道而并非食材原本的味道。

(3) 味道相对抗的搭配。可以利用一些味道的互相抗衡来进行菜肴的搭配。咸的菜式要用酒感较轻的红葡萄酒，辣的菜式要用芳香、带辛辣香味的红葡萄酒或甜白葡萄酒，咖喱菜式可以搭配清淡芬芳的白葡萄酒。

(4) 一般来说甜品、水果、蔬菜、沙拉与红葡萄酒的酸味并不协调。红葡萄酒仍以搭配荤菜较为适宜。

(5) 如果要品尝葡萄酒的真实风味，在喝酒前应该保持口气的清洁与味觉器官的灵敏，避免受到酸、冷、热、辣的刺激。

第5章 习俗礼仪

5.1 习俗礼仪概述

5.1.1 习俗及习俗礼仪的含义

习俗指的是一个国家、民族、地域的人们相沿成习的传统风俗习惯。习俗礼仪指的是这些传统风俗习惯在被使用的过程中所形成的完整的行为规范，这种行为规范为人们所公认并遵守，具有相对的固定性。

在漫长的历史进程里，习俗礼仪已内化到各地人民的日常生活及行为意识中，成为人类社会生活以及文化领域的重要内容。作为一种文化现象，它承袭前代礼仪，同时又随着社会的发展变化而不断发生新的演变。不同国家、不同民族、不同地区，乃至不同的宗教派别均有自己特定的习俗礼仪，这种习俗礼仪主要体现在民间的节庆、交际、婚嫁、丧葬、寿诞、饮食等礼仪中，可谓种类繁多，异彩纷呈。

5.1.2 习俗礼仪的特征

1. *差异性*

习俗礼仪作为一种行为准则和规范，是约定俗成的，这是各民族礼仪文化的一个共性。但是，不同国家、民族、地区，由于其历史文化传统、语言、文字活动区域的不同，以及在长期的历史发展过程中形成的心理素质特征的不同，其习俗礼仪必然会各具特色，呈现出各自不同的鲜明特征。

2. *广泛性*

广泛性可从纵向与横向两个方面来理解。从纵向的角度看，各个国家、民族、地方的习俗礼仪随着历史的演进发生变化；从横向的角度看，不同的国家、民族、地区，衣、食、住、行都有具体的礼仪规范。人们只有遵守这些规范，才能确保这种横向的沟通与交流达到满意的效果。

3. *规范性*

礼仪同法律、道德一起被称为人类社会的三大规范。但礼仪规范不是法律规范，不能靠强制力来维持，也不完全等同于道德规范，后者可以靠社会的舆论力量来维持。礼仪规范是约定俗成的，维持礼仪规范的办法只能靠社会成员的认同与自觉遵守。

4. 同化性

习俗礼仪有同化的现象。在同一居住地生活的不同民族之间往往容易在日常礼节、饮食等方面互相仿效、互相学习。在历史上,也曾有过因殖民主义者侵入或者因移民的涌人,使得他们的习俗与当地居民之间的习俗礼仪产生了相互渗透、相互融会而逐渐同化的现象;当今世界,随着频繁的国际交往,人们在习俗礼节方面的相互了解与交流也在进一步加强,先进文明的习俗礼仪在更大的范围内得以传播,这在某种程度上也加速了习俗礼仪的同化现象。

5.1.3 习俗礼仪的原则

1. 入乡随俗

《礼记·曲礼上》有言:"入境而问禁,人国而问俗,入门而问讳。"美国礼仪学家罗杰·E.艾克斯泰尔也曾言:"入乡随俗是国际上人与人交往的最重要的原则。"由此可见,礼源于俗,礼与俗有着密不可分的关系。由于国别不同,民族不同,地域不同,文化背景也有所差异,人们在人际交往等习俗礼仪方面就会有很大的差异,要求施礼者入乡随俗,与本地人的礼俗保持一致。

2. 尊重为本

敬人者,人恒敬之;尊人者,人恒尊之。尊重不同民族的风俗是习俗礼仪的基础。只有尊敬别人,才能换得别人的尊敬。正因为各民族的礼俗已成为其民族文化不可分割的一部分,如果对此不加尊重,就会伤害到他们的民族情感。

3. 平等待人

平等待人,是人类的美德之一。平等表现在与各民族的交往中,要不骄狂,不我行我素,不厚此薄彼,不傲视一切,不目中无人,不以貌取人。相反,应处处时时平等谦虚待人,唯有如此,才能使交际更顺畅。

4. 宽容为怀

所谓宽容,就是对交往对象的人生观、价值观及个性差异等给予充分的理解和尊重。海纳百川,有容乃大;处世让一步为高,待人宽一分是福。在人际交往中,因为经历、文化、修养等背景不同,由此所产生的差异不可能消除,这就需要求同存异,相互容纳,对非原则性问题不斤斤计较,要能严于律己,宽以待人。总之,宽容豁达有助于扩大交往空间,也有助于消除人际关系的紧张和矛盾。

5. 举止有度

适度的原则渗透在习俗礼仪的方方面面,可以说运用每一礼仪都离不开它。所以,我们运用每一礼仪都要注意时间、地点和对象,注意把握分寸,适可而止。

5.2 外国民俗礼仪

5.2.1 亚洲部分国家地区礼俗

1. 日本

(1) 日常交际礼俗

日本以"礼仪之邦"著称,讲究礼节是日本人的习俗。平时人们见面总要互施鞠躬礼,并说“您好”、“再见”、“请多关照”等敬语与谦词。日本人初次见面对互换名片极为重视,初次相见不带名片,不仅失礼而且对方会认为你不好交往。到日本人家里去做客,要预先和主人约定时间,进门前先按门铃通报姓名,且必须带上礼品,他们认为送一件礼物把感激之情用实际行动表达出来了,要比说一声“谢谢”的意义大得多。在称谓上一般都称呼对方的姓,不论男女,一般都在姓的后面加上后缀“君”。在一般场合,日本人谈话声音轻,很少大笑,特别是女性,即使是遇到很高兴的事也往往用手掩嘴轻轻微笑,否则会认为是失态、少教养的行为。日本人一般不用香烟待客,如果客人要吸烟,需先征得主人的同意。以酒待客时,斟酒时右手持壶,左手托底,壶嘴不能碰到杯口,客人要以右手持杯,左手托杯底接受斟酒礼为妥。

日本人很重视仪表,平时穿着大方整洁。在正式场合一般穿礼服,男子大多穿成套的深色西装,女子穿和服。在天气炎热的时候,不随便脱衣服,如果需要脱衣服,要先征得主人的同意。

(2) 饮食礼俗

日本人饮食习惯别具一格,吃菜喜清淡,忌油腻,他们的日常饮食主要有三种料理:一是传统的日本料理,又称“和食”,这是日本人祖祖辈辈流传下来的独特饮食方式;二是从中国传过去的“中华料理”,即中餐,他们偏爱我国的广东菜、北京菜、淮扬菜以及带辣味的四川菜;三是从欧洲传过去的“西洋料理”,即西餐,他们的早餐多为牛奶、面包、稀饭等,午餐、晚餐的主食多为米饭。他们喜欢吃瘦猪肉、牛肉、生鱼片、生鸡蛋、酱菜、泡菜等。

(3) 相关礼俗禁忌

日本人饮食上忌讳8种用筷子的方法:忌舔筷、迷筷、移筷、扫筷、抽筷、掏筷、跨筷、剔筷;忌讳绿色,认为绿色不祥;忌荷花图案,认为其是“妖花”;忌数字9、4,因为在日语中9和“苦”相近,4和“死”相近;忌讳三人一起“合影”,他们认为中间被左右两人夹着是不幸的预兆;赠送礼品时,不要送带狐狸和猩猩图案的礼品,因为狐狸被日本人视为贪婪的象征,猩猩则代表狡诈;送结婚礼品时严禁选择刀具或玻璃、陶瓷等易碎物品,因为这容易使人想起一些不祥之事;日本人讨厌金银眼的猫,认为看到这种猫的人要倒霉。他们不喜欢紫色,认为紫色是悲伤的色调。

2. 韩国

(1) 日常交际礼俗

韩国人勤劳勇敢、性格刚烈、热情好客、能歌善舞,民族自尊心强,是一个礼仪之邦,其礼仪既保留了自己的民族特点,又受到了西方文化与中国儒家文化的双重影响。韩国人见面时的传统礼节是鞠躬。在正规的交际场合,则采用握手作为见面礼节,但韩国妇女在一般情况下不与男子握手,而往往代之以鞠躬或者点头致意。晚辈、下级走路时遇到长辈或上级,应鞠躬、问候,站在一旁,让其先行,以示敬意。他们十分尊老,与长辈握手,要以左手轻置于其右手之上,躬身相握,以示恭敬;与长辈同坐,要挺胸端坐,绝不能懒散;若想抽烟,需征求在场的长辈同意,用餐时不可先于长者动箸等;韩国人不轻易流露自己的感情,公共场所不大声说笑,特别是女性在笑的时候还用手帕捂着嘴,防止出声失礼。韩国女子对男子十分尊重,双方见面时,女子先向男子行鞠躬礼,致意问候,男女同坐时，男子位于上座，女子位于下座；到韩国人家中做客或进饭馆都要脱鞋，上门做客，宜带上鲜花或其他小礼物，进门后双手递给主人，主人不当着客人的面打开礼物。韩国家庭中的餐桌为矮腿方桌，宾主盘腿席地而坐，不可双腿伸直或叉开，否则被视为无教养。

韩国人对社交场合的穿着打扮十分在意，在商务活动中，韩国男子都会穿深色的西装套装，而韩国妇女则着套裙。在节日和喜庆之日，多穿本民族的传统服装：男士为袄、裤、坎肩、长袍，女士则穿短袄和较为轻盈的阔裙，且以白色为主。

(2) 饮食礼俗

韩国人饮食的主要特点是以酸、辣为主，偏清淡，不喜油腻。韩国人普遍爱吃辣味菜肴、凉拌菜，主食以米饭、冷面为主，早餐也习惯吃米饭，不喝粥。对他们而言，汤是每餐必不可少的，韩国人最爱吃的是"炳汤"，也就是用辣椒酱配以豆腐、鱼片、泡菜或其他肉类或蔬菜加水煮制成的，但他们不爱吃鸭子、肥猪肉、羊肉。韩国人与长辈同桌就餐时不许先动筷子，不可用筷子对别人指指点点，在用餐完毕后要将筷子整齐地放在餐桌的桌面上。辣泡菜是韩国传统菜肴，汤饺子是传统的接待客人的食品。韩国男子通常酒量不错，对烧酒、清酒、啤酒来者不拒。

(3) 相关礼俗禁忌

在韩国，不宜谈论政治腐败、经济危机、意识形态、南北分裂等话题；吃饭的时候忌戴帽子，忌边吃边谈，高谈阔论；忌数字4，其发音在韩语中与"死"相同，所以许多楼房的编号严忌4字，军队、医院等绝不用4编号；喜欢单数，不喜欢双数；忌在他人家里剪指甲；忌在大街上吃东西，在人面前擤鼻涕；睡觉时忌枕书；韩国有李姓，但绝不能说"十八子"李，因为韩语中"十八子"与一个淫荡词相近，听起来令人反感。

3. 新加坡

(1) 日常交际礼俗

新加坡是一个高度文明的国家，讲究礼貌已成为其行为准则。他们的日常社交礼仪保留了许多中国古代遗风，如华裔老年人见面时习惯相互作揖，微鞠躬或握手；印度血统的新加坡人仍保持着印度的礼节和习俗，妇女额头上点着吉祥点，男人扎白色腰带，见面时双手合十致意。称呼上，不论什么民族的人，都可以"先生"、"小姐"、"太太"相称；商务交往中名片交换必不可少，但政府规定，官员不使用名片。到新加坡人家中做客，宜带上鲜花或巧克力等礼物，但主人通常不当着客人的面打开礼物；应邀赴约要准时，如果不能准时到达，必须预先通知对方，以示尊重。新加坡招待客人的方式通常是请吃晚饭或午餐。如果你去别人家吃晚饭，饭后要帮着做清洁工作，尽管主人通常不要你帮忙。新加坡人非常讨厌男子留长发和蓄胡子，在一些公共场所，常会看到"长发男子不受欢迎"的标语牌。

由于气候湿热，工作时人们普遍穿便服，下班后穿T恤衫和细斜纹布裤，仅在正式场合男子才必须穿西装，系领带，穿长裤、皮鞋，女士们则要穿晚礼服。

(2) 饮食礼俗

新加坡人饮食喜欢清淡，爱微甜味道，主食以米饭、包子为主，不吃馒头，副食主要为鱼虾等海鲜，多数人爱吃闽、粤菜，风味食品主要有肉骨茶、叉烧饭、鸡粥、萝卜糕、炸香蕉等。早餐喜欢吃西餐,下午爱吃点心,偏爱广东菜。喜食桃、梨、荔枝等水果,喜欢饮茶,爱喝啤酒、东北葡萄酒等饮料。

(3) 相关礼俗禁忌

新加坡人忌讳数字4、7、8、13、37、69,最讨厌7;视黑色、紫色为不吉利;到清真寺参观,忌穿鞋进入;交谈时忌涉及政治、宗教等问题;忌说"恭喜发财",他们将"财"理解为"不义之财"或"为富不仁";忌大年初一扫地;用餐时不得将筷子置于盘碗上或交叉摆放;忌双手叉腰,用食指指人;忌讳猪、乌龟图案,喜欢红双喜、大象、蝙蝠图案;禁止在商品包装上使用如来佛的图像,也不准使用宗教用语。

4. 泰国

(1) 日常交际礼俗

泰国是一个礼仪之邦,有"微笑的国度"之称。泰国人的待人接物,有许多约定俗成的规矩。朋友相见,双手合十、互致问候。晚辈向长辈行礼,双手合十举过前额,长辈要回礼以表示接受对方的行礼,年纪大或地位高的人还礼时双手可不过胸。行礼时双手举得越高表示越尊重对方。在泰国,若有尊者或长者在座,其他人无论坐姿或蹲姿,头部都不得超过他们,否则是极大的失礼。给长者递东西时必须用双手,平时递东西时不能用左手。从坐着的人身边经过时,要略微躬身以示礼貌。到泰国人家中做客,可以送主人水果、糕点、鲜花(但不要送康乃馨或万寿菊),传递礼品时要用右手。泰国人爱清洁,随地吐痰、扔东西被认为是非常缺乏教养的行为。

泰国人着装比较讲究,衣服均要熨烫。正式场合和庄重的仪式,男士均穿西装,妇女穿裙装,忌穿长裤。泰国男女青年都喜欢佩戴项链、戒指等首饰。

(2) 饮食礼俗

大米是泰国人的主食,喜食辣味,吃辣堪称世界之最,吃西瓜或果汁时还要加辣椒粉或少许盐水。他们喜欢吃鱼、虾、羊肉、鸡等,最爱吃的是具有民族风味的"咖喱饭"(用大米、鱼肉、香料、椰酱及蔬菜等烹制而成)。进餐时不习惯用筷子,而是用叉子和勺,右手拿勺,左手拿叉。泰国人喜欢喝啤酒,不喝热茶,习惯在茶和饮料中加冰。泰国酒类贩卖有严格规定,凌晨两点以后不准卖酒。

(3) 相关礼俗禁忌

泰国人认为头是智慧所在,是神圣不可侵犯的,所以忌他人触摸自己的头部;忌用手抚摸庙中的佛像;睡觉时,忌头朝西;忌用红笔签名;忌家庭种植茉莉(泰语中茉莉与伤心同音);忌踩门槛;就座时,忌跷腿,忌把鞋底对着别人;女性就座时双腿要并拢,否则会被认为无教养。

5.2.2 欧洲部分国家礼俗

1. 俄罗斯

(1) 日常交际礼俗

俄罗斯人性格开朗豪放,热情好客。在交际场合,他们惯于和初次会面的人行握手礼,但对于相熟的人,尤其是久别重逢的朋友,一般要行热情的拥抱礼,甚至亲吻双颊,但男士对女士为吻手背。在迎接贵宾时,俄罗斯人通常会向对方献上"面包和盐",这是给予对方的一种极高的礼遇，来宾必须对其欣然笑纳。在称呼方面，即使在正式场合，他们也采用“先生”、“小姐”、“夫人”之类的称呼；他们非常看重人的社会地位，因此对有职务、学衔、军衔者，最好以职务、学衔、军衔相称。讲究女士优先，在公共场合，男士往往自觉地充当“护花使者”，帮女士开门、脱大衣，餐桌上为女士分菜等。

俄罗斯人外出时总是衣冠楚楚。男子外出时，十分注重仪容仪表，一定要把胡子刮干净；在俄罗斯民间，已婚妇女必须戴头巾，并以白色为主；未婚姑娘不戴头巾，但常戴帽子。

(2) 饮食礼俗

俄罗斯人喜欢酸、辣、咸，偏爱炸、煎、烤、炒的食物，尤其爱吃冷菜。他们以面食为主，尤其爱吃用黑麦烤制的黑面包，面包是他们主食中的主角。他们的特色食品有鱼子酱、酸黄瓜、酸牛奶等。餐具多用刀叉，吃饭时只用盘子，而不用碗，用餐时不能发出声响，并且不能用匙直接饮茶，或让其直立于杯中。俄罗斯人爱喝酒，酒量大，尤其爱喝名酒伏特加，不爱喝葡萄酒。酸牛奶、果子汁是妇女和儿童们喜爱的饮料。

(3) 相关礼俗禁忌

俄罗斯人主张“左主凶，右主吉”，因此，他们不允许以左手接触别人，或以左手递送物品；忌讳13这个数字，认为它是凶险和死亡的象征；送礼时忌送野外采摘的野花、家庭盆栽花、猫和蜡烛；他们不喜欢黑猫，认为它会带来厄运。

2. 英国

(1) 日常交际礼俗

英国人内向保守，缄默含蓄，时间观念极强，崇尚绅士风度和淑女风范。他们待人彬彬有礼，“请”、“谢谢”、“对不起”等礼貌语言常挂嘴边；英国人很注意尊重妇女，“女士优先”已成为社会风气；见面时施握手礼，如戴着帽子，最好先摘下帽子再握手，女子一般行屈膝礼；英国人喜欢别人称荣誉头衔，如某某爵士；称已婚女士为“夫人”，未婚女士为“小姐”；与英国人交谈时，应避免对视，他们认为向对话者投射目光是不礼貌、不文明的举动；交谈时一般不谈政治、宗教及皇家的事情；到英国人家中做客，一般常送的礼品有高级巧克力、名酒、鲜花或客人自己国家的民间工艺品，但礼物不宜贵重。重大的宴请活动，多放在晚餐时进行，席间不劝酒，宾主饮多少全凭自己，祝酒词一般是“为女王健康干杯!”或者简单地说“干杯”! 在正式的宴会上吸烟，被视为失礼。宴会一般在晚上十点半到十一点钟之间结束。受到款待之后，一定要写信表示谢意，否则会被认为没礼貌。

英国人衣着讲究，好讲派头，出席宴会或晚会时，习惯穿黑色礼服，衣裤须熨得笔挺。上等家族的男人身穿燕尾服、戴礼帽、持手杖或雨伞，其他人多穿三件套西装。

(2) 饮食礼俗

英国人饭菜讲究简朴实惠，喜欢吃清淡、鲜嫩、焦香的口味，爱吃烤牛肉、羊肉、鱼肉和蔬菜，尤喜喝茶。早晨喝红茶，称为“床茶”，上午10时左右喝“早茶”，下午4时左右喝“午茶”，晚上还要喝晚茶。喝午茶是非常好的朋友聚会、沟通交流的社交机会。但是他们不喝清茶，而是先在杯中放牛奶，然后冲茶，最后放一点糖。如果先倒茶再冲牛奶，会被视为无教养。一般一日三餐，原则是“早餐吃饱，午餐潦草，晚餐吃好”，晚餐是正餐，是一天中最丰盛的一餐。英国人不吃狗肉，不吃过咸、过辣的菜肴。

(3) 相关礼俗禁忌

与英国人交谈时忌谈个人私事、家事、年龄、职业、收入、宗教等问题；忌用人像作为商品的包装，忌白象、猫头鹰、孔雀等图案；忌讳"厕所"二字，常用其他词语替代，如要去厕所可以这么说："对不起，我要去看姑妈"或"洗洗手"，女厕所称为"女士室"，男厕所称为"男士室"；忌4个人交叉握手；忌讳数字3、13和星期五，用餐时，不准13个人同桌；忌佩戴条纹领带；忌称对方为"英国人"，正确的叫法应是"大不列颠人"；忌手背朝外，用手指做"V"形手势。

3. 法国

(1) 日常交际礼俗

法国人性格爽朗热情，谈吐幽默风趣，初次见面就能亲热交谈，而且滔滔不绝。双方见面时，通常行握手礼；如果双方都戴帽，脱帽子也是一种致意。应邀到法国人家中做客，应带上小礼品，如糖果、巧克力，如送花则为单数，不能赠送或接受有明显广告标识的礼品，而喜欢有文化价值和艺术水准的作品。法国人待人彬彬有礼，礼貌语言不离口，公共场所，他们从不大声喧哗，不随便指手画脚。女子在就座时不能跷二郎腿，双腿要并拢。法国是世界上最早公开行亲吻礼的国家，也是使用亲吻礼频率最多的国家，但其规矩很严格，只有夫妇或情侣才行吻唇礼，朋友、亲戚、同事之间只能贴脸或颊，长辈对小辈则亲额头。法国人喜欢自由，纪律性较差，准时赴约是有礼貌的表示，但迟到是法国长期存在并延续至今的一个古老的传统习惯。

法国人讲究服饰美，其女性是世界上最爱打扮的妇女，穿着时尚，特别喜欢使用化妆品，光口红就有早、中、晚之分。出席庆典仪式时，一般要穿礼服，男士所穿的多为配以蝴蝶结的燕尾服，或是黑色西装套装，女士所穿多为连衣裙式的单色大礼服或小礼服。他们十分讲究搭配，在选择发型、手袋、帽子、鞋子、手表等配饰时，都强调要与服装保持协调一致。

(2) 饮食礼俗

法国的烹调世界闻名，用料讲究，花色品种繁多，饮食特点香浓味原、鲜嫩味美，注重色、形和营养。烹调时用酒较重，肉类菜烧得不太熟，如水鸭三四分熟就行，有的肉最多七八分熟，喜欢吃生牡蛎、蜗牛及酥食点心。他们不吃辣的食品，爱吃面食，且爱吃奶酪、牛肉、猪肉、鸡肉、鱼子酱、鹅肝，不吃肥肉、宠物、无鳞鱼和带刺骨的鱼。喜欢喝啤酒、葡萄酒、苹果酒等。早餐喜欢吃面包、黄油、牛奶、浓咖啡等；午餐喜欢吃炖肉、炖鸡、炖火腿、炖鱼等；晚餐很讲究，多吃肥嫩的猪、牛、羊肉和鸡、虾、海鲜，鹅肝是法国的名贵菜。

(3) 相关礼俗禁忌

法国人忌仙鹤图案，他们认为仙鹤是蠢汉和淫妇的象征；忌黄色的花，认为黄色花象征不忠诚；忌送菊花，因其是葬礼之花；忌墨绿色，因为第二次世界大战期间的纳粹军服是墨绿色；忌黑桃图案，认为其不吉祥；如果初次见面就送礼，法国人认为你不善交际，甚至认为粗俗；男士不能送香水给其他女人，否则有图谋不轨之嫌疑。

4. 德国

(1) 日常交际礼仪

德国人纪律严明，讲究信誉，极端自尊，待人热情，责任心极强，是一个讲究秩序的民族。在交际上对礼节非常重视。重视称呼，是德国人在人际交往中的一个鲜明特点，如果称呼不当，会令对方不快。一般情况下，切勿直呼德国人的名字，应称其全称，或仅称其姓。与德国人握手时，要坦然地注视对方，握手的时间应稍长一些，力度宜稍大一些；在宴会上，一般男子要坐在妇女和职位高的人的左侧，女士离开和返回餐桌，男子要站起来以示礼貌；接电话时要首先告诉对方你的姓名；德国人不习惯送重礼，所送礼物多为价钱不贵、但有纪念意义的物品，一盒巧克力、一瓶酒、一束鲜花足矣。德国人非常守时，约定好的时间，无特殊情况，绝不轻易变动。德国人多喜欢清静的生活，除特殊场合外，不大喜欢喧闹。

德国人服饰方面的总体风格是庄重、朴素、整洁。在正式场合露面时，必须要穿戴得整整齐齐，男士多穿西装、夹克，并喜欢戴呢帽；女士则大多爱穿翻领长衫和色彩、图案淡雅的长裙。他们很重视发型，男士不宜剃光头，以免被人误认为"新纳粹分子"，德国少女的发式多为短发或披肩发，烫发的妇女多半都是已婚者。

(2) 饮食礼俗

德国人的饮食口味清淡、酸甜，不喜辣，其主食为面包、蛋糕、面条、米饭，副食主要是肉类、马铃薯、色拉等。在肉类方面，他们最爱吃猪肉，尤其是以猪肉制成的各种香肠，他们百吃不厌，其次是牛肉。用餐时，吃鱼用的刀叉不得用来吃肉或奶酪，不得用餐巾扇风，若同时饮用啤酒和葡萄酒，宜先饮啤酒，后饮葡萄酒，食盘中不宜堆积过多的食物。德国是世界饮酒大国，其中啤酒的销量居世界首位，素有"啤酒之国"的美称，啤酒是德国家家必备的饮料。

(3) 相关礼俗禁忌

与德国人交谈时，不宜涉及纳粹、宗教与党派之争的话题；向其赠送礼品时，不宜选择刀、剑、剪、餐刀和餐叉之类的东西；忌以褐色、白色、黑色的包装纸和彩带包装、捆扎礼品；不宜随意以玫瑰或蔷薇送人，前者表示求爱，后者则专用于悼亡；忌数字13和星期五；忌吃核桃；忌玫瑰花。

5.2.3 北美洲部分国家礼俗

1. 加拿大

(1) 日常交际礼俗

加拿大人性格开朗随和，热情好客，自由观念较强。他们讲礼貌但不拘于烦琐礼节。人们见面时行握手礼，熟人、亲友和情人之间则会行亲吻和拥抱礼。称呼较随意，喜欢直呼其名，熟人之间问候时只喊一声"Hello"即可。亲朋好友之间请吃饭一般在家里而不去餐馆，认为这样更友好。应邀到加拿大人家中做客要准时赴约。宴请客人时，通常由女主人安排座位，入座后，男主人常常要做简短祈祷。

日常生活中，他们的着装以欧式为主。上班时间，要穿西装、套裙；参加社交活动时往往要穿礼服或时装；休闲场合则比较自由。

(2) 饮食礼俗

加拿大人的饮食口味偏清淡、喜食酸甜食品。他们对法式菜肴比较偏爱，以肉食为主，尤爱吃奶酪和黄油，面包、牛肉、鸡肉、土豆、西红柿是他们的日常之食。早餐为牛奶、吐司、麦片粥、煎鸡蛋和果汁，喜欢喝下午茶，苹果派、吐司等甜品是他们在喝咖啡时喜爱品尝的，晚餐是加拿大人最重视的一餐，有邀请亲朋好友到自己家中共进晚餐的习惯。

(3) 相关礼俗禁忌

交谈时忌谈个人私事，喜欢谈论本国的长处，不喜欢把他们的国家和美国进行比较；忌说“老”字，年龄大的人被称为“高龄公民”；忌数字13和星期五；忌赠送白色的百合花，因为加拿大人只有在葬礼上才使用这种花；在家里吃饭时不能说使人悲伤的事，在家里不能吹口哨。

2. 美国

(1) 日常交际礼俗

美国人性格开朗，热情好客，追求新奇，乐于与人交际，且不拘泥于正统礼节。人们在交际场合见面或告别时，可以行握手礼，但有时道一声“Hello”或“Hi”即可。他们讲话中礼貌用语很多，显得很有教养。在与他人交谈中喜欢夹带手势，不喜欢别人不礼貌地打断他们的讲话；交谈时喜欢保持一定的距离，所以与他们谈话时不能靠得太近，但也不能太远，否则会被认为是失礼。美国人时间观念很强，因此，赴约一定要准时，若不能按时到达，应电话通知对方，并表示歉意。到美国人家中做客，要事先约定，进门后应脱掉帽子，先向女主人问好，再向男主人问好。主人喜欢听到赞赏家中摆设的语言，而不愿听到询问价格的话。用一根火柴或打火机为客人点烟时，切记不能连续点三个人的烟，正确的方法是一根火柴点一根烟。

他们平时的衣着自由自在、无拘无束，具有个性，但正式场合，又非常严谨，男士多穿较深颜色的西装，打领带，女士穿套裙，颜色多为深蓝色、灰色或大红色。美国女性日常有化妆的习惯，但不浓妆艳抹，在她们眼里化妆表示尊重别人。

(2) 饮食礼俗

美国人的饮食习惯忌油腻，喜清淡，喜欢吃咸中带甜的食品，他们的饮食力求简便、快捷，通常食用快餐、罐头或冷冻食品。快餐是典型的美国饮食文化，热狗、汉堡包、可口可乐是其典型代表。他们的早餐一般是果汁、面包、火腿肠或香肠、咖啡或红茶；午餐一般是汉堡包或三明治、浓汤、生菜、咖啡、红茶或啤酒；晚餐一般是浓汤、蔬菜、肉、水果、咖啡或红茶。美国人不吃清蒸和红烧的食品，忌食各种动物的内脏及奇形怪状的食品，如鳝鱼、海参、鸡爪、猪蹄等。一般不饮烈性酒，即使要饮，也通常在烈性酒中加放冰块。

(3) 相关礼俗禁忌

交谈时忌谈及个人私事，如年龄、婚姻、收入、宗教信仰等话题；忌蝙蝠和用蝙蝠作为图案的商品、包装，认为这种动物吸人血，是凶神的象征；忌数字3、13和星期五；忌在街上走路时“啪啪”作响；忌讳与穿着睡衣的人见面，认为这是严重失礼的行为，因为他们认为穿睡衣就等于没衣服。

5.2.4 大洋洲、非洲部分国家礼俗

1. 澳大利亚

(1) 日常交际礼俗

澳大利亚人待客热情友好，乐于结识朋友，时间观念强。见面时行握手礼，且握手时

非常热情，彼此称呼名字，表示亲热；他们办事爽快认真，喜欢直截了当，遇到陌生人喜欢主动聊天。他们遵守时间并珍惜时间。若应邀到澳大利亚人家里做客，可以带一瓶葡萄酒、一束鲜花为礼。

服饰上男子多穿西装，打领带，正式场合打黑色领结；女士一年中大部分时间都穿裙子，在社交场合则套上西装上衣。

（2）饮食礼俗

澳大利亚人以吃英式西餐为主，其口味清淡，不喜欢油腻。喜吃新鲜蔬菜、煎蛋、炒蛋、火腿、鱼、虾、牛肉等；脆皮鸡、油爆虾、糖醋鱼、奶油烤鱼和烧西红柿是他们常吃的食品；他们习惯用很多调味品，在餐桌上由自己调味。澳大利亚名吃有袋鼠肉、皇帝蟹、牡蛎、鲍鱼、龙虾、三文鱼等。他们喜欢饮酒，且多喝干葡萄酒。

（3）相关礼俗禁忌

在社交场合，忌讳打哈欠、伸懒腰等小动作；到商店里买东西不能讨价还价；忌讳兔子，认为这是一种不吉利的动物，看到它会倒霉。

2. 埃及

（1）日常交际礼俗

埃及人信仰虔诚、热情好客、乐善好施、快乐健谈，人际关系相对轻松、融洽。他们的交往礼仪既有本民族传统的习俗，又兼有西方人的做法，上层人士更倾向于欧美礼仪。埃及人最广泛随时使用的问候是“祝你平安”，行握手礼。

埃及的大中城市人的打扮已与国际接轨，其传统服饰为宽松、落地式的长袍，保守女士还戴黑面纱、挂披肩。

（2）饮食礼俗

埃及人的饮食富有浓郁的北非色彩和阿拉伯风情。主食为不发酵的面饼，副食爱吃羊肉、鸡肉、土豆、豌豆、南瓜、洋葱、茄子和胡萝卜等。埃及菜以烧烤煮拌为主，多用盐、胡椒、辣粉、咖喱粉、孜然、柠檬汁和番茄酱调味，口味偏重。他们最喜爱的饮料是红茶、咖啡、鲜柠檬水、三大洋饮料（可乐、雪碧、芬达）。埃及的传统食品有炭烧山羊肉、油炸圈饼、甘蔗酒、奶茶等。

（3）相关礼俗禁忌

埃及人忌针，每天下午3～4时埃及人不卖针、不买针、不借针，也不谈针，否则，就要“倒霉”；忌讳用左手触摸食具和食品；忌蓝色和黑色；男士不能主动与女性攀谈；与人交谈时不要夸人身材苗条；不与埃及人谈论宗教纠纷、中东政局及男女关系；不要称道埃及人家中的物品，否则会以为你是索要此物；忌穿有星星图案的衣服。

5.3 节日礼俗

节日是体现一个国家和民族的传统与文化的重要方面。每一个国家，每一个民族都有自己独特的节日习俗和礼仪。每逢重大的节庆日，各国、各民族都要以各自的方式举行庆祝仪式和纪念活动。因此，了解不同国家与民族的节日礼俗，对扩大视野，发展对外商务交往,均有重要的意义。

5.3.1 中国传统节日习俗礼仪

1. 春节

春节俗称“过年”,它是中国人民最主要、最热闹、最隆重、最盛大的一个古老的传统民族节日。

正月初一至初五为春节。从腊月初八,年的味道就渐浓了起来,俗话说,“过了腊八,见啥买啥”,从这个时候起,家家户户就开始陆陆续续准备年货。到了腊月二十三,年的脚步就更近了:

二十三,祭灶关。这一天,要焚香祭拜灶神。傍晚时分,各家各户要放鞭炮,吃祭灶糖,也就是市场上常见的香酥麻糖。

二十四,扫房子。很多农户,一年到头忙忙碌碌,顾不得扫洒除尘,这一天,他们会拿起扫把、鸡毛掸子,来一个彻底的清扫,以迎接新年的到来。

二十五,割豆腐。很多人家都会到集市上买来几十斤豆腐,然后把豆腐用沸油炸一下储存起来。

二十六,蒸馒头。馒头是北方人的日常主要食品,“一日不吃饿得慌”,所以很多人家在这一天都会集中精力蒸上几大锅馒头,且馒头的花样丰富,有蒸馍、包子、枣包、枣馍。这些馒头一直能吃到将近正月十五。

二十七,杀公鸡。各家各户都要去买鸡鸭鱼肉及各种青菜,储备起来,以备不时之需。

二十八,贴“嘎嘎”。这是一个非常形象的字眼,所谓的“嘎嘎”,也就是“春联”,这一天,家家户户都要在门两边贴上用大红纸写着吉祥联语的对联,以烘托春节的喜庆气氛,有的人家还在门的两边贴上“福”字,并且倒着贴,意味着“福”到。

二十九,去打酒,打酒回来挂灯笼。酒历来是中国人宴席上不可少的,俗语“无酒不成席”。买完酒与其他饮品后,还会捎上大红的灯笼。平时晚上黑灯瞎火的村庄,从二十九一直到正月初五,在灯笼的映照下,将会灯火通明。

三十,“褪蹄”。所谓“褪蹄”,意即洗脚。农人们平时没有洗脚的习惯,但是在除夕这一天晚上,必定会打好一盆温开水,把脚洗得干干净净,洗去一年的劳碌。在这一晚,家家户户还会守在一起吃“年夜饭”,这一餐饭,比平时要丰盛许多,全家人边吃边聊,一直会持续到深夜听着钟声过十二响,还要到院子里放鞭炮,以迎接正月初一的“春节”,这样的活动叫“守岁”。中国人至今仍很重视这顿“年夜饭”,远在千里的游子,总是会设法在除夕这天赶到家中团聚。

正月初一,新年来到,凌晨四五点,很多人家就起床,燃放鞭炮,祭天地祖先。过年放爆竹最初时候是烧竹子,竹子燃烧时发出“哔哔剥剥”的响声,以爆竹驱鬼,虽然后来烧竹子改为用纸卷火药,称作“爆仗”、“鞭炮”等,但也仍习惯称作爆竹,后来燃放爆竹就演变成了一种增添节日气氛的礼俗了。在爆竹声中全家围坐在一起吃水饺——水饺馅中通常会包一枚钱币,谁吃到了就意味着当年财源旺盛。吃完水饺后,衣着一新挨家挨户去拜年,人们在村里见了面,都会互相祝福,说一声“过年好”,这个习俗叫作“拜年”,有的地方还要磕头跪拜。这一天，晚辈给长辈拜年，长辈要给晚辈发“压岁钱”，“压岁钱”用红包包装，以示“镇邪驱魔”。

正月初二，是出嫁的姑娘携夫婿回娘家拜年的日子。

正月初三，中原某些地方，这天早晨要去给亡故的亲人上坟烧纸，通常被视为不吉利的日子，忌讳当天去给他人拜年。

正月初四，要到姑、舅、姨等亲戚家拜访。

正月初五，俗称“破日”，取“破土动工”之意。早上亦放鞭炮，吃水饺，以示年节过毕，各执其事。

2. 元宵节

元宵节为农历的正月十五。元宵节又称上元节、灯节。正月古称“元月”，古人称夜为“宵”，而十五日又是一年中第一个月圆之夜，所以称正月十五为元宵节。正月十五日是一年中第一个月圆之夜，也是一元复始、大地回春的夜晚，人们对此加以庆祝，也是庆贺新春的延续。据载，汉文帝刘恒将农历正月十五定为元宵节。

元宵节是中国的传统节日，长期发展过程中形成了独特的风俗习惯。

吃元宵：“元宵”作为食品，在我国由来已久，最早叫“浮元子”，现多称“汤圆”。它以白糖、玫瑰、芝麻、豆沙、黄桂、核桃仁、果仁、枣泥等为馅，用糯米粉包成圆形，可荤可素，风味各异。可汤煮、油炸、蒸食。吃元宵象征团圆之意，因为它漂在碗里，像是一轮明月挂在天际。天上月圆，碗里汤圆，家人团圆。

观灯：汉明帝永平年间，汉明帝为了弘扬佛法，下令正月十五夜在宫中和寺院“燃灯表佛”。此后，元宵节放灯的习俗就由原来只在宫廷中举行而流传到民间。即每到正月十五，无论士族还是庶民都要挂灯，城乡通宵灯火辉煌。元宵放灯的习俗，在唐代发展成为盛况空前的灯市，中唐以后，已发展成为全民性的狂欢节。唐玄宗时的开元盛世，长安的灯市规模很大，燃灯五万盏，花灯样式繁多，皇帝命人做巨型的灯楼，广达20间，高150尺，金光璀璨，极为壮观。宋代，元宵灯会在规模和灯饰的奇幻精美都胜过唐代，而且活动更为民间化，民族特色更强。到了清代，满族入主中原，宫廷不再办灯会，民间的灯会却仍然壮观。灯在我国台湾民间具有光明与添丁的含义，点燃灯火有照亮前程之意，且“灯”与“丁”谐音代表生男孩，因此元宵节时妇女都会刻意在灯下游走，希望“钻灯脚生卵葩”（就是钻到灯下游走，好生男孩）。元宵节也是一个浪漫的节日，元宵灯会在封建的传统社会中，也给未婚男女相识提供了一个机会，古时的年轻女孩不允许出外自由活动，但是过节却可以结伴出来游玩，元宵节赏花灯正好是一个交谊的机会，未婚男女借着赏花灯顺便为自己物色对象。元宵灯节期间，又是男女青年与情人相会的时机。

除了吃元宵、观灯外，民间还有耍龙灯、猜字谜、舞狮子、踩高跷、扭秧歌、划旱船等庆祝活动。

3. 清明节

“清明”最初指的是节气。在我国传统的历法中，把一年分成二十四个节气，用来反映气候变化和指导农业生产，而“清明”就是其中之一。在《淮南子》一书中记载：“清明”是在冬至过后的一百零六日，也是“春分”后的第十五日，这时候万物洁净，空气清新，风景明丽，花卉草木在这样的环境中呈现出欣欣向荣的景象，所以称作“清明”。清明节又称寒食节、踏青节、鬼节,一般在阳历四月五日左右,是二十四节气中的第五个节日,我国三大鬼节之一。

“清明时节雨纷纷,路上行人欲断魂。”扫墓与戴柳是清明节最重要的礼俗。早在西周时就有祭墓之俗。秦汉时,上坟扫墓是清明最重要的活动,且注入了礼俗的内容。清明之祭主要祭祀祖先和去世的亲人,表达祭祀者的孝道和对死者的思念之情。这一天,人们纷纷前去亡故亲友、祖先墓前修缮、供奉、怀念。现在,经常会有一些单位组织到公墓、烈士墓前进行祭扫活动,哀悼、缅怀先烈,接受爱国主义教育。

俗谚说:“清明不戴柳,红颜成皓首”,“清明不戴柳,死后变黄狗”,民间在清明节有插戴柳枝的习俗。在祭墓时,人们往往还折几枝柳枝带回家,插在门楣上或用柳枝编成柳帽戴在头上,因为清明是中国的三大鬼节之一,为了防止鬼的侵扰迫害,再加上正值柳枝发芽的时节,于是人们纷纷戴柳条,以期借助于柳树的旺盛生命力使得家庭兴旺、身体强健,有了旺盛的生命力,恶鬼也就退避三舍,不敢近身,从而达到驱鬼避邪的目的,故清明节有“插柳节”之称。

清明时节,还有踏青、放风筝、荡秋千、喝桃花粥的习俗。踏青又称行青、探春、寻春、郊游。早春,万物复苏,一派生机盎然,正是郊游的大好时光,为了不辜负这良辰美景,人们三五成群结伴出游,舒活筋骨,放风筝,荡秋千。

4. 端午节

农历五月初五,是中国民间的传统节日——端午节,它是中华民族古老的传统节日之一。端午节又称端五节、端阳节、五月节、浴兰节。唐代,因唐玄宗八月五日生,宋憬为讨好皇帝,避讳“五”字,遂将端五正式改为“端午”。

相传端午节是为了纪念战国时爱国诗人屈原,屈原被楚怀王驱逐流放,秦国攻陷楚国都城后,屈原忧愤交加,心如刀割,于农历五月五日在写下了绝笔作《怀沙》之后,抱石投汨罗江自尽,以身报国。楚国百姓闻听这个不幸的消息后,哀痛异常,纷纷涌到汨罗江边去凭吊屈原。渔夫们划起船只,在江上来回打捞,却遍寻不到屈原的遗体,便向江里投粽子,希望水中的蛟龙、鱼虾等饱食粽子,以免伤害屈原遗体。这一风俗沿袭后世,便形成了民间在端午节吃粽子的传统习惯。粽子,又称“角黍”、“筒粽”。其由来已久,花样繁多。吃粽子的风俗,千百年来,在中国盛行不衰,而且流传到朝鲜、日本及东南亚诸国。

此外,端午节还有一项不可缺少的活动——赛龙舟。传说越王勾践被吴王打败后卧薪尝胆数载才回到祖国,于五月初五操练好水兵,一举消灭了吴国。后人为了纪念他的胜利,便在每年这一天挑选年轻力壮的青年举行龙舟竞赛。直到今天,在南方的不少临江河湖海的地区,每年端午节都要举行富有特色的龙舟竞赛活动。1980年,赛龙舟被列入中国国家体育比赛项目,并每年举行“屈原杯”龙舟赛。1991年6月16日(农历五月初五),在屈原的第二故乡中国湖南岳阳市,举行首届国际龙舟节。此外,赛龙舟也先后传入邻国日本、越南等及英国,成为国际性的体育赛事。

其他的相关风俗活动还有:女儿回娘家,挂钟馗像,悬挂菖蒲、艾草,佩香囊,备牲醴,饮用雄黄酒、菖蒲酒,吃五毒饼、咸蛋等。

5. 中秋节

中秋节在农历的八月十五,俗称团圆节、八月节、八月半,这是我国民间的传统节日,是仅次于春节的第二大节日。

古诗中有很多吟月的名句:“月到中秋分外明”,“举头望明月,低头思故乡”,“但愿人长久,千里共婵娟”,这些都寄寓了在外的游子对故乡的深深思念之情。

中秋的活动有赏月、拜月、祭月等,大家围坐一起,品尝月饼。月饼又称团圆饼,形状圆圆像月亮,味道甜美可心。因此,月饼成为中秋节人们互相馈赠的礼品。吃月饼,则表达了人们思念亲人、祈盼团圆的心愿。

一些地方要在八月十五这天走亲访友,提上几斤月饼,互送美好祝福,俗称过八月十五。唐代诗人韦庄有“八月中秋月正圆,送君吟上木兰船”之句,可见唐代已有中秋赏月之习。

6. 重阳节

重阳节在农历的九月初九,这一天又称“登高节”、“老人节”。

相传东汉时期,有个名士叫恒景,被人告知九月九日家里有难,他得到避难的办法,便如法行事,赶回家中。重阳这天,他携全家登上高山,臂上戴着内装茱萸的香袋,饮菊花酒,果然避免了一场瘟疫。后来,人们纷纷仿效,时间一长,就成为一种民间习俗。重阳登高其实也有实际的生活原因,秋天秋高气爽,正值山上野果、药材成熟之际,农民此时已秋收完毕,正好有时间登高,于是在这天前往采收。

重阳节有插茱萸的习惯,或佩戴于臂,或做香袋把茱萸放在里面佩戴,还有的插在头上。据说这样可避难消灾。

重阳节还有饮菊花酒的习俗。菊花有清热祛风、平肝明目之功效,在秋雨缠绵的九月季节,饮菊花酒可以祛寒,同时可以免灾。

5.3.2 国外重要节日礼俗

1. 情人节

每年的2月14日是西方传统的情人节,它是一个温馨甜美的浪漫节日,深受欧美各国青年喜爱。

每当节日来临,男女青年都忙着挑选礼物送给心爱的人,送得最多的礼物要数印有各种象征爱情图案的圣·瓦伦丁贺卡。据传说,3世纪时,古罗马有一位名叫瓦伦丁的虔诚的基督教徒,因带头反抗罗马统治者对基督教徒的迫害而被捕入狱。在狱中,他受到典狱长之女的精心照料,并且同她相爱。临刑前,他给自己的情人写了一封信,表明了自己光明磊落的心迹和对她的一片情怀。公元270年2月14日,瓦伦丁被罗马统治者处死。自此以后,人们为了纪念这位壮烈而多情的殉教者,就把这天定为情人节。

除了赠送贺卡外,沉浸于爱河的青年男女互赠的礼物还有巧克力、精巧的小饰物、郁金香花束。情侣们还一起出去郊游,成双成对地去参加由俱乐部举办的各种情人舞会。

如今,情人节在中国也颇受青年男女欢迎。

2. 愚人节

愚人节又称万愚节,是欧美各国的一个奇特的节日,在每年的4月1日进行,是西方国家已有800年历史的民间传统节日,最初起源于法国。据说,耶稣在这一天曾遭受犹太人戏弄。所以这天可以相互愚弄来取乐,可以随意说谎、造谣、互相欺骗,搞各种恶作剧,几乎什么样的玩笑都可以开,谁都可以被愚弄和欺骗,被愚弄和欺骗者不许发火。参加这些活动的大多是青少年,但也有成年人借此取乐。

3. 母亲节

母亲节是美国法定的节日,是人类对女性承担延续和哺育生命责任的一种酬谢。这一节日起源于美国费城,1907年由名叫安娜的女子提出并于1914年为美国国会正式通过,把每年5月的第二个星期日定为母亲节。母亲节这天,人们要向自己的母亲赠送表达自己心意的礼品,其中鲜花是最受人欢迎的。这一天,全家团聚并且让母亲休息一天。当日,父亲们要负责做家务和照料孩子,以便使妻子好好休息一天。孩子们则不准贪睡,一大早就要爬起来去为妈妈做上一顿早餐。这个尊母、爱母的节日目前已几乎成为国际性节日。虽然各国的日期不尽一致,活动也不相同,但有一点是共同的,都是为了表达对慈母辛勤哺育的感激之情。

4. 父亲节

父亲节是美国杜德夫人于1910年发起选定的。直到1972年美国总统尼克松才签署了设立父亲节的议会决议,将每年6月的第三个星期日定为父亲节。日本、秘鲁和我国台湾都有父亲节。父亲节这天,儿女们都要赶回家向父亲祝福,要佩戴鲜花,购买礼物或亲手制作有纪念意义的贺卡、小物品送给父亲,以表示对父亲的敬意。如果父亲健在,应当佩戴红玫瑰。如果父亲过世,则佩戴白玫瑰。

5. 感恩节

感恩节是北美独有的节日,美国将每年11月的第四个星期四定为感恩节,加拿大则将每年10月的第二个星期一定为感恩节。感恩节又称"火鸡节"。

感恩节是喜庆丰收,增进团结的节日,源于北美的普利茅斯。1620年9月10日,102名英国清教徒为了摆脱宗教和政治上的迫害,乘"五月花"号木船,在海上漂泊了65天后抵达美国马萨诸塞州的普利茅斯。一路颠簸,加之天气严寒、缺衣少食、疾病折磨,第一个冬天便夺走了半数以上人的生命。幸存者在淳朴的印第安人的帮助下学会了狩猎、种植、捕鱼、盖房等生存技巧。经过辛勤劳动,他们终于在第二年获得了可喜的丰收,渡过了生活的难关。为了庆祝丰收和感谢印第安人的友谊,他们用火鸡、玉米等劳动成果制成佳肴,自制啤酒,大摆宴席,邀请印第安人一起举行庆祝活动。庆祝活动持续了三天,白天他们一起进行摔跤、赛跑、射箭等体育比赛,夜晚则燃起篝火,载歌载舞。年复一年,就形成了感恩节。

1863年,林肯在白宫宣布将每年11月的第四个星期四定为全国感恩节。这一天,总统和各州州长都要发表献词,一些大城市举行花车游行,全国放假三天,其隆重程度相当于中国的春节。

6. 圣诞节

圣诞节为每年的12月25日,它的节期通常从12月24日到次年的1月6日。圣诞节原本是纪念耶稣基督诞生的日子,但现在已逐渐成为世界性的民间节日。

圣诞节到来,子女们要从各地赶回家与父母团聚,亲朋好友之间要互寄贺卡。圣诞之夜,家家户户都要围在圣诞树周围吃圣诞晚宴。宴席开始前,人们打开放在圣诞树下的一包包礼物,互相祝贺。宴会后还要在圣诞树前做各种游戏,唱圣诞歌曲,欣赏音乐。

在圣诞之夜，孩子们热切地盼望着圣诞老人给他们送来心爱的礼物。据说，圣诞老人是根据一千多年以前的两位主教保护儿童的事迹而予以神化的人物，他能给人带来福祉并给孩子们带来礼物。圣诞之夜，孩子们在临睡前，都要在壁炉前放一只袜子，他们相信这位传说中的白须红袍的老人将给他们带来礼物。

圣诞节期间的传统食品有火腿、火鸡、蜜饯、水果饼、葡萄干及布丁等。

下篇 形象设计

第 6 章 化妆品

6.1 化妆品的基本知识

6.1.1 化妆品的概念

化妆(Cosmetic)一词最早来源于古希腊,含义是“化妆师的技巧”或“装饰的技巧”。按照我国《化妆品卫生监督条例》第二条的规定,化妆品是指以涂擦、喷洒或者其他类似的方法,散布于人体表面任何部位(皮肤、毛发、指甲、口唇)以达到清洁、消除不良气味、护肤、美容和修饰目的的日用化学工业品。这也是我国当前对化妆品的法定定义。它实际上向我们揭示了化妆品的清洁、护肤、营养、美容等几个主要作用。

今天由于人们对化妆品的需求日益增多,应用于制造化妆品的原料品种也日益广泛。目前,世界上用作化妆品的原料已达 3500 多种,包括天然原料和合成原料。但为了保证人体皮肤的安全,世界卫生组织和我国质检部门对化妆品的原料检验非常严格,批准允许使用的仅是一小部分。

在人们日常生活中,如化妆品使用不当,或使用了劣质化妆品,不但达不到预期的美容、护肤效果,甚至还会损害皮肤。因而识别化妆品的优劣,正确地选择和使用化妆品是进行护肤美容的前提,也是人们必备的生活常识。

6.1.2 化妆品的分类

化妆品按不同的分类方法。

1. 按剂型分类

(1) 液体化妆品。

① 水剂:化妆水、香水等。

② 乳剂:洁面乳、护肤乳、粉底乳、发乳等。

③ 油剂:发油、指甲油、防晒油、精油等。

(2) 膏状化妆品:粉底用品、膏状面膜、面霜、眼线膏、唇膏等。

(3) 粉剂:散粉、爽身粉、眼影粉等。

(4) 块状化妆品:粉饼、眼影、腮红等。

(5) 气溶胶型化妆品:发胶、定型啫喱、刮须膏等。

2. 按功能不同分类

(1) 洁肤类化妆品

① 香皂:是人们普遍使用的洁肤品,其特点是质地细腻紧密,泡沫丰富,去污力强,可用于全身,价格相对较低,是一种使用方便的洁肤品。由于香皂中各种成分含量不同,添加的营养成分也不同,所以又分为普通清洁香皂、透明美容香皂和护肤皂。一般普通清洁香皂偏碱性,多用于身体、手部清洁;而美容香皂、护肤皂等因为添加了精油等成分,其碱性相对弱化,也可以用于油性面部的清洁。

② 洁面乳:是目前市场上最为流行的洁肤用品,品种繁多,是一种不含碱性或含弱碱性的液体软皂。洁面乳利用表面活性剂清洁皮肤,对皮肤无刺激,并可在皮肤上留下一层滋润的膜,使皮肤细腻光滑。主要用于日常普通洁肤及卸除面部淡妆。根据其泡沫丰富程度及所含成分的具体差异,不同的洁面乳适合不同的肤质,有的还有美白、祛痘等功效。

③ 卸妆油、卸妆霜:是以矿物油为主体的卸妆用品。主要用于卸除面部浓妆及油彩妆,其清洁的机理主要是溶油性,对油彩妆的清洁效果比一般的洁面乳更为显著,但对皮肤的刺激也更强。

④ 磨砂膏:是含有均匀颗粒的洁肤品。主要用于去除皮肤深层的污垢,通过在皮肤上摩擦可使老化的鳞状角质剥起,除去老化角质,起到净化肌肤,使皮肤保持柔软细腻的作用。

(2) 护肤类化妆品

① 化妆水:化妆水的种类很多,具体名称有爽肤水、柔肤水、醒肤水、收敛水等,都是用在洁面乳之后、上乳液之前的美容护肤步骤。它们都具有平衡肌肤的酸碱性和镇静肌肤的作用,其侧重点又有所不同。相比较而言,爽肤水、收敛水、醒肤水里面酒精含量相对偏高,涂抹时有再次清洁皮肤、收缩毛孔、抑制油分的作用,对面部偏油及混合型皮肤更加适合;而柔肤水成分更加柔和,补水保湿效果更明显,比较适合中性及偏干性皮肤。

② 保湿乳(凝露、啫喱、精华液):一般用于涂抹化妆水之后,通常含有较多的水分和少量的油分,基本效果是直接为面部补充水分,保持面部滋润和柔滑。根据其具体成分和外在形态的差别,又细分为乳、凝露、啫喱、精华液等。一般而言,乳类产品中含乳化剂相对偏高,精华液保湿效果最明显,营养成分偏高,适合衰老、干燥皮肤。另外,为了满足不同人群的需要,大部分品牌都同时推出了具有美白、祛痘、淡斑等特殊功效的保湿产品。

③ 面霜:和保湿乳相比,面霜含油分相对偏高,通常用于偏干燥、衰老性皮肤或在保湿乳之后使用。另外,面霜除了普通的保湿霜以外,还有美白霜、淡斑霜等。

④ 防晒霜(油):是用于防止因过强的日光照射而使皮肤受到伤害的护肤品。防晒化妆品涂敷后,在一定的时间内会有效地保护皮肤不受紫外线的伤害。

⑤ 按摩膏:通常在清洁皮肤以后,涂抹化妆品之前使用。通过按摩膏的按摩,可以促进面部血液循环,给皮肤提供水分和营养。按摩膏一般含油脂成分较重,所以按摩完以后一定要及时清洗干净,以防堵塞毛孔形成油脂粒。同时,按摩膏不宜使用过于频繁,以免造成营养过剩或面部皮肤过薄。

(3) 美容类化妆品

① 隔离霜。它具有护肤功能,使皮肤表面形成一种保护膜,防止阳光直接照射、化妆品过敏,同时隔离粉底、彩妆、灰尘、紫外线,还有一定的锁水功能,是化妆中不可或缺的用品。

② 粉底。它用于调整肤色,改善皮肤的质感,遮盖瑕疵,体现质感。粉底的主要成分是颜料、水分、油分和色素。根据粉底液形态的不同分以下几种:膏状粉底,多为霜剂和固体,遮盖力强,一般用于新娘妆、舞台妆,还可用于淡妆的局部遮盖,比如雀斑、色斑、痘印等;液状粉底,多为液态,水分较多,涂敷后皮肤自然有光泽,主要用于生活及电视与摄影中的淡妆,能够体现和改善皮肤的质感;霜状粉底:表面活性剂进行润湿处理,压缩并固定成型的粉底霜,根据需要制成块状、棒状等形状。遮盖力强,携带方便。如干湿两用粉底:海绵扑干时可做干粉,用于补妆和定妆;湿时可做粉底。

③ 定妆粉。又称散粉,它用于固定粉底(定妆),吸收过多的油脂,增加色彩,减少面部反光,使妆面自然持久。有透明、有色、珠光三种。

a. 透明散粉。不改变底色,易和粉底融为一体,具有透明感。

b. 有色散粉。可补充皮肤颜色的不足和定妆。其中象牙白用于肤色或底色较白的人;紫色用于皮肤或底色偏黄的人;粉色,增加皮肤稚嫩感,显得面颊红润健康;绿色用于肤色或底色偏红的人;橘色适合在晚妆或暖色光源下使用,皮肤显得自然红润有光泽。

c. 珠光散粉。能很好体现皮肤质感,使皮肤有光泽,可以加在有色和透明散粉中。颗粒粗大的适合毛孔粗大的皮肤;颗粒较细的适合干性皮肤。好粉颜色分布均匀,附着性好;吸收性好,短时间内吸收油脂,且不会形成块状和不均匀的感觉;细致度好,粉的质地如何,可放在大拇指和食指间搓几下,好粉细致柔软,不会出现颗粒状,越细越易上妆,且妆面越持久。

④ 修容饼。它是一种粉质的粉饼,一般有象牙白和咖啡色两种,在加深轮廓、修饰脸型和改变视觉上的面部结构时使用。

⑤ 腮红。它用于美化和修饰面颊,使皮肤显得健康红润有光泽,增加立体感。

⑥ 眼影。它用于强调眼部轮廓,增加眼部神采,有调整眼型和视觉眼距等功能。眼影种类很多,分为粉、膏、珠光、液体等,最常用的为粉质眼影。

⑦ 眼线笔。眼线笔含蜡质,笔芯软,易上妆,色彩柔和自然,适合淡妆,用于加强和提升眼部的外侧线条,强调和调整眼睛的轮廓,以加强、修饰或改变眼的外形。根据材质不同,常见的画眼线工具还有眼线膏、眼线液、水溶性眼线粉等,其中眼线膏容易上色,浓淡妆都可用;眼线液颜色艳丽,线条清晰,突出;水溶性眼线粉色彩丰富,可相互调和,持久不易脱落。

⑧ 睫毛膏。睫毛膏用于睫毛的加长加密,使其有神采。不同色泽、颜色、质地的睫毛膏,可表现不同风格的妆型魅力。睫毛膏种类很多,有透明型、增长型、浓密型、防水型、清爽型等,妆面不同选择不同。

⑨ 眉笔。眉笔主要用于修饰眉型,表现眉毛的立体形态。眉笔比眼线笔质地硬,有利于表现眉毛的质感和立体感。眉笔颜色很多,常用的眉笔有黑色、灰色、棕色三种。要根据肤色、眉色、发色、服装色来选择眉笔颜色,上述部位颜色较重,所选用的眉笔颜色也

要偏重。

⑩ 唇线笔。唇线笔用于勾画唇形，修饰、改善和加强唇部轮廓，使唇部滋润明亮，增加唇部的饱满感和线条的柔和感。

6.1.3 美容护肤品与美容化妆品的区别

用于美容专业的化妆品，一般分为两大系列，即美容护肤品与美容化妆品。

1. 美容护肤品

美容护肤品的功能为清洁、保养皮肤，或对问题性皮肤起到治疗作用。

(1) 清洁品。可去除皮肤表层的彩妆、油垢、污垢；或者去除表皮外层的老化角质，即死细胞，起到深层清洁的作用。如卸妆水、洁面乳、去角质霜、磨砂膏及某些清洁面膜。

(2) 保养品。其特点是保护及营养皮肤，使皮肤免受或减少自然界的刺激，防止化学物质、金属离子等对皮肤的侵蚀，防止皮肤水分过多的丢失，促进血液循环，增强皮肤的新陈代谢功能。长期使用，可令皮肤柔软、滋润、细腻而有张力。如润肤霜、乳液、精华素、防晒霜、貂油、橄榄油等。

(3) 治疗保养品。一般含有某种药物成分，其特点是针对性强，使皮肤的问题得到改善及治疗。如祛斑霜、粉刺露、抑汗霜、祛臭粉等。

2. 美容化妆品

国际上通常将美容化妆品称为色彩化妆品，这类化妆品大体分为两种。

(1) 遮瑕类。用于遮盖皮肤瑕疵，起到调和肤色的作用。如遮瑕膏、液体粉底、粉饼、散粉等。

(2) 彩类。强调或削弱面部的五官及轮廓，使其修饰得更加生动、柔和、近于完美。如唇膏、眼影、胭脂、眉笔、眼线液(笔)、睫毛膏、唇彩等。

美容护肤品与美容化妆品在其功能用途上是有明显区别的。在使用方法上，也同样有所差别。

6.2 化妆品、化妆工具的选择和使用

6.2.1 化妆品的选择原则

化妆品是保持皮肤健康、增进美容的日常用品。面对种类繁多的化妆品，许多人感到无所适从，不知如何选用。总体来讲，人们应该根据自己皮肤的性状、年龄、性别、生理条件、不同的季节、不同的用途来挑选适用的化妆品。

1. 根据质量选择化妆品

选择化妆品最重要的是质量是否有保证。一般来说大品牌、老品牌是人们的首选。这里我们要警惕假冒品牌和一些杂牌化妆品。前者在外观上尽力模仿大品牌，但里面的化妆品质量却是无法保证的。杂牌化妆品往往会出现香精、防腐剂、乳化剂、重金属等超标的情况，如果不慎选择，不但起不到保养皮肤的作用，反而会对其造成伤害。一般的化

妆品要注意产品有无检验合格证和生产许可证，注意化妆品出厂日期。一般来说，膏、霜、油类产品尽量在出厂一年至一年半内用完。

识别化妆品质量的具体方法如下。

首先，可以通过一杯清水来检验乳液是否合格。如果把乳液倒在清水里，乳液漂浮在上面，证明乳液里含有较多容易堵塞毛孔、影响营养吸收的油石酯；如果将加了乳液的水杯晃一晃，水变成乳白色，说明里面含的乳化剂过多。

其次，通过把面霜放在勺子里，然后在勺子底部加热来判断面霜里是否含有有害物质。如果燃烧时冒黑烟，发出刺鼻气味，且燃烧后有黑色物质残留，证明里面含有铅、汞或其他有害的物质。再者，好的乳液或面霜无论气味是淡是浓，闻起来都没有比较刺鼻的气味，涂在脸上比较清透。

2. 根据购买地点选择化妆品

目前，国内的消费者购买化妆品一般选择超市或百货公司等化妆品专柜购买，欧美等发达国家32%的消费者选择去药店购买化妆品，因为能够进入药店销售的化妆品对产品的安全性和有效性等指标要求十分严格，只有把化妆品当作药物一样进行分析研究，确定它的安全性和疗效后才能在药店销售，所以对经常遇到皮肤过敏问题的消费者可以去药店选择适合自己的化妆品。

3. 根据个人和环境因素选择化妆品

除化妆品的质量和购买地点外，还要考虑到使用者和环境因素，具体要求如下。

(1) 按皮肤性状选用化妆品。油性皮肤的人，要用清洁力较强的洁肤用品和具有收缩性的化妆水，选用水质的膏霜类护肤用品；干性皮肤的人，应该使用含有一定油脂成分的洁肤用品，以及含油量高的冷霜之类的护肤品，不宜使用甘油，因甘油吸水性较强，使用后会使皮肤更加干燥；中性皮肤的人，则可选用清洁力较弱的洁肤用品，以及奶液，润肤霜之类的护肤品。

(2) 按性别、年龄选用化妆品。人的皮脂分泌量不仅因年龄、气候而不同，而且和性别也有关系。对男性，特别是年轻男子而言，他们的皮脂分泌量较多，皮肤明显偏“油性”。男性化妆品的主要作用就是可以吸收分泌旺盛的油分，保持皮脂分泌的平衡，因此中性或干性皮肤的男性使用了这些化妆品，反会使皮肤干得更厉害。在女用化妆品中，也有分别适用于少女、孕妇及中老年女性的各类化妆品。老年人皮肤较为干燥，应选用油脂含量较高及含有维生素E等营养成分的化妆品。婴幼儿皮肤细嫩，皮脂分泌较少，可选用专供婴幼儿使用的化妆品。老年人用的某些营养润肤化妆品就不适用于年轻人，因为在这些营养化妆品中，为防止皮肤的进一步老化，常加入激素类药品，这些药品的添加，有防止皮肤萎缩的作用，但对于激素分泌正常的年轻人来说，不仅不会起到上述作用，反而会刺激皮肤，甚至造成某些皮肤病。

(3) 依据个体肤色差异选用化妆品。选用口红、眼影、粉底、指甲油等化妆品时，须与自己的肤色深浅相协调。

(4) 按季节选用化妆品。一年四季气候条件不同，人的皮肤状态也随之发生不同的变化。夏天气温较高，皮肤的汗腺、皮脂腺功能旺盛，常分泌较多的汗液和皮脂，此时以使用含油量较少的化妆品为好。为防止阳光中紫外线对皮肤的损伤，可选用防晒油等护肤用品。另外,爽身粉、花露水也是夏季常用的化妆品。冬季气候寒冷干燥,汗液和皮脂分泌减少,皮肤往往会变得干燥,有时会出现皲裂,此时应使用油脂含量高,并且内含保湿成分的雪花膏、润肤霜等用品。春秋季节风沙较大,则可选用含油量中等的奶液类护肤用品。

6.2.2 皮肤肤质与化妆品选择的关系

化妆品选择的正确与否和个人皮肤肤质密切相关,下面主要介绍皮肤肤质的类型及其在化妆品选择上的不同要求。

1. 正常皮肤

皮肤无瑕疵,色泽饱满,弹性较好。

正常皮肤需要使用无治疗作用的温和的洁面乳以帮助皮肤保持清洁。正常皮肤(尤其是在炎热的夏季和紫外线多的地区)有必要使用常规防晒化妆品。一般情况下,正常皮肤以使用调理水、乳液剂型为主,干燥的秋冬季可以适当使用保湿霜剂。

2. 干性皮肤

干性皮肤分三种情况,缺水、缺油和缺水又缺油。

干性皮肤化妆品选择应该针对上述情况具体处理。缺水皮肤可选择具有补水作用的透明质酸;缺油的皮肤可以选择富含油脂类的化妆品;缺水又缺油的皮肤可以选择同时含有补水补油双重功效的化妆品,但还要适可而止,给皮肤留有一定的透气空间。

3. 油性皮肤

油性皮肤油脂丰厚,容易发生痤疮和脂溢性皮炎。

油性皮肤的化妆品选择应该以控油为原则,精选少用为佳。可使用泡沫丰富的洁面乳以帮助皮肤彻底清洁,然后选择具有控油作用的精油和具有预防炎症产生的芦荟、海藻等成分的化妆品。

4. 敏感皮肤

容易发生过敏反应,因皮肤过敏测试不成熟也不实用,所以皮肤过敏防不胜防。

敏感皮肤的化妆品选择应以安全为原则,少量精选,使用前最好在耳后测试。以无添加剂类的化妆品最为妥当,因为这样的产品可以不含或少含防腐剂、香料、表面活性剂等致敏物质,使用直接兑水或安全的不含酒精的调理水。敏感皮肤可选择具有抗敏舒缓作用的化妆品成分,如洋甘菊、藏红花、甘草等。

5. 老化皮肤

老化皮肤表现为松弛,少弹性,干燥,不规则色素沉着等。

皮肤老化的化妆品选择应该以修复、营养、滋润为原则,可以选择具有营养修复作用的胶原蛋白、胜肽等,还可以选用具有抗氧化作用的植物多酚、维生素A、维生素C,具有保湿作用的透明质酸等多种化妆品成分。

6. 痤疮皮肤

痤疮是发于毛囊皮脂腺的慢性炎症性疾病。

痤疮皮肤的化妆品选择应该以抗炎、软化角质、抑制皮脂分泌为原则。在油性皮肤化妆品使用原则基础上更加强调治疗性，可选用含有具有溶脂控油作用的海藻，具有抗炎作用的芦荟、甘草、黄芩，具有溶解角质作用的维A酸、硫磺、水杨酸等。必要时看美容专科医生。

7. 色素皮肤

色素皮肤有色斑或色素沉着，需要化妆品辅助治疗。

色素皮肤的化妆品选择应该以抑制色素为原则。在不伴随其他问题情况下剂型无明显限制，强调防晒剂的使用。可以选择具有抗氧化作用的植物多酚、维生素C，具有美白祛斑作用的精油、中药等化妆品成分。必要时看美容专科医生。

6.2.3 化妆品使用、保存注意事项

1. 化妆品使用的注意事项

(1) 忌不经皮肤试验随便涂抹化妆品

因为每个人的皮肤都不可能适应所有的化妆品，所以在使用新化妆品之前，最好在一些不显眼的地方(如耳背、颈部或大腿内侧等)先做试验，如出现皮肤过敏或斑疹等异常反应，应立即停止使用。

(2) 忌丢弃化妆盒内的密封膜

密封膜是一道防御屏障，能防止污垢玷污化妆品，减少细菌滋生。

(3) 忌用频繁洗脸的方法抑制粉刺的出现

皮肤易生粉刺，主因是皮脂分泌过盛，但如果经常用肥皂洗脸，会破坏皮肤自身的保护功能。还有，这类皮肤平时应使用专业的清爽控油洗面奶，需要补妆时也应先用纸巾吸去脸上的油脂。

2. 化妆品保存的注意事项

妥善保管化妆品是有效地使用化妆品的前提和保证，保管时主要注意以下几方面。

(1) 避免细菌入侵

要避免细菌入侵，使用产品前要洗手，用后要盖紧瓶盖。更不要在化妆品中掺水，否则防腐剂会被稀释，加速变质。与他人共用化妆品会增加感染结膜炎、流行性感冒的危险，尤其不要和他人共用唇部、眼部的彩妆。使用中的化妆品，使用时用消毒化妆棒取出，用后旋紧，防止在使用过程中细菌繁殖使化妆品氧化或提高含菌量。

(2) 防晒

强烈的紫外线有一定的穿透力，容易使油脂和香料产生氧化现象和破坏色素，所以，化妆品应避光保存。

(3) 防热

高温及空气会破坏化妆品中的化学物质，因此，用完要旋紧瓶盖，以防化妆品氧化蒸发引起产品变质。存放化妆品的地方，温度应在35℃以下。温度过高会使化妆品的乳化体遭到破坏，造成脂水分离，粉膏类化妆品干缩，致使化妆品变质失效。

(4) 防冻

温度过低会使化妆品中的水分结冰，乳化体遭到破坏，融化后质感变粗变散，失去化妆品原有的效用，对皮肤产生刺激。

(5) 防潮

潮湿的环境是微生物繁殖的温床,过于潮湿的环境使含有蛋白质、脂质的化妆品中的细菌加快繁殖,发生变质。也有的化妆品的包装瓶或盒盖是铁制的,受潮后容易生锈,腐蚀瓶内膏霜,使之变质。化妆品应放在通风干燥的地方保存。

(6) 合理摆放

一般化妆品若是在原封包装状态下,可以保存3～5年。但在开封后,由于受到光线、皮肤油脂、灰尘等种种污染,化妆品的保存期就会大幅度地缩短。例如,指甲油、睫毛膏等高消耗品,一般在开封后6个月内就会变质。因此暂时不用的物品,都应放在抽屉内。若坚持摆在冰箱,则要放在最下层的蔬果区,而且千万不要拿进拿出。尤其是现今的美白护肤品含有维生素C等成分,很容易氧化或受温度影响,更是要趁着新鲜的时候使用。

(7) 确认保质期

大部分美容用品上都会标明生产日期,购买前要认真阅读。确认美容用品的保存期限,一般来说是从制造日期算起。但是有许多品牌都是以批号代替出厂日期,应该如何判定呢?最简单的方法是在购买时询问专柜服务员。另外,有信誉、口碑好的公司,会有完善的回收制度,将过期的产品回收销毁。因此,选择值得信赖的品牌也是一种好办法。

6.2.4 化妆工具的选择

化妆工具和化妆品选择使用得当与否,直接影响化妆造型的效果。所以专业化妆师只有研究化妆品和化妆工具,并熟练掌握使用方法,才能创作出更完美的造型作品。

(1) 化妆海绵。化妆海绵是涂粉底的专业工具。它的好处是可使粉底涂抹均匀,并使粉底与皮肤紧密的结合,以质地柔软、细腻、密度大为佳。不同的粉底霜,应选用不同质地的化妆海绵。乳状粉底应选用表面光滑,纹理细致,可抗油分的化妆海绵;液状粉底适合选用表面光滑,能吸收少量油分、水分的海绵,它方便液体状粉底的附着与推展;饼状粉底以纹路细致,容易含粉的海绵最适合,因为粉粒可以吸附在海绵上,可配合脸部的凹凸起伏,抹得均匀细腻。

(2) 粉扑。用于拍定妆粉,一般呈圆形。专业化妆粉扑有一半圆形夹层或一根宽带。在定妆后的化妆过程中,化妆师需要用小指勾住背面的带子做铺垫进行描画,以免蹭花化好的妆。

(3) 睫毛夹。睫毛夹是使睫毛卷曲上翘的工具,弧度以能与眼型较好地吻合为准。

(4) 修眉刀。用于修整眉形及发际处多余的毛发,有去除毛发快而边缘整齐的特点。

(5) 剪刀。用于修剪美目贴及下垂的眉毛,也可修剪假睫毛。

(6) 美目贴。用于矫正眼形或使眼睛变大。

(7) 化妆刷。化妆刷是化妆领域中刷类用品的总称,常常放在特制的皮套里称为化妆套刷。

(8) 睫毛胶。用于粘贴假睫毛。

6.2.5 化妆工具的使用与保养

化妆尤其是彩妆,需要配备的化妆工具名目繁多。它们一旦启用,便会很容易变脏。

如果不及时进行清洁，不仅会缩短使用寿命，影响化妆效果，而且容易使肌肤感染细菌，让皮肤变得很糟。

(1) 粉扑与海绵。粉扑或海绵脏得很快，平时最好准备两个以上，以便交替使用。对于颜色深浅不同的散粉(粉底)，使用不同的粉扑或海绵。用过一段时间后，即用中性洗剂或肥皂搓洗，置于通风处晾干。粉底通常含有较多油分，所以使用分解油分的洗洁精效果也不错。

(2) 刷具。人们一般用动物毛来制造刷具，所以洗刷具跟洗头发的方式很相似。先以3∶7的比例调和洗发水和自来水，然后将刷具按顺时针方向在水盆里搅动，并稍作挤压或在手背上拂动，使刷毛更为干净。在用清水漂洗干净之后，用适量护发素加水浸泡两分钟，最后放于通风处晾干。晾干时注意不要直放刷子，以免刷毛因地心引力而散开或变形。

(3) 睫毛夹。在使用睫毛夹时，应先夹弯睫毛，再刷上睫毛膏，这样才不容易弄脏睫毛夹。两块与睫毛接触的橡皮是睫毛夹最易脏的部位，它的清洁方法很简单：每次使用之后用酒精棉擦干净即可。

(4) 化妆包与化妆箱。如果直接用水擦拭，化妆包(箱)会因受潮而变形，正确的方法应该是使用酒精棉。化妆盒的外表和藏污纳垢的边缘地带，都是清洁的重点。

第 7 章
化妆造型设计

7.1 化妆基础知识

7.1.1 化妆中常见的面部组织名称

(1) 眉。由眉头、眉腰、眉峰、眉梢构成。

(2) 眼。眼睛的结构比较复杂,由上睫毛线、内眼角、外眼角、上眼睑沟、下眼睑沟、下睫毛线、双重睑、瞳孔构成。

(3) 唇。嘴唇由唇峰、上唇、下唇、嘴角、口缝构成。

(4) 鼻。鼻子是由鼻梁、鼻翼、鼻尖、鼻孔、鼻中隔组成。

掌握头、面部组织及其构成,是学习化妆的重要基础之一。

7.1.2 光色与妆色的关系

1. 光源在化妆色彩中的应用

化妆时要根据光线的强弱和角度来操作,因此必须控制好光线的亮度。室内自然光的变化与室外自然光的变化有着明显的联系,其变化情况主要受以下几个方面因素的影响。

(1) 室外自然光的影响。室外自然光的亮度高,能使室内照明较好;室外自然光的亮度低,室内光线则较暗。

(2) 室外景物的影响。在室外如果有高大的建筑物、植物等遮挡了门窗,射入室内的光线暗;反之,则光线明亮。

(3) 进光门窗的影响。进光门窗大、多,射入室内的自然光就多,室内明亮;反之,则阴暗。早晨化妆宜靠近西侧的窗户,下午则靠近东边的窗户,北边的光线整天都可以利用。

(4) 主体距门窗远近的影响。如果主体离窗近,则受光多,较为明亮,但明暗反差大。

2. 光在化妆中的作用

(1) 表现人物的结构和颜色。人们能够看到物体的外部形状、结构、颜色和质感,是因为物体对光线的反射所致。

(2) 表现物体的空间位置。

(3) 制造特定的气氛。

3. 光的分类

通常根据光质的不同,将光分为直射光、散射光和反射光三种。

(1) 直射光。直射光可以是无云雾或其他物体遮挡的阳光,也可以是能发出具有直射光效果的人工光,如聚光灯、电子闪光灯等。

(2) 散射光。又称“软光”,散射光是一种不会明显投影的柔和光。

(3) 反射光。由光源射出的光线投射到具有反射能力的物体上,再由该物体反射出的光线称为反射光,主要用作补充照明。

4. 光造型的效果及对化妆的影响

在专业的摄影棚与录制现场用光的效果与化妆造型的效果是息息相关的,因为在现场,很大程度上,妆的效果直接是由现场的灯光来表现的,所以掌握一些光造型的知识,对提升化妆效果有很大帮助。

光位是光源所处的位置,光位同立体感的塑造直接相关,不同的照明方向和照明角度会产生不同的造型效果。按光位可划分为正面光、前侧光、全侧光、侧逆光、逆光、顶光以及脚光等。在这里我们只介绍对化妆有直接影响的光位。

(1) 正面光。正面光又称为“顺光”,正面光照明均匀,阴影面少,能隐没被摄物体表面的凹凸不平,但其光线照射平均,难以表现物体的明暗层次和线条结构。高位正面光的照明,常在鼻翼下方形成一个类似蝴蝶形的投影——又称蝴蝶光。当头部在灯光的照射下转动时,这种阴影很容易变黑色,所以在打粉底时要注意鼻部的修饰。

(2) 逆光。光源正对着照相机或摄影镜头的照明即逆光照明,主要用于显示有魅力的轮廓,故又称“轮廓光”。逆光有利于物体的线条和表面特征的表现,明暗对比能产生极强的戏剧效果,多用于男性人像,有利于表现人物的阳刚之气。图像反差大,立体感和空间透视感强。在这种光线条件下化妆,就不用再着重强调轮廓。

(3) 顶光。光源从头顶部垂直向下照明,便是顶光照明,光线投射到被照对象最隆起的部分,淡化了其他部位。顶光一般是为了刻画出某一人物的性格特点或营造一种气氛,在化妆照明中不常使用。

通过了解自然光、人工灯光特点及其对化妆造型的影响,我们知道在化妆造型时,要注重根据不同的灯光环境,选择适宜的化妆色彩与技巧来加以修饰,从而使妆面更加完美,这是一个具有较高造型能力的化妆师应该具备的职业素质。

5. 光色对化妆的影响

不同的化妆应选不同的灯光,生活妆宜在自然光下,晚妆、摄影妆、舞台妆等须在合适的灯光下进行。透明度越低的色光对化妆的影响越大,透明度越高的光对化妆的影响越小。光的颜色与化妆的颜色相似,将使妆面颜色的纯度增高,若与所给的光的颜色为互补色,则会使化妆的明度、纯度下降。假如化妆色不含有任何一种组成它的灯光色的成分,那么这个化妆色的任何明暗色调都会显得灰或黑。

具体来讲,光色与妆色的关系大体表现如下。

(1) 粉红色光,使冷色妆变灰,暖色妆的纯度增加,黄色变成橙色。

(2) 大红色光,对任何妆都有破坏作用,在这种红光下,除了深肤色,几乎所有的色调都会消失。浅色调和中间色调的腮红变成苍白的橙黄色,甚至褪色。另外,深红色变成偏红的棕色,黄色变成橘黄,而冷的阴暗色都变成深灰、黑色。

(3) 紫罗兰色的光会使橙黄色、猩红色变得更红,因此,在紫罗兰色光下不论底色还是腮红都不要用太多的红色。

(4) 绿色光使主妆面颜色变灰,因此,尽量不用绿色光。

(5) 浅蓝色光使化妆的底色纯度降低,这种光会使中间色和深肤色变灰,使所有的红色变灰,而浅色则被除去。

(6) 肉色和浅绿色光对化妆的影响较小,并且使化妆有较好的效果。

(7) 不纯的琥珀色也是令人喜爱的色光之一,能提高粉红色和肉色色调,使化妆显得生动。

总体而言,对化妆来说,暖色光比冷色光好,浅色光比深色光好,接近肤色的光效果最好。如果懂得一点起码的灯光知识,当你盛装参加晚会,或者在舞台上就不会被看似美丽的彩光偷偷地破坏了形象。

7.2 化妆步骤

7.2.1 整体化妆程序及方法

1. 妆前准备

(1) 净面

化妆前要用洁面乳或其他清洁用品洗净脸,这样能够对皮肤起到保护作用,同时也有利于呈现较好的妆面效果。

(2) 涂化妆水和乳液(面霜)

滋润肌肤是化妆的第一步,使用化妆水(柔肤水、爽肤水)是为了给皮肤补充充足的水分,给干燥的皮肤"喝水",使用时轻轻拍涂。接下来一般要使用乳液给皮肤提供更多的营养和水分,同时减少化妆水的挥发。使用乳液时,将乳液置于掌心,双手均匀揉开,在脸上由内向外,由下向上涂抹,这样可以使皮肤更好地吸收。而皮肤比较干燥、衰老或秋冬季使用时,还可以在乳液外面涂面霜做进一步的滋润和营养。

2. 面部基底色

打粉底的目的不是追求白,而是为了均匀肤色。要想达到均、瓷、透的打底效果,掌握粉底的使用方法非常关键。

(1) 用海绵进行粉底化妆

借助于海绵抹粉底,可以使粉底与皮肤结合得更紧密,皮肤吸收得更好,涂抹更均匀,妆面效果较好,达到均匀、统一的整体效果。同时还可以利用海绵的渗透性和吸附力去除面部多余的粉底,消除厚重感,使质感更加通透。

利用海绵进行粉底化妆要有几种手法:抹,平涂让粉底均匀;拍,轻拍让粉底充分渗透;揉,轻揉让粉底更加自然。

(2) 用手指进行粉底化妆

用手指涂抹粉底可以深入细小部位,如鼻翼两侧、下眼睑及嘴角等部位,可以涂抹得很细致全面。

具体操作方法如下:将一滴珍珠大小的粉底液倒在掌心中,用手指蘸取少量粉底液后分脑门儿、两颊两侧、鼻尖、下额五个点涂抹在脸部,然后用手指将脸部各个部位的粉底逐一薄薄匀开,可以采用轻拍与涂抹相结合的方式,先将粉底大面积地匀开,再将粉底轻拍均匀。涂粉底时在眼角、嘴角、鼻唇沟处应涂得薄一些,否则会让细纹更加明显。

(3) 用粉底刷进行粉底化妆

使用步骤如下:先将粉刷用水浸湿透,然后用粉底刷蘸取含水量较多的保湿膏状粉底或粉态粉底,将粉底均匀地扫于面部。用粉底刷刷粉底时,应遵循一定的规则,先利用粉底统一肤色,面部一些较暗的地方,如眼部周围、鼻窝、嘴角等部位,应先统一肤色,然后再均匀地涂上粉底。

另外,为了起到隔离粉尘、彩妆污染的作用,通常需要在涂抹粉底液之前先涂一层隔离霜。相比粉底液,隔离霜还具有美白、保湿等功效,而且使粉底液的修饰、遮瑕效果更好。因此,如果是肤色较好的女性,在不需化浓妆的情况下,可以只用隔离霜而不再使用粉底液。

3. 外轮廓阴影色

主要用于面部需要收缩的部位,如面颊两侧、下颌等。多用于影视妆、摄影妆等,生活化妆中这一步可以省掉。将海绵的另一端蘸上深色粉底,从外轮廓下颌角部位,根据脸型阴影色可多可少,涂完后再用浅色一端在内外轮廓交界处进行点拍,衔接内外轮廓。

4. 高光色提亮

在化妆中使用高光色提亮可以让脸部呈现较强的立体感,强调面部的轮廓,与阴影色和底色形成较强的对比。同时高光色还有调整面部五官比例的作用,在矫正化妆中应用也比较广泛。高光色主要的颜色一般为珍珠白色和乳白色,分为膏状和粉状。使用高光色的妆面,会令妆容增色不少。

高光色主要运用在面部的五个光区。

(1) "T"形区。将"T"形区提亮会使脸部中央呈现优美的弧线,鼻梁的提亮可呈现鼻部挺实的优美效果,还可以矫正不太完美的鼻部。

(2) 三角区。眼睛下方的倒三角形的区域,也就是横向从内眼到外眼角,纵向到鼻翼的这个区域称为"三角区",在三角区的提亮会显得面部很饱满。

(3) "C"区。从脸颊的最高处额骨位置到太阳穴附近称为"C"区,强调"C"区的亮度,会使面部显现更加生动。但也要根据脸型的特点选择是否在"C"区提亮,如菱形脸就不适合在"C"区提亮。

(4) 眉骨。位于眉毛的后 1/3 处,在这里使用高光,增强了眼部立体感,会使眉部轮廓分明。

(5) 下颏。下颏不够明显或略短小的人应在下颚部位提亮,有延长下庭的效果,使面部比例和谐。

5. 定妆

定妆的目的在于压制面部的油光感,牢固妆面。

用于定妆的工具有粉扑和定妆刷。用粉扑定妆,在定妆前要在粉扑内蘸上一定量的散粉,双手对折搓揉均匀,然后采用轻按的方法,按照从中央至脸颊两侧的顺序,每一个部位都要定妆。

用定妆刷定妆时一定让刷子上蘸适量透明定妆粉,然后轻抹、轻拍于面部。在眼部、嘴角、鼻窝处应更加细致地定妆,用定妆刷的效果会使妆面更加透明。

6. 画眼线

画眼线可以使眼睛变大、有神,轮廓更加清晰,还可以在一定程度上矫正眼型。画前应观察眼型,使用水溶性眼线或黑色眉笔由角膜平视外侧起沿睫毛根部向后延伸至外眼角,角膜平视向前自然衔接。水溶眼线液画出的睫毛层次感强,便于调整眼型。眼线笔画出的眼线效果真实、自然,使用方便。

7. 画眉毛

画眉毛可以借助眉笔、眉粉、透明睫毛油、彩色睫毛膏等几种工具。

(1) 眉笔。眉笔主要分为黑色、灰色、棕色三种。用眉笔画眉毛一定要注意眉毛的走向,尽量用眉笔补充眉毛稀疏的部分,避免用眉笔画出很生硬的一根或几根线条。

(2) 眉粉。眉粉是当今眉部化妆中比较流行的一种工具,使用眉粉能够画出较为自然的眉形。眉粉一般为盒装,一般为双色装或三色装。主要颜色为棕色、灰色、黑色、灰绿色,也可将几种颜色调和使用,调出适合自己眉形的颜色。

画眉毛时要注意眉毛的立体关系,遵循中间深,两端浅,下部深,上部浅的画眉原则,并且应记住眉毛的标准比例。

8. 涂睫毛

睫毛可以通过使用睫毛油、睫毛膏的方法增加眼部立体感,使眼睛显得更为有神。在涂睫毛膏之前用夹子将睫毛夹弯,然后将睫毛膏从睫毛根部向梢部涂抹。睫毛油一般适用于睫毛较密并且颜色较浓的人;彩色睫毛膏可以配合妆面,给睫毛着色,带来全面的整体协调感,增强睫毛的自然亮度与立体感,适合发色、眉色较浅、整体装扮较为时尚的人使用。黑色睫毛膏使用频率最高。

9. 画腮红

选择适合妆面的腮红颜色、合适的腮红工具以及适合脸型的腮红画法是画好腮红的必备条件。

腮红采用不同的画法,会有不同的视觉效果:从脸颊最高处延颧骨横向轻轻呈圆形扫开的画法呈现自然感;在脸颊正中央位置呈圆形轻轻扫开的画法显得可爱,注意面积不要过大;提高起笔位置从太阳穴起笔向脸颊最高处斜扫腮红,并向脸颊中央略带一些腮红的画法比较时尚、个性。当然,腮红的形状还与脸型有直接关系。

10. 画唇部

先涂无色护唇油,再画唇线,由唇角开始,遵循上唇薄,下唇厚,上唇长,下唇短的唇部特征。最后涂口红,用唇刷蘸上口红在唇部涂抹。

11. 修容饼修容

根据需要，可用修容饼再次修容，常用的是双色修容饼，深色收缩，浅色提亮。

全部化妆结束后还要对整体效果做进一步检查，同时调整面部与脖颈颜色的衔接。

7.2.2 不同年龄的化妆方法

以上讲的是整体化妆的步骤，而在实际化妆过程中，根据时间、地点和场合的不同，在化妆步骤上会有不同的侧重和省略，这些知识在本章7.5常见头部造型设计会有详细介绍。这里，我们主要探讨不同年龄的化妆对象对化妆侧重点的不同要求。

化妆要与个人的年龄相吻合，少女注重保持原有的青春亮丽的感觉；而青年则开始注重对肌肤的保养，因为周围环境的丰富多变，对妆容的要求也多，既要注重保养，又要懂得合理化妆；人到中年，对保养越加看重，而且化妆要注意端庄、稳重感；老年的化妆在中国向来为大众所忽视，其实老年人新陈代谢缓慢，皮肤老化快，更需要保养。皱纹、色斑等虽不可避免，但是仍可以通过化妆来加以改善。化妆与年龄始终息息相关，无论从注重美还是从注重保养出发，都不得不借助化妆这个辅助手段。不同年龄对化妆的要求不同，化妆技巧、所需要注意的重点也不尽相同。

1. 青少年时期

青少年时期女性的皮肤弹性、水分都比较充足。这一时期的女性整体氛围特征为青春、可爱、活泼、朝气蓬勃，在符合场合和身份的前提下，尽可以把自己打扮得漂漂亮亮，但整体忌浓艳。

如果相貌比较理想，就无须进行过多的人工修饰，像画眉、涂睫毛膏、打腮红都可以省略，只需要进行基础护肤程序即可。每天晚上睡觉前，要将脸彻底洗净，不能带着一脸的灰尘与油污入睡。清洁面颊也可以使皮肤得到休息和保养，同时可以涂一些保养的护肤品。如果觉得自己的相貌有美中不足之处，需要美化修饰，那就以清新淡雅为原则，进行适度的化妆，如可以淡扫眉毛，用眉笔轻轻地描眉，以不露饰痕为好，根据个人和整体服饰风格特征，有时可以加重眼部和唇部、面部的修饰。如在一些比较隆重、喜庆的场合，为了和相对隆重的服饰相搭配，可以用眼线、眼影、睫毛膏甚至假睫毛来修饰自己的眼部，唇部也可以用修饰感较强的有色唇膏代替唇彩、唇油，面部可以使用较为清透的隔离霜和粉底液进行修饰，同时轻扫腮红，唇膏、腮红都以比较青春活力的粉红和热情的橙红色为主。

2. 中年时期

女人到了三四十岁，整体呈现的是一种成熟美。这个年龄段的女性由于皮肤的黄色会有所增加，所以需要采用各种化妆技巧来突出优点掩饰缺点，按青少年的化妆方法效果就欠佳了。此时的原则是：日妆要求淡雅，晚妆则可浓艳，粉底液成为中年女性化妆的必备。要想使自己的皮肤显得年轻，选用高效保湿的基础护理，应用带粉红色调的粉底。在使用粉底时，可扑上带有淡紫色调的粉底，即可使皮肤白皙，富有生气。三十岁以上的人，颧骨周围会逐渐失去弹性，这时可运用微笑法找到面颊鼓起的最高位置来扫腮红。

平时要多注意饮食与健康保养，增加皮肤的内在养分，保持肌肤的青春活力。中年女性化妆的一个基本要求就是要自然、端庄，最好不要化新潮妆。选择粉底液时要与皮肤的色彩靠近，要有较好的保湿、清透性。在涂腮红时要选用与褐色混合的各种红粉，千万不能涂色彩鲜艳的腮红。涂抹时，要尽量淡化，不要形成明显的边缘，要达到看似若有若无的效果。选择唇膏时，一定要选偏暗、色调柔和的色彩。因为中年人的唇色本身就不鲜艳，如果涂了鲜艳的色彩，反而让人觉得很不自然。可以多选多款深色唇膏，参考衣着色彩来化妆，使自己的装扮既色彩丰富又浑然一体。

3. 老年时期

五十岁以后的女性，皮肤的弹性、水分逐渐减少，皮肤显得干燥、松弛、多皱纹，这时首先要选用油脂、水分含量都较高的护肤品，如高效保湿霜、去皱精华液等。而在化妆方面则需要注意和自己的年龄相吻合。一方面，这时的皮肤需要通过化妆去适当修饰和改善；但另一方面，如何化妆不当，则给人以俗艳之感。这一阶段的女性除非是出席晚宴、舞台表演等场合，一般情况下不要在面部做过多修饰。在日常妆容中，主要通过眉形和唇部、面部的简单修饰来提升面部的生动感。眉形应庄重、大方，避免过分修饰眉形，令人产生虚假的感觉。唇部修饰先用透明唇膏加以滋润，再涂上肉红色、棕红色等比较稳重的颜色。面部主要通过粉底液来简单修饰。眼线、腮红、睫毛膏、眼影等则是日常化妆中应该避免的。

7.2.3 清洁卸妆的步骤及方法

1. 清洁卸妆的步骤

清洁是皮肤保养的基础。女士在做护肤时，清洁卸妆的重要性往往被忽视，殊不知一切营养品若要发挥其功效，都必须进入经过彻底清洁且毛孔内没有污垢阻碍的深层皮肤组织中。狭义的清洁卸妆是指用一般清洗用品清洁面部，效果仅限于皮肤表面，无法进入内部彻底清洁。而对于专业美容来讲，清洁卸妆具有更广泛的意义，它不仅要除去皮肤表面的彩妆、毛囊内污垢，而且要使皮肤酸碱度平衡，角质层软化，并增强新陈代谢能力。在专业美容院，清洁和卸妆是分不开的。对化浓妆的人来说，首先应卸妆，即眉、眼、唇及面部两侧彩妆的清洁，之后再用洁面乳霜或其他专业清洁产品在脸上大面积清洁。清洁时可用双手的中指和无名指指腹从下巴开始向上向外打圈。因为面部汗毛是沿 45^0 向下生长的，下巴汗毛是 60^0 向下生长的，打圈清洁可更深入地清洁至毛孔深层。北方水质较硬且呈碱性，所以在清洁卸妆最后一步——清水冲时也应注意，不要让水直接接触皮肤，可用清洁后的毛巾、洗面扑等物品清洗脸部，如此反复多次，最好用流动的温水。这样做可以使洗面乳中平衡皮肤酸碱度的成分不被破坏。

2. 清洁卸妆的方法

下面就不同肤质的清洁、卸妆方法介绍如下。

(1) 干燥老化肌肤。对较干燥老化的皮肤，应使用维生素含量高的植物性油脂制成的清洁霜，可使干燥皮肤清洁卸妆后，在皮肤表面形成滋润性的保护膜；再使用精华化妆水使皮肤柔软、平衡和滋润。在做清洁时，应注意手向斜上方打圈，并保持每个动作都起到提拉作用。切忌向下打圈，以免使已老化的肌肤更加松弛。含胶原的洗面奶、卸妆霜也是清洁干燥老化肌肤的首选产品。

(2) 缺水肌肤。缺水型皮肤应选用亲水性高、含保湿因子、不含油脂的清洁乳,可温和而彻底地清洁皮肤,使皮肤清洁后不至于流失过多的水分。清洁后使用平衡营养水,可平衡肌肤,减少黑斑。选择的日霜应是保湿滋润型的。

(3) 油性皮肤。油性、粉刺类皮肤,往往是亚热带地区最为普遍的肤质,尤其是年轻人属这类皮肤者较多。洁肤产品应选用含有消炎、杀菌、防腐成分的清洁乳,彻底去除皮肤污垢,再使用收缩水调理粗大的毛孔,以避免毛孔因皮脂的堵塞而有扩张、变粗的现象,切勿为达到暂时的消炎或收缩效果而选用酒精或其他挥发性物质含量较高的产品,以免使皮肤形成缺水、脱皮、伤口不易复原,进而引发过敏性反应。

(4) 敏感性皮肤。敏感性皮肤的清洁尤为重要。敏感皮肤使用的产品更应小心谨慎,产品中绝对不能含酒精、香料、色素,应使用温和的,具有轻微消炎杀菌,且稳定性高,可强化微血管壁的营养水。敏感皮肤的清洁时间不宜过长,否则会使皮肤易于红痛。不论是美容院护理还是家庭护理,每一程序对敏感皮肤而言都应更轻柔,且时间不宜太长,因为每一个动作对敏感的皮肤都会产生威胁。

3. 角质层的专业清洁

角质层的专业清洁对皮肤彻底清洁十分重要。专业美容院有针对不同皮肤的各种去角质产品,大致可分为三种:一种是角质更新啫喱,此类产品水分比较充足,适用于中性、混合性皮肤。使用时先将啫喱均匀涂在面部,20 分钟左右即可用手轻轻搓去,再用清水洗净拍上营养水即可;第二类是角质更新霜,此类产品营养成分充足,比较适用于干性及衰老型皮肤,用法同上;还有一种是磨砂膏,它能抑制油脂分泌,清洁毛囊,多为油性肤质的男士及皮肤粗糙的女士使用,因此类产品对皮肤刺激较大,使用时多用于局部,例如易出油的"T"形区。

7.3 矫正化妆

现实生活中,一般人的面部都不会完全符合美的标准要求,往往带有某种缺憾,化妆就是对面部进行必要的矫正修饰,以达到整体的和谐美。

7.3.1 面部黄金分割定律

面部黄金分割定律是指当一个人的面部符合一定的标准时,会达到整体和谐美的最佳效果,即人们所说的"三庭五眼",它是化妆时进行矫正的基本依据。三庭指脸的长度,即从前发际线到下颌分为三等份。上庭是指从前发际线到眉毛;中庭指从眉毛到鼻底;下庭指从鼻底到下巴,它们各占脸部长度的 1/3。五眼指脸的宽度,以眼睛的长度为标准,把面部的宽分为五等份。两眼的内眼角之间的距离应是一只眼睛的长度,两眼的外眼角延伸到耳孔的垂直距离又是一只眼睛的长度,如图 7-1 所示。

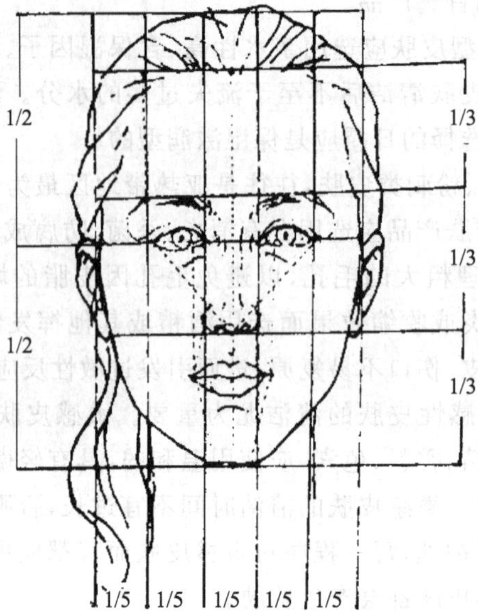

图 7-1 三庭五眼

7.3.2 脸型分类

脸型在化妆中具有非常重要的地位。首先通过对几种不同脸型的概括与介绍,了解不同脸型的特点。

一般而言,人的脸型可分为以下七种。

(1) 菱形脸。其特征是颧骨突出,双眼通常比较贴近,两颊宽阔,上下较窄。这样的脸型往往会让人产生不舒服感。

(2) 圆形脸。其主要特征就是“圆”,通常给人留下可爱、亲切的印象,如圆圆的眼睛、圆圆的下巴等。眉毛和额头、嘴巴和下巴等部分通常比较贴近,两颊多肉,颧骨不明显。

(3) 长方形脸。长方形脸的脸部较长,面颊偏窄,颧骨间距近。不过只要化妆得当,这种脸型给人沉静、高贵且温柔的感觉。

(4) 方形脸。方形脸的脸型线条较直,方方正正,额头宽,面颊也宽,下巴稍狭小,缺乏温柔感。

(5) 倒三角形脸。倒三角形脸比较尖,具有上宽下窄的特征,额头较宽,下巴较尖,这种脸型时尚感较强。

(6) 正三角形脸。正三角形脸上窄下宽,额头窄小两腮方大,给人面部比例不太和谐的感觉。

(7) 椭圆脸。椭圆脸颧骨不明显,脸型长短宽窄配合最适宜,这种脸型又叫标准脸型,被公认为是最和谐的,因此无须利用过多的化妆作矫正。

7.3.3 不同脸型的化妆技巧

不同脸型对化妆技巧的要求是不同的。每种脸型都有自己的优缺点,在化妆时,一定要遵循扬长避短的原则针对每个脸型设计出尽可能和谐、完美的妆容。

1. 菱形脸的化妆技巧

菱形脸显得理智、机敏,但给人以冷漠、清高,不容易亲近的印象。化妆时,一定要想办法增加上下的宽度,削弱颧骨的高度。掌握涂腮红的技巧,就可以适当减弱脸型的上下宽度。涂腮红时要以颧骨为中心,以打圆的方法来进行,并且,在打粉底时,额头和下巴要采用浅一度的色彩,而两颊则要采用深一度的色彩,如此一来,可适当调整脸型的"尖"度。

2. 圆形脸的化妆技巧

圆形脸给人可爱、玲珑之感,若要修正为椭圆形并不十分困难。化妆时,主要是增强轮廓感、立体感。选用暗色调粉底,沿额头靠近发际处起向下窄窄地涂抹,至颧骨部下可加宽涂抹的面积,造成脸部亮度自颧骨以下逐步集中于鼻子、嘴唇、下巴附近部位,以使脸部具有细窄感。鼻梁部分要使用光亮的化妆品,这样才能使脸部有立体感。

圆形脸且肤色偏黄的人,腮红要用大红或朱红,在颧骨后方往上长打,成为长条状,这样可使脸显得长一些。眉毛,可修成自然的弧形,或作少许弯曲,不可太平直或有明显棱角,也不可过于弯曲。

3. 长方形脸的化妆技巧

长方形脸给人成熟、棱角感强的印象,化妆的整体要求是造成横向拉宽的视觉效果,一方面可以采用缩短鼻梁提亮的长度、上移下巴提亮位置的方法缩短面部视觉长度;另一方面通过在额头两侧和下巴两侧打暗影的方式达到增加面部圆润感的效果。在腮红的运用上,最简单的办法就是把腮红的位置降低,并往脸的两旁耳处移动,成横向拉宽,这样使脸显得宽一些、短一些。长方形脸的人比较适合有一定弯曲度的眉形,过于圆润或过于平直的眉形都会显得和面部氛围不协调。

4. 方形脸的化妆技巧

方形脸以双颊骨突出为特点,因而在化妆时,要设法加以掩蔽,要弱化"方",增加柔和感。腮红宜涂抹得与眼部平行,可抹在颧骨稍下处并往外揉开,切忌涂在颧骨最突出处。粉底,可用暗色调在颧骨最宽处造成阴影,令其方正感减弱。下颚部宜用大面积的暗色调粉底营造阴影,以改变面部轮廓。唇膏,可涂丰满一些,强调柔和感。眉毛,应修得稍宽一些,眉形可稍带弯曲,不宜有过强的棱角感。画眼线时适合将眼睛画得圆一些。

5. 倒三角形脸的化妆技巧

倒三角形脸特点是额部较宽大而两腮较窄小,呈上阔下窄状。人们常说的"瓜子脸"、"心形脸",即指这种脸型。化妆时,掌握的诀窍恰恰与三角形脸相似,需要修饰部分则正好相反。腮红应涂在颧骨最突出处,而后向上、向外揉开。可用较深色调的粉底涂在过宽的额头两侧,而用较浅的粉底涂抹在两腮及下巴处,达到掩饰上部、突出下部的效果。画眉时应以细眉为主,眉头与眉尾平行,画法与标准眉形相同。眼线依眼睛形状来画,需明显些。在颧骨、下巴和额头两边着深色粉底造成暗影效果,在脸颊较瘦的两腮处用白色或浅色粉底来修饰,使整个脸颊看起来更丰满。

6. 正三角形脸的化妆技巧

正三角形脸特点是额部较窄而两腮较阔,整个脸部呈上小下宽状。化妆时应将下部宽角"削"去,把脸型变为椭圆状。腮红,可由外眼角处起始,向下抹涂,令脸部上半部分拉宽一些。粉底,可用较深色调的粉底在两腮部位涂抹、掩饰;在两腮较宽部位加深色粉底,使该处显得比较深凹,弥补脸下半部宽大的缺陷,在狭小额头和下巴处加上白色粉底,让它们突出饱满。眉毛,宜保持自然状态,不可太平直或太弯曲。

7. 椭圆形脸的化妆技巧

椭圆形脸属"标准脸型",在化妆时可以随心所欲地设计出自己想表达的妆容。如眉毛的画法完全可以抛开旧有的观念,依据流行的眉形加以改变。化妆时宜注意保持其自然形状,不必通过化妆去改变脸型。腮红应涂在颊部颧骨的最高处,再向上向外揉化开去。唇膏,除嘴唇唇形有缺陷外,尽量按自然唇形涂抹。眉毛可顺着眼睛的轮廓修成弧形,眉头应与内眼角齐,眉尾可稍长于外眼角。

7.3.4 面部立体感的塑造技巧

面部立体感主要是依据高光与暗影的化妆原理,而这一原理是基于素描学中的明暗关系和结构法的知识而获得的。

明暗的产生是光线作用于人体面部的客观反映。由于光的客观性决定了明暗变化的规律性,面部的立体结构对光照反射出不同层次的明暗,不同的质地,明暗也有所不同。面部轮廓通过受光后各个部位的明暗深浅各不相同。受光部分称为亮面,如额头、鼻梁、颧骨、下颌,背光部分称为暗面,明暗相交的部分称为中间色调。在化妆的时候,需要注意的是明暗交接的地方要过渡自然,不能有明显的深色与浅色。

矫正化妆中高光与暗影的运用,就是利用以上的自然法则表现自然而立体的妆面。在化妆时,脸型上需要凸出的地方使用高光,而在脸部需要暗下去的地方使用暗影。这个高光与暗影色可以用粉底调成,也可以运用化妆色彩中的阴影色(偏冷、暗的色彩,如棕色、咖啡色、灰色、绿色、蓝色等)或亮色(偏暖或明度高的色彩,如亮白色、米色、象牙色、黄色等)来实现。

7.3.5 局部矫正化妆

1. 眉部的矫正化妆

画眉首先要了解标准眉形的比例结构及在脸部的标准位置。

标准的眉形为:眉与眼的距离大约有一眼之隔;眉头在鼻翼与内眼角的垂直延长线上;眉峰在眉头至眉梢的2/3处;眉梢在鼻翼与外眼角连线的延长线上;眉头与眉梢基本保持在同一水平线上。

几种常见眉形的修正方法如下。

(1) 吊眉

特征:眉头位置较低,眉梢上扬。吊眉使人显得有精神,但会使人显得不够和蔼可亲。

修正:将眉头下方和眉梢上方多余的眉毛除去。描画时,要加宽眉头上方和眉梢下方的线条,这样才可以使眉头和眉尾基本在同一水平线上。

(2) 八字眉

特征:眉尾和眉头不在同一水平线。这种眉形使人显得亲切,但过于下垂会使面容显得忧郁。

修正：去除眉头上面和眉梢下面的眉毛。在眉头下面和眉尾上面的部分要适当补画，尽量使眉头和眉尾能在同一水平线上，或使眉尾略高于眉头。

(3) 短粗眉

特征：眉形短而粗。这样的眉形显得粗犷有余，细腻不足，有些男性化。

修正：根据标准眉形的要求将多余的眉毛修掉，然后用眉笔补画出缺少部分，可适当加长眉形。

(4) 眉形散乱

特征：眉毛生长杂乱，缺乏轮廓感，使得面部五官不够清晰、干净。

修正：先按标准眉形的要求将多余眉毛去掉，在眉毛杂乱的部位涂少量的专用胶水，然后用眉梳梳顺，再用眉笔加重眉毛的色调，画出相应的眉形。

2. 眼睛的矫正化妆

对眼睛的修饰主要是画眼影、眼线和对睫毛的美化。例如，利用不同颜色的眼影晕染，可以增加眼部神采，调整眼部结构；粗细不同、长短不一的眼线，可以改变眼睛的形状；不同假睫毛的配合，又可以加强眼睛的神韵。

(1) 大眼

特征：大眼睛给人以可爱、美丽的印象，但过大的眼睛又令人觉得十分呆板。

修正：对这种眼型在画眼影时可采用浅亮色的眼影平涂的手法，并在靠近睫毛根处选用眼影以增加眼部神韵。眼线不可画得太粗。

(2) 小眼

特征：小眼睛的人在化妆时总想要达到双目生辉的效果，以弥补小眼睛在视觉上缺乏个性的一面。

修正：在眼影色的选择上有两种方法。一是画出上深下浅的假双眼皮，例如以深咖啡色与浅白色的配色，这种修饰多用于舞台妆，日常生活中不宜；二是用上浅下深的手法来晕染，不刻意强调上眼睑的褶皱。但小眼睛在化妆时尽量不要选用太刺目或另类的色彩，宜选择接近东方人肤色的暖色系色彩。

(3) 上斜眼

特征：上斜眼型内眼角低垂，但外眼角向上飞起，此种眼型给人以十分凌厉精明的印象。

修正：在修饰时，可在内眼角的上眼睑处涂以耀目的色彩；外眼角处不强调，以柔和的色调轻轻带过即可；内眼角的下侧可选用浅亮色提亮；外眼角下侧同样可以用点缀色来进行强调，并在画眼线时，加宽上眼线内眼角处及下眼线外眼角处，以此来达到视觉上的平衡。

(4) 下斜眼

特征：下斜眼的形状与上斜眼型恰好相反，此种眼型给人以和蔼可亲的印象，但易让人有衰老和忧郁的感觉。

修正：下斜眼在化妆前可用美目贴或深色纱布贴于上眼睑的外眼角处，令眼部弧度向上提升。在选择眼影时，与上斜眼的画法恰好相反，外眼角的眼影位置可略向上提升，色彩可以鲜亮一些，也可加宽上眼线外眼角处的眼影宽度。

(5) 肿眼睛

特征：上眼皮脂肪较厚，使得眼睑的厚度很突出，造成肿眼泡的视觉印象。

修正:肿眼睛在东方人群中十分常见,因此在选择眼影色时要十分谨慎。例如一些蓝、绿等冷色调的色彩,肿眼睛的人应尽量少尝试,因为它们会造成眼部更加突出的印象。可选择一些与东方人肤色相近的暖色系,如咖啡色系即是肿眼睛的安全色系之一。此外可选用亮色提亮眉骨,选择较长的假睫毛等也可以削弱肿眼睛眼皮的厚重感。

(6) 凹陷眼

特征:凹陷眼的眼型与肿眼睛恰好相反,它具有欧化的风格。眼眶凹陷,较具现代感,但又易有成熟、憔悴的印象。

修正:在选择眼影色时,可使用一些浅白色系使上眼睑突出,增加柔和的感觉;眉骨处的色彩不可太刺目,否则在强烈的对比之下,会使眼部的凹陷感加强。眼线的描绘也应采用自然的线条。

(7) 圆眼睛

特征:圆眼睛给人留下机灵聪慧的印象,但同时又会有精明、厉害的感觉。

修正:圆眼睛的眼影画法可取几色横向并列的方法,尤其是外眼角处的色彩要鲜明、突出,整个眼影的位置不可过高。眼线的画法可细长一些,以增加眼部的视觉长度。

(8) 长眼睛

特征:长眼睛常会给人以妩媚、女性化的感觉,但又会有缺乏神采的印象。

修正:画眼影时可采取上下几色并列的画法,眼影的位置可略高,但不可太长,可强调下眼睑处眼影色。眼线的画法可采取中间粗、两头细的方法,以加强眼睛的视觉宽度。

3. 鼻部的矫正化妆

对鼻子的修正方法主要是画侧影和涂抹亮色,对不同鼻型,鼻侧影和亮色的使用也有所不同。

(1) 塌鼻梁

特征:鼻梁低平,使面部显得呆板,缺乏立体感和层次感。

修正:在鼻梁两侧涂抹暗影,上端与眉毛衔接;在眼窝处颜色要深一些,往下逐渐淡化;鼻梁上较凹陷的部位及鼻尖处涂亮色。

(2) 短鼻子

特征:鼻子的长度小于面部长度的1/3,即常说的"三庭"中的中庭过短。鼻子较短会使五官显得集中,同时鼻子显得较宽。

修正:鼻侧影的上端与眉毛衔接,下端直到鼻尖。亮色从鼻根处一直涂抹到鼻尖处,要细而长。

(3) 鼻子较长

特征:鼻子的长度大于面部长度的1/3,也就是中庭过长。鼻子过长使鼻型显细,并使脸型显得更长。

修正:鼻侧影从内眼角旁的鼻梁两侧开始,到鼻翼的上方结束,鼻尖涂阴影色。鼻梁上的亮色要宽一些,但不要在整个鼻梁上涂抹,只需涂抹鼻中部。

(4) 鹰钩鼻

特征:整个鼻梁弯曲呈钩状,并且鼻头较尖,鼻中隔后缩,面部缺乏柔和感,显得较为冷酷。

修正:鼻侧影从内眼角旁的鼻梁两侧开始到鼻中部结束。鼻尖部涂影色,鼻根部及鼻尖上侧涂亮色,鼻中部凸起处不涂亮色。

(5) 宽鼻

特征:鼻翼的宽度超过面宽的1/5,会使面部缺少秀气的感觉。

修正:鼻侧影涂抹的位置与短鼻相同,从鼻根至鼻翼处,并在鼻头处部位涂亮色。

4. 唇部的矫正化妆

唇型的修饰包括描画唇线和涂抹唇膏两个部分。唇型在矫正前,应选用与面部打底相同的遮盖力较强的粉底色,将原唇的轮廓进行遮盖,然后用蜜粉将其固定,再进行修饰,以便使矫正后的唇型效果自然。

(1) 嘴唇过厚

特征:嘴唇过厚分上唇较厚、下唇较厚及上下唇均厚三种。嘴唇过厚使面容显得不够精致。

修正:保持唇型原有的长度,再用唇线笔沿较厚的唇部轮廓内侧画唇线。唇膏色宜选用深色或冷色以达到收剑效果,避免使用鲜红色、粉色和亮色。

(2) 嘴唇过薄

特征:嘴唇过薄有上唇较薄、下唇较薄及上下唇均薄三种。嘴唇过薄,唇型缺乏丰润的曲线,使面容显得不够开朗或给人以刻薄的感觉。

修正:在唇周围涂浅色粉底,再用唇线笔沿原轮廓向外扩展。唇膏可选暖色、浅色或亮色,以增加唇的饱满感。

(3) 嘴角下垂

特征:嘴角下垂容易给人留下愁苦的印象,且使人显得苍老。

修正:用粉底遮盖唇线和嘴角,将上唇线向上方提起,嘴角提高,上唇唇峰及唇谷基本不变,下唇线略向内移。下唇色要深于上唇色,不宜使用较多亮色唇膏。

(4) 嘴唇凸起

特征:上下唇凸出会产生外翻的感觉,影响唇型的美感。

修正:沿原唇型的嘴角外侧画轮廓,上下唇线应平直一些,以缩减唇的凸出感。唇膏宜选择暗色。

(5) 唇型平直

特征:唇峰、唇谷等曲线不明显,唇型的轮廓感不强。这样的唇型缺乏表现力,面部不生动。

修正:按标准唇型的要求勾画唇线,然后再涂抹唇膏。

7.4 发型设计

发式造型是人的外部形象的重要组成部分,有明显的实用性,同时兼具很高的审美功能。发式造型的变化有一定规律,却没有固定的模式。在生活中,现代发型不仅是人外部仪容的装饰,还常展示着人内在的精神世界。得体的发型,不但能衬托美的容貌,还能弥补容貌的某些缺点,从而塑造整体美感。作为形象设计者,要学会利用发型的造型特点,通过掌握简单的相关理论和技术,与化妆造型一起打造一个人成功的外在形象。

7.4.1 常用的发型设计工具

化妆师在进行发式造型时,要选用正确的工具,不仅使发式造型成为一种乐趣,而且使之方便快捷。现在不断推出的高科技的电动发型工具大大提高了头发吹干、卷曲或拉直的效率,作为化妆师也要熟悉其特性和使用方法。

1. 刷子

刷子是梳理卷发的必备工具,不但能理顺头发,而且能修整发型,塑造波纹。市场上的刷子品种众多。

(1) 滚刷或圆刷。滚刷或圆刷主要用于蓬松头发和做发卷。吹风时,也可以用来拉直头发,或保持自然卷发和波浪发。需要夹紧头发和控制头发时,选用活动短毛滚刷;做卷曲发时,选用中长毛、长毛刷和超长毛刷。

(2) 半圆刷。半圆刷上的天然橡胶垫具有抗静电的特点,垫上有尼龙圆头齿,不会扯断或损伤头发。因为其齿距较宽,所以吹风时气流可达头发根部,有助于蓬松头发和增强动感,使头发看上去更加柔软丰满。

(3) 吹风刷。吹风刷是打开干发、湿发上的乱发缠结的理想工具,适用于各种长度的头发和各式发型。齿距设计以及通风设计可使热气流直达发根部,加速头发的吹干速度。快速吹干头发,选用风洞式发刷;快而柔地吹干头发,选用折曲通风式发刷。

(4) 气垫式和平底式短毛刷。气垫式和平底式短毛刷是梳妆台上的传统发刷,是梳理长发的理想工具。它们具有平滑头发,增加光泽,减少静电的功能。可以选用大、中、小号的猪毛刷、纯毛刷或尼龙发刷。

2. 梳子

梳子应有梳齿,但齿刃不应太锋利。吹直发时使用九排梳;梳理乱发或上润发露时,选用宽锯齿发梳;分发线时,选用尖尾梳,为增加发量,可采用尖尾梳逆梳发进行打毛处理;修饰头发时,选用定型梳。

3. 卷发器

卷发器规格齐全,是做干发卷和湿法卷的理想工具。卷发器使用简便快捷,无须发卡、发夹。

4. 发卡

发卡是发式造型时的必需品,主要起到固定头发的作用,有各种形状和材料。

5. 吹风机

吹风机是塑造发型的重要工具,主要用于头发洗涤后吹干和发型整理。主要分为有声风机、无声风机及大吹风机(又称烘干机)。

(1) 有声吹风机。有声吹风机功率大,风力强,适合于吹粗硬的头发,但噪声大。一般按温度分为大风挡和中风挡,使用时可按头发性质按动风力挡,同时风口可套上扁形或伞形的吹风套,使风力呈一条线或一大片。

(2) 无声吹风机。无声吹风机噪声小,按温度的高低分一、二挡,适合于细软的头发或头发定型时用。

(3) 大吹风机。大吹风机又称烘干机,主要作用是头发盘卷发圈后,将其套在头上吹干发圈的头发。

另外,常见的还有家庭用吹风机、红外线吹风机、分离式吹风机等。

6. 电热卷发器

电热卷发器是用来卷曲头发的电热棒,通过加热,暂时改变发丝卷度,快速便捷。卷筒的粗细各有不同,可根据发卷的大小选用不同规格的卷发器。

7. 电热定型器

电热定型器具有拉直头发、定型及改善发质等功能,还可配置不同夹板,夹出不同卷曲的发丝,如麦穗状。效果快速,使用方便。

7.4.2 发型设计产品的种类与选择

随着科学的进步,美发、固发用品越来越多,功能也越来越全面。常用的美发、固发用品有以下几种。

(1) 发油。液体状,无色,无味,能增加头发的油性,保持头发的亮丽光泽。但是过量使用会使蓬松的头发失去张力。

(2) 发乳。乳状,白色,富含水分,油质少,不但便于造型,增加头发的水分和光泽,还使头发没有油腻感。

(3) 啫喱。透明膏状,色泽不一,用于局部造型,起固发保湿定型作用。

(4) 发胶。种类较多,硬度不一,有无色、单色和七色,便于局部造型,起固发作用。根据不同造型效果需要来选择不同种类的发胶。

7.4.3 头发的类型及特征

对头发的分类,从不同的角度可以有不同的分类结果。

1. 根据头皮分泌油脂量分类

根据头皮分泌油脂量的多少,可以将头发分为以下几种。

(1) 油性发质。油性发质的发丝油腻,洗发翌日,发根已出现油垢。皮脂分泌过多、头发油腻,大多与荷尔蒙分泌紊乱、遗传、精神压力过大、过度梳理以及经常进食高脂食物有关。发质细者,油性头发的可能性较大,这是因为每一根细发的圆周较小,单位面积上的毛囊较多,皮脂腺同样增多,故分泌皮脂也多。

(2) 干性发质。干性发质的特点是油脂少,头发干枯,无光泽,缠绕,容易打结,头皮干燥,发梢易分叉,容易有头皮屑。特别在浸湿的情况下难以梳理,弹性较低,其弹性伸展长度往往小于25%。干性发质可能是遗传、皮脂分泌不足或头发角质蛋白缺乏水分、经常漂染或用过高温度烫发、天气干燥等原因造成的。

(3) 中性发质。中性发质是一种比较理想的发质状态,不油腻,不干燥,柔软顺滑,有光泽,油脂分泌正常,只有少量头皮屑。如果没有经过烫发或染发,保持头发的原始状态,能风姿长存。

(4) 混合性发质。混合性发质的头皮油但头发干,是一种靠近头皮1厘米左右以内的发根多油,越往发梢越干燥甚至开叉的混合状态。如果干性发质的人体内激素分泌又不稳定,容易出现多油和干燥并存的现象。此外,过度烫发或染发,又护理不当,也会造成发丝干燥但头皮仍油腻的发质。

2. 根据头发的质地分类

根据头发的粗细、多少、长短和曲直也有不同的分类。一般来讲,细发发质较软,粗发发质较硬,头发偏粗的更易做造型;发量偏多的长发更易做造型,在做舞台造型时,发量少、短发情况下通常需要各类假发做辅助;而曲发比直发更易做造型,因此很多直发在做造型时通常先做成一次性卷发。

7.4.4 发型与风格

头发的长短、曲直是决定发型风格的最重要因素,在直发与曲发之中根据头发长度划分出长发型、中发型、短发型三类。不同长度的发型,运用不同的造型修剪手段,展示出形形色色的效果,从而打造出不同的发型风格。

1. 长发型

长发型的特点是修长、飘逸、表现力强。

(1) 直发型。垂直的长线条具有端庄、流畅的感觉,显示在直长发型上更能体现女性的柔顺感。这类发型底部可以修剪整齐呈水平线状,也可以修剪出参差层次感,比较适用于表现直线感或优雅风格的形象塑造。

(2) 波浪卷发型。曲线是动感极强的线条,波浪形的长发表现为有规律的曲线,长距离的曲线形成发型的韵律感、节奏感。这种发型给人以柔和的、优美的感觉,较适用于柔美、浪漫风格的形象塑造。

(3) 自然卷发型。这类发型的特点是需要将长发修剪出较高的参差层次,然后烫发,再修剪,最后梳理成随意的长卷发造型,披于背后。由于头发较长,曲线变化自由,无拘束感,仿佛天然卷发的感觉,效果自然、蓬松、浪漫、富有活力。头发密集的发型效果最佳。适用于表现浪漫、优雅的风格形象。

(4) 螺旋卷发型。将长发修剪成单一层次,采用螺旋杠卷烫发,形成立体的螺旋状卷曲长发。发型蓬起,在整体形象中,富于表现力,具有很强的动感效果。这种发型活泼、个性张扬,比较适于活泼前卫、艺术风格的形象塑造。

(5) 盘发型。盘发是长发型的一种表现形式。根据不同的服饰,不同的脸型盘出不同的造型。通常分为高盘和低盘,前者高雅、大方,后者妩媚、柔和。整体适用于表现优雅、高贵、精致的形象。

(6) 编发型。将头发编成数十根或数百根三股细辫,末端可以穿饰五彩珠,源自黑人女子发型。至今仍然受到个性人士的欢迎,男、女均可选用。一般出现在舞台表演中,易于表现民俗或异域风情。

(7) 束发型。束发是长发型常用手法。一般以束发位置的不同来区分造型,有高束发、低束发、单束发、双束发,还有侧束发。不同位置的束发表现风格有很大差异,如低束发文静,高束发活泼,双束发纯真,侧束发俏丽、可爱,顶部束发则显示出个性与时尚。

2. 中长发型

中长发型既有一定的飘逸、潇洒之感，又有轻快、便利的特点，颇受中、青年女子喜爱。

(1) 直发型。发型特点简练、流畅，便于梳理。发丝柔软下垂，帖服于头部，一种风格的表现是将头发下端修剪为水平线，额前有发帘装饰，显得文静、乖巧、大方；另一种风格的表现是将头发修剪出较高的参差层次，下端薄而虚，发型前部有碎发装饰，显示出俏丽、随意的效果。此类发型经过不同的修饰可适于简约、前卫、艺术、自然、甜美等多种风格的造型设计。

(2) 波浪卷发型。中长发型的波浪卷发与长发有所不同，由于波浪距离稍短，曲线清晰而有规律，给人以成熟的魅力，比较适用于优雅、前卫等风格的造型设计。

(3) 自然卷发型。中长发型的自然卷发，由于发丝长度变短，只垂至肩部，其风格也有所改变，显示出温和的淑女风范。这种发型适应面较广，能够适用多种类型的人，但是，要注意头部偏大者避免采用，因为蓬松的卷发会使头部显得更有夸张的感觉。

(4) 外翻卷发型。发型修剪出层次，上部为直发，下部经过烫发、做型，发梢上翘，衬托出脸型，给人以活泼、妩媚的感觉。中、青年女子均可选用。分发的不同会产生效果差别，中路分发线显得文雅、端庄，侧路分发线则展示自然、随意的风格，前种发型可以应用于优雅风格，后者发型适用于自然、甜美等风格。

(5) 编穗曲发型。发型修剪成参差层次，发型曲度小且有棱角，发丝微挺，整体发型蓬起，像发丝编成细小的辫子拆开，显得自由且富有个性，适宜中、青年妇女。此发型较适于甜美、艺术、前卫等风格的造型设计。

3. 短发型

短发的实用性比较强，适用范围广泛，多数类型的人以及多种环境中均可使用，是生活中比较受欢迎的发型。

(1) 短直发型。这类发型后面可以有层次，也可以很整齐，前面可以是斜刘海、齐刘海或不留刘海，视时代、发型整体长度及细节处理不同，有蘑菇头、沙宣头、波波头等称谓，可以用来表现甜美、优雅、干练、简约、前卫等多种风格。

(2) 短曲发型。由于短发相对使头部显得蓬松，且短烫发可以较好地修饰头部形状，使头部更加饱满，近些年在女性中大为流行。视具体烫法及整体长度不同，常见的有纹理烫、梨花烫等。一般来说，梨花烫相对偏长，适合甜美、优雅风格的女性；而纹理烫适合各年龄阶段的女性，整体呈现干练、时尚、简约的氛围特征。

(3) 寸发型。寸发本是男子发型，比一般的短直发更短，层次性更强，近年来颇受年轻女性的青睐。寸发的造型十分讲究，方中见圆，圆中见方，发丝直立，极具个性。适合染色，表现力丰富，深受男士喜欢。年轻女性选择此发型也别有一番韵味，适合表现另类、前卫风格。

7.4.5 发型与脸型

发型与脸型的配合是发型设计中非常重要的一环，如果发型与脸型不搭配，不但体现不出人的个性，而且破坏了人的整体形象。要使发型与脸型配合得当，就要了解不同发型对不同脸型进行修饰的技巧。

1. 圆脸形的修饰

适合:头发侧分可以增加高度。用吹风机和圆齿梳将头顶吹高,两边的头发略盖住脸庞,头发宜稍长。头顶的头发要蓬松,使脸显得稍长。两边的头发要紧贴耳际,不要露出耳朵,稍梳些短发盖住部分脸庞。

避免:头发紧贴头皮,中间分缝,使脸显得更圆。往后梳成一把抓的发型会使脸显得更大、更圆。

2. 方脸形的修饰

适合:顶部蓬松的头发,使脸变得稍长;往一边梳的刘海儿,可使前额变窄;头发宜长过腮帮。将头发尽量往一侧梳,造成不平衡感,可缓解四方脸的缺陷。

避免:顶部头发太平,两边头发垂到腮帮,使脸显得更方。太短的发型,使脸显得更方。

3. 长脸形的修饰

适合:头发可长至耳根,前额稍剪些刘海儿,会使脸显短。头发剪到腮帮以上,侧分,脸会显得稍圆。前额的刘海儿可以缩短脸的长度,两边修剪少许短发,盖住腮帮,脸就不显得长了。

避免:长发且中间分缝,使脸显得更长。太短的头发堆在头顶,会使脸显得更长。头发往后一把抓,长脸暴露无遗。

4. 倒三角形脸的修饰

适合:这种脸型也叫瓜子脸,是比较理想的脸型,中分、侧分、有无刘海儿均可。适合把下巴两边的头发吹得蓬松、饱满,而头顶两侧的头发不宜太蓬松,否则会使头部上下比例失衡,使下巴显得太尖。侧分、长过腮帮的头发会弥补下巴的缺陷。

避免:头顶两侧过于蓬松,两边剪得太短。

5. 正三角形脸(梨形脸)的修饰

适合:头发侧分、长过腮帮,可以使脸变小。用吹风机和圆齿梳将头发吹成蓬松式,可弥补梨形脸的不足。留少许刘海儿覆盖前额,头顶和两边头发要蓬松,用吹风机将头发往前吹,略盖住部分脸庞。

避免:头发中分,紧贴头皮,会使脸显得格外像梨形。脸颊两侧翘起的头发会使腮帮显得更宽。

6. 菱形脸的修饰

适合:发线侧分,头发自眉上斜向外,整体发式宜蓬松柔软。蓬松的"刘海儿"遮盖额部使额角显得宽些,头发要遮住颧骨,以增加脸型的柔和感。

避免:露出脑门儿,两边的头发紧紧地梳在脑后。

7. 椭圆形脸的修饰

东方女性心目中最理想的脸型就是椭圆形,可以说拥有椭圆形脸的人梳什么样的发型都不会难看。如果选择中分、左右均衡的发型,能体现娴静、端庄之美感。若留一袭黑色直发披在肩头,则会产生飘逸之感。

总结起来,发型修饰脸型的基本方法有三种:衬托法,利用两侧鬓发和顶部的一部分块面,改变脸部轮廓,以此来补托脸型的不足之处;遮盖法,利用头发来组成合适的线条或块面,以掩盖头面部某些部位的不协调及缺陷;填充法,借助头发或某些装饰来弥补脸型的不足。这三种处理方法在实际运用中不是彼此孤立的,而是相辅相成的。

7.4.6 发型与体型

要想设计一个理想的发型,除了注意与脸型的配合外,体型的高、矮、胖、瘦也是形象设计时必须注意的问题,应该用合适的发型来弥补体型的不足,使发型与体型统一协调。

1. 瘦高型

高个子的人脸型也多是瘦长的,容易给人细长、单薄、头部小的感觉。要弥补这些不足,发型要求生动饱满,既避免将头发梳得紧贴头皮,也不要将头发搞得过分蓬松,造成头重脚轻的感觉。一般来说,瘦高身材的人比较适宜于留中长发或长发。应避免将头发削剪得太短太薄,或高盘于头顶上,也不宜扎太高发髻,且要使头发显得厚实、有分量。身材高瘦者,除过于极端外,一般是较理想的体型,这样体型比例适中,根据人本身的风格,头发可直可曲。

2. 高胖型

高胖型的人有一种力量美,但对女性来说,缺少苗条、纤细的美感,打扮不得体,则显得臃肿肥大或粗犷生硬。为适当减弱这种高大感,发式上应以大方、简洁为好,一般为直发或曲度不明显的卷发,头发不要太蓬松。在设计发型时切忌矫揉造作,花样繁复,总的原则是简洁,明快,线条流畅。

3. 矮瘦型

矮瘦型的人给人一种小巧玲珑的感觉,在发型选择上要与此特点相适应。发型应以秀气、精致为主,避免粗犷、蓬松,否则会使头部与整个形体的比例失调,给人产生大头小身体的感觉。身材矮小者也不适宜留长发,因为长发会使头部比例显得长,破坏人体整体比例的协调。烫发时应将花式、块面做得小巧、精致一些。合适的盘束造型也可以增加一些高度,而且亮出脖子,这样有助于使体型显长。

4. 矮胖型

矮胖者显得健康,要利用这一点营造一种有生气的健康美,比较适合选择运动式发型。此外应考虑弥补缺陷。短胖者一般脖子显短,不要留披肩长发,尽可能让头发向高度发展,显露脖子以增加身体高度感,头发应避免过于蓬松或过宽。

体型标准,个子高矮比较适中,是理想的体型,所以标准型人适合于做任何适合自己风格的发型设计。

7.5 常见头部造型设计

常见头部造型设计按功能、风格不同一般分为日妆、晚妆、舞台妆等类型,这里主要就形象设计中经常涉及的日妆和晚妆造型加以介绍。

头部妆型设计主要涉及的是面部和发型。

7.5.1 日妆头部造型设计

1. 日妆面部妆容设计

(1) 清洁面部皮肤。在未涂敷底色之前,必须将面部皮肤的不洁之物除去,才能开始化妆。用于清洁面部的化妆品有洗面奶、洁面啫喱、洁面膏等多种类型,选择时主要根据肤质的需要。一般而言,面部偏油的人要选择泡沫丰富、清洁力度比较大的洁面用品,相反,肤质偏干的适于选择少量泡沫或无泡沫的洁面用品。

(2) 用爽肤水轻拍面部和颈部,然后再加一层润肤液或润肤霜,使未经化妆的面部洁净、清爽而滋润。

(3) 涂粉底。将少量粉底涂在脸上,再用棉球、海绵或手指将粉底仔细地抹匀,一直抹到鬓边和颈部,尤其脸部和脖子要衔接自然。如果要遮盖眼睛上部的黑圈或面部的瑕疵,可先涂上遮瑕膏,并用海绵抹匀。

(4) 定妆。定妆一定要牢固、薄、透。

(5) 画眼线。用黑色眼线笔在上下睫毛根部画眼线,这样眼睛就显得轮廓分明、有神。

(6) 画眼影。日妆的眼影不能过浓,颜色也不要过于鲜艳、夸张,尤其是职业女性,应以浅淡、柔和色调为主。

(7) 涂睫毛膏。日妆的睫毛膏也不能过于夸张,比较适合选用无色透明或黑色睫毛膏,紫色、蓝色等比较前卫、夸张的睫毛膏应慎重选择。

(8) 扫腮红。如果不是面色苍白,在日妆中可以不用扫腮红。即使为了弥补面颊苍白的不足而使用腮红时,切忌颜色过红、艳。

(9) 画唇。在日妆中,唇部一般也不宜过多修饰。年龄大些的女性可以涂颜色柔和的口红,年轻女性涂更为自然、青春感的唇彩、唇膏、唇油即可,一般不用画唇线。

化妆完毕的面容应达到“妆成有却无”的境界。

2. 日妆发型设计

日常工作状态中的女性发型可根据个人的特点进行打理,同时需要考虑以下问题。

(1) 发型风格和办公环境问题。从事不同职业的人,需要有不同风格的发型。如果从事自由职业,年轻、时尚的发型较为适合;但如果是在工作环境相对保守、严肃的机关、事业单位,你的发型最好庄重、保守一些。

(2) 发型长短问题。短发给人干练的感觉,但是,长头发只要干净、整洁,打理好也一样有职业化的感觉。例如,你可以把美丽的长发束起来,再配上别致的发卡装饰。

(3) 发饰选择问题。避免选择闪亮的发饰,选用一些自然色或深色的发饰,而它们的功能也主要是帮助维持你头发的整齐、利落。

7.5.2 晚妆头部造型设计

1. 晚妆面部妆容设计

(1) 晚妆面部妆容的特点

晚妆与日妆相比,具有如下三个方面特点。

① 妆色浓重。由于晚间社交活动一般都在灯光下进行，且灯光多柔和、朦胧，不易暴露出化妆痕迹，反而能更加突出化妆效果。如果妆色清淡，就显不出化妆效果。因此，晚妆应化得浓重一些，眼影色彩尽可能鲜艳漂亮，眉毛、眼型、唇型也可作些适当的矫正，使其更显得光彩迷人。

② 引人注目。晚间化妆，一般是出于应酬的需要，处在一种特定的环境中，它给化妆创造了一种愉悦的心境和良好的氛围条件，能使人产生一种梦幻般的感觉，这是施展个人化妆技能的极好时机。因此，化晚妆时可在不超越所允许的范围内，充分发挥自己的想象力，把自己打扮得更加漂亮，更具魅力，更引人注目。

③ 立体感强。由于晚间灯光比白天弱，因此妆面轮廓要化得比白天清晰一些，还可以通过提亮和暗影来进一步增强面部的立体感，使面部整体轮廓显得清晰、精致。

(2) 晚妆面部妆容设计的步骤

一般分以下几步。

① 化妆之前的皮肤清洁和滋润步骤同上，不再赘述。

② 涂粉底。晚妆比较突出立体感，所以在用接近肤色的粉底膏或粉底液打好基底色以后，要对面部的"T"形区、下眼睑等部位用浅色粉底或感光笔等进行提亮。

③ 定妆。晚妆的定妆粉可用珠光类产品。

④ 画眼线。晚妆的眼线可以比较宽、浓，使眼部的轮廓更加清晰。

⑤ 画眼影。晚妆眼影的颜色可选用比较鲜亮或深浊的色调，必要时还可在眉骨处撒上浅色珠光亮粉，既可和眼影形成对比，也可增加眼部的立体感。

⑥ 刷睫毛。为了使眼睛显得更加有神、有魅力，睫毛通常要涂上黑色或蓝色、紫色睫毛膏，而在配合一些比较华丽或时尚的晚礼服时，还可以使用假睫毛为眼部增色。

⑦ 画眉。晚妆的眉部修饰可以画得比较精致、立体。

⑧ 腮红。晚妆可以打上一些腮红，腮红的形状主要取决于妆型风格。一般来讲，塑造可爱风格的妆型通常采用将腮红的形状大致涂成圆形，而时尚前卫风格的妆型多将腮红涂成斜长形。

⑨ 暗影。为了进一步突出脸部的立体感，面颊两侧可以用双色修容饼的暗影色进行收缩处理。

⑩ 唇妆。晚妆的唇部颜色可以浓重一些，可以使用塑型、增色效果更好的口红。

2. 晚妆发型

晚妆发型设计是体现女性魅力的最佳选择。不同的发型设计方法可以创造出千变万化的发型，从而充分表现女性或甜美，或时尚，或华丽，或知性，或优雅，或性感等多样化的风采。但整体而言，晚妆发型以中高发位的盘发或卷发类造型为主。

第8章 色彩与搭配

8.1 色彩基础

在人类产生之前，地球上已经有了山川、河流、沙漠、陆地，也有了各种生命，它们都有着属于自己的色彩。而人类通过眼睛看到五彩的世界，感受色彩带给我们的美和震撼，在实践中学会运用色彩修饰自己，装扮世界，并在此基础上创造出一个日益丰富和庞大的色彩王国。今天的色彩更是作为设计作品中最直观、最有视觉冲击力的要素而被广泛运用，成为包装产品、实施营销战略的重要手段之一。

8.1.1 认识色彩

1. 光、眼睛与色彩的关系

我们自从来到这个世界，就一直处于对它的感知和探索过程中，眼睛成为我们认识和感受世间万物最直接的工具。而眼睛首先就是看到色彩。但同时我们应该知道，我们并不是在任何情况下都能一眼看清楚物体的色彩。我们要看到色彩的前提是要有光，而且随着光的强弱，色彩的清晰程度也会有所差别。这说明，眼睛、光、色三者之间存在密不可分的联系，缺少任何一个条件，我们都无法看到缤纷的世界。三者之间存在什么样的联系呢？

光是能量的一种表现形式，是一种以电磁波形式存在的辐射能。但电磁波的波长跨度可以从无穷大到无穷小，人们用肉眼只能看到波长为380～780nm的电磁辐射能，人们称这段波长的电磁波为可见光谱，即俗称的可见光。而在可见光内，不同的波长辐射可以带给人们不同的色彩感觉。其中，红色光的波长最长，蓝色光的波长最短。在可见光之外，还有很多小于或大于这个波长范围的电磁波，如红外线、紫外线、X射线等，这些光线我们无法用肉眼观察到，它们与人类的关系同样十分密切，也已经被广泛应用于医学、通信等领域。

有些有色光我们并不一定都能通过肉眼直接观察到，例如太阳光。我们直接用肉眼看到的太阳光是接近白色的，但英国物理学家牛顿在1666年通过一个著名的光学实验向我们证明了太阳光实际上是由红、橙、黄、绿、青、蓝、紫组成的混合色光。

那么我们为什么能看到色彩呢？那是因为当光线照到物体上时，物体吸收了照射光线中的一部分色光，反射出一部分色光，而反射出的色光经由眼睛传送给大脑，便形成了我们所说的色彩视觉。例如,我们能看到在阳光下盛开的黄色迎春花,是因为迎春花的表面主要吸收了其他波段的色光,而反射了中波段的黄色光。当然,反射光要被人的大脑接收到其实是一个很复杂的过程。专家们总是习惯把人的眼睛比喻成照相机,二者的确有很多相同之处。从功能上讲,眼球前部相当于照相机镜头,内部相当于暗箱,视网膜相当于胶卷底片,但它又比照相机的构造复杂得多。简单来说,可见光经眼球前部的瞳孔汇聚在视网膜上,然后通过视网膜上的视觉细胞把接收到的色光信号传到另一端的视神经细胞,再由视神经传到大脑皮层的视觉中枢神经,从而形成色彩视觉。这里面任何一个环节缺失或不能正常工作,我们就无法看到色彩。例如,视觉细胞是传递色彩信号的主要工具,它是由视锥细胞和视杆细胞构成的,二者分工不同:视锥细胞通过三种感光蛋白用来接收、分辨颜色,而视杆细胞只用来感受光的明暗而无法分辨颜色。当视锥细胞缺少某一种或几种感光蛋白时,就会出现色弱或色盲。色彩视觉形成过程如图8-1所示。

反射光 → 瞳孔 → 视网膜 → 视锥细胞 / 视杆细胞 → 视神经 → 大脑 → 色感

图8-1 色彩视觉形成过程示意图

2. 色彩的分类

色彩可分为有彩色和无彩色两大类。有彩色是指赤、橙、黄、绿、青、蓝、紫以及由它们混合组成的千千万万种颜色。

金色、银色、荧光色等是比较特殊的颜色,它们既不属于七种基本色,也不能由基本色混合而成,一般称其为独立色系。

无彩色是指黑色、白色以及由不同比例的黑与白组成的深浅不同的灰色。我们平常所看到的黑色与白色都不是绝对的纯黑与纯白,而只是一种反射率。根据我们的理解,理想中的纯白色应该是能够100%反射光线,而纯黑色是100%吸收光线,而实际上这几乎是不可能的,因为我们一般看到的黑色物体除了大量吸收光线外,还会反射少部分光线;同样,白色物体在大量反射光线的同时,还会吸收少部分光线。黑色、白色尽管不属于光学和色彩学的色彩范畴,但它们和色彩的明度、纯度有着密不可分的联系,同时它们也是人类最早认识和使用的颜色,不管时光如何流转,黑、白两色永远是设计行业的经典色。

8.1.2 色彩的三属性

我们在生活中描述色彩时有很多形容词:白里透红、水红、红彤彤、草绿、油绿、墨绿、鹅黄、金黄、黄澄澄、葡萄紫、黑紫、漆黑、惨白、海蓝等,在这些形容词里,有表示颜色深浅或明暗的,虽然它们听起来比较形象直观,感染力比较强,但我们无法比较科学地判断出它们的准确所指,当然也无法在实际运用中以统一标准去表现。

为了更准确地表述和运用色彩,色彩学家概括出了色彩的“三属性”,即“色相”(Hue)、“明度”(Value)、“彩度”(Chroma),三者一般分别以字母“H”、“V”、“C”代表。

1. 色相

色相,是指色彩的相貌,它是用来区分颜色的。日本色彩研究所开发出的PCCS配色系统中,把常见的颜色分成24种,即24个色相,每种色相都有一个色相名,如红、黄、蓝、绿、橙、紫及它们之间的兼色。PCCS色相环如图8-2所示。①

2. 明度

明度,是指色彩的明暗程度。它是根据物体表面对光线的反射程度不同来划分的,因此,同一色相的明暗程度可以通过加入不同比例的黑或白而发生改变。例如,同样是红色,加入的白色越多,颜色越浅,明度越高;相反,加入黑色越多,颜色越深,明度越低。习惯上把色彩的明度分为高、中、低三个基本层次。黑、白、灰虽然不属于有彩色,但它们也有明暗的区分,例如,灰色中有深浅不同的灰,浅灰比深灰的明度高。色彩的明度比较如图8-3所示。

3. 彩度

彩度,是指颜色的饱和度,鲜艳度,又称为纯度。彩度和黑、白、灰三色都有直接的关系:当一种色彩不加入任何黑、白、灰颜色时,它的彩度(纯度)是最高的,而当加入黑、白、灰中的任何一种颜色时,其纯度就会降低,加入的比例越高,纯度越低。

8.1.3 色调

色调是指某组色彩外在的明暗、浓淡倾向,它是对色彩明度和纯度的综合体现。它能够更具象化地描述出某组色彩的整体感觉,犹如音乐的轻柔、粗犷、低沉,高昂的声音,节奏变化一样。在日本的PCCS色调图中,把色彩群根据色彩浓、淡、深、浅的不同分为12个色调,即鲜艳色调(v)、明亮色调(b)、强烈色调(s)、深色调(dp)、浅色调(lt)、轻柔色调(sf)、浊色调(d)、暗色调(dk)、淡色调(p)、浅灰色调(ltg)、灰色调(g)、暗灰色调(dkg)。PCCS色调图如图8-4所示。

不同的色调传达出的感觉不同,其中,鲜艳色调、明亮色调、强烈色调、深色调等几个色调群都有较高的饱和度,但它们亦有区别:鲜艳色调是饱和度最高的,强烈色调次之,二者都彰显出艳丽、张扬、醒目的色感;因为明亮色调加入了白色,深色调加入了黑色,所以二者相比,明亮色调的明度更高些,从色感上讲,明亮色调偏活泼,深色调比较稳重。浅色调、淡色调因为加入了更多的白色,明度增高,颜色偏浅、淡,传达出素净、清新的色感;浅灰色调、轻柔色调在原有的高纯度色彩中加入了浅灰,降低了纯度,使色彩看起来更柔和、雅致;灰色调和浊色调在原有高纯度色彩中加入了更多的深灰,使明度和纯度都进一步降低,使整个色调群看起来模糊、浑浊;暗灰色调、暗色调因为加入了大量的黑色,颜色变得灰暗、凝重,明度变低,传达出厚重、阴郁的色感。色调的研究可以用于产品理念的设计,比如,在服装的设计中,不同季节运用的色调是有区别的:夏季因为天气炎热,设计师多喜欢采用浅、淡色调的衣料来设计服装,相反,冬季偏向用深、暗色调的衣料,以达到同季节色彩、氛围的协调。

---

① 本章图8-2~图8-30参见文前彩色插页。

8.2　色彩的意蕴、视觉效果及搭配

8.2.1　色彩的意蕴

自从人类使用色彩开始，就对它们有着主观的联想、判断和认识，并将这种主观的思想运用在具体的产品设计中，从而在某个时期形成相对固定的色彩意蕴。了解色彩意蕴，便于我们更科学、更得体地进行形象设计。

1. 红色

和红色相关的联想物有红灯笼、红玫瑰、红葡萄酒、鲜血、红唇等。在不同时期、不同地域、不同行业中，红色有着不同的文化意蕴。红色是中国的喜庆色、吉祥色，因此在结婚、过春节等重大节日时，红喜字、红礼服、红礼花、红灯笼、红春联等都是最常见的事物，代表着红火、喜庆。红色是鲜血的颜色，所以在历史上又被作为革命的象征色。红色也是高贵的颜色，在国内外的一些重大社交场合，红地毯成为必备的装饰。在企业标识中通常用红色作为前进、积极、团结的文化象征。

因为红色是波长最长的可见光，尤其是鲜艳和强烈色调的红色，是让人感觉火热、让人激动的颜色，所以在夏季的服饰设计中对它们的使用频率不高。因为其颜色的强烈跳跃性，很少被用在职业装的设计上，而在礼服、休闲装的设计中比较常见。同时，正是因为它的醒目、跳跃性，它又经常被用在登山装备的设计中，以便于在野外识别，还可以用作警告、危险、禁止、防火的标识颜色。红色的视觉效果如图 8-5 所示。

2. 橙色

和橙色相关的事物有橙子、橘子、柿子、夕阳、枫叶等，与红色的热烈、跳跃相比，橙色既不张扬，也不内敛，更偏向传达一种活泼、温馨与健康，所以橙色经常被用在快餐厅的设计上，能给消费者创造一种良好的氛围，提升消费者的食欲。同样，橙色被用在一般的服饰设计上时，可以增加着装者的亲和力。但同时，橙色也是属于识别性较高的色彩，所以它还是一种警戒色，被用于消防队员、环卫工人的工作服、登山服、救生衣等服装的设计上。橙色的视觉效果如图 8-6 所示。

3. 黄色

与黄色相关的事物有阳光、月亮、大地、黄金、太阳花、向日葵等。黄色本身是一种年轻、生动的颜色，可视效果较好，所以，它经常和红色、橙色进行搭配，用于产品宣传、设计，和黑色搭配时多用于警示标识的设计。黄色无论在中外历史上，都有过明确的地位象征性，而且中外恰恰相反，它是中国曾经的“贵色”，却是西方的“忌色”，而“扫黄”、黄色小说、黄色光碟等词汇又带给黄色一种贬义。在服饰设计上，黄色多能传达出活力与动感，但对于黄皮肤的亚洲人来说，也是一个需要慎选的颜色，搭配不当会让人的皮肤显得更黄，反而看起来不健康。总体而言，高明度的黄色多用在运动服饰的设计上，用来彰显运动的美感与健康，但却很少单独用于其他服饰的设计，而是通过和其他颜色搭配或降低色彩的明度和纯度，来减弱视觉冲击。黄色视觉效果如图 8-7 所示。

4. 绿色

想到绿色,我们就会联想起春天、树木、草地、蔬菜,总之,绿色是富有生命力和朝气的颜色,它还象征着和平、安全与健康。绿色的橄榄树、绿色通道、绿色通行灯、绿色食品就是对这一象征意义的运用。因为绿色所具有的柔和、稳定性,在缓解视力疲劳、稳定情绪方面都有积极作用,所以绿色还经常被用在医院和家居的室内设计。

在一般的服饰设计上,绿色同样可以传达一种适度的活力与朝气,但如果整体采用绿色会显得单调,多采用和无彩色、相邻色等的结合进行搭配设计。另外,因为绿色在大自然中的高度隐蔽性,它在中外军服的设计上占据着绝对的主角地位。绿色视觉效果如图 8-8 所示。

5. 蓝色

蓝色会让我们想起辽阔的大海与天空,传达着无尽的安宁与纯净。蓝色无论在中外都是广受欢迎的一种色彩,即使在中国对服装颜色限制最为严格的 20 世纪五六十年代,蓝色依然是大众广为选择的颜色。因为蓝色是典型的冷色,尤其是降低了纯度的淡蓝色,既柔和,又冷静,有稳定情绪的作用,所以在医生工作服、病人住院服装的设计上广泛采用,淡蓝色也是夏季各类服装的常用色。深蓝色因为能够较好地传达着装者的端庄、干练与理智,而在职场上成为职业装的标准用色。蓝色视觉效果如图 8-9 所示。

6. 紫色

我们总是喜欢用神秘、高贵来形容紫色带给我们的感觉,这既是因为和紫色相关的事物如紫葡萄、紫罗兰、薰衣草等都具有强烈的外在美感,也源于紫色在历史上就是一种高贵和身份的象征。在中国,曾有过"桓公好紫服,国人尽服紫"的盛况,唐代以后,紫色又成为高级官吏的官服色,而在西方、日本,紫色都曾是王室用色。紫色在今天的服饰设计中虽然没有了人为的贵贱之分,但常见的深紫色传达给我们的仍是高贵、神秘和忧郁之感,深紫色晚礼服、紫色风衣都能充分彰显出紫色的魅力,而淡紫色传达的神秘、高贵感减弱,柔和、清爽的色感增加,因此成为夏装的常见色。而且紫色在现代服饰的设计上已经突破了性别限制,同样成为众多优雅年轻男性的选择。紫色视觉效果如图 8-10 所示。

7. 黑色

与黑色相关的意象有黑夜、丧服、黑纱、黑色礼服等。黑色在服饰上的运用是非常矛盾的一种现象,一方面它传达出的凝重、黑暗、悲哀的色感而成为中外葬礼上最具代表性的丧色;另一方面,它的庄重、沉稳与神秘、高贵又成为高级社交场合礼服的首选色,高级轿车主要是黑色。而在今天,即使我们已经被炫目繁杂的色彩所包围,黑色服装仍然以其搭配的简单化而在普通大众的生活中历久不衰,尤其为年轻人所青睐。黑色视觉效果如图 8-11 所示。

8. 白色

白色会让我们想起雪花、婚纱、南极等,它们共同传达的色感就是圣洁、纯净。虽然白色也是我们中国沿用至今的丧色,但这并不妨碍人们对白色的喜爱。白色被广泛运用于设计行业,服饰行业也不例外。白色同黑色一样,是服饰设计的经典色,对光线的高反射率及纯净的色感让其成为夏季服装常见的主流色。白色视觉效果如图 8-12 所示。

9. 灰色

灰色会让我们想起袅袅炊烟、雾雨蒙蒙中的景色，灰暗的天空、灰暗的云团等意象。和黑、白的强可视性相比，灰色本身不易引起视觉兴奋，从整体而言，灰色是比较沉稳、素雅的。正是因为这种中性与内敛，灰色成为职场上男女皆宜的服装色。灰色视觉效果如图 8-13 所示。

8.2.2　色彩的不同视觉效果

色彩本身是客观的，但是当色彩被置于不同的背景下，通过人们主观的视觉过滤，和不同的色彩进行比较时，会出现不同的视觉效果，我们在进行形象设计时，可以结合特定场合、特定对象和特定目的选择相应的色彩。

1. 色彩的属性、面积、背景与识别效果

在生活中，我们会注意到有的色彩非常容易吸引我们的注意力，有的色彩却容易被淹没在周围的色彩中。这与什么有关系呢?

首先，我们从色彩的三属性中知道，不同的色相其识别效果不同，红、橙、黄三色的识别效果最强，绿、青、蓝、紫要差些，在同一种色相里，明度、彩度也会对它的识别效果造成影响。明度越高，颜色越浅，识别效果越差；彩度越高，识别性越好。同明度的不同色相效果比较如图 8-14 所示。

其次，从面积上讲，并不一定是面积越大，识别效果就越好。相反，在鲜艳和明亮色调中，同样的一种色彩，小面积的要比大面积的看起来更鲜、更亮；而在暗色调和深色调中，面积越小越会显得深、暗。不同色调的色彩面积效果比较如图 8-15 所示。

色彩的识别效果也与背景色有直接关系。例如，鲜艳色调的黄色本身属于识别性较高的颜色，如果以它为背景用来搭配同样是高纯度的黑色，那么它的识别效果达到了最强；相反，如果背景换成紫色，则识别效果大大降低，即使是我们平常说的“白底黑字”也没有黄底黑字更为醒目，这就是为什么很多警示标志都用黄底黑字，而不用紫色、白色或其他颜色的原因。另外，同样是白色图形，分别换成黄色背景、红色背景、蓝色背景时，它们的视觉效果是不同的，黄色背景下的白色图形识别效果最差，以红色和以蓝色为背景都是比较醒目的，例如，可口可乐的包装标识采用的就是红底白字，但如果在光线比较弱的地方，人的眼睛对蓝色感光度比较灵敏，所以，弱光下蓝底白字的识别效果要好于红底白字，因此，城市道路的指示牌、门牌、车号牌等都采用蓝底白字设计。色彩识别性强弱比较如图 8-16 所示。

了解了色彩的可视性强弱，可以在不同场合根据需要调整自己的服饰色彩。

2. 色彩的冷暖

颜色能带给人不同的冷暖感觉。简单来说，让人感觉温暖的颜色就是暖色，而让人感觉凉爽、寒冷的颜色称为冷色。如果以色彩来区分，以橙色为基调的颜色是典型的暖色，而以蓝色为基调的颜色是典型的冷色。有的色彩专家又把 PCCS 色相环中的 24 个色相分成暖色系、冷色系、中性系、中性暖色和中性冷色，例如把红、橙、黄及它们之间的兼色划分为暖色等，这种划分有利于人们科学判断色彩的冷暖。但 24 色相只是一组代表色，现实生活中使用的色彩千变万化，对它们的冷暖倾向也需要根据具体情况进行判断。

对形象设计来说，区分色彩的冷暖，主要是考虑和肤色的冷暖相一致，以及根据不同的需要打造出或冷峻、距离感或热情、有亲和力的人物造型。色彩的冷暖比较如图8-17所示。

3. 色彩的轻重

色彩的轻重主要取决于明度的高低，明度越高，颜色越浅，越让人感觉轻、透、柔；相反，明度越低，颜色越深，越让人感觉重、实、厚。在进行相关设计及搭配时，要注意整体的视觉平衡。例如，一栋建筑物的外观颜色设计，如果墙壁是乳白色而房顶是红色的，因为乳白色比红色的明度高，感觉比红色轻，但同时因为乳白色墙壁的面积比红色的面积大，这样两者就有了一种视觉平衡；相反，如果大面积的墙壁是红色，而房顶是乳白色，虽然显得稳，但从视觉上衡量，整个建筑物会显得头轻脚重，影响美观。而对人的整体形象进行设计时，同样要考虑因为色彩的轻重带来的不同视觉感受。色彩的轻重比较如图8-18所示。

4. 色彩的动与静

色彩的动与静是由色彩的冷暖和纯度的高低共同决定的。一般来讲，冷色比较安静、冷峻，暖色比较活泼、温馨；纯度高的色彩比较亮丽、活泼，而纯度低的色彩由于加入了黑色或白色而显得厚重或恬淡，因此纯度高的暖色是典型的活泼色，例如鲜艳色调和强烈色调中的红色、黄色和橙色。在进行形象设计时，要根据场合的需要选择或动或静的色彩。例如，在正式的会议、谈判等比较严肃的场合，不宜选择过于活泼、动感的颜色，因为在这样的场合女性不应过多强化自己的性别特征；相反，如果是参加酒会、派对之类的聚会，女性可以充分展示自己的性别美，除了服饰造型以外，色彩上也可以活泼一些。色彩的动静比较如图8-19所示。

5. 色彩的前进与后退

不同色彩可能造成视觉位置比实际的物理位置要近或远，这即是色彩的前进与后退。色彩的前进或后退与色彩的冷暖、明度和纯度的高低都有关系。一般来讲，高明度、高纯度或暖色都会让人有前进感；相反，低明度、低纯度或冷色会让人有后退感。而在某些场合，如果想让自己比较突出，一般可以考虑选择前进色，相反可选择后退色。色彩的前进、后退比较如图8-20所示。

6. 色彩的膨胀与收缩

同样大小、形状、色调的两个图案相比较，我们会发现冷色比暖色显得小，而同样色相的两个图案，浊、暗色调的图案要比亮、艳、浅色调的图案显得小。这就是我们说的色彩的膨胀与收缩。这一点在整体形象设计时是很重要的。尤其在形体弥补时，这是必须要考虑的。比如，偏胖的人宜选择收缩色，偏瘦的人要选择膨胀色，在具体部位的弥补上也是同样的道理。色彩的膨胀、收缩比较如图8-21所示。

8.2.3 常用的色彩搭配方案

色彩搭配主要运用色彩视觉规律和视错觉规律，对一种、两种或多种色相进行不同的组合、搭配，由此产生不同的美感，就像音乐的节奏一样，有高低、强弱、缓急的变化，最后的目的是达到有变化的、相对的和谐，实现与人的形象、气质的高度契合。

根据色彩之间的不同组合，色彩搭配从大的方面可以分为有彩色之间的搭配、有彩色与无彩色的搭配、无彩色之间的搭配三种。

1. 有彩色之间的搭配

常用的有色彩搭配根据涉及的色相数目多少可分为同一色相搭配、两色相搭配、多色相搭配，其中两色相搭配是最常见的。

(1) 同一色相搭配

同一色相搭配是指在同一色相中，利用明度、纯度的变化构成的若干种色彩，选用两种、三种甚至多种颜色相配，因为它们属于同一色相，比较容易搭配，一般不会出现杂乱的感觉。但正因为此，如果颜色的明度、纯度变化不大，容易产生色相的模糊感，使整体颜色缺乏活力。这种设计搭配多出现在家居产品的设计中，这样易于在室内整体色彩上取得统一。而在服饰的搭配上，除了套装、套裙、连衣裙、礼服外，一般的服装应避免上下身及鞋子过于统一的颜色搭配。同一色相搭配服饰效果如图 8-22 所示。

(2) 两色相搭配

根据两种色相在 PCCS 色相环上的距离远近，分为类似色搭配、对比色搭配。

类似色搭配是指在色相环中，色相差为 1～4 的色彩搭配，例如红色与橙红色、红色与泛红的紫色等；相邻的两种色相也属于类似色搭配，如红色与橙色、红色与紫色、黄色与绿色等。类似色搭配是色彩搭配中运用得非常广泛的一种搭配方式，这种搭配既避免了同一色相搭配容易出现的单调，也不会因颜色反差太大而难以协调。

对比色搭配是指在色相环中，色相差为 5～12 的色彩搭配。这种搭配因为色相跨度较大，颜色之间的反差都比较大，对比性也比较强，这种对比性随色相差的增大而加强，其中的红色与绿色、黄色与紫色、蓝色与橙色在习惯上被称为三对互补色，是典型的强对比色。而黄色与蓝色、红色与蓝色等虽然也有较大的色差，但要比互补色弱一些。在对比色的搭配中，尤其是互补色或接近互补色的搭配，两者的冷暖倾向不一致，加上明显的对比性色差，这样的搭配相当醒目，如果搭配不当会使颜色之间相互排斥，给人造成俗艳之感。为了避免这一点，在常见的服饰设计中，多采用以下几种调和方案：一是降低一种或两种颜色的明度或纯度；二是避免同等面积的搭配，改用一大一小的主次搭配关系。例如，我们最熟悉的红色与绿色，如果同样是高纯度的、等面积的红与绿的搭配除了用于民俗、舞台表演服装设计，在一般的服饰设计中是很难求得视觉平衡的，但是如果采用以上两种调和方案，这两种颜色是完全可以在同一件服饰上取得统一与和谐的。

两色相搭配服饰效果如图 8-23 所示。

(3) 多色相搭配

多色相搭配是指三种及三种以上的色相进行的整体搭配。不管是服饰本身的设计还是服饰的整体穿着搭配，一般不宜超过三种颜色，这里指的就是三种色相。多色搭配是最容易造成杂乱感的，但现实中多色搭配又确实存在，要想取得多色搭配的和谐，一般有以下几种方法：一是做好主次色的分配。在多色搭配中只能有一种主色，面积大些；其他为辅色，面积小些，这样主色起到平衡、稳定整体的作用；二是对不同色相的明度、纯度加以调和。当色相较多时，一般不适合采用同样的纯度和明度，在明度、纯度上显出高低之分。例如，主色是高明度，辅色可以采用中低明度；三是当几种有彩色在面积上比较均衡时，可以改变这些颜色在服饰上出现的位置和形状或用相同、规则的黑色、白色或灰色图案将这些有彩色包围,以缓和它们之间的视觉反差。

多色相搭配服饰效果如图8-24所示。

2. 有彩色与无彩色之间的搭配

有彩色与无彩色之间的搭配是服装设计师经常采用的配色方式,也是我们进行整体形象设计时经常运用的搭配。主要两种情况,一种是有彩色与无彩色不均衡搭配,即以有彩色为主,无彩色为辅,或以无彩色为主,有彩色为辅的搭配,这两种搭配的整体感觉既大方又不失变化;还有一种搭配方式是无彩色与有彩色呈规则的节奏性分布,如红白条纹或黄黑方块的组合,这样的配色既醒目又有强烈的秩序感。

有彩色与无彩色搭配的服饰效果如图8-25所示。

3. 无彩色之间的搭配

无彩色之间的搭配几乎没有禁忌,不管是单色、两色或三色之间进行搭配都有自己独有的美感,也一直是服装设计及搭配上永不落伍的选择。

无彩色搭配服饰的效果如图8-26所示。

以上只是从色相上进行的分类,但色彩除了色相以外,还有明度、纯度、色调,而且它们之间也存在着同一、类似与对比的关系。比如同样是两个色相的搭配,它们的明度、纯度是同一、类似还是对比时,传达出的感觉又是不同的。因此,在实际的配色设计中,要达到整体的和谐美,不仅要单纯考虑色相之间的搭配,还要结合色彩的另外几个属性,即色彩的明度、纯度和色调。

当然,无论色相的多少,明度、纯度及色调的关系如何,最后都是为了追求一种整体的秩序美,只是这种秩序美表现的方式不同。循环的节奏重复、"万绿丛中一点红"的点缀、由浅入深或由深渐浅的渐变等都在以不同的方式演绎着色彩的美丽。

8.3 个人色彩及用色规律

8.3.1 认识个人色彩

我们通过对色彩基础知识的了解,知道颜色本身有冷暖、浓淡、艳浊之分,这是我们学习个人色彩的基础。

人和万物一样也是有色彩的。比如,我们的肤色有白色、黄色、棕色、黑色之分,我们的发色有黑、黄、红、灰、亚麻等的不同,我们的瞳孔色亦有黑、黄、蓝、棕的差异。同属黄色人种的亚洲人,不同的人仍会表现出不同的色彩及感觉,有的肤色暗而黄,有的肤色浅而淡,有的肤色透着红晕,有的肤色却呈现苍白;同样是黑头发,但有的头发显得粗、黑、硬,有的看起来偏软、细、淡;同样是黑眼睛,有的看起来黑白分明、目光犀利,有的却比较柔和。所有这些都构成了固定的个人色彩。

关于个人色彩及用色规律的研究由来已久。20世纪初,美术设计学府包豪斯学校(Bauhaus School)的约翰内斯·伊顿(Johannes Itten)教授开始了对色彩的研究。1940年,苏珊·卡吉尔提出了根据肤色、发色、瞳孔色来确定个人色彩的理论。1984年,卡洛尔·杰克逊(Carole Jackson)创立了 Color Me Beautiful 公司,关于个人色彩的研究从此进入比较系统、规范的阶段。这种研究主要是基于颜色的色调属性而进行的,由自然颜色的冷暖、深浅、艳浊延伸至个人色彩的冷暖、深浅、艳浊。但由于杰克逊的研究主要是针对有多类人种的西方,因此,作为最早研究个人色彩的亚洲国家日本来说,很难接受这种理论。到 20 世纪 90 年代,日本研究者推出了针对亚洲人肤色的个人色彩分析诊断理论,这一理论现在广泛应用于以黄色人种为基准的亚洲国家。

目前,这种对个人色彩的分析判断理论主要依据肤色、发色、瞳孔色、唇色、眉色。这些特征是由人体内的色素——血红素、核黄素和黑色素的不同比例决定的,由于这些色素在不同人体内的不同比例及综合作用,形成了世界上的黄、白、黑、棕等不同人种。这些色素的比例就像血型和指纹一样,是由个人的特定基因决定的,属于一个人与生俱来的人体特征,具有比较稳定的特性。

肤色在决定个人色彩的诸因素中是最主要的判断依据。因为在今天可以根据自己的喜好把发色染成各种颜色,唇色、眉色可以通过简单的美容技术改变,瞳孔色也可以通过戴变色的隐形眼镜加以修饰和改变,只有肤色的改变在目前还属于比较困难的。加上肤色在诸因素中所占比例最大,因此它成为判断个人色彩中最主要的参照对象。在决定肤色的三要素中,血红素决定了面部呈现红晕的程度,核黄素决定了肤色黄的程度,黑色素决定了肤色的明暗程度。在血红素比例比较大的情况下,肤色就会显得红润,而含量少则会显得缺少血色;核黄素所含比例越高,肤色越黄;皮肤表层的黑色素越多,肤色就会偏向黑色、褐色或黄褐色。

个人的自然发色、眉色、瞳孔色、唇色也因色素的比例不同呈现不同的人体色特征,虽然它们在个人色彩中所占比例较小,但仍是判断个人色彩的重要组成部分。

8.3.2 个人色彩的分类及用色规律

根据个人肤色、发色、唇色、瞳孔色等的不同外在特点,把个人色彩分成浅暖、浅冷、深暖、深冷四种类型。其中的冷暖和自然界颜色的冷暖有相同的规律,所以很多色彩学研究者把自然界中对颜色冷暖的判断标准加以延伸,推广应用于人的肤色,并提出了冷基调肤色、暖基调肤色和中性肤色的分析理论。其中的冷基调肤色相当于自然界颜色中的蓝色,暖基调肤色相当于自然界颜色中的橙色,因此这两种肤色又被形象地称为蓝色基调肤色和橙色基调肤色。亚洲人的肤色主要在 24 色相环中的橙色中变化,或偏黄、偏红一些。其中,由于血红素、核黄素在人体内的不同比例具体决定了肤色的冷暖。当血红素多于核黄素时,人的肤色会偏粉、偏冷一些;当血红素少于核黄素时,人的肤色会偏黄、偏暖一些;当二者大体相当时,肤色偏于自然,冷暖倾向不明显。黑色素的多少不决定肤色的冷暖。而肤色的深浅主要取决于黑色素的多少,当黑色素所含比例较小时,肤色偏白、偏浅;当黑色素所含比例较大时,肤色就会偏黑、偏深。

浅暖、浅冷、深暖、深冷四种类型的人在肤色、发色、瞳孔色等方面都具有不同的体色特征。这些不同特征又决定了适合的服饰色彩和风格的不同。一般来讲,肤色、发色的冷暖、深浅与服饰色彩的冷暖、深浅是一致的,这正好符合对色彩基础理论中的补色残像现象的解释。人们在穿着和自己肤色、发色特征一致的服饰时,达到了审美上的视觉平衡。偏冷或偏暖,偏浅或偏深的肤色、发色都会让人产生视觉上的不平衡感,真正符合视觉审美平衡的一般属于冷暖、深浅都居中的中性肤色、发色,而我们研究肤色的特征,并设法通过服饰进行修饰,最终都是为了使人的肤色、发色向中性肤色、发色靠拢,最终达到视觉平衡。例如,当一个人的脖子上围着一条冷色的围巾时,人的视觉会产生一个暖色的残像并将之叠加在面部的肤色上,如果这个人是属于冷基调的肤色,那么暖色残像与冷基调肤色之间会出现调和,从而使人的视觉中的肤色向冷暖平衡的中性色靠拢。相反,如果这个人属于暖基调的肤色,那么暖色残像与暖基调肤色相叠加,会使得这个人肤色的暖色倾向更加明显,会使视觉审美的不平衡感加重。

而眼睛的特征决定了穿衣的风格是属于渐变搭配还是对比搭配,如果眼白与瞳孔色的对比强烈,比较适合对比搭配,反之则适合渐变搭配。

1. 浅暖型人的体色特征及用色规律

浅暖型人的体色整体呈现暖、浅、鲜的外在特征。其中肤色和发色比较浅、亮,皮肤薄而透,肤色大致呈象牙白、米黄色或蜜桃色,有光泽,易泛红;头发轻柔,发色偏浅、细,多呈棕黄色或茶色;眉毛稀,眉色浅;瞳孔色以棕色或褐色为主,眼白呈湖蓝色,眼睛明亮、有神,眼神活泼,眼白与瞳孔的对比度较强。

浅暖型人适合的色彩群和服饰色彩如图8-27所示。

2. 浅冷型人的体色特征及用色规律

浅冷型人的体色整体呈现冷、浅、浊的外在特征。其中皮肤呈米白、乳白或粉红色,不透明;头发柔软,发色多为黑灰色、黑色、棕灰色;眉毛稀,眉色浅;瞳孔色呈灰棕色,眼白呈乳白色,眼神柔和,眼白与瞳孔的对比度较弱。

浅冷型人适合的色彩群和服饰色彩如图8-28所示。

3. 深暖型人的体色特征及用色规律

深暖型人的体色整体呈现暖、重、浊的外在特征。具体来讲,皮肤比较密实,均匀、不透明,不易出现红晕,偏暗,肤色多为小麦色、象牙色;头发粗,发质硬,发色为棕色或深棕色、棕黑色;眉毛粗、浓,眉色重;瞳孔色呈深棕色、焦茶色或棕黑色,眼白是象牙白色,眼神柔和、沉稳,眼白与瞳孔的对比度弱。唇色色素较重,发暗发乌。

深暖型人适合的色彩群和服饰色彩如图8-29所示。

4. 深冷型人的体色特征及用色规律

深冷型人的体色整体呈现冷、重、鲜的外在特征。具体来讲,皮肤有光泽,偏冷,呈现泛青的冷白色或偏灰、偏白的黄褐色,肤色均匀,不透明,不易出现红晕;头发粗、浓密,发质硬,有光泽,发色为灰黑色或黑色;眉毛浓、粗、黑、硬;瞳孔色为黑色或棕黑色,眼白为冷白色,眼神犀利,眼白与瞳孔的对比度很强。

深冷型人适合的色彩群和服饰色彩如图8-30所示。

需要注意的是,上述人体色特征针对的是标准的浅暖、浅冷和深暖、深冷型人,而在现实生活中,只有一部分人属于标准型人,还有更多属于非标准型人。例如,标准浅暖型人的眼睛是属于比较明亮、活泼、对比的,适合的服饰也是对比搭配。但是非标准浅暖型人的眼睛可能是柔和、稳重、渐变的,这样适合他/她的就是渐变风格的搭配。总之,上述分类及用色规律只是给我们提供了最基本的参照标准,我们需要灵活运用。

第 9 章 风格及个人风格分类

9.1 风格基础

9.1.1 风格的概念

风格一词无论在中外都源远流长。汉语的风格一词最早出现在晋代，当时主要指人的风度品格，后来被推广到文学创作领域，用于评价一篇文章的风范格局。《典论·论文》说："奏议宜雅，书论宜理，铭诔尚实，诗赋欲丽。"刘勰也曾把文体风格分为典雅、远奥、精约、显附、繁缛、壮丽、新奇、轻靡八类。在唐代风格又被用作绘画艺术的品评用语，例如评价初盛唐之画"雄浑壮丽"。近现代以来，人们广泛地在美学、文学、艺术、文艺评论等领域使用该词。而西方对风格一词的运用更为广泛，对现代社会的影响也更大一些。例如罗马式、哥特式、文艺复兴式、巴洛克、洛可可、波普艺术、极简主义、结构主义、解构主义、复古、嬉皮等分别是各自时代的典型风格。风格一词亦被广泛应用于艺术作品、建筑、音乐、服装的设计创作理念上。例如，达·芬奇的代表作《蒙娜丽莎》是典型的文艺复兴式的，弗朗索瓦·布歇的《德·蓬帕杜尔夫人》是巴洛克风格的重要代表作，贝聿铭建于拿破仑广场的玻璃金字塔成为极简主义的典型建筑，彼得·艾森曼的作品《住宅×号》是解构主义的代表作等。总之，特定的时代条件、历史环境等客观因素容易导致人们审美倾向的一致性，进而形成一定的风格，不同时代的作品在风格上会带有不同的时代印记。

今天我们对于风格的运用更加广泛而生活化，例如，我们的一件家具、一个茶杯、一枚戒指等都会被优雅、古典、华丽等形容词所包围，而这种对于风格的判断虽然会因个人审美、主观信息加工的不同而产生一定的差异，但更多的时候人们的这种判断是趋于一致的。例如，面对人民大会堂，我们都会产生一种庄重肃穆感，而登上万里长城，我们肯定会有气势磅礴的大气和威严感。那么如何定义风格呢？

《现代汉语词典》中关于风格的定义是：一个时代、一个民族、一个流派或一个人的文艺作品所表现出的主要思想特点和艺术特点。这些特点是由一类事物之间占据主导地位的特征所带给人们的心理感受。

9.1.2 风格的构成要素

风格今天被广泛应用于建筑、服装、家居等领域,人们对这些领域内的某个具体物体的风格判断多是来自它们的造型特征带给人们的心理感受。而一个物体造型主要是由形状、色彩和材质三方面构成的,物体造型由于在这三方面的差异而呈现不同的特点和风格。当人们通过视觉去判断一个物体造型带给人们的心理感受时,其中色彩对物体风格的影响最大,其次是形状,材质所占的比重最小。而人们在对这三方面进行判断时,又主要依据它们表现出的轮廓、量感与比例特点。相比而言,轮廓、量感与比例特点对物体形状方面的表现最为明显。

1. 形状

不同的形状带给我们不一样的心理感受,而决定形状的要素有三个:轮廓、量感和比例。

轮廓主要是指一个物体的外边缘线的曲直。按照这一标准,自然物体通常被划分为直线型、曲线型和曲直特征不明显的中间型。但这里的曲与直都是相对而言的。直线型物体通常带给我们硬朗、锐利、有规律的心理感受;而曲线型物体多呈现顺滑、圆润、柔和之感。试比较图9-1中物体带给我们的不同心理感受。①

量感是指人们对于物体的大小、多少、长短、粗细、厚薄、轻重、松紧等量态综合值的感性认识。量感的大小同样是一种相对标准,例如一株小草和一株灌木,一大束玫瑰和一枝玫瑰等在量感大小上是明显不同的(如图9-2所示)。

比例是对物体的主要尺寸之间比值的一种定量概念。这种比值可以是部分与整体之间的,也可以是部分与部分之间的,多以数值来表示。人们研究比例,主要是为了寻求物体尺寸的和谐、均衡美。比例的均衡、和谐也是一种相对标准,不同时代、不同地域、不同行业对符合均衡美的比例界定标准是有一定差异的。但在长期的社会实践中,有一些比例作为和谐的标准广泛为人们所接受。例如,被广泛认可的标准脸型一般符合“三庭五眼”的比例标准,即标准脸型的面长等于三个前额发际线到眉毛的长度,且发际线到眉毛、眉毛到鼻底、鼻底到下颌的距离是等长的;标准脸型的面宽等于自己眼睛长度的五倍,且两只眼睛的距离是一只眼睛的长度,还有标准唇型是下唇的厚度是上唇的1.5倍等,人们在进行化妆矫正时主要就是根据这些比例进行调整和修饰的。另外,在比例的研究领域有一个非常著名的比例标准是黄金分割比例,即0.618∶1(或1∶0.618)。黄金分割比例最早是由古希腊著名学者毕达哥拉斯发现的,后来的古希腊美学家柏拉图将此称为黄金分割,后逐渐被世人广泛接受,并据此进行众多行业的造型设计。例如,工艺美术和日用品的长宽比例,家居产品的长宽比例,建筑物的整体长度与高度比例及某些线段的比值等就采用了黄金分割。20世纪的法国建筑师把黄金分割比例引用到对人体尺寸比例的衡量上,发现在人的身上存在多处黄金分割比例,如面宽与面长、鼻子的宽度与嘴的宽度、下身长度与整体身高等。当一个物体的比例符合或接近这个比值时,会带给人们一种和谐、平衡的韵律美,而过多远离这个比值时,会带来夸张、失衡、突兀等感

---

① 本章图9-1～图9-6参见文前彩色插页。

觉。但在各领域的运用中，黄金分割比例只是运用相对比较多的一种标准，而同样有很多物体或产品的设计本身就追求一种失衡、夸张美，例如哥特风格的建筑就是失衡美的代表，今天的很多摩天大楼也体现了高度的夸张，而在卡通路线的产品设计中，恰恰是因为对黄金分割比例的高度偏离才产生了较好的喜剧效果(如图 9-3 所示)。

2. 色彩

关于色彩对物体风格的影响早已为人们所认识和接受。在色彩基础里，人们可以通过色彩色相的不同而产生不同的意象及心理感受，而色彩在结合了明度、纯度、色调等因素后，会传达给人们更加丰富的心理感受，而且这些心理感受和色彩呈现出相对固定的对应关系，具体表现如图 9-4 所示。

色彩本身也是可以用量感来衡量的，例如，同样尺寸、同样材质的两款红布，一款是粉红色，一款是大红色，很明显大红色的布块会带给人们更加厚重、强烈、醒目的心理感觉，从而表现出较大的量感。

3. 材质

材质是指物体的组成材料和质感的结合。材质对物体的风格也有一定的影响，例如，同样是地板，光度高的瓷砖地板显得比较现代、时尚，暗色、亚光的大理石地板会彰显出典雅、正统的格调，而天然的木地板又带给人们朴实、素雅的心理感觉。另外，材质同样可以用轮廓、量感来衡量。例如，地板、墙壁带给我们的是偏直线型的感受，而地毯、棉布等带给我们的是偏曲线型的感受。同样是布料，丝绸、氨纶等的量感比较小、轻，而毛呢、丝绒、羊毛等的量感则比较大、重。

总之，在风格的构成要素上，形状、色彩与材质是密不可分的，三者共同形成了一个物体的造型特征，并由此带给我们相应的心理感受。

9.1.3　风格的分类

根据物体造型特征的不同，我们可以将其分成十种风格，即可爱风格、优雅风格、自然风格、简约风格、前卫时尚风格、高贵风格、华丽风格、艺术风格、严谨风格、雄壮风格。这些风格在量感大小、轮廓曲直方面具有不同的表现，其中可爱风格、优雅风格、华丽风格的物体整体轮廓偏曲，其余轮廓偏直；可爱风格、简约风格、自然风格、优雅风格的量感偏小，其余量感偏大。而不同风格的物体带给我们的心理感受也是不一样的。可爱风格：稚气、童趣、乖巧；优雅风格：秀美、温婉、雅致、上品；自然风格：随意、朴实、亲和；简约风格：简洁、利落、直线、上品；前卫时尚风格：另类、个性、与众不同；高贵风格：精致、正统、距离感、直线；华丽风格：纷繁复杂、奢华、醒目、曲线；艺术风格：夸张、大气、直线；严谨风格：节奏、规律、平衡；雄壮风格：厚重、宏大、存在感。

这些风格特征被广泛应用于各个领域的设计之中，从而为这个世界及人们的生活提供更加丰富多彩的视觉和心理感受，人们可以根据自己的审美及实际需求选择不同风格的物品。

9.2 个人风格及分类

9.2.1 个人风格构成要素

我们在风格基础知识中了解到,由不同的造型特点形成了物体的不同风格。人也是有“型”的,人体的“型”是由脸型与体型共同构成的,即个人风格主要取决于脸型和体型特征。

1. 脸型

当我们面对一个人时,我们能从她(他)的面部解读出不同的心理感受,或圆润,或硬朗;或成熟,或稚气;或大气,或精巧,而我们的参照标准主要是脸的轮廓和量感,正是这些不同的脸型特征在很大程度上决定了一个人的风格。在此仅以女性为例进行说明(如图9-5所示)。

脸的轮廓是指面部骨架的形状及五官线条的倾向性。通常把女性脸的轮廓划分为直线型脸、曲线型脸和中间型脸,直线型脸的骨骼和五官线条比较硬朗、中性;曲线型脸的骨骼和五官线条比较柔和、有女人味儿。

脸的量感(含比例)是指面部骨架的大小及五官在面部所占比例的大小。量感大的脸表现为骨架大、五官夸张、立体感强;量感小的脸则表现为骨架小,五官小巧紧凑(如图9-6所示)。

2. 身型

当我们观察身边的女性时会发现,不同的人在身型特征方面存在很大差异,有的高大,有的小巧;有的宽厚,有的纤细;有的曲线玲珑,有的女性特征却不突出,而在进行判断时主要参照的同样是身型外现出的轮廓和量感特征。

身型的轮廓是指肩部与整个身体的骨架线条的倾向性。通常把女性的身型轮廓划分为直线型、曲线型和中间型。直线型的身型特征表现为肩部平直,骨架线条偏直、硬,整体呈“H”形;曲线型的身型特征表现为肩部圆润或自然下滑,骨架线条柔和,正面整体呈“X”形,侧面呈“S”形(如图9-7所示)。

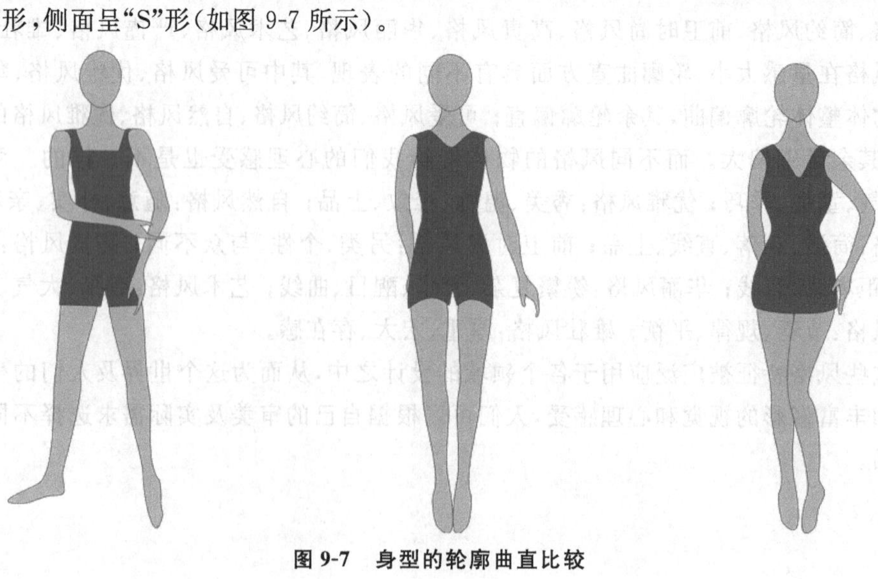

图9-7 身型的轮廓曲直比较

身型的量感（含比例）是指身体骨架发育成熟后整体形态的大小、轻重、薄厚程度。量感大的身型表现为骨架宽、大、厚，偏成熟，有夸张感；量感小的身型则表现为骨架细、小、薄，偏年轻、精致（如图 9-8 所示）。

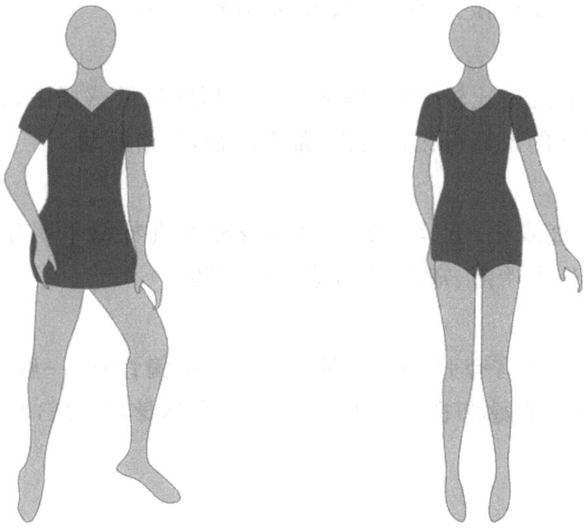

图 9-8　身型的量感大小比较

脸型和身型轮廓的曲直、量感的大小共同构成了一个人的风格。

9.2.2　女性风格介绍

根据女性脸型和身型特征的不同可以把女性风格分为八类，即甜美型风格、优雅型风格、华丽型风格、简约型风格、自然型风格、前卫型风格、高贵型风格、艺术型风格。下面对标准的八类风格的“型”特征进行详细介绍。

1. 甜美型风格

甜美型风格又称为少女型风格。甜美型风格的人面部线条柔和，轮廓比较圆润，五官可爱、稚气，没有距离感，显年轻；身材娇小、曲线感强，整体量感小。标准甜美型风格的人不论年龄大小，都显得比较天真、可爱、活泼。

2. 优雅型风格

优雅型风格又被称为小家碧玉型风格。优雅型风格的人面部线条柔和，轮廓偏圆润，五官精致、内敛，偏成熟；身型量感适中，女性特征明显。标准优雅型风格的人举止尽显女性的优雅魅力，性格一般比较温婉、安静。

3. 华丽型风格

华丽型风格的人面部极具女性的柔媚、性感特征，眼神比较散，五官、身材的立体感、曲线感都比较突出，量感偏大，显成熟。标准华丽型风格的人女人味儿十足，性感，大气。

4. 简约型风格

简约型风格的人面部线条比较硬朗，五官精巧，身型量感居中或偏小，整体有较明显的直线感，显年轻。标准简约型风格的人举止比较干练、利落、潇洒、中性化，性格比较外向、好动。

5. 自然型风格

自然型风格的人脸型及身型偏直线,但棱角并不明显,量感适中,面部神态比较自然,有亲和力。标准自然型风格的人显得朴实、亲切、大方,没有距离感。

6. 前卫型风格

前卫型风格的人面部线条明朗,五官比较个性、精巧,身材偏骨感,量感居中,整体直线感较强,显年轻。标准前卫型风格的人显得比较时尚,都市感强,性格好动。

7. 高贵型风格

高贵型风格的人面部偏明朗、直线化,五官精致、端庄,身材曲直特征不明显,气质好,偏成熟。标准高贵型风格的人显得严谨、知性,有较强的距离感。

8. 艺术型风格

艺术型风格的人面部线条清晰,五官夸张、大气,量感大;身材偏骨感,一般比较高大。标准艺术型风格的人有很强的存在感和视觉冲击力,显得比实际身高要高,偏成熟。

9.2.3 男性风格介绍

男性风格的分类标准同女性一样,主要依据脸型、身型的轮廓曲直及量感大小。据此,将男性风格分为艺术型风格、自然型风格、严谨型风格、华丽型风格和前卫型风格五大类。

1. 艺术型风格

艺术型风格的男性面部线条硬朗,五官夸张、大气,立体感强,眉毛比较粗、浓,脸型、身型的骨感、直线感都比较强,身材一般比较高大、宽厚。标准的艺术型风格的男性整体上有很强的气势和存在感,显成熟。

2. 自然型风格

自然型风格的男性脸型和五官棱角都不明显,面部神态比较亲切、随意,量感适中,举止比较随意、潇洒。自然风格的男性整体呈现出比较朴实、随意,亲和力较强。

3. 严谨型风格

严谨型风格的男性五官端正、精致,面部神态偏严肃、庄重,甚至显得有些古板。整体量感适中,有较强的距离感,性格比较稳重。

4. 华丽型风格

华丽型风格的男性面部线条偏柔和,五官不够硬朗,眼神较有吸引力,身型量感适中,比较饱满,整体散发一种风度翩翩的成熟男性魅力。

5. 前卫型风格

前卫型风格的男性面部线条比较明朗,五官偏立体化,时尚感、都市感强,偏年轻。其中,根据整体氛围和感觉的不同,又可以细分为阳光前卫型和新锐前卫型,前者的直线感比后者弱,量感也比后者小。标准的阳光前卫型风格的男性呈现出的是调皮、帅气、时尚,而标准的新锐前卫型风格的男性表现出的主要是酷、锋利感、标新立异。

以上是对标准型男、女个人风格特征的概括,而在现实生活中我们会发现,相当一部分人的风格很难单纯界定为哪一种风格。例如，一个人的脸型比较符合一种风格特征，但是身型却可能属于另一种风格；或者脸型本身就属于两种甚至三种风格的结合，另外加上性格对一个人的风格也有一定的影响，由此需要我们在判定一个人的风格时，灵活运用风格的相关理论。一般而言，在身材不高的情况下，脸部的风格特征在个人整体风格的判断中会占据 60%以上的因素，身型特征约占 20%的因素，性格占 10%。另外身材胖瘦、气质好差也会对整体风格产生一定的影响。但如果身材偏高，量感会随之增大，这时身材因素在整体风格判断中所占比例会逐渐增大，而且身材较高且比较完美的人对风格的驾驭能力会比较大。如果一个人的脸型风格与身型风格发生冲突，一般以脸型所属风格为准，因为它是一个人风格形成的主要依据。对脸部亦存在两种甚至两种以上风格冲突的时候，在进行服饰装扮时就要综合考虑将这些风格进行灵活的融合。

第 10 章 服饰风格及搭配

在风格基础中了解到，任何有形物体或人都可以带给人们一定的关于“型”的感受，从而形成我们视觉中的不同风格。其中，我们研究个人风格的目的主要是为了在确定其风格的基础上进一步找出与之相搭配的服饰，而服饰同样存在风格问题。而且，作为人体“软雕塑”的服饰，只有它的风格与个人风格相适应时，才能表现出一个人较高的审美品位，从而为整体形象加分。因此，我们应在了解个人风格的基础上，进一步分析常见的服饰风格，并找出二者之间的搭配规律。

10.1 服饰风格

10.1.1 服饰风格的构成要素

构成个人服饰风格的要素主要有服装、配饰、发型等，其中服装起着决定性的作用。

1. 服装

服装是一个人外在装扮中占据比重最大的部分，因此它是判定和选择风格的主要依据。

服装的风格主要从服装款式、面料和图案的轮廓曲直、量感大小、比例均衡程度得以体现。

(1) 服装款式

服装款式本身是一个综合概念，它是对衣领、衣袖、衣片、裙子、裤子等服装构成要素在轮廓、量感、比例特点方面的综合衡量。

衣领的轮廓是根据领面外轮廓线和领口线的曲直进行划分的。曲线型衣领的线条比较圆润、柔和，例如花边领；直线型衣领的线条比较硬朗、锋利，例如枪驳领、平驳领、衬衣领等。衣领的量感主要是依据领面的大小和领口的深浅进行区分的。量感大的衣领表现为领面大、夸张，领口深；量感小的衣领表现为领面小、精致，领口浅。衣领的比例主要体现为衣领的尺寸在服装整体尺寸上所占的比例，它和衣领的量感基本成正比。衣领比例均衡的服装偏正式、精致；衣领比例失衡的服装往往偏向可爱或艺术化(如图 10-1 所示)。

衣袖轮廓的曲直是根据肩与袖形成的角度及袖口的形状来区分的，直线型衣袖的肩与袖接近 90°，肩、袖接缝处无装饰，袖口无褶皱、弧线剪裁等，如西装套装的袖子；曲线型

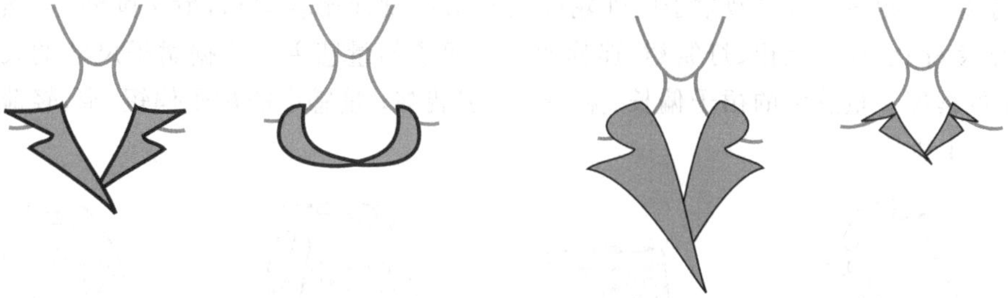

图 10-1　衣领的风格比较

衣袖的肩与袖小于 90°，没有生硬的分界线，呈自然下滑状态，肩、袖接缝处或袖口多有一些褶皱、泡泡设计，如女式花瓣袖、灯笼袖、蝙蝠袖等。衣袖的量感大小是以外形的宽窄来衡量的。宽大、夸张的衣袖量感偏大；窄小、紧致的衣袖量感偏小。衣袖的比例同样是指衣袖的尺寸在服装整体尺寸上所占的比例，它和衣袖的量感亦基本成正比。衣袖比例均衡的服装偏正式；衣袖比例失衡多表现为衣袖宽大，这样的服装多呈现大气、艺术化倾向（如图 10-2 所示）。

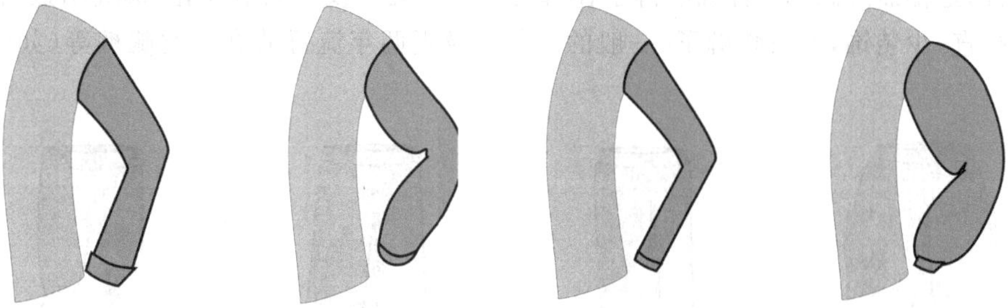

图 10-2　衣袖的风格比较

衣片的轮廓是以衣片的外轮廓线、分割线和装饰物的轮廓曲直来划分的。曲线型衣片的外轮廓线、分割线及装饰物的轮廓都偏直、硬，如传统西装、套装的衣片；曲线型衣片在上述几处都显得比较圆润、柔和，多用在休闲服的设计上。衣片的量感取决于尺寸大小及装饰物的多少。量感大的衣片一般较长、宽，衣片上的装饰物也多、醒目，例如制式风衣；量感小的衣片较短、窄，衣片上的装饰物或无或小巧、精致，例如短款小西装（如图 10-3 所示）。

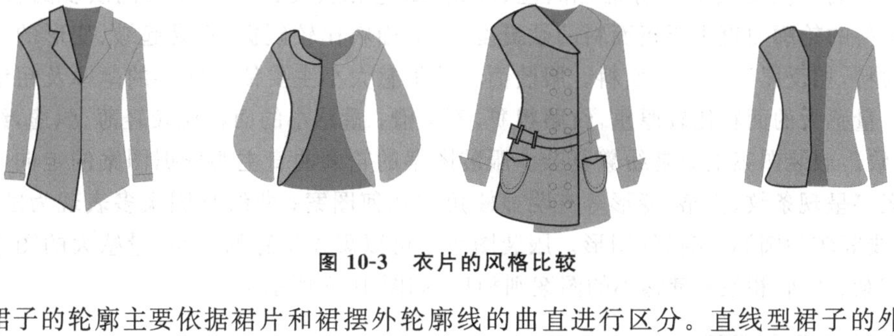

图 10-3　衣片的风格比较

裙子的轮廓主要依据裙片和裙摆外轮廓线的曲直进行区分。直线型裙子的外轮廓线和裙摆设计都比较硬朗、直线，形状规则，即使有褶皱，亦呈直线、规则排列，如传统套裙、A字裙、筒裙等；曲线型裙子的外轮廓线和裙摆设计比较柔和，衔接圆润、自然，多装饰，形状多样化，如鱼尾裙、灯笼裙、迷你裙等。裙子的量感主要依据裙子尺寸的长短、宽窄及厚重程度。量感大的裙子偏长、宽，厚重，多装饰；量感小的裙子偏短、窄，轻薄，简洁(如图10-4所示)。

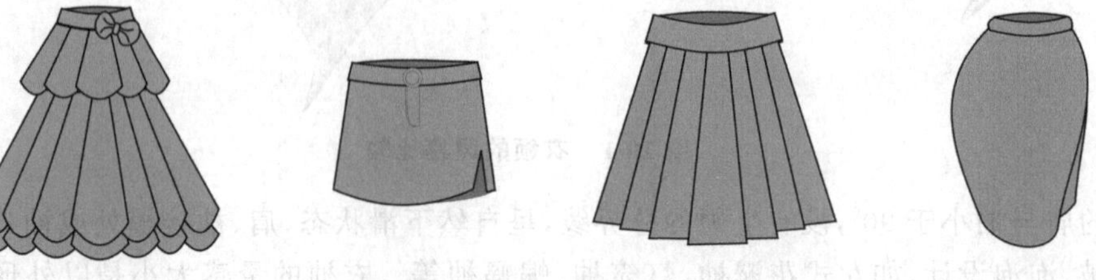

图10-4 裙子的风格比较

裤子的基本形状是圆柱状，在此基础上根据不同时期的流行元素，形状亦有变化，如裤腿的宽窄、裤型的胖瘦等。裤子的轮廓曲直主要是指裤型的整体走向。曲线型裤子在外形上的宽窄变化比较明显，整体线条圆润，多装饰，如灯笼裤、萝卜裤、喇叭裤、铅笔裤等一般都是偏曲线感的；直线型裤子在裤腿外形上几乎没有明显变化，裤缝明显，整体线条偏硬、直，少装饰，如西装裤子、一般的正装裤及近两年流行的女式宽腿裤等(如图10-5所示)。

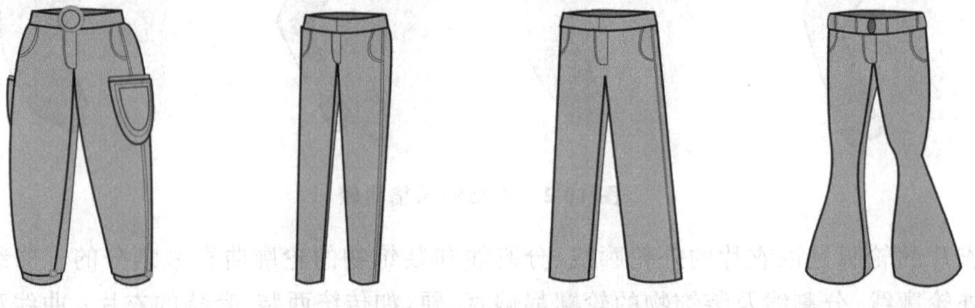

图10-5 裤子的风格比较

(2) 服装面料、图案

服装面料主要是指服装的材质，但它同时是色彩和图案的载体，因此服装面料和图案在形成服装风格上是密不可分的。

服装面料从材质上讲有棉、麻、丝、涤纶、氨纶、绒、皮、革、毛及其他众多的合成物。服装面料的轮廓曲直主要指面料的硬挺度，一般面料比较硬挺，不易起皱、变形的属于直线型面料，相反属于曲线型面料。服装面料的量感大小主要依据面料的薄厚及粗细程度划分。量感大的面料比较厚重，纹路粗犷、不平滑；量感小的面料比较轻薄、飘逸，纹路细腻、紧致。服装图案上更是纷繁复杂。服装图案的轮廓曲直主要依据图案的走向。直线型图案多呈现条纹、方格、菱形等有明显棱角的几何图案；曲线型图案多表现为圆点、花朵、弧线等较为圆润、流畅的图形。服装图案也可以彰显量感的大小，量感大的图案表现为大花朵、宽格、粗纹；量感小的图案则相反(如图10-6所示)。①

① 本章图10-6～图10-8参见文前彩色插页。

2. 配饰

服装的配饰有鞋子、包、帽子、手表、首饰等，配饰的风格主要取决于其款式、材质和图案特征，同样从这些要素的轮廓、量感和比例加以分析。

(1) 鞋子

鞋子款式的轮廓曲直主要从鞋头和鞋跟的形状加以区分，直线型鞋子的鞋头和鞋跟偏方，有棱角感；曲线型鞋子的鞋头和鞋跟偏圆润，线条流畅。鞋子款式的量感大小主要依据鞋底的薄厚、鞋头的宽窄、鞋跟的粗细进行区分，量感大的鞋子鞋底厚重，鞋头较宽或夸张，鞋跟较粗；量感小的鞋子则鞋底比较轻薄，鞋头较窄，鞋跟偏细。

鞋子材质的轮廓曲直主要指原材料的硬挺、平滑度，例如翻毛皮鞋就比光面皮鞋偏曲线感，另外，在鞋面上的镂空、褶皱等装饰都会增加鞋子的曲线感。鞋子材质的量感大小主要依据原材料的薄厚及装饰物的多少。量感大的鞋子多是用较厚的猪皮、牛皮及翻毛皮为原料的，且鞋面多系带、拉链、珠串等装饰；量感小的鞋子多是用偏薄的羊皮、漆皮为原料，鞋面简洁少装饰(如图 10-7 所示)。

包、帽子的风格构成要素和服装面料基本一致，这里不再赘述。

(2) 手表

手表款式的曲直主要取决于表壳和表链的外轮廓线，曲线型表壳多为圆形、椭圆形，表链有宽窄变化，表面不平滑，直线型表壳多为方形或长方形，表链无宽窄变化，表面平滑。量感大小主要取决于表壳的大小和表链的宽窄。

(3) 首饰

首饰主要指项链、耳环、戒指等，对首饰风格的界定主要依据款式的轮廓曲直和量感大小。其中，轮廓曲直主要指项链坠、耳环坠和戒面外轮廓线的曲直，直线型首饰的外轮廓线多为方形、菱形、三角形等，曲线型首饰的外轮廓线则多为圆形、椭圆形、心形等。量感大小主要根据首饰的粗细及装饰物的大小、薄厚等。量感大的首饰比较粗、厚重，装饰物突出、夸张；量感小的首饰比较细、轻薄，装饰物不明显、精巧(如图 10-8 所示)。

3. 发型

发型的风格主要依据轮廓曲直及量感大小来分析。其中轮廓曲直既指发型整体外轮廓线的曲直，也指单根头发的弯曲度，不过二者一般是一致的。直线型发型的外轮廓线没有明显起伏和弯曲，发质硬，曲线型发型则相反。量感大小主要指头发的薄厚和尺寸长短。量感小的发型头发比较轻薄，飘逸，柔软，偏短；量感大的发型头发比较多，厚重，粗，偏长(如图 10-9 所示)。

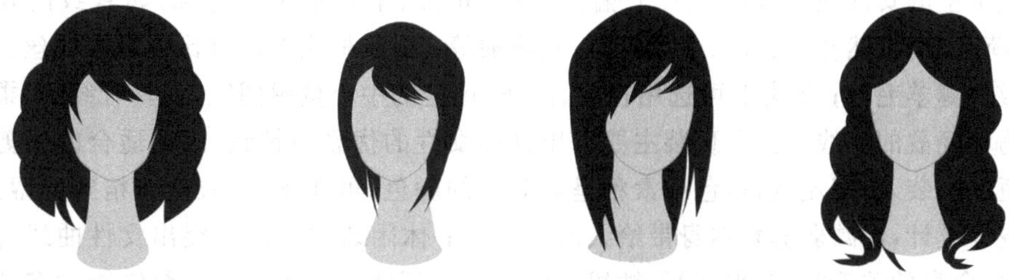

图 10-9 发型的风格比较

10.1.2 服饰风格的分类

通过对服饰在款式、质地、图案等构成要素上的轮廓、量感和比例特点的比较,同样可以把服饰的风格分为可爱风格、优雅风格、自然风格、简约风格、前卫时尚风格、高贵风格、华丽风格、艺术风格、严谨风格、雄壮风格十类。其风格特点和一般物体风格大体一致,我们不再一一介绍。

10.2 各类型人服饰风格搭配规律

通过我们对个人风格和服饰风格的分析,发现二者之间存在一定的搭配规律。当二者在轮廓曲直、量感大小等风格要素上取得一致时,这种装扮看起来就比较和谐。下面我们对不同风格的个人所适合的服饰风格特征逐一进行说明。

10.2.1 女士服饰风格搭配规律

1. 甜美型

甜美型的女性在服装的款式上比较适合柔和、圆润、小曲线、小量感的轮廓,如小花朵、小褶皱、小蕾丝花边等;在服装材质上选用比较细腻柔软的针织、薄棉、纱、蕾丝、平绒、轻薄羊毛等;图案上适合可爱、纤细或卡通的小花朵、小动物、小圆点等。在上班装上可选择曲线剪裁的短款小圆领套装,可有蝴蝶结、蕾丝花边等曲线感的小装饰物;休闲装风格主要偏向可爱和小巧、曲线感。例如,小碎花或带蕾丝花边的衬衫、小喇叭裙、灯笼裙、带有可爱图案的柔软的T恤、薄毛衫等;晚装比较适合曲线剪裁、浅开口、有花边装饰的小礼服。

配饰上同样适合可爱、小巧、偏曲线感的风格。例如,皮鞋在款式上应避免过于尖、方的鞋头,避免过于厚重的鞋底,可选择小圆头、椭圆形头或偏圆滑自然的小尖头,鞋面上也可以带有一些可爱、小巧的装饰图案。

发型上最适合的发型是中短曲发,不适合大卷曲,另外清爽的马尾辫、自然直发也是不错的选择。

甜美型女性整体适合柔和、浅淡的妆面。

2. 优雅型

优雅型的女性在服装的款式上偏向曲线、精致、中等量感的轮廓,如紧致的收腰剪裁、小荷叶边、自然花边领口、心形领口、花瓣袖等;服装材质上适合比较轻柔的丝、纱、薄棉、混纺、薄羊毛等;图案上可选用轻柔、流畅、优美的中小量感图案,如具有纤细、柔和感的植物和轻盈的流线等。上班装主要突出这类女性的优雅与精致,因此适合曲线剪裁的精致短款套装,图案流畅,素色或素雅呈弱对比的颜色,可在领口、衣襟作精致的绲边、珠类镶嵌等设计,以减弱套装本身带给人的生硬感;休闲装比较适合突出女性曲线身材的连衣裙、合身的羊毛衫、针织开衫、纱裙、真丝衬衫,不适合过于休闲或装饰物过多的牛仔裤及直线感过强的西装裤等;晚礼服比较适合中浅开口、有一定光泽感、色调柔和的纱、丝绸或真丝设计，在整体剪裁上比较适合包身小鱼尾或小面积拖尾设计。

配饰上同样强调曲线的优雅风格。例如，鞋子可选小圆头、小尖头，同样不适合过方或过宽的鞋头，鞋跟适合中、细跟设计，皮质柔软，鞋面可有少许精致的装饰，如花型水晶、水钻、珠类等。

发型比较适合柔顺、自然的中短披肩发、松散的盘发、中小曲度的卷发等。

优雅型女性比较适合干净、柔美的妆面，可用色调柔和的眼影、口红等。

3. 华丽型

华丽型女性无论是面部氛围还是身材轮廓都属于比较性感、有吸引力的曲线型风格。因此，在进行服饰装扮时，需要考虑和这一风格相协调。

华丽型女性在服装款式上适合曲线型剪裁，因为这一风格的人量感较大，所以在领子的设计上应注意领口的内外轮廓的量感都不能太小，比较适合中、深领口，不适合直线感、棱角感较强的领子，面料较软的悬垂领口、青果领、大椭圆领、披肩领等较为协调。为了强调曲线感，可以在腰部、胸部的设计上注意贴身，也可在领口、衣襟、下摆等处加上大褶皱、大荷叶边、富丽感的花朵图案等。整体比较适合裙装，尤其是包身鱼尾裙、大摆裙等；服装材质上比较适合柔软、华丽、有光泽感的面料。如华丽感较强的丝绒、丝绸等，有光泽感的金属面料，比较轻透的真丝、纱等；服装图案上适合线条流畅的动植物图案，或华丽、大气的绣花、镂空设计等。上班装比较倾向于面料柔软的优雅、大气的服装，可以在细节上突出曲线氛围，但不适合打扮得过于性感、华丽；着晚装时则可以突出性感和华丽感，例如低胸设计、背部裸露、包身鱼尾裙或长拖尾裙，闪光面料的薄纱或丝绸。

配饰上应该避免过于小巧、可爱或直线感较强的风格造型。例如，鞋子比较适合细的中高跟，鞋头为比较流畅的小尖头，粗跟、宽头都不适合，也不适合小花朵、小动物图案、小圆点的可爱装饰；首饰比较适合金属质地的或珍珠、水晶等量感较大、款式比较繁杂的曲线感设计。

华丽型女性在发型设计上最适合的是大曲度、蓬松的长、短卷发，不适合长直发或紧致的包发；妆面可以把嘴唇、眼睛加以重点修饰，但整体妆感是优雅、妩媚，而不是浓艳、性感。

但需要注意的是，因为这种风格的女性本身就比较性感，女人味儿十足，所以在服饰上虽然整体偏向曲线感设计，但同时应该注意避免多处华丽、曲线感成分的同时使用，以免过于花哨，有轻佻之嫌。

4. 简约型

简约型的女性适合偏直线感，简洁、中小量感的整体装扮，避免过于可爱的、夸张的、前卫的风格。

简约型女性在服装款式上宜选择以直线剪裁为主，不能过于宽松。在领型设计上比较适合小戗驳领、小平驳领、衬衣领等，内轮廓多为一字、长方、V 字等，避免过于可爱或优雅的花边领、荷叶领等。整体比较适合裤装，裙装则要注意面料不宜过于轻薄、柔软，例如纱、丝绸等，而比较适合细密棉布、条绒、牛仔布、混纺等有一定硬度和挺括感的面料；在图案上倾向于选择清晰的细条纹、细格、相对规则的几何图案等。上班装适合选择直线剪裁，款式、图案简洁，没有太多装饰的短款上装，搭配较为挺括、简洁的裙子或裤子,例如A字裙、西装裤等;休闲装主要突出帅气、利落、中性的整体氛围,所以休闲衬衣、小立领毛料上装,挺括、不易变形的毛衫、牛仔裤等都是不错的选择;在晚装设计上既可以适当向女性的柔美靠拢,穿剪裁简洁、直线的小礼服,也可以充分彰显自己的中性和帅气,例如马甲、立领衬衫搭配靴裤的牛仔风格装扮。

配饰上避免过多、繁杂的装饰,突出简约风格。例如,鞋子比较适合尖头、小方头设计,鞋面不要有过多花朵、珠串、镂空等女性化装饰物;首饰比较适合小水晶、金属等款式简洁、量感较小的直线感设计。

发型上适合中短直发、碎发、微曲发,避免大卷发、波浪发等;妆面适合素淡、自然。

5. 自然型

自然型女性整体呈现随意、朴实、简洁、直线的风格特征,因此在造型装扮上要与之相协调。

服装款式上追求舒适、随意,不要过于紧致。领子比较适合小V领、小立领、小方领、一字领等,避免线条过于生硬的大V字领、大方领,也不适合曲线感过强的大圆领、大荷叶领和花边领等;在图案上避免小花朵、小动物的可爱造型,也不适合很华丽、很花哨或棱角感很强的图案,比较适合格子、一般的几何图案、动物纹图案等,颜色趋于大自然的色系;质地上比较适合亚麻、粗纹棉、牛仔等无光泽的面料。上班装适合简洁、直线剪裁或曲直感不明显的服装,面料不宜过于轻盈、柔软,适合麻纱、毛料、混纺套装;休闲装选择款式简单大方、相对宽松、随意或具有运动感的服装,如粗毛线衫、有一定挺括感的T恤、棉衫,牛仔装、七分裤、九分裤、A字裙等;晚装比较适合大方、适度收身的无光泽感的礼服,避免过于性感的设计。

配饰同样追求舒适、简洁的风格。例如,鞋子比较适合中低高度、中低粗细的鞋跟,过高、过细、过粗都不协调,鞋面简洁少装饰,鞋头偏于小方头、小尖头,过于圆润或过于宽的鞋头不适合;首饰比较适合造型简单的银质或绿松石、珊瑚等质地自然的饰物。

自然型风格的人比较适合随意、线条自然的发型,避免过于精致、造型感过强的发型;妆面突出自然、清新的感觉,避免过多的修饰痕迹,眼睛、嘴唇都不适合强调。

6. 前卫型

前卫型风格的女性有着很强的都市感和时尚气息。这种风格的人对服饰的驾驭能力相对较高,但整体上还是偏于直线感造型。

服装款式上适合直线或曲直结合的剪裁方式,突出服装的时尚、简约。避免曲线感或华丽感过重的服装,但也不适合过于呆板、郑重的样式;在材质上适应面比较广,毛料、有一定挺括度的棉、高科技合成面料、各类皮革等都是较为合适的;图案上适合不太规则的条纹、格子、圆点、抽象或略有夸张的动植物造型等。上班装适合做工精致、具有一定的时尚元素、干练的职业套装。为了减少套装带来的呆板,可以搭配造型别致的胸针、小丝巾或闪光面料的衬衣;休闲装可以较多地体现时尚、前卫的造型元素,如七分裤、宽腿裤、样式别致的牛仔裤,闪光面料衬衣,精致、挺括感的连衣裙等;晚装设计可直可曲,只要避免过于性感、华丽的造型即可。

前卫型风格的人对配饰的适应度同样较广。例如,对鞋子,鞋跟可高可低,鞋头可尖可方,鞋底可薄可厚,鞋面可装饰可简洁,系带、拉链均可;在首饰的佩戴上,根据需要,可选择白金、银、铂金等金属质地的，也可以选择水晶、琥珀、宝石等天然材质的。

前卫型的人发型可直可曲，可长可短，只要避免曲度过大的波浪发和严谨、古典的盘头造型即可；妆面的修饰感可以偏强一些，如眼影和唇部的修饰。

7. 高贵型

高贵型风格的女性呈现端庄、严谨、古典的整体氛围，服饰的选择要与之相适应。

服装款式要以直线剪裁为主，突出服装的高贵、精良、上品。精致的绲边，腰身、肩部、衣兜的合体设计都能凸显服装的品位；高贵型女性在材质上适合细密、有一定挺括度的毛料、棉麻、精纺、针织等面料；在图案上比较适合排列规则的格、条纹、圆点等几何造型，避免过于凸显女性曲线的柔软面料和过于夸张或可爱的图案。职业装重点选择做工精良、直线剪裁的合体套装或套裙。领型比较适合V字领、小方领、一字领等，避免过于女性化的荷叶领、花边领等；休闲装多选用毛料、针织和丝织类毛衫、衬衣、收腰外套等；晚装主要突出古典、高贵的造型设计，如简洁、挺括的直线剪裁礼服，颜色素雅、上品的丝绒旗袍，搭配造型别致的胸针或披肩等。

高贵型风格的女性在配饰的选择上同样要彰显高贵、精致，避免廉价或造型复杂、夸张或小气的配饰。例如，鞋子最适合的是光面皮鞋，翻毛皮、帆布等材质不适合，鞋头比较适合尖头、小方头，避免太圆或过宽的造型，比较适合独立的中高细跟，不适合粗跟或厚底鞋。鞋面装饰追求简单、成熟；首饰的选择应倾向于黄金、白金、铂金、珍珠、玉等体现高贵、成熟气质的饰品。

高贵型风格的人在发型上避免过于运动、蓬松的碎发和大曲度的波浪发等，偏向于整齐的中短直发、紧致的盘发等；妆面追求精致。

8. 艺术型

艺术型风格的女性呈现夸张、大气、时尚、民族化的整体氛围。在服饰的搭配上同样要突出这种风格特征。

艺术型的女性在服装款式上适合夸张、醒目、大气、有华丽感，剪裁可直可曲，拒绝平庸、呆板、过于严谨、正统的服装，也不适合小花朵、小褶皱的可爱造型。在领型上一定要大气，采用大立领、大方领、大V字领、一字领等，避免小领；在材质上可采用有一定硬挺度的皮革、毛料、棉麻等，也可选择柔软、飘逸的丝绸、抽纱、丝绒等；在图案上倾向于高明度、强对比的色彩，可以选择大气的几何图案、带有民族风格的动植物图案及其他抽象、夸张的不规则图案。上班装适合具有时尚感的职业套装，上装适合中长款，颜色、图案要醒目，搭配同风格的大丝巾或饰品；休闲装主要突出个性、时尚或异域特征；晚装同样要选择大气、大开领或露背、闪光、夸张的大礼服。

艺术型的女性在配饰上强调独特、夸张、艺术特征。例如，鞋子既可以选择极高极细的女性化十足的鞋跟，也可以选择平跟，长靴也是不错的选择。鞋头可以是大方头、尖头、方圆头等，不适合小圆头、小方头等量感较小的造型；首饰可以选用造型夸张的金属、珊瑚、水晶、玉石等多种材质，避免过细、过小、过于规则的造型设计。

艺术型的女性在发型上的适应面也比较广，既可以是中长直发，也可以是大波浪的卷发或其他别致的发型，但避免过于死板的小卷发、运动感很强的短发等；妆面可以多些修饰，例如在眼影上可以重点强调。

10.2.2 男士服饰风格搭配规律

相比女性而言,男性服饰搭配要简单一些。男性服饰主要涉及服装和配饰,而在配饰上主要是鞋子、领带、包、手表等。

1. 艺术型

艺术型风格的男士呈现存在感强、量感大的整体氛围,服饰的选择应遵循这一特征。

此类型的人在外套的选择上比较适合立体剪裁的欧式西装,大戗驳领、双排扣、宽条纹是比较适合的选择,避免过于小气、图案模糊、死板的西装。衬衣比较适合选用大方领、大尖角领。衬衣和领带都比较适合醒目、大气、强对比的图案。在休闲装上,此类型的人比较适合宽松、时尚、大气的休闲西装、夹克、大衣、休闲毛衣等,在图案上比较适合直线型的宽条纹、方格、菱形格等设计。鞋、包、手表等配饰可以选择大气、简洁、时尚的款式。

2. 自然型

自然型风格的男士整体显得较为随意、有亲和力,有一定的柔和度,在西装的选择上比较适合简洁、自然的造型,色调偏柔和,图案多呈弱对比,避免华丽的闪光面料或强对比图案。衬衣适合方领、宽角领,不适合锋利感过强的大戗驳领、大尖角领,衬衣和领带的图案都适合选择弱对比的条纹、方格或其他相对规则的几何图案,不适合太夸张或个性的图案。休闲装适合选择宽松的休闲西装、牛仔装、运动装等,质地适合粗棉、麻、粗呢、牛仔布等体现田园和天然质感的材料。鞋、包比较适合简洁、大方、天然质感的光面皮、翻毛皮或帆布等。

3. 严谨型

严谨型风格的男士需要突出的是稳重、知性与高贵,所以他们的服饰整体上倾向于精致、正统与上品。这种类型的人适合穿做工精良、剪裁合体的传统样式西装,以净面或整齐、规则的深暗图案为佳,精纺毛料是最适合的选择,避免过于时尚的剪裁、过于夸张的图案或华丽的面料,色彩比较适用暗灰、暗色或深色调。衬衣适合标准领、方领,材质适合质地上乘的高织棉等,领带宜选用低光泽度的真丝等面料,衬衣和领带的图案倾向于排列规则、整齐的几何图形或中细条纹。此类型的人在休闲装的选择上比较适合面料挺括、直线剪裁、做工精良的休闲装,如翻领外套、V字领羊毛衫、有明显裤线的裤装等,不适合过于休闲、随意的圆领T恤、高领羊毛衫等。在配饰的搭配上,此类型的人适合选择皮质上乘、样式经典、简洁的鞋、包等。

4. 华丽型

华丽型的男士呈现出柔和、性感而大气的整体氛围。这种类型的人适合选择适当收腰、做工上乘的西装,可以加入适当的曲线剪裁,如领型和前襟设计,面料可有一定的光泽度。衬衣适合相对柔软的棉、真丝材质,衬衣和领带适合有活泼感的花纹、螺旋纹及几何图案,避免过于锋利的几何图案,可有一定的光泽度,色彩比较适合饱和度较高的弱对比。休闲装适合质地柔软、有一定华丽感的休闲外套、高领毛衫和休闲衬衫。鞋、包可以选用相对柔软的皮质,可有一定的圆润度或装饰物。

5. 前卫型

前卫型风格的男士呈现出时尚、叛逆的整体氛围。这种类型的人在西装的选择上适合小戗驳领、适当收腰的西装，在领子、袖口、衣兜等处可以适当加上当季的流行元素，比较适合有挺括感和一定光泽度的面料，图案整体偏直线感，可有一定的对比度。衬衣适合采用尖领、立领等，衬衣和领带适合选择不太规则的条纹、方格和其他比较个性的图案。休闲装适合标新立异的、能够引领时尚的装扮。此类型的人适合有一定光泽度、造型时尚的鞋和包，也适合佩戴装饰感强的饰品。

以上只是针对风格比较典型的人而言的，而生活中的人们或者本身偏向某种风格，但不标准，或者本身就属于几种风格的综合，在进行服饰装扮时必须把这些要素考虑在内。身材胖瘦、个子高低、肤色深浅、性格、年龄等都会在一定程度上影响个人风格，而每件服饰本身的风格同样不是唯一确定的，有很多服饰本身的风格并不明显，甚至会在同一件服饰上出现几种不同风格的调和，加上不同时代的流行元素、审美观的差异，因此服饰风格规律只是为我们提供了一个基本的范式，在进行具体装扮时，必须把主体差异、客体差异、时代、地域、场合等因素统统考虑在内，要灵活运用而不宜生搬硬套。

10.3 形体与服饰的搭配规律

形体主要指身体的外观形态。人们在评价一个人外在形象的众多因素之中，形体是其中最直观也是最重要的。形体美是外在美的基础，形体美加上得体的服饰、良好的气质共同构成一个人的成功外在形象。不同时期对形体美的标准是有区别的，历史上的“环肥燕瘦”即是很好的例证。即使在同一时期，不同国度对形体美的判断标准也有差异，例如，非洲很多国家以丰满为美，而在更为广泛的东西方国家长期以来崇尚“以瘦为美”。这一审美观念在最近几年也逐渐被打破，在世界文化融合的大背景下，大多数国家对形体美的判断标准逐渐趋于统一，人们越来越接受和推崇健康、性感的形体审美观。

今天，美的形体大致有以下参照标准：身体各部分骨骼发育匀称，肌肉有弹性；身长等于七个或七个半头长；体态有活力，胖瘦适中；头型大小适中，头部剖面大体呈椭圆形；脸型标准，五官端正，并和整体体型、气质相吻合；双肩对称，宽窄、薄厚适度；背视脊柱成直线，侧视女性有较为圆润的“S”形曲线；腰细，大体呈圆柱形；腹部扁平，无明显赘肉；女性臀部圆润、上翘，男性臀部较小、平；下肢修长、线条流畅，两腿并拢时没有过宽的缝隙，侧视没有明显的弯曲感；双臂修长，男性有明显的肌肉感、手指关节明显，女性双臂线条圆润，大臂没有明显赘肉，手指关节不明显；肤色健康、有弹性。

美的形体既有先天遗传的因素，也有后天锻炼、重塑的结果。而形象设计工作者的任务就是根据设计对象现有的形体特点，按照扬长避短的原则，达到服饰与形体的完美结合。

10.3.1 女性形体与服饰的搭配

1. 脸型与领型的搭配

领子因为离脸部较近而与之产生密切的搭配关系，领型合适可以适当掩饰脸型的不足,或巧妙展示脸型的优点;反之,则容易将脸型的缺陷暴露或放大。在女性的常见脸型中,椭圆形和倒三角形脸是相对标准的脸型,对领型的适应度也比较广泛,不再赘述。下面是另外几种常见脸型与领型的搭配关系。

(1) 圆脸。圆脸应选择马蹄领、V形领、U形领及方领,以弱化脸部圆乎乎的视觉感受,同时尽量使领口开得稍大一些,使脸部、颈部相连,不宜选圆领。

(2) 方脸。方脸的棱角感较强,脸型偏短,下颌比较宽,所以在选择领型时应选择有一定圆润度或能产生拉长脸部的视错觉的领型,主要有V形领、心形领、U形领、马蹄领、大圆领,避免和脸部线条重复的方领。

(3) 长脸。长脸的脸型偏长,有一定的棱角感,适合选用高领、一字领等在视觉上有缩短脸部作用的领型或圆领、椭圆领等能增加面部圆润度的领型,避免选择V形领。

(4) 正三角脸。正三角脸的典型特征是上窄下宽,脸型偏短,因此应选择能适当拉长脸型的领型,如V形领、U形领、方领等,使颈部和脸部相连,弱化脸部上下的不平衡感,避免选择过于突出脸型的高领、小圆领等。

(5) 菱形脸。菱形脸的典型特征是上下窄、中间宽,脸型偏长,在选择领型时应选择有缩短脸部作用的小高领、小圆领、一字领等领型,避免选择V形领。

综上所述,脸型与领型的整体搭配原则是成反比。

2. 体型与服饰的搭配

女性的标准体型为“X”形,其整体特点为:胸部、臀部较丰满,腰部纤细。非标准的体型有“H”形、“O”形、“A”形等。标准体型对服饰的适应度比较广,几乎没有太多限制,只要和个人的肤色、身高、风格气质相符即可。而更多女性的体型有着或多或少的缺陷,而只有了解个体体型上的优缺点,才能做到扬长避短。下面主要就“H”形、“O”形、“A”形三种常见非标准体型与服饰的搭配关系加以介绍。

(1) “H”形

“H”形体型的肩部、腰部、臀部和大腿等几个部位从纵向看弧度不够大,甚至可能基本在一条直线上。这类体型看起来比较匀称,但缺乏女性的身体柔润度和曲线美,整体呈直线感,因此在服装选择上不宜选择过于紧身、充分暴露女性曲线的款式和面料,比较适合偏宽松或质地相对硬挺的面料,适当收腰。

(2) “O”形

“O”形体型的腹部、腰部、大腿从纵向看相对突出,大部分体重集中在胯部、腰部和大腿上面,形成上下两端窄、中间宽的视觉印象。这种体型不宜选择过于突出腰部、胯部的曲线设计的服装,不宜选择弹性很大的紧身面料,可选择自然下垂、有一定宽松度的剪裁和相对硬挺的面料,上装要能遮盖住半个臀部,不宜穿瘦腿裤。为了增加腰部以上的量感,可佩戴适当的面部或颈部装饰,如项链、耳环等。

(3) “A”形

“A”形体型的典型特点是上半身瘦、背窄、腰细,但自腰部以下的臀部和大腿则比较宽、丰满,使得下半身较笨重。对这种体型的人来说,最重要的是通过选择正确的服装来保持上下身的比例均衡。上衣可选择适当收腰的服装,明度、彩度较高的颜色,带花纹的图案、相对挺括的面料等。紧身设计、弹性较大的面料会破坏上下身的匀称感,因此应尽量避免。挑选下装时，宜选择面料挺括的A字裙、直筒裤，裁剪要简单，尤其臀部不要有多余的装饰，下装的色调要深、暗、浊。另外，同样可以通过佩戴合适的项链、耳环等增加上身的量感，以达到整体的均衡和协调。

3. 常见体型缺陷的弥补

以上只是对典型的三种不标准体型的介绍，而在现实生活中，更多的人属于两种甚至三种体型的结合体，或者不属于以上任何一种体型，而只是某些部位的缺陷表现比较明显。下面介绍几种常见的体型缺陷及其弥补方法。

(1) 头部偏大或偏小

头部偏大的人首先在发型上适合选择简单、比较帖伏头皮的发型，避免过度蓬松的发型。头上最好不要戴任何饰物，而在服装的选择上比较适合开放式领口，上装剪裁宽松度适中，领部、肩部不要有过于明显的装饰，下装不宜选择锥形裤、瘦腿裤，鞋子要量感适中，以免产生头重脚轻之感，失去平衡。头部较小者在整体装扮技巧上同头部偏大的人正好相反，不再赘述。

(2) 颈部短或粗

颈部的长短与粗细决定了其标准程度。对女性而言，颈部细长是形体美的一个标准，而对颈部又短又粗的人来说，应选择V形或U形领口等开放式的简单领型，避免繁复的领型、肩部设计，同时尽量不戴项链，尤其不要戴短粗或夸张的项链，这样使面部和颈部在视觉上保持一体和统一，可以营造适当拉长颈部的视错觉。

(3) 胸部过平或过大

丰满适度的胸部曲线是女性美的重要标志，胸部过平或过大都会破坏这种女性形体的和谐美。

胸部较平的人适合穿胸前有褶边、荷叶边、多层抽褶或适度宽松等设计的衣服，避免过于紧身且胸部无装饰的设计，也可在胸前戴上款式比较繁复的项链。胸部过大的人不宜选择胸部周围有分割线、口袋以及褶皱、泡泡等细节设计的服装，也不适合过于柔软、高弹性的紧身面料，颜色上不宜太鲜艳。挺括、有质感的面料，偏深的颜色及适度宽松的设计是不错的选择。

(4) 大臂过粗

形体匀称的女性在大、小臂的围度上没有很大的反差，但也有很多缺乏运动或中年女性的脂肪容易堆积在大臂，造成大臂过粗。对此，在上装的选择上应避免无袖装或盖袖，而是选择长袖或中长袖，至少能盖住半个大臂为宜，对需要穿晚礼服的晚宴等场合而言，可以在无袖晚礼服外面搭配得体的披肩，以此对大臂进行适当遮掩。

(5) 身材偏胖

身材偏胖的人应在服装主色调上选择黑色、深蓝、深褐、墨绿、蓝灰等深、暗、浊色，但要有小面积的亮色做点缀，否则整体显得比较沉闷、厚重，但明暗色调之间不要有过于强烈的对比感；图案上以单色、竖条纹或碎花为宜，不适合花色繁多、夸张或宽横纹的图案；在面料上不要太厚或太薄，不要有太大的弹性，应以柔软适度、相对挺括的面料为主；在款式上以合体为佳，过于宽松或紧身的衣服都是应该避免的，上装可适当收腰，长过半个臀部，下装适合穿直腿裤，不适合喇叭裤、水桶裤或锥形裤等造型夸张的裤子。身上不要有很明显的饰品,鞋子不要过于厚重。

(6) 臀部较大

臀部较大的人在服装色调方面宜选择上浅下深、上明下暗;在款式、面料方面上身比较适合直筒或略有收腰的挺括面料,避免过于收腰的柔软面料;长度要盖过半个臀部,也可选用宽松的长外衣、长风衣。裤子适合选用剪裁得体、面料挺括的直线设计,横条纹、又紧又短或臀部有明显装饰物的都应该避免。另外标准的A字裙也是很好的选择,休闲、有夸张效果的百褶裙,大格子、繁花图案的长裙都不适合。

(7) 腰粗

这种体型的弥补重点是弱化别人对腰部的关注。具体来讲,可以通过以下方式加以修饰和弥补:上装收腰;下装选择面料挺括的A字裙、直筒长裤,下装最好和鞋子同一个色系。主要忌讳两点:腰部有明显装饰,如腰带、褶皱;直筒长裙或百褶裙的设计。腰部主要存在长度和围度两个问题。腰节过长会显得下体较短,腰节较短虽然显得腿长,但上半身会显得相对肥胖。

(8) 身材偏瘦

过于纤瘦的体型如果在服装上选择不当时会给人单薄、弱不禁风之感,这在以健康为美的时代也是应该避免的。在服饰的选择上和体型偏胖的人基本相反:服装主色调上适合选择有膨胀感的浅色、暖色、亮色,还可以用两种强对比的色调增强夸张感;图案上适合横、宽条纹、繁花或夸张的图案;面料上比较适合粗纹理、蓬松、针织或闪光材质;款式上可以选择相对宽松、多装饰的设计,至少避免上下都非常紧致的深色、单色设计,那样会使单薄的体型一览无余。根据自己的风格也可以搭配一些饰品,以增加整体量感。

(9) 个子较矮

个子较矮的女性量感偏小,因此不宜穿大格子、大花图案,裤子不宜太宽松,裙子不宜长过小腿,最好选择小图案或单色的合体短裙或长裤。鞋子的跟不要太高,否则会有上下身比例失衡之感。

(10) 腿型不佳

腿型不够完美的情况,具体又可分为以下几种。

① 上身长而腿部较短。这种体型可通过高腰裤、短上衣、高腰节裙来调节视觉差,鞋子和下装要统一色调,避免穿脚踝有系襻的鞋子,在裤子的款式上最好选择直筒裤或宽腿裤,避免穿窄腿裤、锥形裤、七分裤、翻边裤等。

② 小腿粗。这种体型适合穿裤子或能盖住小腿肚的长裙,不宜穿暴露小腿的短裙、短裤。

③ 腿型弯曲。腿型以修长、笔直、线条流畅为美,腿型弯曲的典型有"X"形和"O"形两种。不管属于哪种,在下装穿着时主要避免充分暴露腿型的瘦腿裤、弹力裤、短裙等,避免紧裹小腿的长靴配短裙或短裤的设计,而选择长裙或面料比较硬挺、款式宽松的长裤。

(11) 肩部有缺憾

肩部以宽窄适度且有圆润弧线为美,有缺憾的肩通常分为削肩和宽肩两种。削肩不宜穿无袖、露肩上装,可通过加垫肩,泡泡袖、蝙蝠袖、褶皱设计,戴披肩等方法加以修饰;

宽肩的人在选择上装时和削肩的情况正好相反，选择没有垫肩(或薄垫肩)、肩章、泡泡袖或褶皱的简洁设计。

10.3.2 男性形体与服饰的搭配

男性形体根据外观大致分为"T"形、"H"形和"O"形三种。

1. "T"形

"T"形是比较理想的体型，其典型特点是肩部最宽，胸围和腰围比差较大，有优美的肌肉弧线，整体呈现出强烈的力量感和男性魅力。这种体型多是长期进行力量型锻炼的结果，是西方审美文化中的标准体型。这种体型在穿衣时，主要注意上装肩部不宜有明显装饰或厚垫肩，不宜有很明显的收腰；裤装比较适合稍宽松的西裤或休闲裤，不适合较为时尚的瘦腿裤等。总之，虽然这种体型的典型特征是上宽下窄，但在着装时应适当弱化这种上下量感的差距，尽量取得整体的量感平衡。

2. "H"形

"H"形是最常见的男性体型，典型特点是身体从正面看两侧没有明显的弧度差，接近直线，胸围基本等于腰围。根据个子高低、身型胖瘦，这种体型又可分为标准"H"形、高瘦型、高胖型、低瘦型、低胖型，不同的情况穿衣时同样有区别。对比较标准的"H"形体型而言，在穿衣时基本上没有太多形体忌讳，只要注意符合个人风格和"TOP"原则即可。而对另外几种非标准"H"形体型而言，需要进行有针对性的修饰：高瘦型人不要穿过于暴露身材的深色、紧身衣服，浅色、格子(或条纹、花色)图案、挺括(或粗纹理面料)、相对宽松的剪裁等都是不错的选择；高胖型人主要注意适当掩饰胖带给人的臃肿感，其修饰方式基本同女性偏胖体型的弥补方法；低瘦型人如果着装不当会给人瘦瘦小小的单薄感，其在服装选择上既要避免瘦人在着装时的忌讳，也要注意使自己的个子显得更低的着装误区，主要是避免上下服装颜色反差太大、横条纹设计、腰带颜色和裤装不统一等，这种体型比较适合上下身颜色比较统一或接近，腰带、下装和鞋子的颜色尽量统一的装扮；低胖型人在着装时要同时注意避免"低"和"胖"两类型人的着装忌讳。

3. "O"形

"O"形是中年发福、缺乏运动男性的常见体型，典型特点是腰围普遍大于肩宽和臀围，脖子因脂肪堆积而显得短、粗，全身的很大一部分重量集中在胸、腹部，给人比较笨重的视觉印象。这种体型的人在着装选择时的禁忌与低、胖型身材相同。在服装主色调上选择深蓝、深褐、墨绿、蓝灰等深、暗、浊色，但要有小面积的亮色做点缀，明暗色调之间属于弱对比；图案上以单色、竖条纹或碎花为宜，不适合花色繁多、夸张或宽横纹的图案；在面料上不要太厚或太薄，不要有太大的弹性，应以柔软适度、相对挺括的面料为主；在款式上应以直线轮廓型的合体剪裁为好，过于宽松或紧身的衣服都是应该避免的。腰带、下装和鞋子的颜色尽量统一，且以深色为佳。

以上只是单纯从形体的角度来探讨和服饰的搭配关系，而在服饰礼仪和服饰风格部分，我们了解到，一个人的穿衣装扮还和时间、地点、场合及自身风格特征都有密切关系，只有对上述诸因素熟练掌握，并将之灵活运用于服饰装扮的实践中，才能成功地打造一个人完美的外在服饰形象。

REFERENCES 参考文献

[1] 亚伦·皮斯,芭芭拉·皮斯．身体语言密码[M]．王甜甜,黄佼,译．北京:中国城市出版社,2007.

[2] 金正昆．服务礼仪教程[M]．北京:中国人民大学出版社,1999.

[3] 蒋璟萍．礼仪的伦理学视角[M]．北京:中国社会科学出版社,2007.

[4] 金元浦．中国文化概论[M]．北京:首都师范大学出版社,1999.

[5] 崔丽娟,等．心理学是什么[M]．北京:北京大学出版社,2002.

[6] 何春晖,彭波．现代社交礼仪[M]．杭州:浙江大学出版社,1995.

[7] 布丽姬特·贾艾斯．社会心理学[M]．杜峰,译．哈尔滨:黑龙江科学技术出版社,2008.

[8] 英格丽．修炼成功[M]．北京:中国发展出版社,2003.

[9] 田光占．旅游礼仪[M]．成都:西南财经大学出版社,2001.

[10] 刘国柱．现代商务礼仪[M]．北京:电子工业出版社,2006.

[11] 胡锐,边一民．现代礼仪教程[M]．杭州:浙江大学出版社,2004.

[12] 金正昆．社交礼仪[M]．北京:中国人民大学出版社,1999.

[13] 田晓娜．礼仪全书(4)[M]．西宁:青海人民出版社,2002.

[14] 盖文．茶艺与调酒[M]．北京:旅游教育出版社,2007.

[15] 冈仓天心．说茶[M]．张唤民,译．天津:百花文艺出版社,2003.

[16] 罗树宁．商务礼仪与实训[M]．北京:化学工业出版社,2008.

[17] 佩吉·波斯特,彼得·波斯特．商务礼仪指南[M]．李琳娜,译．北京:电子工业出版社,2006.

[18] 李欣．旅游礼仪教程[M]．上海:上海交通大学出版社,2004.

[19] 陆永庆,王春林,郑旭华,斯惠文．旅游交际礼仪[M]．大连:东北财经大学出版社,2001.

[20] 王军．公关礼仪[M]．武汉:华中科技大学出版社,1996.

[21] 李元授．交际礼仪学[M]．武昌:华中科技大学出版社,2004.

[22] 蔡践．礼仪大全[M]．北京:当代世界出版社,2007.

[23] 陆永庆,王春林,郑旭华．旅游交际礼仪[M]．大连:东北财经大学出版社,2006.

[24] 陆予圻,郭莉．秘书礼仪[M]．上海:复旦大学出版社,2002.

[25] 袁平．现代社交礼仪[M]．北京:科学出版社,2007.

[26] 任之．教你学礼仪[M]．北京:当代世界出版社,2003.

[27] 李惠中．现代礼仪讲座[M]．北京:中国商业出版社,2002.

[28] 熊经浴．现代实用社交礼仪[M]．北京:金盾出版社,2005.

[29] 李兴国．社交礼仪[M]．北京:高等教育出版社,2006.

[30] 陆宇圻,郭莉．秘书礼仪[M]．上海:复旦大学出版社,2005.

[31] 王颖,王慧．商务礼仪[M]．大连:大连理工大学出版社,2007.

[32] 金正昆．礼仪金说[M]．西安：陕西师范大学出版社，2008.

[33] 宋薇．中外礼仪大全[M]．济南：山东美术出版社，2009.

[34] 张严明．现代礼仪规范教程[M]．郑州：郑州大学出版社，2007.

[35] 苏珊·海尔巴赫-格罗塞，尤塔·霍夫曼．女性商务礼仪[M]．来炯，刘丽，译．北京：电子工业出版社，2007.

[36] 刘春斌．公共关系实务与礼仪[M]．大连：大连理工大学出版社，2008.

[37] 希曼色研中心．扮靓系列 3[M]．北京：中国轻工业出版社，2006.

[38] 李京姬，金润京，金爱京．形象设计[M]．韩锦花，吴美花，译．北京：中国纺织工业出版社，2007.

[39] 赵敏．商务礼仪[M]．南京：南京大学出版社，2005.

[40] 王受之．世界时装史[M]．北京：中国青年出版社，2007.

[41] 诸葛铠．文明的轮回[M]．北京：中国纺织工业出版社，2007.

[42] 李采娇．实用化妆造型[M]．北京：中国纺织出版社，2007.

[43] 吴帆．化妆设计[M]．上海：上海交通大学出版社，2006.

[44] 刘悦．女性化妆史话[M]．天津：百花文艺出版社，2005.

[45] 王一珉．化妆基础[M]．北京：中国轻工业出版社，2009.

[46] 文森特·基欧．专业化妆师的技艺[M]．纪伟国，译．北京：中国电影出版社，2000.

[47] 关洁．个人形象设计[M]．北京：中国戏剧出版社，2008.

[48] 范丛博．化妆师[M]．北京：中国劳动和社会保障出版社，2007.

[49] 董桂英，贾国庆，高静，常国娟．公关礼仪教程[M]．南京：东南大学出版社，2004.

[50] 胡晓涓，周际平，邓嵩，张健儒．商务礼仪[M]．北京：中国建材工业出版社，2003.

[51] 梁莉芬，胡晓涓，范睿．商务沟通[M]．北京：中国建材工业出版社，2003.

[52] 欧阳友权，朱秀丽．实用口才训练[M]．长沙：中南大学出版社，2006.

[53] 唐树芝．口才与演讲[M]．北京：高等教育出版社，2008.

[54] 董保军．中外礼仪大全[M]．北京：民族出版社，2005.